BIBLIOTHÈQUE
LATINE-FRANÇAISE

PUBLIÉE

PAR

C. L. F. PANCKOUCKE.

OEUVRES

COMPLÈTES

DE VIRGILE

TRADUCTION NOUVELLE

PAR

MM. VILLENAVE ET CHARPENTIER.

TOME TROISIÈME

PAR M. VILLENAVE.

PARIS

C. L. F. PANCKOUCKE

MEMBRE DE L'ORDRE ROYAL DE LA LÉGION D'HONNEUR
ÉDITEUR, RUE DES POITEVINS, N° 14.

M DCCC XXXIV.

VIRGILE.

L'ÉNÉIDE.

ÆNEIDOS

LIBER QUINTUS.

Interea medium Æneas jam classe tenebat
Certus iter, fluctusque atros Aquilone secabat,
Mœnia respiciens, quæ jam infelicis Elisæ
Collucent flammis. Quæ tantum accenderit ignem,
Causa latet; duri magno sed amore dolores
Polluto, notumque furens quid femina possit,
Triste per augurium Teucrorum pectora ducunt.
Ut pelagus tenuere rates, nec jam amplius ulla
Occurrit tellus, maria undique, et undique cœlum;
Olli cæruleus supra caput adstitit imber,
Noctem hiememque ferens; et inhorruit unda tenebris.
Ipse gubernator puppi Palinurus ab alta:
« Heu! quianam tanti cinxerunt æthera nimbi?
Quidve, pater Neptune, paras? » Sic deinde locutus,
Colligere arma jubet, validisque incumbere remis;
Obliquatque sinus in ventum, ac talia fatur:

L'ÉNÉIDE

LIVRE CINQUIÈME.

Cependant, plein de confiance dans l'ordre des dieux, Énée dirige vers la haute mer sa flotte qui fend les vagues noircies par les Aquilons. Il regarde les murs de Carthage, et déjà le bûcher de Didon les éclaire de ses feux. Le héros et ses Troyens ignorent la cause d'un si grand embrasement : mais, connaissant les violentes douleurs d'un amour outragé, et tout ce que peut une femme en fureur, leurs cœurs se remplissent de noirs pressentimens.

Dès qu'ils se sont avancés dans la profonde mer, que toute terre a disparu, qu'on n'aperçoit plus que les eaux et les cieux, un nuage, qui dans son sein porte la nuit et la tempête, s'arrête sur la flotte, et soulève l'onde, qui s'enfle dans l'horreur des ténèbres. Le pilote lui-même, Palinure, sur la poupe élevée, s'écrie : « Quelle nue menaçante enveloppe l'éther! ô Neptune! que nous prépares-tu? » Il dit, et soudain ordonne aux matelots de resserrer les cordages, de se courber sur la pesante rame; il présente obliquement la voile à l'Aquilon, et, s'adressant au chef des Troyens :

« Magnanime Ænea, non, si mihi Jupiter auctor
Spondeat, hoc sperem Italiam contingere cœlo.
Mutati transversa fremunt, et vespere ab atro
Consurgunt venti, atque in nubem cogitur aer.
Nec nos obniti contra, nec tendere tantum
Sufficimus. Superat quoniam fortuna, sequamur;
Quoque vocat, vertamus iter. Nec litora longe
Fida reor fraterna Erycis, portusque sicanos,
Si modo rite memor servata remetior astra. »

Tum pius Æneas : « Equidem sic poscere ventos
Jamdudum, et frustra cerno te tendere contra.
Flecte viam velis. An sit mihi gratior ulla,
Quove magis fessas optem demittere naves,
Quàm quæ Dardanium tellus mihi servat Acesten,
Et patris Anchisæ gremio complectitur ossa? »
Hæc ubi dicta, petunt portus, et vela secundi
Intendunt zephyri; fertur cita gurgite classis,
Et tandem læti notæ advertuntur arenæ.

At procul excelso miratus vertice montis
Adventum sociasque rates, occurrit Acestes,
Horridus in jaculis et pelle libystidis ursæ,
Troia Criniso conceptum flumine mater
Quem genuit. Veterum non immemor ille parentum,
Gratatur reduces, et gaza lætus agresti
Excipit, ac fessos opibus solatur amicis.

« MAGNANIME Énée, non, quand j'aurais pour garant la promesse de Jupiter, je n'espèrerais point aborder en Italie par ce ciel orageux. Les vents ont changé; ils s'élancent du couchant obscurci, prennent en travers nos vaisseaux : l'air se condense, et n'est bientôt plus qu'un nuage. Nous ne pouvons lutter contre la tourmente, et nos efforts sont impuissans. Puisque la fortune l'emporte, cédons, et suivons la route où elle nous appelle. Si les astres que j'ai observés avant l'orage ont été bien reconnus par moi, nous ne sommes pas loin des ports de Sicile et des rivages de votre frère Éryx. »

« JE vois, dit le pieux Énée, que les vents nous portent vers la Sicile, et que tu luttes en vain contre leur furie. Livre-leur donc tes voiles. Où pourrais-je désirer, pour recueillir mes vaisseaux fatigués de la tempête, des rivages qui me soient plus chers que ceux où je vais retrouver Aceste, digne descendant de Dardanus, et la terre où reposent les cendres de mon père Anchise? »

IL dit, et les proues sont tournées vers les ports de Sicile; l'haleine favorable des zéphyrs vient enfler les voiles : la flotte est emportée rapide sur les ondes; et, pleins d'un doux transport, les Troyens abordent enfin le rivage connu.

CEPENDANT, du sommet d'un mont élevé, Aceste surpris voit de loin arriver des vaisseaux amis : il accourt pour les recevoir, armé de ses traits, et couvert de la peau d'une ourse de Libye. Ce prince, issu d'une mère troyenne et du fleuve Crinise, était resté fidèle au souvenir de ses ancêtres. Il se réjouit du retour des Troyens; il leur prodigue les trésors d'un luxe champêtre; et leurs fatigues sont consolées par les secours de l'amitié.

Postera quum primo stellas oriente fugarat
Clara dies, socios in coetum litore ab omni
Advocat Æneas, tumulique ex aggere fatur :
« Dardanidæ magni, genus alto a sanguine divum,
Annuus exactis completur mensibus orbis,
Ex quo relliquias divinique ossa parentis
Condidimus terra, moestasque sacravimus aras.
Jamque dies, ni fallor, adest, quem semper acerbum,
Semper honoratum (sic di voluistis) habebo.
Hunc ego gætulis agerem si syrtibus exsul,
Argolicove mari deprensus, et urbe Mycenæ,
Annua vota tamen sollemnesque ordine pompas
Exsequerer, strueremque suis altaria donis.
Nunc ultro ad cineres ipsius et ossa parentis,
Haud equidem sine mente, reor, sine numine divum
Adsumus, et portus delati intramus amicos.
Ergo agite, et lætum cuncti celebremus honorem;
Poscamus ventos, atque hæc me sacra quotannis
Urbe velit posita templis sibi ferre dicatis.
Bina boum vobis Troja generatus Acestes
Dat numero capita in naves; adhibete Penates
Et patrios epulis, et quos colit hospes Acestes.
Præterea, si nona diem mortalibus almum
Aurora extulerit, radiisque retexerit orbem,
Prima citæ Teucris ponam certamina classis;
Quique pedum cursu valet, et qui viribus audax,

Le lendemain, dès que les étoiles ont fui devant les premiers feux du jour, Énée rassemble ses compagnons épars sur le rivage, et, placé sur une éminence, il leur tient ce discours : « Nobles enfans de Dardanus, peuple dont l'origine remonte jusqu'aux dieux, l'année a parcouru le cercle de ses mois depuis que nous avons confié à la terre les cendres et les os de mon père, et que nous avons dressé pour ses mânes augustes de funèbres autels. Déjà même, si je ne me trompe, luit ce jour à jamais funeste (dieux! vous l'avez ainsi voulu), ce jour que je dois sans cesse honorer dans ma douleur. Ah! fussé-je exilé, errant dans les sables de Gétulie, ou surpris sur les mers d'Argos, ou captif dans Mycène, ce jour me verrait acquitter mes vœux, renouveler, selon nos usages, les pompes funéraires, et charger les autels de pieuses offrandes. Et maintenant, ce n'est pas, je le pense, sans la volonté, sans la faveur des dieux, nous voilà devant le tombeau qui renferme les cendres et les restes de mon père. Nous avons été conduits dans les ports d'un prince qui nous aime. Venez donc, et tous ensemble rendons à mon père les honneurs qui lui sont dus. Demandons-lui des vents propices : et puissé-je, avec son aveu, quand j'aurai bâti ma ville, renouveler tous les ans ce même hommage dans les temples qui lui seront consacrés! Aceste, né Troyen comme nous, accorde deux taureaux à chaque navire. Invoquez donc, dans vos banquets, et les dieux de notre patrie, et les dieux d'un prince hospitalier. Ce n'est pas tout : si la neuvième aurore, montrant à la terre un front radieux, annonce aux mortels un jour pur et serein, j'ordonnerai des jeux : et d'abord nos vaisseaux disputeront le prix de la vitesse; puis les Troyens, dont l'agilité

Aut jaculo incedit melior levibusque sagittis,
Seu crudo fidit pugnam committere cæstu :
Cuncti adsint, meritæque exspectent præmia palmæ.
Ore favete omnes, et tempora cingite ramis.»

Sic fatus, velat materna tempora myrto.
Hoc Helymus facit, hoc ævi maturus Acestes,
Hoc puer Ascanius; sequitur quos cætera pubes.
Ille e concilio multis cum millibus ibat
Ad tumulum, magna medius comitante caterva.
Hic duo rite mero libans carchesia Baccho
Fundit humi, duo lacte novo, duo sanguine sacro;
Purpureosque jacit flores, ac talia fatur :
« Salve, sancte parens; iterum salvete, recepti
Nequidquam cineres, animæque umbræque paternæ.
Non licuit fines italos, fataliaque arva,
Nec tecum Ausonium, quicumque est, quærere Tibrim.»

Dixerat hæc, adytis quum lubricus anguis ab imis
Septem ingens gyros, septena volumina traxit,
Amplexus placide tumulum, lapsusque per aras :
Cæruleæ cui terga notæ, maculosus et auro
Squamam incendebat fulgor : ceu nubibus arcus
Mille trahit varios adverso sole colores.
Obstupuit visu Æneas. Ille, agmine longo
Tandem inter pateras et levia pocula serpens,

brille dans la course ; et ceux qui, plus confians dans leur force, excellent à lancer le javelot et la flèche légère ; et ceux enfin qui, plus hardis, affrontent le périlleux combat du ceste : qu'ils se présentent tous, et que les vainqueurs s'attendent à recevoir les palmes méritées. Mais aujourd'hui, gardez un silence religieux, et ceignez vos têtes de rameaux. »

Il dit, et voile son front du myrte consacré à sa mère. Helymus, le vieil Aceste, le jeune Ascagne, et ensemble tous les Troyens, imitent son exemple. Alors, descendant de la colline, et suivi de tous ses compagnons, le héros s'avance vers le tombeau d'Anchise. Là, suivant le rit des libations, il épanche sur le sol tumulaire deux vases remplis d'un vin pur, deux vases où écume un lait nouveau, et deux autres qui sont pleins du sang des victimes. Ensuite il jette des fleurs choisies sur la tombe, et s'écrie : « Salut, ô mon père ! salut encore une fois, cendres révérées, âme et ombre paternelle ! Ah ! c'est vainement qu'ici je vous retrouve, puisqu'il ne m'est pas donné de chercher avec vous ces rivages d'Italie, ces champs promis par les destins, et ce Tibre, quel qu'il soit, qui coule dans l'Ausonie ! »

Il avait dit ; et, du fond de l'asile consacré, sort un serpent monstrueux, qui déroule sept immenses anneaux, développe sept replis tortueux, embrasse mollement la tombe, et se glisse autour des autels. Son dos est émaillé d'azur, et l'or étincelle sur son écaille : tel, dans la nue, l'arc céleste brille aux rayons du soleil opposé, et se nuance de mille couleurs. A cet aspect, Énée s'étonne ; le serpent promène en rampant, entre les vases et les coupes, ses longs anneaux : il effleure les mets sacrés, et, abandonnant les autels et

Libavitque dapes, rursusque innoxius imo
Successit tumulo, et depasta altaria liquit.
Hoc magis inceptos genitori instaurat honores,
Incertus Geniumne loci, famulumne parentis
Esse putet; cædit binas de more bidentes,
Totque sues, totidem nigrantes terga juvencos,
Vinaque fundebat pateris, animamque vocabat
Anchisæ magni, manesque Acheronte remissos.
Necnon et socii, quæ cuique est copia, læti
Dona ferunt, onerantque aras, mactantque juvencos;
Ordine ahena locant alii, fusique per herbam
Subjiciunt verubus prunas, et viscera torrent.

Exspectata dies aderat, nonamque serena
Auroram Phaetontis equi jam luce vehebant;
Famaque finitimos et clari nomen Acestæ
Excierat: læto complerant litora cœtu,
Visuri Æneadas, pars et certare parati.
Munera principio ante oculos circoque locantur
In medio, sacri tripodes, viridesque coronæ,
Et palmæ, pretium victoribus, armaque; et ostro
Perfusæ vestes, argenti aurique talenta:
Et tuba commissos medio canit aggere ludos.

Prima pares ineunt gravibus certamina remis
Quatuor ex omni delectæ classe carinæ.
Velocem Mnestheus agit acri remige Pristin,

leurs offrandes par lui goûtées, il rentre au fond du monument. Encouragé par ce prodige, Énée poursuit et redouble ses hommages, incertain s'il vient de voir le Génie tutélaire de ce lieu, ou le gardien du tombeau de son père. Il immole, selon l'usage, cinq brebis âgées de deux ans, cinq jeunes porcs, et un pareil nombre de taureaux noirs : il saisit la patère, épanche le vin sur la tombe, en invoquant l'ombre du grand Anchise, et ses mânes revenus des bords de l'Achéron. A l'exemple du héros, ses compagnons apportent avec empressement, chacun selon son pouvoir, leurs dons pieux; ils en chargent les autels, et immolent de jeunes taureaux : d'autres disposent de longs rangs de vases d'airain; d'autres, assis sur l'herbe, attachent à des dards aigus les chairs des victimes, et les tiennent suspendues sur des charbons ardens.

Enfin le jour attendu arrive, et les chevaux du Soleil ramènent la neuvième aurore au front brillant et serein. La Renommée, qui a semé le bruit des fêtes qu'on prépare, et le nom illustre d'Aceste, ont fait accourir les peuples voisins. Le rivage est couvert d'une foule joyeuse, et, parmi les spectateurs, on remarque les combattans prêts à entrer dans la lice. D'abord, on expose à tous les yeux, dans le cirque, les prix destinés aux vainqueurs : des trépieds sacrés, des couronnes de verdure, des palmes, des armes, des vêtemens de pourpre, et des talens d'or et d'argent. Enfin, sonnant sur une éminence, la trompette annonce que les jeux sont ouverts.

Ils commencent : et d'abord, armés de pesantes rames, quatre vaisseaux pareils, choisis dans la flotte troyenne, vont s'ébranler : Mnesthée, avec ses ardens compagnons, conduit la rapide Baleine, Mnesthée qui

Mox Italus Mnestheus, genus a quo nomine Memmi;
Ingentemque Gyas ingenti mole Chimaeram,
Urbis opus, triplici pubes quam dardana versu
Impellunt, terno consurgunt ordine remi.
Sergestusque, domus tenet a quo Sergia nomen,
Centauro invehitur magna; Scyllaque Cloanthus
Caerulea, genus unde tibi, Romane Cluenti.
Est procul in pelago saxum spumantia contra
Litora, quod tumidis submersum tunditur olim
Fluctibus, hiberni condunt ubi sidera Cori;
Tranquillo silet, immotaque attollitur unda
Campus, et apricis statio gratissima mergis.
Hic viridem Æneas frondenti ex ilice metam
Constituit signum nautis pater, unde reverti
Scirent, et longos ubi circumflectere cursus.

Tum loca sorte legunt; ipsique in puppibus auro
Ductores longe effulgent ostroque decori.
Caetera populea velatur fronde juventus,
Nudatosque humeros oleo perfusa nitescit.
Considunt transtris, intentaque brachia remis;
Intenti exspectant signum, exsultantiaque haurit
Corda pavor pulsans, laudumque arrecta cupido.
Inde, ubi clara dedit sonitum tuba, finibus omnes,
Haud mora, prosiluere suis; ferit aethera clamor
Nauticus; adductis spumant freta versa lacertis.
Infindunt pariter sulcos, totumque dehiscit

bientôt, s'établissant en Italie, sera le premier chef de la famille de Memmius ; Gyas dirige l'immense Chimère, semblable, par sa masse, à une ville flottante, et dont la marche est pressée par trois rangs de jeunes Troyens, qui font mouvoir, sur un triple étage, leurs rames ; Sergeste, qui donnera son nom à la maison de Sergius, est porté sur le vaste Centaure ; et la verte Scylla obéit à Cloanthe, dont tu prends ton origine, noble Cluentius.

Au loin, dans la mer, en face du rivage où le flot écume et blanchit, est un rocher que couvrent, en mugissant, les vagues irritées, quand les vents orageux voilent les astres ; mais qui, sous un ciel serein, élève sa cime aplatie sur l'onde immobile, et devient, pour les oiseaux de mer, une station agréable aux rayons du soleil. C'est là qu'Énée fait dresser un chêne orné de sa ramure, but verdoyant où doivent tendre les navires qui, ensuite, par un long détour, replieront leur course et gagneront le rivage.

Le sort a fixé les rangs : debout sur leurs poupes se montrent les chefs, dont les vêtemens brillent au loin de pourpre et d'or. Les rameurs ont ceint leurs fronts de branches de peuplier, et l'on voit leurs épaules luisantes du jus de l'olive épanché à grands flots. Ils se placent sur les bancs, les bras tendus sur la rame, prêtent l'oreille, et attendent le signal. Leur cœur palpite, agité par la crainte et par l'ardent désir de la victoire. Dès que la trompette éclatante résonne, tout s'ébranle et tout part. Les nautonniers remplissent de leurs cris les airs ; l'onde blanchissante bouillonne sous l'effort de leurs bras ; de larges sillons déchirent les flots, et l'humide élément tout entier s'ouvre sous le tranchant des

Convulsum remis rostrisque tridentibus æquor.
Non tam præcipites bijugo certamine campum
Corripuere, ruuntque effusi carcere currus;
Nec sic immissis aurigæ undantia lora
Concussere jugis, pronique in verbera pendent.
Tum plausu fremituque virum studiisque faventum
Consonat omne nemus, vocemque inclusa volutant
Litora; pulsati colles clamore resultant.

EFFUGIT ante alios, primisque elabitur undis
Turbam inter fremitumque Gyas; quem deinde Cloanthus
Consequitur, melior remis : sed pondere pinus
Tarda tenet. Post hos æquo discrimine Pristis
Centaurusque locum tendunt superare priorem.
Et nunc Pristis habet, nunc victam præterit ingens
Centaurus; nunc una ambæ junctisque feruntur
Frontibus, et longa sulcant vada salsa carina.
JAMQUE propinquabant scopulo, metamque tenebant :
Quum princeps medioque Gyas in gurgite victor,
Rectorem navis compellat voce Menœten :
« Quo tantum mihi dexter abis? huc dirige gressum;
Litus ama, et lævas stringat sine palmula cautes;
Altum alii teneant. » Dixit; sed cæca Menœtes
Saxa timens, proram pelagi detorquet ad undas.
« Quo diversus abis? » iterum, « Pete saxa, Menœte, »
Cum clamore Gyas revocabat; et ecce Cloanthum
Respicit instantem tergo, et propiora tenentem.

rames et sous les proues armées de triples éperons. Moins rapides, dans les jeux du Cirque, les chars s'élancent de la barrière et se précipitent dans la lice; moins ardens, les conducteurs rivaux, penchés sur les coursiers, le fouet levé, agitent les rênes ondoyantes. Toute la forêt, qui borde le rivage, retentit du murmure confus des vœux qui partagent les spectateurs entre les combattans : les voix roulent d'échos en échos, et les collines renvoient les acclamations dont elles sont frappées.

Au milieu des clameurs frémissantes, Gyas s'est élancé plus rapide, et il devance ses rivaux. Cloanthe le suit de près, plus fort par ses rameurs, mais retardé par la pesanteur de son navire. Après eux voguent, à une distance égale, la Baleine et le Centaure, qui, par leurs efforts, se disputent l'avantage du premier rang. Tantôt la Baleine l'emporte; tantôt, vainqueur à son tour, l'énorme Centaure est en avant; tantôt enfin les deux vaisseaux voguent de front, et côte à côte leurs carènes sillonnent l'onde amère.

Déja ils approchaient du rocher, et le but allait être atteint, lorsque Gyas, qui toujours devance ses rivaux et vogue en triomphe sur la plaine liquide, crie à Ménète, son pilote : « Pourquoi vas-tu si loin à droite ? Tourne de ce côté ! serre les flancs du rocher; effleureles, à gauche, de tes rames : laisse aux autres la pleine mer ! » Il dit; mais le vieux pilote, craignant les écueils cachés sous l'onde, détourne sa proue et gagne au large. « Où vas-tu, Ménète ? et pourquoi ce détour ? rapproche-toi du rocher ! » C'est ainsi que Gyas parlait encore, quand il voit derrière lui Cloanthe qui le presse, se rapproche à gauche, glisse entre son vaisseau et le rocher

Ille inter navemque Gyæ scopulosque sonantes
Radit iter lævum interior, subitoque priorem
Præterit, et metis tenet æquora tuta relictis.
Tum vero exarsit juveni dolor ossibus ingens,
Nec lacrymis caruere genæ; segnemque Menœten,
Oblitus decorisque sui sociumque salutis,
In mare præcipitem puppi deturbat ab alta.
Ipse gubernaclo rector subit, ipse magister,
Hortaturque viros, clavumque ad litora torquet.
At gravis, ut fundo vix tandem redditus imo est,
Jam senior, madidaque fluens in veste, Menœtes,
Summa petit scopuli, siccaque in rupe resedit.
Illum et labentem Teucri, et risere natantem,
Et salsos rident revomentem pectore fluctus.

Hic læta extremis spes est accensa duobus,
Sergesto Mnestheique, Gyan superare morantem.
Sergestus capit ante locum, scopuloque propinquat.
Nec tota tamen ille prior præeunte carina;
Parte prior, partem rostro premit æmula Pristis.
At media socios incedens nave per ipsos
Hortatur Mnestheus : « Nunc, nunc insurgite remis,
Hectorei socii, Trojæ quos sorte suprema
Delegi comites; nunc illas promite vires,
Nunc animos, quibus in gætulis syrtibus usi,
Ionioque mari, Maleæque sequacibus undis.
Non jam prima peto Mnestheus, neque vincere certo;

retentissant, passe comme un trait, le devance, atteint le but, le tourne, revient, et, vainqueur, vogue vers le rivage. Alors, une colère violente enflamme le cœur du jeune guerrier; des pleurs brûlans descendent sur ses joues; et, oubliant les soins de sa gloire et la sûreté de ses compagnons, il précipite du haut de la poupe dans les flots l'indocile Ménète, prend lui-même le gouvernail; nouveau pilote, il excite les rameurs, et tourne sa proue vers les bords du rocher. Cependant, malgré le poids des ans et celui de ses vêtemens, d'où l'eau de toutes parts ruisselle, Ménète revient du fond de l'abîme, gravit avec peine le roc, et s'assied sur la cime. Les Troyens avaient ri de sa chute et de sa lenteur à lutter contre les flots : ils rient encore en le voyant revomir l'onde amère.

En ce moment, un espoir joyeux vient animer Sergeste et Mnesthée, qui, les derniers dans la course, se flattent de regagner Gyas retardé dans la sienne. Sergeste s'avance le premier, et approche du rocher : mais son navire tout entier ne dépasse pas encore celui de son rival. Une partie seule est en avant, et la proue de la Baleine serre les flancs du Centaure. Cependant Mnesthée parcourt, à pas pressés, les rangs des nautonniers, dont il excite l'ardeur : « Maintenant, dit-il, maintenant insistez sur les rames, dignes compagnons d'Hector, que j'ai choisis pour les miens depuis le dernier jour de Troie ! Maintenant déployez cette même vigueur et ce courage éclatant qui vous firent dompter les Syrtes de Gétulie, et les flots de la mer Ionienne, et les rapides courans de Malée ! Ce n'est plus à la première palme qu'aspire

Quamquam o!.. sed superent, quibus hoc, Neptune, dedisti.
Extremos pudeat rediisse : hoc vincite, cives,
Et prohibete nefas.» Olli certamine summo
Procumbunt; vastis tremit ictibus ærea puppis,
Subtrahiturque solum; tum creber anhelitus artus
Aridaque ora quatit; sudor fluit undique rivis.
Attulit ipse viris optatum casus honorem;
Namque furens animi, dum proram ad saxa suburget
Interior, spatioque subit Sergestus iniquo,
Infelix saxis in procurrentibus hæsit.
Concussæ cautes, et acuto in murice remi
Obnixi crepuere, illisaque prora pependit.
Consurgunt nautæ, et magno clamore morantur;
Ferratasque trudes et acuta cuspide contos
Expediunt, fractosque legunt in gurgite remos.

At lætus Mnestheus, successuque acrior ipso,
Agmine remorum celeri, ventisque vocatis,
Prona petit maria, et pelago decurrit aperto.
Qualis spelunca subito commota columba,
Cui domus et dulces latebroso in pumice nidi,
Fertur in arva volans, plausumque exterrita pennis
Dat tecto ingentem; mox aere lapsa quieto,
Radit iter liquidum, celeres neque commovet alas.
Sic Mnestheus, sic ipsa fuga secat ultima Pristis
Æquora; sic illam fert impetus ipse volantem.
Et primum in scopulo luctantem deserit alto

Mnesthée; et ce n'est plus pour vaincre que je combats...
si toutefois..... mais non, qu'ils l'emportent, puissant
dieu des mers, ceux à qui tu as donné la victoire! seulement, évitons la honte de revenir les derniers! Amis,
fuyons cet opprobre; et que ce soit là notre triomphe. »
Il dit, et tous ensemble les matelots se courbent sur
les rames. Sous leurs vastes efforts le navire tremble,
l'onde en grondant s'enfuit; leur souffle haletant bat
leurs flancs qui palpitent, et la sueur ruisselle de leurs
corps. Le hasard leur donne l'avantage désiré; tandis
que, emporté par son ardeur, Sergeste dirige sa proue
trop près du rocher, et veut le tourner dans l'étroit
intervalle qui l'en sépare; malheureux! il s'engage dans
les écueils cachés : le roc est ébranlé; les rames qui le
heurtent volent en éclats, et la poupe brisée y demeure
suspendue. Les nautonniers se lèvent, jettent de grands
cris et s'arrêtent. Bientôt, ils saisissent des pieux armés
de fer, de longs avirons aux pointes aiguës, et recueillent les débris flottans de leurs rames.

Alors Mnesthée, que la joie excite, et qui sent redoubler son ardeur, secondé par ses rameurs agiles et par la faveur des vents qu'il a invoqués, tourne le rocher, et vogue
rapidement sur la plaine azurée. Telle qu'une colombe,
saisie d'une frayeur soudaine dans le creux d'un roc, sa
demeure solitaire, où est sa tendre couvée, ébranle son
nid du battement de ses ailes, s'envole avec bruit, et
bientôt, portée mollement dans un air tranquille, fend
rapide les champs de l'éther sans paraître agiter ses ailes :
tel, emporté par son essor, le vaisseau de Mnesthée vole
sur les dernières eaux qui conduisent au rivage. Il a laissé
derrière lui Sergeste luttant contre les écueils et les sables
où il est arrêté, implorant en vain du secours, et cher-

Sergestum, brevibusque vadis, frustraque vocantem
Auxilia, et fractis discentem currere remis.
Inde Gyan, ipsamque ingenti mole Chimæram
Consequitur; cedit, quoniam spoliata magistro est.
Solus jamque ipso superest in fine Cloanthus,
Quem petit, et summis adnixus viribus urget.
Tum vero ingeminat clamor, cunctique sequentem
Instigant studiis, resonatque fragoribus æther.

Hi, proprium decus et partum, indignantur, honorem
Ni teneant, vitamque volunt pro laude pacisci.
Hos successus alit; possunt, quia posse videntur.
Et fors æquatis cepissent præmia rostris,
Ni palmas ponto tendens utrasque Cloanthus
Fudissetque preces, divosque in vota vocasset:
« Di, quibus imperium est pelagi, quorum æquora curro,
Vobis lætus ego hoc candentem in litore taurum
Constituam ante aras, voti reus, extaque salsos
Porriciam in fluctus, et vina liquentia fundam. »
Dixit, eumque imis sub fluctibus audiit omnis
Nereidum Phorcique chorus, Panopeaque virgo;
Et pater ipse manu magna Portunus euntem
Impulit. Illa Noto citius volucrique sagitta
Ad terram fugit, et portu se condidit alto.
Tum satus Anchisa, cunctis ex more vocatis,
Victorem magna præconis voce Cloanthum
Declarat, viridique advelat tempora lauro;

chant à se dégager avec les débris de ses rames. Enfin, Mnesthée atteint Gyas et l'énorme Chimère, qui, privée de son pilote, est bientôt devancée. Cloanthe reste seul à vaincre, et déjà il touche au terme de la carrière. Mnesthée redouble ses efforts ; il le suit, il le presse : de grandes clameurs l'excitent ; pour lui sont tous les vœux, et de grands bruits remplissent les airs.

Les uns, fiers de l'avantage qu'ils ont obtenu, s'indignent de se voir disputer la palme, et veulent en remporter la gloire au péril de leur vie ; le succès des autres nourrit leur audace : ils peuvent vaincre, parce qu'ils croient le pouvoir ; et peut-être un même honneur attendait les deux rivaux, si Cloanthe, étendant ses deux bras vers les ondes, n'eût, en adressant aux dieux cette prière, appelé leur faveur sur ses vœux : « Divinités à qui appartient l'empire des eaux sur lesquelles je cours, si vous me donnez la victoire, j'immolerai un taureau blanc, sur ce rivage, au pied de vos autels ; je jetterai dans les flots amers les entrailles de la victime, et j'y joindrai des libations de vin. » Il dit, et, du fond des mers, tout le chœur des Néréides, les filles de Phorcus et la chaste Panopée ont entendu sa voix. Palémon lui-même pousse de sa puissante main le vaisseau, qui, plus vite que le vent, que la flèche légère, vole dans le port, et touche le rivage.

Alors, selon la coutume, le fils d'Anchise, ayant appelé tous les combattans, proclamé, par la voix du héraut, Cloanthe vainqueur, et voile son front d'une cou-

Muneraque in naves ternos optare juvencos,
Vinaque, et argenti magnum dat ferre talentum.
Ipsis præcipuos ductoribus addit honores:
Victori chlamydem auratam, quam plurima circum
Purpura Mæandro duplici Melibœa cucurrit;
Intextusque puer frondosa regius Ida
Veloces jaculo cervos cursuque fatigat
Acer, anhelanti similis, quem præpes ab Ida
Sublimem pedibus rapuit Jovis armiger uncis;
Longævi palmas nequidquam ad sidera tendunt
Custodes, sævitque canum latratus in auras.
At, qui deinde locum tenuit virtute secundum,
Levibus huic hamis consertam auroque trilicem
Loricam, quam Demoleo detraxerat ipse
Victor apud rapidum Simoenta sub Ilio alto,
Donat habere viro, decus et tutamen in armis.
Vix illam famuli Phegeus Sagarisque ferebant
Multiplicem, connixi humeris; indutus at olim
Demoleus cursu palantes Troas agebat.
Tertia dona facit geminos ex ære lebetas,
Cymbiaque argento perfecta, atque aspera signis.

Jamque adeo donati omnes, opibusque superbi,
Puniceis ibant evincti tempora tæniis;
Quum sævo e scopulo multa vix arte revulsus,
Amissis remis, atque ordine debilis uno,
Irrisam sine honore ratem Sergestus agebat.

ronne de laurier. Il fait donner, pour récompense, à chaque navire trois jeunes taureaux, du vin et un talent d'argent. Il ajoute, pour les chefs, des présens plus distingués : le vainqueur reçoit une chlamyde tramée d'or, où, comme bordure, court et serpente en double rayon la pourpre de Mélibée. Sur ce tissu est représenté un jeune prince qui, de sa course et de ses traits, fatigue les cerfs agiles dans les forêts du mont Ida : on le voit ardent, hors d'haleine, quand l'oiseau de Jupiter fond sur lui d'un vol rapide, le saisit de sa double serre, et l'enlève à la voûte éthérée : en vain ses vieux gouverneurs tendent leurs mains vers les astres; en vain ses chiens fidèles battent les airs de leurs longs aboiemens.

Celui qui, par son adresse, a obtenu le second rang, reçoit une cuirasse dont de triples mailles d'or ont formé le tissu, et que le chef des Troyens, combattant sur les bords du rapide Simoïs, avait enlevé à Démoléon sous les murs de Pergame : cette cuirasse peut à la fois servir de parure et de défense. Les deux esclaves Phégée et Sagaris avaient peine à la porter sur leurs épaules : mais Démoléon en était revêtu, quand il poursuivait à la course les Troyens dispersés dans la plaine. Le troisième vainqueur obtient deux larges bassins d'airain, et deux coupes d'argent ornées de figures relevées par un travail exquis.

Déja tous les prix étaient donnés; déjà les vainqueurs marchaient glorieux, le front ceint de bandelettes de pourpre, lorsque, arraché avec de longs efforts au rocher fatal, le navire de Sergeste est ramené par lui sans honneur, dépouillé d'un rang de rames, et triste objet de la risée des spectateurs. Tel souvent on voit un ser-

Qualis saepe viae deprensus in aggere serpens,
Ærea quem obliquum rota transiit, aut gravis ictu
Seminecem liquit saxo lacerumque viator :
Nequidquam longos fugiens dat corpore tortus,
Parte ferox, ardensque oculis, et sibila colla
Arduus attollens; pars vulnere clauda retentat
Nexantem nodis, seque in sua membra plicantem.
Tali remigio navis se tarda movebat :
Vela facit tamen, et plenis subit ostia velis.
Sergestum Æneas promisso munere donat,
Servatam ob navem laetus sociosque reductos.
Olli serva datur, operum haud ignara Minervae,
Cressa genus Pholoe, geminique sub ubere nati.

Hoc pius Æneas misso certamine tendit
Gramineum in campum, quem collibus undique curvis
Cingebant silvae; mediaque in valle theatri
Circus erat, quo se multis cum millibus heros
Consessu medium tulit, exstructoque resedit.
Hic, qui forte velint rapido contendere cursu,
Invitat pretiis animos, et praemia ponit.
Undique conveniunt Teucri, mixtique Sicani :
Nisus et Euryalus primi.
Euryalus forma insignis, viridique juventa;
Nisus amore pio pueri : quos deinde secutus
Regius egregia Priami de stirpe Diores.
Hunc Salius simul et Patron, quorum alter Acarnan,

pent, surpris au milieu du chemin, et que presse obliquement une roue d'airain, ou que le voyageur a laissé meurtri et sanglant sous le poids d'une pierre : en vain il s'efforce de fuir et de rouler ses longs anneaux; d'un côté, terrible, les yeux ardens, il dresse, en sifflant, sa tête altière; de l'autre côté, arrêté par sa blessure, c'est en vain qu'il courbe et replie ses restes mutilés. Tel, avec les débris de ses rames, se traînait lentement sur l'onde le vaisseau tardif de Sergeste. Cependant, il a pu déployer ses voiles, et il entre enfin dans le port. Le fils d'Anchise est satisfait; Sergeste obtient la récompense promise : il a sauvé son vaisseau et ramené ses compagnons; il reçoit une esclave de Crète, la jeune Pholoé, instruite aux travaux de Minerve, et mère de deux jumeaux qui se jouent sur son sein.

Ce combat terminé, le héros se rend dans une vallée verdoyante que ceignent des collines ombragées de forêts. Le milieu représente un cirque qui a son amphithéâtre. Suivi de nombreux milliers de spectateurs, le fils d'Anchise monte, et s'assied sur un trône de gazon. De là, il invite au combat de la course ceux qui, par leur agile vitesse, peuvent en disputer l'honneur; et, pour exciter l'ardeur qui les anime, il montre les prix destinés aux vainqueurs. De toutes parts se présentent Troyens et Siciliens ensemble confondus. A leur tête, s'avancent Nisus et Euryale : Euryale, dont la beauté remarquable est jointe à la fleur de l'âge; Nisus, tendre ami de ce guerrier adolescent. Après eux, vient Diorès, né du sang illustre de Priam : il est suivi de Salius et de Patron, l'un venu d'Acarnanie, l'autre issu d'une famille arcadienne de la ville

Alter ab Arcadia, tegeææ sanguine gentis.
Tum duo trinacrii juvenes, Helymus Panopesque,
Assueti silvis, comites senioris Acestæ;
Multi præterea, quos fama obscura recondit.

Æneas quibus in mediis sic deinde locutus:
« Accipite hæc animis, lætasque advertite mentes.
Nemo ex hoc numero mihi non donatus abibit.
Gnosia bina dabo levato lucida ferro
Spicula, cælatamque argento ferre bipennem:
Omnibus hic erit unus honos. Tres præmia primi
Accipient, flavaque caput nectentur oliva.
Primus equum phaleris insignem victor habeto;
Alter amazoniam pharetram, plenamque sagittis
Threiciis, lato quam circumplectitur auro
Balteus, et tereti subnectit fibula gemma.
Tertius argolica hac galea contentus abito.»
Hæc ubi dicta, locum capiunt, signoque repente
Corripiunt spatia audito, limenque relinquunt
Effusi nimbo similes; simul ultima signant.
Primus abit, longeque ante omnia corpora Nisus
Emicat, et ventis et fulminis ocior alis.
Proximus huic, longo sed proximus intervallo,
Insequitur Salius. Spatio post deinde relicto
Tertius Euryalus.
Euryalumque Helymus sequitur; quo deinde sub ipso
Ecce volat, calcemque terit jam calce Diores,

de Tégée. Deux jeunes Siciliens paraissent ensuite, Helymus et Panope, accoutumés à suivre, comme chasseurs, le vieil Aceste dans les forêts. Après eux, en grand nombre, viennent encore d'autres rivaux dont les noms moins connus sont restés dans l'oubli.

Alors, du milieu de l'assemblée qu'il domine, le héros troyen fait entendre ces mots : « Écoutez ! et que vos cœurs s'ouvrent à la joie ! aucun de vous ne sortira de la lice sans un don de ma main. Chacun recevra deux javelots crétois armés d'un fer luisant et poli, avec une hache à deux tranchans, garnie d'argent ciselé. Ce présent sera commun à tous. Les trois premiers vainqueurs recevront des prix à part, et l'olive jaunissante couronnera leur front. Au premier appartiendra un coursier superbe et son riche équipage ; au second, un carquois d'Amazone rempli de flèches de Thrace, avec le large baudrier d'or qui l'entoure, et qu'attache, en agrafe arrondie, une pierre éclatante. Le troisième se contentera de ce casque, la dépouille d'un Grec. »

Il dit, les rivaux se placent, le signal est donné, et soudain tous, l'œil fixé sur le but, s'élancent de la barrière comme un tourbillon, et dévorent l'espace. A leur tête, et bientôt les laissant loin derrière lui, brille et vole Nisus plus léger que le vent, plus rapide que l'aile du tonnerre. Salius le suit, mais à une longue distance. Euryale est le troisième, et laisse encore un intervalle. Après Euryale vient Helymus ; après Helymus, Diorès, qui presse du pied le pied de son rival, et sur son épaule allonge sa tête : sans l'étroit espace où il court, il le devancerait, ou rendrait du moins la victoire douteuse.

Incumbens humero; spatia et si plura supersint,
Transeat elapsus prior, ambiguumve relinquat.
JAMQUE fere spatio extremo, fessique, sub ipsam
Finem adventabant; levi quum sanguine Nisus
Labitur infelix; cæsis ut forte juvencis
Fusus humum viridesque super madefecerat herbas.
Hic juvenis, jam victor ovans, vestigia presso
Haud tenuit titubata solo; sed pronus in ipso
Concidit immundoque fimo sacroque cruore.
Non tamen Euryali, non ille oblitus amorum;
Nam sese opposuit Salio per lubrica surgens.
Ille autem spissa jacuit revolutus arena.
Emicat Euryalus, et munere victor amici
Prima tenet, plausuque volat fremituque secundo.
Post Helymus subit, et nunc tertia palma Diores.
Hic totum caveæ consessum ingentis, et ora
Prima patrum magnis Salius clamoribus implet,
Ereptumque dolo reddi sibi poscit honorem.
Tutatur favor Euryalum, lacrymæque decoræ,
Gratior et pulchro veniens in corpore virtus.
Adjuvat, et magna proclamat voce Diores,
Qui subiit palmæ, frustraque ad præmia venit
Ultima, si primi Salio redduntur honores.
Tum pater Æneas : «Vestra, inquit, munera vobis
Certa manent, pueri; et palmam movet ordine nemo.
Me liceat casus miserari insontis amici.»

Déjà, fatigués, haletans, et presque au bout de la carrière, les combattans allaient toucher au but, quand l'infortuné Nisus glisse dans le sang des taureaux que, par hasard, on avait immolés dans ce lieu. Déjà fier du triomphe qui l'attend, il ne peut fixer son pied sur l'herbe humectée; il chancelle, et tombe en avant, souillé de la fange et du sang des victimes. Mais, quand il perd la victoire, il n'oublie pas son Euryale, objet constant de sa tendresse : soudain il se relève sur ce terrain glissant, s'oppose à Salius, qui vacille et tombe, tandis qu'Euryale s'élance, et, vainqueur par le secours de son ami, fournit le premier la carrière, au bruit flatteur des applaudissemens. Helymus arrive après lui, et Diorès triomphe le troisième.

Mais bientôt l'immense amphithéâtre retentit des clameurs de Salius; il s'approche des premiers rangs où les chefs sont assis, et revendique un honneur que lui ravit la ruse. Euryale a pour lui la faveur de l'assemblée, la grâce de ses larmes, et le charme que la beauté ajoute à la vertu naissante. Diorès le seconde et le proclame à grands cris : arrivé le dernier, c'est en vain qu'il prétendrait à la troisième palme, si la première était donnée à Salius. « Jeunes guerriers, dit le héros, vos prix sont assurés, et nul ne changera l'ordre des couronnes : mais qu'il me soit permis de récompenser un ami qui n'a pas mérité son malheur. » Il dit, et donne à Salius la peau d'un lion de Gétulie, dépouille immense, riche de ses longs crins et de ses ongles d'or. « Ah! s'écrie Ni-

Sic fatus, tergum gætuli immane leonis
Dat Salio, villis onerosum atque unguibus aureis.
Hic Nisus : « Si tanta, inquit, sunt præmia victis,
Et te lapsorum miseret, quæ munera Niso
Digna dabis? primam merui qui laude coronam,
Ni me, quæ Salium, fortuna inimica tulisset. »
Et simul his dictis faciem ostentabat, et udo
Turpia membra fimo. Risit pater optimus olli,
Et clypeum efferri jussit, Didymaonis artes,
Neptuni sacro Danais de poste refixum.
Hoc juvenem egregium præstanti munere donat.
Post, ubi confecti cursus, et dona peregit :
« Nunc, si cui virtus animusque in pectore præsens,
Adsit, et evinctis attollat brachia palmis. »
Sic ait, et geminum pugnæ proponit honorem :
Victori velatum auro vittisque juvencum;
Ensem atque insignem galeam, solatia victo.

Nec mora; continuo vastis cum viribus effert
Ora Dares, magnoque virum se murmure tollit;
Solus qui Paridem solitus contendere contra;
Idemque ad tumulum, quo maximus occubat Hector,
Victorem Buten immani corpore, qui se
Bebrycia veniens Amyci de gente ferebat,
Perculit, et fulva moribundum extendit arena.
Talis prima Dares caput altum in prœlia tollit,

sus, si les vaincus reçoivent de tels prix, et si ceux qui tombent obtiennent de votre pitié un tel hommage, quel honneur réservez-vous à Nisus, à moi qui méritais la première couronne, si la fortune, dont se plaint Salius, n'eût trahi mes efforts? » Et, en même temps, il montrait son visage et son corps couverts de fange et de sang. Le chef des Troyens lui sourit avec bonté; il fait apporter un bouclier, ouvrage admirable de Didymaon, que jadis les Grecs avaient enlevé d'un temple de Neptune, et il honore le jeune guerrier de ce don précieux.

La course est finie, et les prix sont distribués : « Maintenant, si quelque athlète sent dans son cœur assez de force et d'audace, qu'il vienne et lève ses bras armés du ceste! » Ainsi parle Énée : et, pour ce combat, il propose un double prix. Au vainqueur sera donné un jeune taureau dont les cornes sont ornées d'or et de bandelettes. Les regrets du vaincu seront consolés par le don d'une épée et d'un casque brillant.

Aussitôt, fier de sa force immense et de sa haute stature, Darès se lève et s'avance au milieu d'un murmure flatteur : Darès qui osait seul lutter contre Pâris; Darès qui, près du tombeau où repose le grand Hector, affrontant l'énorme et terrible Butès, vainqueur dans les combats, et se vantant d'être issu d'Amycus, roi de Bébrycie, l'étendit mourant sur l'arène. Tel le premier, levant sa tête altière, Darès se présente dans la lice : il montre ses larges épaules; et, déployant étendus l'un après l'autre ses bras nerveux, il bat à coups redoublés

Ostenditque humeros latos, alternaque jactat
Brachia protendens, et verberat ictibus auras.
Quæritur huic alius; nec quisquam ex agmine tanto
Audet adire virum, manibusque inducere cæstus.
Ergo alacris, cunctosque putans excedere palma,
Æneæ stetit ante pedes, nec plura moratus,
Tum læva taurum cornu tenet, atque ita fatur:
« Nate dea, si nemo audet se credere pugnæ,
Quæ finis standi? quo me decet usque teneri?
Ducere dona jube. » Cuncti simul ore fremebant
Dardanidæ, reddique viro promissa jubebant.
Hic gravis Entellum dictis castigat Acestes,
Proximus ut viridante toro consederat herbæ:
« Entelle, heroum quondam fortissime frustra,
Tantane tam patiens nullo certamine tolli
Dona sines? ubi nunc nobis deus ille magister
Nequidquam memoratus Eryx? Ubi fama per omnem
Trinacriam, et spolia illa tuis pendentia tectis? »
Ille sub hæc: « Non laudis amor, nec gloria cessit
Pulsa metu; sed enim gelidus tardante senecta
Sanguis hebet, frigentque effetæ in corpore vires.
Si mihi, quæ quondam fuerat, quaque improbus iste
Exsultat fidens, si nunc foret illa juventas:
Haud equidem pretio inductus pulchroque juvenco
Venissem; nec dona moror. » Sic deinde locutus,
In medium geminos immani pondere cæstus

les airs. On lui cherche un adversaire; mais, dans une assemblée si nombreuse, aucun n'ose armer son bras du ceste, pour se mesurer avec un tel rival. Alors il triomphe, et, pensant que tous lui cèdent la palme, il s'arrête debout devant Énée : et, sans plus attendre, il saisit d'une forte main le taureau par la corne, et s'écrie : « Fils de Vénus, si personne n'ose accepter le combat, jusques à quand dois-je attendre? et pourquoi me retenir? Ce taureau est à moi : ordonnez que je l'emmène. » Tous les Troyens font entendre un murmure approbateur, et veulent que le prix lui soit délivré.

En ce moment, le vieil Aceste gourmande gravement Entelle, assis auprès de lui sur le gazon : « Entelle, dit-il, est-ce donc en vain qu'autrefois on te disait le plus vaillant des athlètes? souffriras-tu qu'un prix si glorieux soit enlevé sans combat? Où est maintenant ce dieu, le célèbre Éryx, qui fut notre maître, et dont tu reçus les leçons? Qu'est devenue ta gloire qui remplissait toute la Sicile? et que fais-tu de ces nobles trophées suspendus en pompe à tes lambris? — Ni l'amour des applaudissemens, ni celui de la gloire, répond Entelle, n'ont point été bannis de mon cœur par la crainte; mais la vieillesse pesante a glacé mon sang, et les forces de mon corps sont épuisées par l'âge. Ah! si j'étais encore ce que je fus autrefois, et si j'avais cette jeunesse qui donne à cet insolent tant d'orgueil et de confiance, ce ne serait pas le prix proposé, ce ne serait pas ce taureau qui tenterait mon courage. » Il dit, et jette sur l'arène deux cestes d'un poids énorme : c'étaient ceux dont le vaillant

Projecit, quibus acer Eryx in proelia suetus
Ferre manum, duroque intendere brachia tergo.
Obstupuere animi; tantorum ingentia septem
Terga boum plumbo insuto ferroque rigebant.
Ante omnes stupet ipse Dares, longeque recusat;
Magnanimusque Anchisiades et pondus et ipsa
Huc illuc vinclorum immensa volumina versat.
Tum senior tales referebat pectore voces:

« Quid, si quis caestus ipsius et Herculis arma
Vidisset, tristemque hoc ipso in litore pugnam?
Hæc germanus Eryx quondam tuus arma gerebat;
Sanguine cernis adhuc sparsoque infecta cerebro.
His magnum Alciden contra stetit; his ego suetus,
Dum melior vires sanguis dabat, æmula necdum
Temporibus geminis canebat sparsa senectus.
Sed si nostra Dares hæc Troius arma recusat,
Idque pio sedet Æneæ, probat auctor Acestes;
Æquemus pugnas. Erycis tibi terga remitto,
Solve metus; et tu trojanos exue caestus. »

Hæc fatus, duplicem ex humeris rejecit amictum,
Et magnos membrorum artus, magna ossa, lacertosque
Exuit, atque ingens media consistit arena.
Tum satus Anchisa caestus pater extulit æquos,
Et paribus palmas amborum innexuit armis.
Constitit in digitos extemplo arrectus uterque,
Brachiaque ad superas interritus extulit auras.

Éryx armait ses mains dans les combats, et que de dures courroies enlaçaient à ses bras vigoureux. Tous les courages sont étonnés à l'aspect de cette masse où sept cuirs épais se replient sept fois sur eux-mêmes sous des lames de plomb et de fer. Plus que tous les autres Darès s'étonne, et il refuse le combat avec de telles armes. Le magnanime fils d'Énée les soulève, en examine le poids, et déroule l'immense volume des courroies. « Et que serait-ce donc, dit alors le vieux Entelle, si quelqu'un de vous eût vu les cestes d'Hercule, et l'affreux combat qu'il livra sur ce même rivage. Les armes que vous voyez, Aceste, sont celles que portait autrefois Éryx, votre frère : elles gardent encore de sanglantes traces des blessures de ses rivaux et de leurs têtes fracassées. C'est avec ces armes qu'il lutta contre le grand Alcide ; c'est avec elles que moi-même je combattais, quand un sang jeune encore animait mes forces, et avant que la vieillesse eût blanchi mes cheveux. Mais, si le Troyen Darès refuse notre ceste, si c'est la volonté du pieux Énée, et si Aceste l'approuve, rendons les armes égales. Darès, cesse de craindre : je te fais grâce du ceste d'Éryx ; mais, à ton tour, dépose le ceste troyen. »

Il dit, rejette de ses épaules son double vêtement, découvre à nu ses muscles athlétiques, ses os saillans, ses bras vigoureux, et sa taille énorme s'élève au milieu de l'arène. Alors le fils d'Anchise fait apporter des cestes égaux, et lui-même les enlace aux bras des deux athlètes. A l'instant, l'un et l'autre se dressent sur leurs pieds : pleins d'une même audace, ils élèvent leurs bras menaçans, et rejettent en arrière loin des coups une

Abduxere retro longe capita ardua ab ictu;
Immiscentque manus manibus, pugnamque lacessunt.
Ille pedum melior motu, fretusque juventa;
Hic membris et mole valens, sed tarda trementi
Genua labant, vastos quatit æger anhelitus artus.
Multa viri nequidquam inter se vulnera jactant,
Multa cavo lateri ingeminant, et pectore vastos
Dant sonitus; erratque aures et tempora circum
Crebra manus; duro crepitant sub vulnere malæ.
Stat gravis Entellus, nisuque immotus eodem,
Corpore tela modo atque oculis vigilantibus exit.
Ille, velut celsam oppugnat qui molibus urbem,
Aut montana sedet circum castella sub armis,
Nunc hos, nunc illos aditus, omnemque pererrat
Arte locum, et variis assultibus irritus urget.

Ostendit dextram insurgens Entellus, et alte
Extulit: ille ictum venientem a vertice velox
Prævidit, celerique elapsus corpore cessit.
Entellus vires in ventum effudit, et ultro
Ipse gravis, graviterque ad terram pondere vasto
Concidit; ut quondam cava concidit aut Erymantho,
Aut Ida in magna radicibus eruta pinus.
Consurgunt studiis Teucri et trinacria pubes:
It clamor cœlo; primusque accurrit Acestes,
Æquævumque ab humo miserans attollit amicum.
At, non tardatus casu neque territus, heros

tête hautaine. Les mains se croisent avec les mains et provoquent le combat. L'un, plus léger et plus agile, a pour lui l'avantage que donne la jeunesse; l'autre est plus puissant par sa masse et sa force musculaire, mais ses genoux tremblans fléchissent sous le poids du corps, et ses larges flancs sont battus d'une haleine pénible. Mille coups sont de part et d'autre portés vainement; mille tombent pressés sur leurs flancs, ou retentissent à grand bruit sur leur robuste sein. La main rapide erre sans cesse autour des oreilles et des tempes; les dents ébranlées crient sous le ceste pesant. Entelle est ferme par son poids, immobile dans son attitude, et, par un coup d'œil vigilant, par un léger détour, il trompe les efforts de son rival. Tel qu'un guerrier qui attaque une ville munie de hauts remparts, ou qui assiège un fort assis sur un mont élevé, tente l'un après l'autre tous les accès : tel, joignant la ruse à l'audace, Darès attaque son adversaire, tourne en tous sens, et livre mille assauts inutiles.

Enfin, Entelle se dresse, et lève son bras de toute sa hauteur : Darès a vu le coup qui le menace, et, par un mouvement rapide, il recule et l'évite : l'effort d'Entelle est perdu dans les airs, et lui-même, entraîné par son poids, tombe pesamment sur l'arène : tel un vieux pin, creusé par le temps et arraché de ses racines, tombe dans les forêts d'Érymanthe ou de l'Ida. Saisis d'une émotion soudaine, Troyens et Siciliens, tous se lèvent, et leurs clameurs montent jusqu'aux astres. Aceste accourt le premier : il relève un ami qui a son âge, et il plaint sa faiblesse. Mais, sans être ni ralenti, ni effrayé de sa chute, le héros, plus terrible, revient au combat; son courage est encore excité par sa colère.

Acrior ad pugnam redit, ac vim suscitat ira;
Tum pudor incendit vires, et conscia virtus;
Præcipitemque Daren ardens agit æquore toto,
Nunc dextra ingeminans ictus, nunc ille sinistra.
Nec mora, nec requies. Quam multa grandine nimbi
Culminibus crepitant : sic densis ictibus heros
Creber utraque manu pulsat versatque Dareta.

Tum pater Æneas procedere longius iras,
Et sævire animis Entellum haud passus acerbis;
Sed finem imposuit pugnæ, fessumque Dareta
Eripuit, mulcens dictis, ac talia fatur :
« Infelix, quæ tanta animum dementia cepit?
Non vires alias conversaque numina sentis?
Cede deo. » Dixitque, et prœlia voce diremit.
Ast illum fidi æquales, genua ægra trahentem,
Jactantemque utroque caput, crassumque cruorem
Ore ejectantem, mixtosque in sanguine dentes,
Ducunt ad naves; galeamque ensemque vocati
Accipiunt : palmam Entello taurumque relinquunt.
Hic victor, superans animis, tauroque superbus :
« Nate dea, vosque hæc, inquit, cognoscite, Teucri,
Et mihi quæ fuerint juvenili in corpore vires,
Et qua servetis revocatum a morte Dareta. »
Dixit, et adversi contra stetit ora juvenci,
Qui donum adstabat pugnæ; durosque reducta
Libravit dextra media inter cornua cæstus

La honte et le sentiment de son ancienne vaillance enflamment son audace : ardent, il s'élance, et poursuit Darès, qui, fuyant, précipite ses pas dans toute la carrière : sans relâche, il frappe à droite, à gauche, des deux cestes, son rival ; point de trêve, point de repos : telle que tombe de la nue et retentit sur les toits la grêle impétueuse ; tel, à coups pressés, l'impétueux athlète chasse d'un bras Darès, et de l'autre le ramène.

Alors Énée ne peut souffrir qu'emporté dans sa fureur et dans sa vengeance, Entelle en prolonge le cours : il fait cesser le combat, arrache à son terrible rival Darès près de succomber, et par ces mots console sa disgrâce : « Malheureux ! quelle grande illusion égare tes esprits ? ne sens-tu pas ici des forces plus qu'humaines, et la présence de divinités contraires ? Cède à un dieu ! » Il dit, et sa voix sépare les combattans. Les amis de Darès l'emmènent vers les vaisseaux, traînant des pas pénibles sous ses genoux tremblans, abandonnant sa tête qui penche sur l'une et l'autre épaule, et dans des flots de sang noir vomissant ses dents entremêlées. Ses compagnons sont rappelés : ils reçoivent des mains du fils d'Anchise le casque et l'épée, et abandonnent à Entelle la palme et le taureau. Alors, fier de sa conquête : « Fils de Vénus, et vous Troyens, dit le superbe athlète, connaissez quelle fut dans mon jeune âge ma force, et de quelle mort vous venez de sauver Darès ! » Il dit, se dresse en face du taureau prix de sa victoire, élève et ramène en arrière son bras armé du ceste formidable, frappe entre les deux cornes, fait rejaillir du front brisé la cervelle sanglante, et soudain tremble, et sans vie tombe à terre le taureau. « Éryx ! » s'écrie alors

Arduus, effractoque illisit in ossa cerebro.
Sternitur, exanimisque tremens procumbit humi bos.
Ille super tales effundit pectore voces:
« Hanc tibi, Eryx, meliorem animam pro morte Daretis
Persolvo : hic victor caestus artemque repono. »

PROTINUS Æneas celeri certare sagitta
Invitat, qui forte velint, et praemia ponit;
Ingentique manu malum de nave Seresti
Erigit, et volucrem trajecto in fune columbam,
Quo tendant ferrum, malo suspendit ab alto.
Convenere viri, dejectamque aerea sortem
Accepit galea; et primus clamore secundo
Hyrtacidae ante omnes exit locus Hippocoontis,
Quem modo navali Mnestheus certamine victor
Consequitur, viridi Mnestheus evinctus oliva.
Tertius Eurytion, tuus, o clarissime, frater,
Pandare, qui quondam, jussus confundere foedus,
In medios telum torsisti primus Achivos.
Extremus galeaque ima subsedit Acestes,
Ausus et ipse manu juvenum tentare laborem.
Tum validis flexos incurvant viribus arcus
Pro se quisque viri, et depromunt tela pharetris.
Primaque per coelum nervo stridente sagitta
Hyrtacidae juvenis volucres diverberat auras,
Et venit, adversique infigitur arbore mali.
Intremuit malus, timuitque exterrita pennis

Entelle fortement ému, je t'offre, au lieu du sang de Darès, cette victime plus digne de toi. Et, maintenant, vainqueur, ici je dépose le ceste, et renonce à mon art. »

Aussitôt Énée invite au jeu de l'arc ceux qui savent le mieux diriger une flèche rapide, et il montre les prix proposés. Il dresse lui-même, d'une main puissante, le mât du vaisseau de Sergeste : à la cime se débat, retenue par un lien léger, une colombe qui doit servir de but. Déjà les rivaux sont assemblés, et un casque d'airain a reçu leurs noms : le premier qui sort, accueilli par de flatteuses clameurs, est celui d'Hippocoon, fils d'Hyrtacus; le suivant, celui de Mnesthée, qui vient de triompher dans la lutte des vaisseaux : Mnesthée, dont le front est paré de la couronne d'olivier. Le troisième est Eurytion, ton frère, illustre Pandarus, toi qui jadis, par l'ordre de Minerve, rompis la paix jurée, en lançant un trait fatal au milieu des Grecs. Le nom resté le dernier au fond du casque, est celui d'Aceste, qui ose aussi essayer sa main dans cet exercice de la jeunesse. Alors chacun, d'un bras vigoureux, courbe l'arc flexible, et tire une flèche de son carquois. La première qui part est celle du jeune Hippocoon : la corde frémit, le trait siffle, fend l'air, frappe le mât et y demeure attaché : l'arbre tremble, l'oiseau effrayé agite ses ailes, et le vallon retentit de longs applaudissemens. A son tour se présente l'ardent Mnesthée, l'arc tendu, la tête haute, l'œil et la flèche dirigés vers le but; mais il n'est pas assez heureux pour que le fer aigu atteigne l'oiseau lui-même; seulement, il a rompu les nœuds et la corde légère qui le

Ales, et ingenti sonuerunt omnia plausu.
Post acer Mnestheus adducto constitit arcu,
Alta petens, pariterque oculos telumque tetendit.
Ast ipsam miserandus avem contingere ferro
Non valuit; nodos et vincula linea rupit,
Quis innexa pedem malo pendebat ab alto.
Illa notos atque atra volans in nubila fugit.
Tum rapidus, jamdudum arcu contenta parato
Tela tenens, fratrem Eurytion in vota vocavit,
Jam vacuo lætam cœlo speculatus; et alis
Plaudentem nigra figit sub nube columbam.
Decidit exanimis, vitamque reliquit in astris
Aeriis, fixamque refert delapsa sagittam.

Amissa solus palma superabat Acestes;
Qui tamen aerias telum contendit in auras,
Ostentans artemque pater arcumque sonantem.
Hic oculis subitum objicitur magnoque futurum
Augurio monstrum : docuit post exitus ingens,
Seraque terrifici cecinerunt omina vates.
Namque volans liquidis in nubibus arsit arundo,
Signavitque viam flammis, tenuesque recessit
Consumpta in ventos; cœlo ceu sæpe refixa
Transcurrunt, crinemque volantia sidera ducunt.
Attonitis hæsere animis, Superosque precati
Trinacrii Teucrique viri : nec maximus omen
Abnuit Æneas; sed lætum amplexus Acesten

retenaient, au sommet du mât, par le pied suspendu. La colombe prend l'essor, fuit et s'envole vers la nue orageuse, emportée par les vents. Soudain le prompt Eurytion, qui, depuis long-temps, tient sur l'arc bandé sa flèche préparée, invoque son frère, et, suivant de l'œil, dans l'espace, la colombe qui fend l'air d'une aile triomphante, il l'atteint dans l'épaisse nuée : elle s'abat, laisse sa vie dans l'éther, et, en tombant, rapporte le trait qui l'a percée.

Aceste restait seul, et pour lui la palme était perdue. Cependant, jaloux de signaler son adresse et la force de son arc, il lance un trait bruyant dans les airs; et soudain à tous les regards s'offre un grand prodige, présage d'un malheur que l'évènement fit bientôt connaître. Mais la voix effrayante des devins interpréta trop tard cet avis des dieux. Le roseau volant s'embrase dans les nues, marque sa route par un sillon de feu, se consume et s'évanouit dans les airs, semblable à ces étoiles que souvent on voit se détacher du ciel, courir dans l'espace, et traîner une chevelure enflammée. Surpris et immobiles, Troyens et Siciliens implorent tous la protection des dieux. Le magnanime Énée ne rejette point le présage; mais, partageant la joie d'Aceste, il l'embrasse, le comble de présens magnifiques, et dit : « Recevez ce prix, ô mon père; car le puissant roi de

Muneribus cumulat magnis, ac talia fatur:
« Sume, pater; nam te voluit rex magnus Olympi
Talibus auspiciis exsortem ducere honorem.
Ipsius Anchisae longaevi hoc munus habebis,
Cratera impressum signis, quem Thracius olim
Anchisae genitori in magno munere Cisseus
Ferre sui dederat monumentum et pignus amoris.»
Sic fatus, cingit viridanti tempora lauro,
Et primum ante omnes victorem appellat Acesten.
Nec bonus Eurytion praelato invidit honori,
Quamvis solus avem coelo dejecit ab alto.
Proximus ingreditur donis, qui vincula rupit;
Extremus, volucri qui fixit arundine malum.

At pater Æneas, nondum certamine misso,
Custodem ad sese comitemque impubis Iuli
Epytiden vocat, et fidam sic fatur ad aurem:
« Vade age, et Ascanio, si jam puerile paratum
Agmen habet secum, cursusque instruxit equorum,
Ducat avo turmas, et sese ostendat in armis,
Dic,» ait. Ipse omnem longo decedere circo
Infusum populum, et campos jubet esse patente.
Incedunt pueri, pariterque ante ora parentum
Fraenatis lucent in equis: quos omnis euntes
Trinacriae mirata fremit Trojaeque juventus.
Omnibus in morem tonsa coma pressa corona.
Cornea bina ferunt praefixa hastilia ferro;

l'Olympe a voulu, par un prodige si éclatant, vous mettre au dessus de tout rival. Anchise lui-même vous fait ce don par mes mains : c'est une coupe où l'art a ciselé des figures, et que Cissée, roi de Thrace, donna jadis à mon père, comme un monument et comme un gage de son amitié. » A ces mots, il ceint d'un laurier vert le front du vieillard, et le proclame le premier entre tous les vainqueurs. Le bon Eurytion ne se montre point jaloux de cette préférence, quoique seul il ait atteint l'oiseau dans le haut des airs. Le troisième prix est donné à celui qui a rompu le lien; et le dernier, à celui qui a fixé dans le mât sa flèche légère.

Cependant, avant la fin de ce dernier jeu, Énée, appelant le fils d'Epytus, gouverneur et guide fidèle du jeune Iule, avait donné cet ordre à son oreille : « Va, cours, et si Ascagne a réuni l'escadron des jeunes Troyens, s'il a tout disposé pour la marche et les évolutions, qu'il conduise ses compagnons au tombeau de son aïeul, et qu'il s'y montre lui-même sous les armes ! » Le héros ordonne que le peuple nombreux, répandu dans le cirque, se range et laisse libre l'arène. Alors paraissent, montés sur des chevaux dociles au frein, ces guerriers adolescens qui brillent aux yeux de leurs parens ravis. En les voyant s'avancer avec ordre, les Troyens et les Siciliens font entendre un murmure d'admiration. Tous, selon l'usage antique, ont le front ceint d'une couronne. Ils portent à la main deux javelots de cornouiller, armés d'un fer aigu; plusieurs ont sur l'épaule un léger car-

Pars leves humero pharetras; it pectore summo
Flexilis obtorti per collum circulus auri.
Tres equitum numero turmæ, ternique vagantur
Ductores; pueri bis seni quemque secuti
Agmine partito fulgent, paribusque magistris.
Una acies juvenum, ducit quam parvus ovantem
Nomen avi referens Priamus, tua clara, Polite,
Progenies, auctura Italos; quem thracius albis
Portat equus bicolor maculis, vestigia primi
Alba pedis, frontemque ostentans arduus albam.
Alter Atys, genus unde Atti duxere Latini;
Parvus Atys, pueroque puer dilectus Iulo.
Extremus, formaque ante omnes pulcher, Iulus
Sidonio est invectus equo, quem candida Dido
Esse sui dederat monumentum et pignus amoris.
Cætera trinacriis pubes senioris Acestæ
Fertur equis.
Excipiunt plausu pavidos, gaudentque tuentes
Dardanidæ, veterumque agnoscunt ora parentum.
Postquam omnem læti consessum oculosque suorum
Lustravere in equis : signum clamore paratis
Epytides longe dedit, insonuitque flagello.

Olli discurrere pares, atque agmina terni
Diductis solvere choris, rursusque vocati
Convertere vias, infestaque tela tulere.

quois, et sur le sein de tous flotte une chaîne d'or. Partagés en trois divisions, ils obéissent à trois chefs qui ont leur jeune âge; chaque chef est à la tête de douze cavaliers; chaque division brille de l'ensemble de ses mouvemens et du maintien guerrier de celui qui la commande. La première marche avec orgueil sous le jeune Priam, qui rappelle le nom de son illustre aïeul : c'est de toi qu'il naquit, généreux Polite, et sa noble postérité sera l'honneur de l'Italie; il guide un cheval de Thrace, dont le poil noir est tacheté de blanc : ses pieds de devant sont blancs, et le front, qu'il lève avec fierté, est orné d'une étoile blanche. Le second chef est Atys, en qui les Attius Latins reconnaissent l'auteur de leur race, Atys, enfant du même âge qu'Iule, et qu'Iule enfant aime tendrement. Enfin le troisième chef, qui efface les autres par sa beauté, est Iule lui-même. Il s'avance sur un cheval sidonien, que la belle Didon lui avait donné comme un monument et comme un gage de son amour. Le reste de la troupe juvénile monte des chevaux siciliens qu'a fournis le vieil Aceste.

Les descendans de Dardanus accueillent par des applaudissemens ces enfans timides, les contemplent avec joie, et reconnaissent sur leurs visages les traits des héros troyens. Joyeux de fixer tous les regards, l'escadron fait le tour du cirque et attend le signal. Tout à coup, de loin, le fils d'Epytus jette un cri, et son fouet bruyant résonne dans les airs.

Les jeunes guerriers partent en nombre égal, rompent leurs lignes, et se forment en trois corps. Rappelés par leurs chefs, ils reviennent et s'avancent les uns contre les autres, la lance en arrêt. D'autres évolutions suc-

Inde alios ineunt cursus aliosque recursus
Adversis spatiis, alternosque orbibus orbes
Impediunt, pugnæque cient simulacra sub armis;
Et nunc terga fuga nudant; nunc spicula vertunt
Infensi; facta pariter nunc pace feruntur.
Ut quondam Creta fertur labyrinthus in alta
Parietibus textum cæcis iter, ancipitemque
Mille viis habuisse dolum, qua signa sequendi
Falleret indeprensus et irremeabilis error.
Haud alio Teucrum nati vestigia cursu
Impediunt, texuntque fugas et prœlia ludo,
Delphinum similes, qui per maria humida nando
Carpathium Libycumque secant, luduntque per undas.
Hunc morem, hos cursus, atque hæc certamina primus
Ascanius, longam muris quum cingeret Albam,
Rettulit, et priscos docuit celebrare Latinos,
Quo puer ipse modo, secum quo troia pubes.
Albani docuere suos; hinc maxima porro
Accepit Roma, et patrium servavit honorem,
Trojaque nunc pueri trojanum dicitur agmen.
Hac celebrata tenus sancto certamina patri.

Hic primum fortuna fidem mutata novavit.
Dum variis tumulo referunt sollemnia ludis,
Irim de cœlo misit Saturnia Juno
Iliacam ad classem, ventosque adspirat eunti,

cèdent ; ils se replient, se rapprochent, s'engagent en cercle dans des cercles, et offrent, dans le jeu des armes, le simulacre des combats. Tantôt on les voit, fuyant, tourner le dos à l'ennemi; tantôt, s'arrêtant, revenir à la charge; et tantôt enfin, comme si la paix était faite, ils marchent réunis. Tel le fameux labyrinthe de Crète offrait au voyageur imprudent, surpris dans son obscure enceinte, mille chemins douteux, mille issues trompeuses, dont la trace incessamment perdue égarait sans retour : tels, dans ces jeux guerriers, les enfans des Troyens enlaçaient, embarrassaient leur course, mêlaient et confondaient la fuite et le combat, semblables aux dauphins qui, fendant les mers de Carpathe et de Libye, se livrent sur les ondes à de folâtres jeux. Dans la suite, Ascagne le premier renouvela ces courses et ces combats simulés, lorsqu'il entourait de remparts Albe-la-Longue. Il enseigna aux peuples anciens du Latium ces jeux que lui-même, dans son enfance, célébrait avec les enfans des Troyens : les Albains les transmirent à leurs descendans, et c'est d'eux que Rome, maîtresse du monde, les a reçus : elle les conserve encore comme un souvenir glorieux de son origine : on les appelle les jeux de Troie, et les enfans qui les célèbrent sont la légion troyenne.

Ainsi se terminèrent les jeux en l'honneur des mânes d'Anchise.

En ce moment, la fortune change, et, dans son inconstance, cesse d'être fidèle aux Troyens. Tandis que, par ces jeux divers, ils honorent le tombeau d'Anchise, Junon, du haut de l'Olympe, envoie sa messagère vers la flotte d'Ilion, et ordonne aux vents de rendre son vol

Multa movens, necdum antiquum exsaturata dolorem.
Illa, viam celerans per mille coloribus arcum,
Nulli visa, cito decurrit tramite virgo.
Conspicit ingentem concursum, et litora lustrat,
Desertosque videt portus classemque relictam.

At procul in sola secretæ Troades acta
Amissum Anchisen flebant, cunctæque profundum
Pontum adspectabant flentes : « Heu ! tot vada fessis,
Et tantum superesse maris ! » vox omnibus una.
Urbem orant; tædet pelagi perferre laborem.
Ergo inter medias sese, haud ignara nocendi,
Conjicit, et faciemque deæ vestemque reponit.
Fit Beroe, Ismarii conjux longæva Dorycli,
Cui genus, et quondam nomen, natique fuissent;
Ac sic Dardanidum mediam se matribus infert:
« O miseræ, quas non manus, inquit, achaica bello
Traxerit ad lethum patriæ sub mœnibus ! o gens
Infelix ! cui te exitio fortuna reservat?
Septima post Trojæ excidium jam vertitur æstas,
Quum freta, quum terras omnes, tot inhospita saxa,
Sideraque emensæ ferimur, dum per mare magnum
Italiam sequimur fugientem, et volvimur undis.
Hic Erycis fines fraterni, atque hospes Acestes:
Quid prohibet muros jacere, et dare civibus urbem?
O patria, et rapti nequidquam ex hoste Penates!
Nullane jam Trojæ dicentur mœnia? nusquam

plus rapide. La fille de Saturne roule dans son cœur mille projets, et son antique ressentiment n'est pas encore assouvi. Iris vole emportée sur son arc aux mille couleurs : invisible à tous les mortels, elle arrive, aperçoit autour de l'arène une foule immense, promène ses regards sur le rivage, voit le port désert et la flotte abandonnée.

Cependant, sur un bord écarté, les femmes de Troie pleuraient le trépas d'Anchise, et toutes regardaient la mer profonde en pleurant. « Hélas ! s'écriaient-elles ensemble, après les fatigues de tant de courses errantes, tant de mers encore à parcourir ! » Elles demandent aux dieux une ville : les ennuis d'une plus longue navigation effraient leur courage. La déesse, habile dans l'art de nuire, se jette au milieu d'elles, change ses traits, dépouille ses vêtemens divins, et prend la figure de la vieille Béroé, qui jadis eut un nom, un rang et des fils, quand elle était femme de Doryclus l'Ismarien. Ainsi déguisée, elle se mêle parmi les Troyennes : « Malheureuses ! s'écrie-t-elle, que n'avons-nous péri de la main des Grecs sous les murs de notre patrie ! O peuple malheureux ! quel dernier revers la fortune te réserve-t-elle encore ! Voici le septième été qui, depuis la chute de Troie, achève son cours : et déjà il n'est point de mers, point de terres, point de rocs inhospitaliers, point de climats lointains que nous n'ayons parcourus ! Tristes jouets des flots, sur leur immense abîme, nous poursuivons l'Italie qui fuit toujours devant nous. Ici régna Éryx, frère de notre roi; ici nous accueille Aceste. Qui empêche d'élever sur cette terre amie des remparts, et de donner une ville à nos concitoyens errans ? O patrie ! ô Pénates, arrachés en vain à la fureur de l'ennemi ! aucune

Hectoreos amnes, Xanthum et Simoenta, videbo?
Quin agite, et mecum infaustas exurite puppes.
Nam mihi Cassandræ per somnum vatis imago
Ardentes dare visa faces : « Hic quærite Trojam,
« Hic domus est, inquit, vobis. » Jam tempus, agi res ;
Nec tantis mora prodigiis. En quatuor aræ
Neptuno : deus ipse faces animumque ministrat. »

Hæc memorans, prima infensum vi corripit ignem,
Sublataque procul dextra connixa coruscat,
Et jacit. Arrectæ mentes, stupefactaque corda
Iliadum. Hic una e multis, quæ maxima natu,
Pyrgo, tot Priami natorum regia nutrix :
« Non Beroe vobis, non hæc Rhœteia, matres,
Est Dorycli conjux ; divini signa decoris,
Ardentesque notate oculos ; qui spiritus illi,
Qui vultus, vocisve sonus, vel gressus eunti.
Ipsa egomet dudum Beroen digressa reliqui
Ægram, indignantem, tali quod solā careret
Munere, nec meritos Anchisæ inferret honores. »
Hæc effata.
At matres, primo ancipites, oculisque malignis
Ambiguæ, spectare rates, miserum inter amorem
Præsentis terræ, fatisque vocantia regna ;
Quum dea se paribus per cœlum sustulit alis,

ville ne portera-t-elle plus le nom de Troie? ne verrai-je plus un autre Xanthe, un autre Simoïs, fleuves qui me rappellent la gloire d'Hector? Ah! courez avec moi, et brûlez ces funestes vaisseaux! car, cette nuit, dans un songe, m'est apparue Cassandre, prêtresse inspirée, qui armait mon bras de torches ardentes : « Ici, m'a-t-elle dit, cher-« chez une nouvelle Troie; ici est votre demeure. » Le moment est venu : n'hésitez point après un si grand présage! Voilà devant vous quatre autels de Neptune : un dieu lui-même nous fournit les feux sacrés, et excite notre courage. »

Elle dit, et, la première, saisit un funeste brandon, l'élève en l'air, en agite la flamme, et le lance d'un bras forcené. Les Troyennes la regardent, s'étonnent et frémissent. Alors la plus âgée d'entre elles, Pyrgo, jadis nourrice de tant de fils de Priam : « Non, Troyennes, dit-elle, ce n'est point Béroé que vous voyez, Béroé du cap Réthée et femme de Doryclus! Remarquez cet éclat divin, ces yeux étincelans! Quelle noble fierté! quels traits! quel son de voix! quelle démarche! Sachez que moi-même tantôt j'ai laissé Béroé malade, s'affligeant d'être seule privée, en ce jour solennel, de rendre aux mânes d'Anchise les honneurs mérités. » Elle dit, et d'abord, inquiètes, irrésolues, les Troyennes jettent sur les vaisseaux de sombres regards. Elles semblaient hésiter entre le malheureux amour de ces bords hospitaliers et l'attrait de l'empire où les destins les appellent, quand la déesse, balançant ses ailes, s'envole dans les airs, et trace un arc immense de lumière en fuyant sous la nue. Alors, frappées de ce prodige, et emportées par la fureur, les Troyennes jettent un long cri, enlèvent les feux du foyer sacré, dépouillent les autels; et le feuillage,

Ingentemque fuga secuit sub nubibus arcum.
Tum vero attonitæ monstris, actæque furore,
Conclamant, rapiuntque focis penetralibus ignem;
Pars spoliant aras, frondem ac virgulta facesque
Conjiciunt. Furit immissis Vulcanus habenis
Transtra per, et remos, et pictas abiete puppes.
Nuntius Anchisæ ad tumulum cuneosque theatri
Incensas perfert naves Eumelus; et ipsi
Respiciunt atram in nimbo volitare favillam.
Primus et Ascanius, cursus ut lætus equestres
Ducebat, sic acer equo turbata petivit
Castra, nec exanimes possunt retinere magistri.
« Quis furor iste novus? quo nunc, quo tenditis, inquit,
Heu miseræ cives? non hostem, inimicaque castra
Argivum, vestras spes uritis. En ego vester
Ascanius. » Galeam ante pedes projecit inanem,
Qua ludo indutus belli simulacra ciebat.
Accelerat simul Æneas, simul agmina Teucrum.
Ast illæ diversa metu per litora passim
Diffugiunt, silvasque, et sicubi concava furtim
Saxa, petunt. Piget incepti, lucisque : suosque
Mutatæ agnoscunt, excussaque pectore Juno est.

Sed non idcirco flammæ atque incendia vires
Indomitas posuere : udo sub robore vivit
Stuppa vomens tardum fumum, lentusque carinas
Est vapor, et toto descendit corpore pestis;

les rameaux, les tisons brûlans sont lancés sur les vaisseaux. Abandonné à sa fureur, l'incendie s'étend ; il dévore et les bancs, et les rames, et les poupes ornées de peintures.

Eumèle accourt au tombeau d'Anchise, au cirque des jeux funèbres : il annonce l'embrasement de la flotte ; et déjà les Troyens voient s'élever de noirs tourbillons de fumée et de flamme. Ascagne, qui, rayonnant de joie, conduisait encore son escadron, le premier presse son coursier rapide ; ses gouverneurs alarmés ne peuvent le retenir : il court vers le camp où tout est en désordre. « Quelle fureur étrange ! et quel est, dit-il, votre dessein, ô malheureuses citoyennes ! Ce n'est point l'ennemi, ce n'est point la flotte des Grecs, que vous brûlez : ce sont vos espérances ! Ouvrez les yeux, regardez : je suis votre Ascagne ! » Et il jette à ses pieds le casque désormais inutile, qui couvrait dans les jeux guerriers son jeune front. En même temps, arrive Énée suivi de tous les Troyens. A sa vue, les femmes effrayées fuient et se dispersent le long du rivage, et vont furtivement cacher dans les bois, dans les creux des rochers, la honte qui les presse : confuses de leur délire, redoutant la clarté du jour, elles reconnaissent leurs concitoyens, et Junon cesse de régner dans leurs âmes.

Cependant l'incendie conserve encore sa fureur indomptée : l'étoupe qui s'embrase exhale une lente fumée ; le feu vit dans le bois humide : une vapeur brûlante mine sourdement les carènes, et bientôt tout le corps des

Nec vires heroum infusaque flumina prosunt.
Tum pius Æneas humeris abscindere vestem,
Auxilioque vocare deos, et tendere palmas:
« Jupiter omnipotens, si nondum exosus ad unum
Trojanos, si quid pietas antiqua labores
Respicit humanos, da flammam evadere classi
Nunc, Pater, et tenues Teucrum res eripe letho.
Vel tu, quod superest, infesto fulmine morti,
Si mereor, demitte, tuaque hic obrue dextra. »
Vix hæc ediderat, quum effusis imbribus atra
Tempestas sine more furit, tonitruque tremiscunt
Ardua terrarum et campi; ruit æthere toto
Turbidus imber aqua, densisque nigerrimus austris;
Implenturque super puppes; semiusta madescunt
Robora: restinctus donec vapor omnis, et omnes,
Quatuor amissis, servatæ a peste carinæ.

At pater Æneas, casu concussus acerbo,
Nunc huc ingentes, nunc illuc pectore curas
Mutabat versans, siculisne resideret arvis,
Oblitus fatorum, italasne capesseret oras.
Tum senior Nautes, unum Tritonia Pallas
Quem docuit, multaque insignem reddidit arte,
Hæc responsa dabat, vel quæ portenderet ira
Magna deum, vel quæ fatorum posceret ordo.
Isque his Ænean solatus vocibus infit:
« Nate dea, quo fata trahunt retrahuntque, sequamur.

navires est en proie au fléau dévorant. Ni l'activité des guerriers, ni l'eau versée par torrens, ne peuvent arrêter sa furie. Alors, le pieux Énée dépouille ses vêtemens, invoque le secours des dieux, et, les mains tendues vers le ciel : « O Jupiter tout-puissant, s'écrie-t-il, si tu n'as pas juré de perdre jusqu'au dernier Troyen, et s'il reste quelque chose de ton antique pitié pour les malheurs des mortels, permets, en ce moment, que mes vaisseaux échappent à la fureur des flammes ! Sauve de leur ruine ces faibles débris d'Ilion : ou, si je l'ai mérité, achève ta vengeance, arme ta main, et qu'à l'instant même je sois écrasé sous tes foudres! » Il achevait à peine, quand de sombres et pluvieuses nuées s'amoncellent : la tempête mugit ; les monts et les plaines sont ébranlés des éclats du tonnerre. Poussée par les noirs autans, en noirs torrens la pluie tourbillonne et tombe : elle inonde les navires, pénètre leur charpente à demi brûlée; enfin tous les feux s'éteignent, et, à l'exception de quatre navires qui ont été consumés, tous les autres sont préservés de l'incendie.

CEPENDANT, abattu par cet affreux revers, Énée sent mille pensers graves s'agiter en tumulte dans son cœur : oubliant les destins, se fera-t-il dans la Sicile une patrie ? ou devra-t-il chercher encore l'Italie à travers les mers ? Tandis qu'il est incertain, le vieux Nautès, que Pallas instruisit elle-même et rendit célèbre par un savoir profond de l'avenir, fait connaître au héros ce qu'il devra craindre de la colère des dieux, et ce que, dans leurs décrets immuables, exigent les destins. Il console le chef des Troyens en ces mots : « Fils de Vénus, suivons, malgré tous les obstacles, les destins où ils nous entraînent. Quoi qu'il arrive, la patience triomphe toujours

Quidquid erit, superanda omnis fortuna ferendo est.
Est tibi Dardanius divinæ stirpis Acestes :
Hunc cape consiliis socium, et conjunge volentem.
Huic trade, amissis superant qui navibus, et quos
Pertæsum magni incepti rerumque tuarum est;
Longævosque senes, ac fessas æquore matres,
Et quidquid tecum invalidum metuensque pericli est,
Delige, et his habeant terris sine mœnia fessi.
Urbem appellabunt permisso nomine Acestam. »
Talibus incensus dictis senioris amici.
Tum vero in curas animus diducitur omnes.

Et nox atra polum bigis subvecta tenebat.
Visa dehinc cœlo facies delapsa parentis
Anchisæ subito tales effundere voces :
« Nate, mihi vita quondam, dum vita manebat,
Care magis, nate, iliacis exercite fatis,
Imperio Jovis huc venio, qui classibus ignem
Depulit, et cœlo tandem miseratus ab alto est.
Consiliis pare, quæ nunc pulcherrima Nautes
Dat senior : lectos juvenes, fortissima corda,
Defer in Italiam. Gens dura atque aspera cultu
Debellanda tibi Latio est. Ditis tamen ante
Infernas accede domos, et Averna per alta
Congressus pete, nate, meos. Non me impia namque
Tartara habent, tristes umbræ; sed amœna piorum
Concilia Elysiumque colo. Huc casta Sibylla

de la fortune. Aceste est Troyen comme vous ; comme vous il est du sang des dieux. Associez-le à vos nobles projets : il désire avec vous une alliance. Confiez à sa bonté ceux de vos compagnons qui ne peuvent trouver place sur votre flotte affaiblie par la perte de quatre vaisseaux. Choisissez ceux que ne tentent point assez votre fortune et vos grands desseins : les vieillards courbés sous le poids de l'âge, les femmes rebutées des fatigues de la mer ; enfin tout ce qui languit sans force et sans courage contre les dangers. Qu'ils trouvent sur cette terre amie un asile et du repos. Aceste permettra qu'ils donnent à leur ville son nom. » Le héros se sent ranimé par ce discours d'un vieillard qu'il aime, et se livre à tous les soins dont sa grande âme est occupée.

La nuit sur son char épaississait ses ombres dans les airs. Tout à coup, Énée crut voir l'ombre de son père Anchise descendre de la voûte éthérée, et lui adresser ce discours : «Mon fils, toi qui, durant ma vie, me fus plus cher que ma vie, mon fils, que semble encore poursuivre le destin d'Ilion, je viens vers toi par l'ordre de Jupiter, qui, dans le haut Olympe, touché enfin de tes malheurs, a éteint l'incendie de tes vaisseaux. Suis les sages conseils que t'a donnés le vieux Nautès. Borne-toi à transporter en Italie l'élite de tes compagnons, tes plus vaillans guerriers. Tu auras à combattre, dans le Latium, un peuple belliqueux, endurci dans les travaux. Mais, avant, tu pénètreras dans les demeures infernales de Pluton, et tu traverseras, mon fils, les profondeurs de l'Averne, pour jouir de mon entretien : ce n'est point dans l'affreux Tartare, parmi les tristes ombres, qu'est mon séjour : tu me trouveras dans l'Élysée, où sont réunis les hommes que rendit recommandables leur piété

Nigrarum multo pecudum te sanguine ducet.
Tum genus omne tuum, et, quæ dentur mœnia, disces.
Jamque vale. Torquet medios nox humida cursus,
Et me sævus equis Oriens afflavit anhelis. »
Dixerat, et tenues fugit, ceu fumus, in auras.
Æneas : « Quo deinde ruis ? quo proripis ? inquit,
Quem fugis ? aut quis te nostris complexibus arcet ? »
Hæc memorans, cinerem et sopitos suscitat ignes;
Pergameumque Larem, et canæ penetralia Vestæ
Farre pio et plena supplex veneratur acerra.
Extemplo socios, primumque arcessit Acesten,
Et Jovis imperium, et cari præcepta parentis
Edocet, et quæ nunc animo sententia constet.
Haud mora consiliis, nec jussa recusat Acestes.
Transcribunt urbi matres, populumque volentem
Deponunt, animos nil magnæ laudis egentes.
Ipsi transtra novant, flammisque ambesa reponunt
Robora navigiis; aptant remosque rudentesque;
Exigui numero, sed bello vivida virtus.

INTEREA Æneas urbem designat aratro,
Sortiturque domos, hoc Ilium, et hæc loca Trojam
Esse jubet. Gaudet regno Trojanus Acestes;
Indicitque forum, et patribus dat jura vocatis.
Tum vicina astris Erycino in vertice sedes
un datur Veneri Idaliæ, tumuloque sacerdos
Ac lucus late sacer additur Anchiseo.

envers les dieux. C'est là qu'une chaste Sibylle guidera tes pas, après que le sang d'un grand nombre de victimes aura coulé sur les autels. Là, tu connaîtras la longue suite de tes descendans, et l'empire qui leur est promis. Et maintenant, adieu ! Déjà la nuit humide achève son cours, et déjà j'ai senti, trop tôt hâtant ma retraite, le souffle des coursiers halétans du soleil. » Il dit, et, comme une vapeur légère, s'évanouit dans les airs : « O mon père, s'écrie Énée, où cours-tu ? où vas-tu te cacher à ma vue ? pourquoi me fuir ? et qui t'enlève à mes embrassemens ? » A ces mots, il réveille la flamme assoupie sous la cendre, et, répandant la farine et l'encens, il invoque les Lares de Pergame, et, dans son foyer, adore la chaste Vesta. Aussitôt il convoque ses compagnons, et Aceste le premier. Il leur annonce l'ordre de Jupiter, les avis d'un père cher à son amour, et ce qu'il a résolu lui-même. A l'instant tout est approuvé; Aceste a consenti. On inscrit, pour la ville nouvelle, les matrones troyennes, et ceux pour qui la gloire a peu d'attraits : on les réunit. Les autres rétablissent les bancs des rameurs, remplacent les bois endommagés par la flamme, garnissent les vaisseaux de rames, de cordages : ils sont peu nombreux, mais pleins d'ardeur et de courage.

CEPENDANT Énée trace, avec la charrue, l'enceinte de la ville. Le sort distribue les demeures : le héros veut que ce soit une autre Ilion, une seconde Troie. Aceste se réjouit de régner sur cet état nouveau. Énée assigne le lieu du forum, convoque en sénat les vieillards, et leur donne des lois; un temple, consacré à Vénus d'Idalie, couronne le mont Éryx; enfin, un prêtre est établi près du tombeau d'Anchise, dont un bois sacré vient de former l'enceinte.

Jamque dies epulata novem gens omnis, et aris
Factus honos : placidi straverunt aequora venti,
Creber et adspirans rursus vocat Auster in altum.
Exoritur procurva ingens per litora fletus;
Complexi inter se noctemque diemque morantur.
Ipsae jam matres, ipsi, quibus aspera quondam
Visa maris facies, et non tolerabile numen,
Ire volunt, omnemque fugae perferre laborem.
Quos bonus Aeneas dictis solatur amicis,
Et consanguineo lacrymans commendat Acestae.
Tres Eryci vitulos, et Tempestatibus agnam
Caedere deinde jubet, solvique ex ordine funem.
Ipse, caput tonsae foliis evinctus olivae,
Stans procul in prora, pateram tenet, extaque salsos
Porricit in fluctus, ac vina liquentia fundit.
Prosequitur surgens a puppi ventus euntes,
Certatim socii feriunt mare, et aequora verrunt.

At Venus interea Neptunum exercita curis
Alloquitur, talesque effundit pectore questus :
« Junonis gravis ira et inexsaturabile pectus
Cogunt me, Neptune, preces descendere in omnes :
Quam nec longa dies, pietas nec mitigat ulla,
Nec Jovis imperio fatisque infracta quiescit.
Non media de gente Phrygum exedisse nefandis
Urbem odiis satis est, nec poenam traxe per omnem

Déja neuf jours se sont écoulés dans la solennité des sacrifices et dans la joie des festins : les vents paisibles ont aplani les mers ; l'Auster, par son haleine favorable, appelle les Troyens sur les ondes. Alors retentissent, sur tout le rivage, de tristes gémissemens ; le jour et la nuit, les pleurs et de longs embrassemens prolongent les adieux : et déjà ceux que naguère épouvantaient et la mer orageuse et l'implacable colère d'une divinité, les femmes elles-mêmes, veulent partir et supporter, jusqu'à leur terme, tous les maux de l'exil. Mais, par des paroles amies, le héros avec bonté console leur douleur, et, pleurant, il les recommande à Aceste au nom du sang qui les unit. Puis, il ordonne qu'on immole à Éryx trois jeunes taureaux, aux Tempêtes une jeune brebis ; et que, suivant le rang des vaisseaux, on détache les câbles qui les retiennent au rivage. Lui-même, debout sur la proue, s'éloignant du port, la tête ceinte d'une couronne d'olivier, et tenant à la main une patère, il jette les entrailles des victimes dans la mer profonde, et y répand des libations de vin. Le vent s'élève et suit en poupe les vaisseaux : les rameurs frappent de concert les ondes et soulèvent les flots écumans.

Cependant, toujours inquiète, Vénus confie à Neptune ses tendres alarmes, et son cœur exprime en ces mots sa douleur : « L'implacable colère de Junon, et sa haine que rien ne peut assouvir, me forcent, dieu des mers, à descendre à toutes les prières. Ni le temps qui use et détruit, ni hommages ni sacrifices ne peuvent la changer. Toujours inflexible, elle brave et les ordres de Jupiter et les arrêts du destin. Ce n'est point assez pour ses détestables fureurs, d'avoir renversé, dans la nation des Phrygiens, leur puissante ville, et d'avoir traîné ses

Relliquias; Trojæ cineres atque ossa peremptæ
Insequitur. Causas tanti sciat illa furoris!
Ipse mihi nuper libycis tu testis in undis
Quam molem subito excierit. Maria omnia cœlo
Miscuit, Æoliis nequidquam freta procellis,
In regnis hoc ausa tuis.
Per scelus ecce etiam trojanis matribus actis
Exussit fœde puppes, et classe subegit
Amissa socios ignotæ linquere terræ.
Quod superest, oro, liceat dare tuta per undas
Vela tibi! liceat Laurentem attingere Tibrim!
Si concessa peto, si dant ea mœnia Parcæ.»

Tum Saturnius hæc domitor maris edidit alti :
« Fas omne est, Cytherea, meis te fidere regnis,
Unde genus ducis. Merui quoque; sæpe furores
Compressi et rabiem tantam cœlique marisque.
Nec minor in terris, Xanthum Simoentaque testor,
Æneæ mihi cura tui. Quum troia Achilles
Exanimata sequens impingeret agmina muris,
Millia multa daret letho, gemerentque repleti
Amnes, nec reperire viam atque evolvere posset
In mare se Xanthus: Pelidæ tunc ego forti
Congressum Ænean, nec dis nec viribus æquis,
Nube cava rapui: cuperem quum vertere ab imo
Structa meis manibus perjuræ mœnia Trojæ.

grands débris dans tous les revers, elle poursuit encore les cendres de Troie au delà du tombeau. Quel est le motif d'une si grande haine? elle seule le sait. Vous-même, naguère, vous fûtes témoin de l'affreuse et soudaine tempête par elle excitée sur la mer de Libye. Secondée par la fureur des vents qu'Éole déchaîna, mais en vain, elle confondit la mer avec les cieux : voilà ce que Junon a osé dans votre empire. Et, par un crime nouveau, égarant les esprits des Troyennes, elle vient de brûler honteusement nos vaisseaux, et de réduire mon fils, en détruisant sa flotte, à laisser ses compagnons sur une terre inconnue. Que du moins ce qui reste puisse, je vous en conjure, voguer en sûreté sur vos ondes! qu'il puisse aborder aux rives du Tibre, dans les champs de Laurente, si ma demande est juste, et si les Parques nous accordent ces remparts depuis long-temps promis! »

Alors le fils de Saturne, le souverain des mers profondes, répond à la déesse : « Vous avez tout droit, Cythérée, de ne rien craindre dans mon empire où fut votre berceau. J'ai moi-même acquis des droits à votre confiance. Souvent, en faveur de votre fils, j'ai fait taire la fureur des vents, et cesser l'effroyable discorde qui troublait les cieux et les mers. Sur la terre même, j'en atteste le Xanthe et le Simoïs, j'ai veillé sur les jours d'Énée. Lorsque le terrible Achille, poursuivant les Troyens, repoussait, sous les remparts de Pergame, leurs phalanges éperdues, semant dans tous les rangs l'épouvante et le carnage; quand les fleuves gémissaient sous le poids des morts et des mourans, et qu'arrêté dans son cours, le Xanthe ne pouvait plus rouler son onde vers la mer, Énée osa se mesurer avec le vaillant fils de Pélée, sans posséder une force égale, sans avoir, comme

Nunc quoque mens eadem perstat mihi : pelle timorem.
Tutus, quos optas, portus accedet Averni.
Unus erit tantum, amissum quem gurgite quæret;
Unum pro multis dabitur caput. »

His ubi læta deæ permulsit pectora dictis;
Jungit equos auro genitor, spumantiaque addit
Fræna feris, manibusque omnes effundit habenas.
Cæruleo per summa levis volat æquora curru.
Subsidunt undæ, tumidumque sub axe tonanti
Sternitur æquor aquis; fugiunt vasto æthere nimbi.
Tum variæ comitum facies, immania cete,
Et senior Glauci chorus, Inousque Palæmon,
Tritonesque citi, Phorcique exercitus omnis.
Læva tenent Thetis, et Melite, Panopeaque virgo,
Nesæe, Spioque, Thaliaque, Cymodoceque.
Hic patris Æneæ suspensam blanda vicissim
Gaudia pertentant mentem; jubet ocius omnes
Attolli malos, intendi brachia velis.
Una omnes fecere pedem, pariterque sinistros,
Nunc dextros solvere sinus; una ardua torquent
Cornua, detorquentque. Ferunt sua flamina classem.
Princeps ante omnes densum Palinurus agebat
Agmen; ad hunc alii cursum contendere jussi.
Jamque fere mediam cœli nox humida metam

lui, la faveur des dieux : je le couvris d'un épais nuage, et l'arrachai au trépas. Cependant alors je voulais renverser cette Troie parjure et ces murs élevés par mes mains. Mes sentimens ne sont point changés : bannissez toute crainte ; votre fils arrivera, sans péril, aux bords désirés de l'Averne. Un seul de ses compagnons, par lui regretté, périra dans les flots : une seule tête sera dévouée pour le salut de tous. »

Par ces mots consolans, le roi des mers calme et rassure la déesse. Il attèle ses coursiers, met à leur ardente bouche un mors écumant, et leur abandonne les rênes. Son char azuré vole rasant l'humide plaine : les flots s'aplanissent ; sous l'essieu grondant les vagues s'abaissent, et du vaste éther ont fui tous les nuages. Dans le nombreux cortège du dieu, à droite, nagent les immenses baleines, et la troupe du vieux Glaucus, et Palémon, fils d'Ino ; et les agiles Tritons, et toute l'armée de Phorcus : à gauche, Thétis et Mélite, la chaste Panopée, Nésée et Spio, Thalie et Cymodocé.

Alors une joie calme renaît dans l'âme inquiète du héros. Il ordonne qu'on relève à l'instant tous les mâts, qu'aux deux bras de la vergue la voile se déploie : et, soudain, tous de concert s'empressent ; à droite, à gauche, ils resserrent ou détendent les cordages, tournent et retournent les antennes, hissent les voiles, et la flotte vole sous la douce haleine des vents ; Palinure la conduit et la dirige : c'est sur lui que les autres pilotes doivent régler leur course.

Déja la nuit humide avait presque rempli la moitié

Contigerat; placida laxarant membra quiete
Sub remis fusi per dura sedilia nautæ:
Quum levis ætheriis delapsus Somnus ab astris
Aera dimovit tenebrosum, et dispulit umbras,
Te, Palinure, petens, tibi somnia tristia portans
Insonti, puppique deus consedit in alta,
Phorbanti similis, fuditque has ore loquelas:
« Iaside Palinure, ferunt ipsa æquora classem;
Æquatæ spirant auræ; datur hora quieti:
Pone caput, fessosque oculos furare labori.
Ipse ego paulisper pro te tua munera inibo. »
Cui vix attollens Palinurus lumina fatur:
« Mene salis placidi vultum fluctusque quietos
Ignorare jubes? mene huic confidere monstro?
Ænean credam quid enim fallacibus austris,
Et cœli toties deceptus fraude sereni? »
Talia dicta dabat, clavumque affixus et hærens
Nusquam amittebat, oculosque sub astra tenebat.
Ecce deus ramum lethæo rore madentem,
Vique soporatum stygia, super utraque quassat
Tempora, cunctantique natantia lumina solvit.
Vix primos inopina quies laxaverat artus;
Et super incumbens, cum puppis parte revulsa,
Cumque gubernaclo, liquidas projecit in undas
Præcipitem, ac socios nequidquam sæpe vocantem.
Ipse volans tenues se sustulit ales ad auras.

de sa carrière. Durement étendus sur les bancs, les matelots, sous leurs rames, abandonnaient leurs membres fatigués aux douceurs du repos, quand le dieu du sommeil descend de la voûte étoilée, vole dans l'espace où règnent les ténèbres, les écarte, et te cherche, infortuné Palinure, t'apportant des songes funestes. Le dieu, sous les traits de Phorbas, s'assied sur le haut de la poupe, et de sa bouche sortent ces trompeuses paroles : « Fils d'Iasus, cher Palinure, les flots tranquilles emportent nos vaisseaux; l'haleine égale des vents te permet une heure de sommeil : repose ta tête, et dérobe au travail tes yeux fatigués. Moi-même, un moment, je tiendrai ta place au gouvernail. » Palinure ouvre, avec effort, ses paupières appesanties : « Crois-tu donc, dit-il, que je connaisse si peu le calme insidieux des mers et de leurs flots paisibles? moi! je me fierais à cet élément perfide! et, tant de fois trompé par l'apparence d'un ciel serein, j'abandonnerais Énée à des vents infidèles! » Il disait : sa main reste attachée au gouvernail, et ses yeux interrogent les étoiles. Alors le dieu secoue, sur ses deux tempes, un rameau trempé dans les eaux du Léthé, et chargé des vapeurs assoupissantes du fleuve des enfers. Soudain, malgré d'inutiles efforts, les yeux vacillans du pilote se ferment, et à peine ses sens sont plongés dans un subit repos, le dieu se jette sur lui, et le précipite dans les ondes avec une partie de la poupe qui se détache et que suit le gouvernail. Palinure appelle en vain ses compagnons à son secours; et Morphée, déployant ses ailes, remonte dans les airs.

Currit iter tutum non secius æquore classis,
Promissisque patris Neptuni interrita fertur.
Jamque adeo scopulos Sirenum advecta subibat,
Difficiles quondam, multorumque ossibus albos;
Tum rauca assiduo longe sale saxa sonabant:
Quum pater amisso fluitantem errare magistro
Sensit, et ipse ratem nocturnis rexit in undis,
Multa gemens, casuque animum concussus amici:
« O nimium cœlo et pelago confise sereno,
Nudus in ignota, Palinure, jacebis arena! »

CEPENDANT la flotte suit son paisible chemin, et vogue confiante dans les promesses de Neptune. Déjà elle approchait des rochers des Sirènes, écueils jadis redoutables, et qu'ont blanchis les ossemens de tant d'infortunés. Déjà, de loin, on entendait retentir ces rocs bruyans incessamment battus des flots amers, lorsqu'Énée voit son navire errant, sans guide, à la merci des flots. Lui-même il le dirige sur les ondes ténébreuses; il gémit long-temps, et s'afflige du malheur de son ami : « O Palinure! dit-il, pour avoir trop compté sur la trompeuse apparence d'une mer calme et d'un ciel serein, ton corps restera sans sépulture sur un rivage ignoré! »

NOTES
DU LIVRE CINQUIÈME.

1. — Page 2. *Interea medium Æneas jam classe tenebat.*

L'abbé Desfontaines prétend qu'avant lui *aucun commentateur, ni aucun traducteur* n'avaient *entendu ce commencement du* V^e *liv. de l'Énéide.* Ils ont, dit-il, expliqué *medium iter* par *pleine mer*, tandis que la flotte d'Énée se trouvait encore dans les eaux de Carthage. « Or, je demande comment cette flotte pouvait voguer ainsi par un vent contraire ! ce ne pouvait être qu'en louvoyant. » Le père Catrou dit : *Énée voguait en mer ;* Segrais :

  Énée au gré des vents fendait les flots amers ;

l'abbé Remy : *La flotte voguait à pleines voiles,* etc. Il paraît certain que cette flotte n'était pas encore sortie du golfe de Carthage, puisque Virgile dit, quelques vers plus bas : *ut pelagus tenuere rates.*

2. — Page 2. . . . . *Fluctusque atros Aquilone secabat.*

Pline l'Ancien dit que la mer n'a pas une couleur certaine, et que les vents, agitant ses flots, les rendent jaunes ou noirs.

M. Deloynes d'Autroche a substitué l'Autan à l'Aquilon, pour réparer, dit-il, *une méprise échappée à Virgile, une petite faute ;* et il ajoute modestement : « Il était du devoir de son traducteur de la faire disparaître,.... et c'est ce que j'ai fait. »

3. — Page 2. . . . . . *Quæ tantum accenderit ignem*
   Causa latet ; duri magno sed amore dolores
  Polluto.

L'expression *polluto* a embarrassé quelques commentateurs qui l'auraient trouvée mieux placée dans la bouche de Didon que dans celle d'Énée. Servius fait, sur ces vers, une remarque singulière :

On lit, dit-il, dans Varron, qu'Anne aimait le héros troyen : *Sane sciendum Varronem dicere Æneam ab Anna amatum.* L'ancien commentateur avait déjà dit (sur le liv. 4, v. 682), en citant encore Varron, que c'était Anne, et non Didon qui, dans son désespoir, s'était donné la mort sur un bûcher : *Varro ait non Didonem, sed Annam amore Æneæ impulsam, se super rogum interemisse.* Tout est obscur dans les traditions antiques. Quelques auteurs, adoptant l'opinion qu'Énée avait été aimé par les deux sœurs, prétendent qu'après la fin tragique de Didon, Anne poursuivit en Italie le héros troyen devenu l'époux de Lavinie; que Lavinie jalouse l'obligea de s'enfuir; que, dans son désespoir, Anne se précipita dans le Numicus, et devint une nymphe de ce fleuve. (*Voyez* Ovide, *Fastes*, l. III, v. 605). Ainsi, les deux sœurs, victimes d'un même amour, auraient péri misérablement l'une dans les flammes, l'autre dans les eaux. Ovide ajoute que la sœur de Didon fut, dans la suite, adorée chez les Romains sous le nom d'*Anna Perenna*. Mais Ovide rapporte aussi d'autres traditions sur l'origine du culte de cette déesse, qui aurait été une vieille femme débonnaire, *comis anus.* On célébrait sa fête sur les bords du Tibre, par des festins, des danses et des chants libres et joyeux :

>Inde joci veteres, obscænaque dicta canuntur.
>(*Fast.*, l. III, v. 695.)

4. — Page 2. . . . . . *Notumque furens quid femina possit.*

Corneille semble avoir imité Virgile, dans ce vers :

>Sais-tu bien ce que peut une femme en fureur?

5. — Page 2. . . . . *Maria undique et undique cœlum.*

Le poète avait dit (l. III, v. 193) :

>. . . . . Cœlum undique et undique pontus.

6. — Page 2. *Noctem hiememque ferens, et inhorruit unda tenebris.*

On trouve ce même vers tout entier dans le IIIe livre de l'*Énéide*, (195). Lucain est plus hyperbolique dans la description d'une tempête, où, suivant son digne traducteur, Brébeuf,

>. . . . . Les flots coup sur coup élancés dans les airs,
>Vont jusque dans la nue éteindre les éclairs.

7. — Page 2. *Heu! quianam tanti cinxerunt æthera nimbi!*

Quianam, expression attribuée à Ennius, et qu'on retrouve encore dans le xe livre de l'*Énéide* (vers 6), employée pour *cur*, *quare?*

M. Tissot remarque avec raison que « cet orage inattendu est trop peu violent pour causer tant d'effroi au pilote Palinure, et que, dans la terrible tempête du 1er livre, Palinure n'agit et ne parle pas plus qu'Énée. »

8. — Page 2. *Colligere arma jubet.*

Les anciens appelaient *arma nautica*, ou *navis armamenta*, tout ce qui sert d'agrès à un navire.

9. — Page 4. *Fida reor fraterna Erycis.*

Éryx était fils de Vénus et de Butès (*Voyez* APOLLONIUS, l. IV, v. 914), ou, d'après les traditions historiques, fils de Butès et d'une femme de Sicile, nommée Lycaste, qu'on appela Vénus pour sa beauté; ce nom fut aussi donné à d'autres femmes dans l'antiquité, suivant Diodore et Denys d'Halicarnasse.

Éryx régnait sur une contrée de la Sicile, qui fut appelée de son nom *Érycie*. Virgile désigne les rivages de ce petit royaume par ces mots *litora fraterna*, parce qu'Énée, fils de Vénus, était frère d'Éryx. Le poète parle, à la fin du même livre, du temple qu'Éryx fit élever, sur un mont voisin, à la déesse sa mère :

> Tum vicina astris Erycino in vertice sedes
> Fundatur Veneri Idaliæ.

Dès-lors le mont fut appelé *Éryx*, et le temple fit donner à Vénus le surnom d'*Ericyne*.

Servius rapporte qu'Éryx fut tué par un Hercule qui n'était pas le fils d'Alcmène.

10. — Page 4. *Quam quæ Dardanium tellus mihi servat Acesten.*

On lit dans quelques vieux manuscrits *Achestem*.

11. — Page 4. *Et patris Anchisæ gremio complectitur ossa.*

Vers imité de Lucrèce, qui dit (l. IV, v. 738) :

> Quorum morte obita tellus complectitur ossa.

Lucrèce, s'imitant, ou plutôt se copiant lui-même, avait déjà dit (liv. 1, v. 136) :

> Morte obita quorum tellus complectitur ossa.

12. — Page 4. . . . . *Occurrit Acestes.*

On reconnaît, en lisant les historiens de l'antiquité, que Virgile suit fidèlement, dans son épopée, les anciennes origines et les traditions nationales. Denys d'Halicarnasse raconte les mêmes voyages d'Énée sur les mers, la fondation faite par lui des mêmes villes, et les mêmes combats livrés contre les peuples du Latium : il rapporte, dans son 1er livre, l'histoire d'Aceste, son établissement en Sicile, et l'accueil qu'il fit aux Troyens. Le récit du poète s'accorde avec celui de l'historien : seulement ce dernier ne donne point pour père à Aceste le fleuve Crinise. Virgile lui prête poétiquement cette origine mythologique. « Mais il suffisait, que l'amant de la mère d'Aceste vécût près du fleuve Crinise, pour autoriser cette fable. La naissance de tous ces héros, issus des dieux de la mer et des fleuves, s'explique aisément par le joli conte de La Fontaine, intitulé *Le fleuve Scamandre* » (l'*Énéide* de DELILLE, liv. v, note 3).

L'aïeul d'Aceste, dit Denys d'Halicarnasse, homme illustre et de race troyenne, eut quelques différens avec Laomédon. Celui-ci le fit mourir avec tous ses enfans mâles, et remit ses filles à des marchands, avec ordre de les conduire loin de Troie. Un jeune homme, amoureux de l'une d'elles, la suivit et l'épousa en Sicile. De ce mariage naquit Aceste, qui reçut Énée dans la partie de la Sicile qu'arrose le fleuve Crinise. Les Troyens y bâtirent deux villes, et leur donnèrent les noms d'Aceste et d'Hélyme, son ami. Énée y laissa tous les Troyens qui ne pouvaient supporter les fatigues de la mer, et un grand nombre de femmes qui avaient brûlé, dit-on, une partie de la flotte, dans l'espoir de s'arrêter en Sicile.

Servius, qui rapporte diverses traditions sur la généalogie d'Aceste, dit que sa mère avait pour nom Égeste, qu'elle était fille d'Hippotès, et que le fleuve Crinise prit, pour la séduire, la forme d'un chien (*concubuit cum ea conversus in canem*).

Le fleuve Crinise se jette dans l'*Hypsa*, et ensuite dans la mer de Tyrrhène, près de Sélinunte.

13. — Page 4. . . . . *Et pelle libystidis ursæ.*

Variantes des anciens manuscrits : *Libyssidis, Libysticis, Libystinis.*

Pline nie (livre VIII) qu'il y ait des ours en Afrique; mais divers commentateurs pensent que la Libye avait pu en avoir dans les siècles antérieurs au naturaliste latin. Plusieurs traducteurs de l'*Énéide*, Segrais, Desfontaines et autres, présumant que Virgile s'était trompé, ont donné pour manteau, au roi Aceste, une peau de panthère; ils ont ainsi adopté l'assertion hasardée de Juste-Lipse, que les Romains donnaient aux panthères le nom d'*ursi*; et ils n'ont pas fait attention que Virgile lui-même distingue l'ours de la panthère: il peint, dans le VIIIe livre (v. 460), Évandre couvert d'une peau de panthère :

Demissa ab læva pantheræ terga retorquens.

Deloynes, qui prétend toujours corriger Virgile, trouve qu'une peau de lion est plus convenable à la dignité d'Aceste qui était roi ; et voici sa traduction :

Il était revêtu d'une peau de lion.

Cependant Virgile ne s'était pas trompé. Son savant commentateur, La Cerda, invoque le témoignage d'Hérodote et celui de plusieurs autres auteurs qui ont parlé des ours engendrés dans la Libye. Solin dit même (ch. IX), que les ours de Libye étaient plus grands que ceux des autres contrées. « Les ours noirs, dit Buffon, n'habitent guère que les pays froids; mais on trouve des ours bruns ou roux dans les climats tempérés, et même dans les régions du Midi. Les Romains en faisaient venir de *Libye*, pour servir à leurs spectacles. Il s'en trouve à la Chine, au Japon, en Arabie, en Égypte, et jusque dans l'île de Java ; etc. »

On a vu que Virgile mettait aussi des troupeaux de cerfs dans les environs de Carthage (liv. I, v. 184 ; et l. IV, v. 154), quoique Hérodote, Aristote, et, après eux, Pline, affirment qu'on ne trouve point de cerfs en Afrique; Lucain y en met dans sa *Pharsale* (l. IX, v. 921). Oppien et Philostrate pouvaient déjà être invoqués en faveur des poètes, lorsque des voyageurs modernes tels que de La Croix et Schaw sont venus affirmer que, dans les contrées septentrionales de l'Afrique, se trouvent des chèvres et des cerfs.

14. — Page 6. *Annuus exactis completur mensibus orbis.*

Un an s'était écoulé depuis qu'Énée avait perdu Anchise dans le port de Drépane. La durée de l'action, dans l'épopée, n'a donc point de limites assignées : cette durée n'est pas de deux mois dans l'*Iliade*, tandis qu'elle embrasse plus d'une année dans l'*Énéide*.

15. — Page 6. *Hunc ego getulis acrem si Syrtibus exsul.*

Ce n'est ni de la grande ni de la petite Syrte, bancs de sable dangereux dans les mers voisines de Carthage, mais des arides déserts de l'Afrique, que parle le héros troyen.

L'amour filial emporte ici le pieux Énée au delà des bornes de la froide raison. « S'il avait la faculté de réfléchir, dit Gaston, il ne promettrait rien au delà de son pouvoir. Captif à Mycènes, pourrait-il célébrer, en l'honneur de son père, des fêtes solennelles? non sans doute; mais on se plaît à voir un fils tendre et religieux croire que rien n'est impossible à l'amour qu'il a pour son père. »

16. — Page 6. . . . . *Adhibete Penates.*

Par *Penates*, les anciens entendaient non-seulement les dieux du foyer domestique, mais aussi les dieux du pays.

Adhibete est employé ici pour *invoquer*. Horace donne à ce mot le même sens : *Alteris te mensis adhibet deum.*

17. — Page 6. *Præterea si nona diem mortalibus almum.*

C'est le neuvième jour après la pompe funèbre que doivent s'ouvrir les jeux : on ne sait pourquoi Delille les fait commencer le lendemain :

> Ce n'est pas tout : *demain*, des portes d'orient
> Si l'Aurore revient avec un front riant.

18. — Page 8. *Ore favete omnes.*

Même formule que celle *favete linguis :* les prêtres la prononçaient avant de commencer les sacrifices, et ordonnaient ainsi le silence. On lit dans Sénèque : *Hoc verbum, non ut plerique existimant, à favore trahitur, sed imperatur silentium ut rite peragi possit sacrum, nulla voce mala obstrepente* (de *Vita beata*, c. 26). Cependant le philosophe ajoute que cette formule pouvait ne pas commander un silence absolu, mais l'abstension de toute parole profane. C'est dans ce sens qu'Horace dit : *Male ominatis parcite verbis.*

19. — Page 8. ..... *Velat materno tempora myrto.*

Ovide, dans le quatrième livre des *Fastes*, dit (vers 15) :

> Mota Cytheriaca leviter mea tempora myrto
>   Contigit.

20. — Page 8. *Hoc Helymus facit.*

Variantes des anciens manuscrits : *Elimus, Elinus, Elenus, Helimus, Holimus, Helenus.*

Denys d'Halicarnasse raconte qu'un certain Elymos fut le compagnon d'Égeste ou Aceste, qui, après la chute de Troie, aborda en Sicile (l. 1, 47, 52).

21 — Page 8. *Ad tumulum magna comitante caterva.*

Ovide dit, dans le second livre des *Fastes* (v. 543), que la piété envers les morts, et le culte qui doit leur être rendu, furent enseignés par Énée aux peuples du Latium :

> Hunc morem Æneas, pietatis idoneus auctor,
>   Attulit in terras, juste Latine, tuas.
> Ille patris genio solemnia dona ferebat;
>   Hinc populi ritus edidicere pios.

Avant Ovide, Virgile avait représenté Énée comme l'instituteur de toutes les cérémonies du culte des Romains : c'est ce qui explique, en les justifiant, les sacrifices qui sont si multipliés dans l'*Énéide*.

22 — Page 8. *Hic duo rite mero libans carchesia Baccho.*

Cette cérémonie funèbre, au tombeau d'Anchise, rappelle les honneurs rendus à l'ombre de Polydore, dans le IIIe livre. Virgile, poète mélancolique, semble se complaire dans le culte des tombeaux.

Les longs vases appelés *carchesia*, rétrécis vers le milieu, avaient deux anses qui se prolongeaient sur leurs flancs. On lit dans la traduction latine d'Athénée, par Daléchamp : *Carchesium est poculum oblongum, in medio leviter compressum, auribus utrinque ad fundum usque pertinentibus.*

Le *carchesium* était particulièrement consacré à Bacchus (*Géorgiq.*, liv. iv, v. 380).

23. — Page 8. *Purpureosque jacit flores.*

Plusieurs commentateurs pensent que les anciens entendaient par l'épithète *purpureus*, non-seulement la couleur pourpre, mais aussi toutes les couleurs fines, même le blanc; et, à l'appui de leur opinion, ils citent ces paroles d'Anchise, dans le vi[e] livre de l'*Énéide* :

> . . . . Manibus date *lilia* plenis,
> Purpureos spargam flores.

24. — Page 8. . . . .*Animæque umbræque paternæ.*

Les anciens plaçaient, dans le corps de l'homme, trois espèces d'âmes : l'une spirituelle, qui s'envolait dans la région des astres; l'autre qui descendait aux enfers; la troisième, appelée *ombre*, qui errait dans les lieux où se trouvait le corps, jusqu'à ce qu'elle eût été fixée dans le tombeau par les sacrifices et par les libations funèbres.

25. — Page 8. *Nec licuit fines italos, fataliaque arva,*
Nec tecum Ausonium, quicumque est, quærere Tibrim.

De ces deux vers, rien ou presque rien ne se trouve traduit dans cette longue interprétation de Delille :

> Quels que soient ces états où le destin m'appelle,
> Que m'importe sans toi ma fortune nouvelle?
> Que m'importe un empire où tu ne seras pas?
> Le ciel n'a pas voulu qu'en ces heureux climats,
> Où m'attend, me dit-on, un destin plus prospère,
> Mon bonheur s'embellit de celui de mon père.

Ce dernier vers est plus dans l'esprit de notre langue et dans le caractère français, que dans le génie de la langue latine et dans le caractère plus grave des Romains. Et d'ailleurs, où est la traduction?

C'est seulement dans l'intérêt de l'art que j'ose relever quelques défauts de ce grand ouvrage. Le meilleur élève de Delille, M. Tissot, en fait impartialement connaître les beautés et les imperfections. « Delille, dit-il, lutté avec son maître, comme Darès contre

Entelle; il est vaincu, mais par un dieu, et sa défaite est encore un titre d'honneur, puisque, avec des armes inégales, il balance quelquefois la victoire. » Cette observation est juste, mais c'est quand Delille traduit.

26. — Page 8. *Dixerat hæc : adytis quum lubricus anguis ab imis.*

Les anciens, principalement les Étruriens et les Romains, représentaient, sous la forme de serpens ou dragons, les génies des hommes et les génies des lieux. Plutarque dit, dans la *Vie de Cléomène*, que les serpens ou dragons étaient consacrés aux héros.

Le serpent était le symbole de la vie, de la patrie et de l'immortalité.

Le serpent, roulé en cercle et mordant sa queue, offrait, chez les Égyptiens, avant l'invention des lettres, le symbole de l'année.

Le serpent était aussi le symbole de la santé. « On est surpris, dit Gaston, de voir un animal, dont le venin donne la mort, consacré comme l'attribut du dieu de la santé. Mais Pausanias nous apprend qu'on accordait ce privilège à l'espèce de serpent dont la couleur tire sur le jaune : ceux-là ne sont point venimeux ; ils étaient très-communs à Épidaure ; et celui qu'on transporta à Rome pour Esculape, était de cette espèce. C'était peut-être de ces serpens que les Bacchantes enlaçaient leurs thyrses, dans leurs orgies nocturnes. »

Les serpens servent souvent de comparaison dans les poëmes épiques : ils entrent même dans l'action de l'*Iliade* (liv. 11), et dans celle de l'*Enéide* (liv. 11).

Plusieurs commentateurs ont pensé que la cérémonie funèbre, décrite par Virgile, était une espèce d'apothéose d'Anchise, et que le poète courtisan avait voulu faire allusion à l'apothéose de Jules César, qu'Octave, alors triumvir, avait fait mettre au rang des dieux par les pontifes romains. Nieupoort rapporte que cette apothéose, et l'inauguration du temple érigé dans le lieu même où le corps de César avait été mis sur le bûcher, furent célébrés par des jeux funèbres, à l'instar de ceux que le poète décrit dans le ve livre.

27. — Page 10. ..... *Cædit quinas de more bidentes.*

On lit, dans l'*Odyssée*, que les mânes aimaient à se repaître du sang des victimes. La superstition, chez les modernes, a fait donner par quelques peuples du Nord, le même goût aux Vampires. (*Voyez* les savantes et curieuses dissertations de D. CALMET sur les Revenans et les Vampires.)

28. — Page 10. *In medio, sacri tripodes.*

Le trépied, *tripus*, était, chez les Grecs, un prix souvent donné, dans les jeux publics, aux vainqueurs.

> Donarem tripodas, præmia fortiorum
> Graiorum.
>
> (HORACE, l. IV, *Od.* 8.)

Une esclave et un trépied sont le premier prix du combat des chars, décerné par Achille, dans les jeux qui suivent les funérailles de Patrocle (*Iliade*, l. XXIII).

29. — Page 10. . . . . *Argenti aurique ta'enta.*

Le père La Rue et d'autres commentateurs sont d'avis que, par le mot *talenta*, le poète exprime ici, plutôt un poids, une masse d'argent et d'or, qu'une valeur déterminée.

Le talent variait de valeur suivant la différence des poids et des mesures en divers pays. Le talent attique, qui est le mieux connu, n'était pas une monnaie : c'était une somme valant 60 mines ou 6000 drachmes. Mais la drachme ayant été diversement évaluée par les savans (8, 10 et 18 sous de notre ancienne monnaie), il s'ensuit qu'un talent attique d'argent aurait valu 2,500, 3,000 ou 4,500 livres tournois; et qu'un talent d'or aurait pu représenter une valeur de 48,000 livres. Le grand talent valait 80 mines. (*Voyez* BARTHÉLEMY, *Voyage du Jeune Anacharsis*.)

L'ancienne Grèce avait des talens d'une valeur bien inférieure au talent attique, puisque, aux funérailles de Patrocle, Achille, après avoir donné, pour second prix, une jument avec son poulain, donne pour quatrième prix, deux talens d'or.

30. — Page 10 *Et tuba commissos medio canit aggere ludos.*

Servius dit que Virgile fait annoncer les jeux par la trompette, *romano more*, parce que, dans les temps héroïques, cet instrument n'avait pas encore été inventé, et qu'il n'en est fait aucune mention dans les poëmes d'Homère.

« Les jeux que le poète décrit, sont les mêmes que les jeux décrits dans le XXIIIe livre de l'*Iliade*, où ils sont mieux amenés. Mais, dans le détail des jeux, Virgile a mis une variété qui fait un grand agrément : d'ailleurs la course des vaisseaux est toute de lui, de même que l'incident de Nisus, et la troupe des Troyens qu'Énée mène avec lui en Italie, et que le poète montre aux Romains comme les auteurs des principales maisons de Rome. » (Fraguier, dans les *Mémoires de l'Académie des Belles-Lettres*, tome II, page 160.)

Virgile n'a imité que trois des jeux qui sont dans l'*Iliade*, ceux de la course à pied, du ceste et de l'arc. Pope, qui a donné en Angleterre la meilleure traduction en vers de l'*Iliade*, croit que, la course des chars ayant été supérieurement décrite par Homère, Virgile a désespéré de le surpasser. Mais ne serait-il pas plutôt permis de croire que Virgile a voulu substituer un autre jeu à celui des chars si souvent décrit avant lui par les poëtes grecs, tels que Sophocle dans *Électre*, Pindare dans ses *Olympiques*, etc.; et qu'il a d'ailleurs pensé, avec raison, que, pour un peuple errant depuis sept ans sur les mers, une course de vaisseaux serait plus facile et plus convenable qu'une course de chars?

Depuis Homère, aucun poëte épique de l'antiquité n'a négligé d'introduire dans son épopée la célébration de divers jeux. On voit, dans Hygin, que des jeux funèbres étaient introduits dans plusieurs poëmes qui ne sont pas venus jusqu'à nous. On retrouve ces jeux dans Quintus Calaber (l. IV), Silius Italicus (liv. XVI), Stace (*Thébaïde*, liv. XVI), etc.

31. — Page 12. *Mox Italus Mnestheus, genus a quo nomine Memmi.*

En donnant ici l'origine de plusieurs grandes familles romaines, Virgile suivit sans doute des traditions déjà reçues. Servius rapporte que Varron avait dû établir ces mêmes origines dans son livre *de familiis Trojanis*. Heyne s'étonne que le poëte ait oublié Gyas, dont on faisait descendre la maison des Géganiens, chez les Albains. Denys d'Halicarnasse dit que cette maison égalait en grandeur les plus illustres familles de l'ancienne Rome. Suivant Pomponius Sabinus, Probus croyait que Virgile avait emprunté ces origines du poëme de la guerre punique de Névius (*Probus vult hunc locum sumptum a primo bello punico*).

On ne comprend pas d'ailleurs facilement comment, dans le jeu hasardé des étymologies, *Memmius* pouvait venir de *Mnestheus*, *Sergius* de *Sergestus*, *Cluentius* de *Cloanthus*, et *Geganius* de *Gyas*.

32. — Page 12. . . . . . *Terno consurgunt ordine remi.*

Virgile s'écarte ici de la vérité historique. Les trirèmes n'étaient pas encore inventées dans le temps où il fait vivre Énée. C'est ainsi qu'il place des tableaux dans le palais de Didon, quoique, dans ces vieux âges, l'art de la peinture n'eût pas encore été trouvé.

Les savans ont beaucoup écrit sur les birèmes, trirèmes, quadrirèmes, quinquérèmes, etc.; et leurs dissertations n'ont pu expliquer comment pouvaient manœuvrer plusieurs rangs de rames, mues perpendiculairement les unes sur les autres. Le P. Montfaucon avoue que, d'après l'avis des plus célèbres marins de son temps, une telle manœuvre était impossible. Mais les témoignages des auteurs anciens semblent ne laisser aucun doute sur la construction des trirèmes, et ces témoignages sont fortifiés par la galère à trois rangs de rames perpendiculaires, représentée sur la colonne Trajane. Meibomius donne les noms des galères qui avaient depuis deux jusqu'à *quarante* rangs de rames.

33. — Page 12. . . . . *Scyllaque Cloanthus.*

Variantes des manuscrits : *Cloanthi, Chloanthi, Choanti, Cloenti, Cloonti, Cloante.*

34. — Page 12. *Est procul in pelago saxum.*

Cluvier, dans sa description de la Sicile, croit que le combat des vaisseaux d'Énée eut lieu sous le mont Éryx, *in sinu Longuri.*

35. — Page 12. . . . . *Hiberni condunt ubi sidera Cori.*

Corus, nom d'un vent d'occident d'été (nord-ouest) considéré ici comme un vent orageux.

36. — Page 12. *Intenti exspectant signum , exsultantiaque haurit
      Corda pavor pulsans , laudumque arrecta cupido.*

Delille traduit ainsi ces vers :

> Attentifs au signal, ils l'attendent; leur âme
> Est déjà dans la lice; et l'espoir et la peur
> Font bouillonner leur sang, font palpiter leur cœur.

En ajoutant au texte des traits qui n'y sont pas, tels que celui-ci, *leur âme est déjà dans la lice*, le poète français supprime le trait le plus saillant : *Laudumque arrecta cupido*.

Virgile, s'imitant lui-même, avait dit, dans les *Géorgiques* (livre III, v. 105) :

> Quum spes arrectæ juvenum exsultantiaque haurit
> Corda pavor pulsans.

37. — Page 14. *Non tam præcipites bijugo certamine campum*
Corripuere, ruuntque effusi carcere currus.

Virgile avait employé la même comparaison, et à peu près les mêmes vers dans le liv. III des *Géorgiques* (v. 103) :

> Nonne vides, quum præcipiti certamine campum
> Corripuere, ruuntque effusi carcere currus?

On est étonné des nombreux larcins que Virgile s'est faits à lui-même, et dont on trouve peu d'exemples dans les autres poètes latins. Ne serait-il pas permis de croire que, n'ayant pas mis la dernière main à son poëme, qu'il regardait comme inachevé quand la mort le surprit, et se proposant d'y faire entrer des pensées, des images, des comparaisons dont il s'était déjà servi ailleurs, il les plaçait *provisoirement* dans son épopée, telles qu'il les avait déjà employées, mais avec le dessein d'en changer la forme, les détails, ou tout au moins la rédaction ?

38. — Page 14. . . . . *Compellat voce Menœten.*

Variantes dans les manuscrits : *Menethes*, *Menœtas*, *Monete*, *Monesten*, *Mnesthi*.

39. — Page 16. *Illum et labentem Teucri, et risere natantem.*

Ce vers et le suivant sont imités de l'*Odyssée* (l. v). Ulysse submergé remonte à la surface de l'abîme; sa barbe ruisselle, et il vomit l'onde amère.

40. — Page 16. . . . . *Maleæque sequacibus undis.*

Le promontoire de Malée est au midi du Péloponnèse. La flotte d'Énée doubla ce promontoire lorsqu'elle passa des Sporades aux îles Strophades (l. III). Les dangers de la navigation, dans les rapides courans de Malée, avaient donné lieu à ce proverbe : *Doublant le promontoire de Malée, oubliez votre maison.* (Strabon, liv. VIII.)

Malherbe dit, dans une de ses odes :

>Ce n'est point sur les bords d'un fleuve
>Où dorment les vents et les eaux,
>Que fait sa véritable preuve
>L'art de conduire les vaisseaux :
>Il faut, dans la plaine salée,
>Avoir lutté contre Malée,
>Et, près du naufrage dernier,
>S'être vu, dessous les Pléiades,
>Éloigné des ports et des rades,
>Pour être cru bon marinier.

41. — Page 20. *Hos successus alit; possunt, quia posse videntur.*

Delille n'a point traduit ce vers si remarquable ; il l'a défiguré en disant :

>L'autre, heureux par l'audace, ose encor davantage.

Il oublie cette pensée si énergique : *possunt, quia posse videntur* : il se contente de dire : *Son espoir fait sa force.*

42. — Page 20. . . . . *Phorcique choras, Panopeiaque virgo.*

Phorcus ou Phorcys, dieu marin, fils de la Terre et de l'Océan, père des trois Gorgones (Aliduse ou Méduse, Euryale et Stényo), avait aussi engendré le dragon du jardin des Hespérides.

Panopée, une des principales Néréides, était fille de Nérée et de Doris.

43. — Page 20. *Et pater ipse manu Portunus.*

Ce dieu marin, appelé Palémon par les Grecs, et Portunus ou Portumnus (*a portubus*), par les Latins, était le Mélicerte de la fable. Ino, sa mère, se précipita avec lui dans la mer, pour éviter la fureur d'Athamas, son époux, roi de Thrace, ou des Orchoméniens. En devenant déesse, Ino prit le nom de Leucothée ; les Romains l'honoraient sous celui de *Mater matuta.*

La Cerda et Grotius ont pensé que par *Portunus* Virgile désigne Neptune, parce qu'il est appelé *pater* : mais ce titre est souvent donné aux dieux : on trouve dans les poètes : *Bacchus pater*, etc.

Virgile avait déjà représenté (liv. III, v. 141) Cymothoé et Triton arrachant des écueils les vaisseaux d'Énée :

> Cymothoe simul et Triton adnixus, acuto
> Detrudunt naves scopulo.

44. — Page 22. *Purpura Mæandro duplici melibœa cucurrit.*

Virgile paraît avoir imité ce vers de Lucrèce (liv. II, 499) :

> Melibœaque fulgens
> Purpura thessalico concharum tincta colore.

La pourpre de Mélibée, ville de Thessalie, au pied du mont Ossa, qui la séparait de la vallée de Tempé, était renommée chez les anciens.

45. — Page 22. . . . . *Puer frondosa regius Ida.*

Le poète désigne Ganymède, fils de Tros, bisaïeul de Priam. Le professeur Binet fait une note uniquement pour dire que c'est en courbant ses serres que l'aigle *saisit sa proie*. Desfontaines blâme sans raison Catrou, qui avait traduit poétiquement, par hasard, ce vers : *Sævitque canum latratus in auras* (sa meute rassemblée bat l'air de ses aboiemens). Le critique s'écrie : « Qu'est-ce que des aboiemens qui *battent l'air?* quelle langue est cela ? » C'est la langue poétique : la retrouve-t-on dans cette version de Desfontaines : « et les aboiemens de ses chiens furieux se perdent dans les airs ? »

46. — Page 22. *Levibus huic hamis consertam auroque trilicem
Loricam.*

L'auteur de l'*Énéide* avait déjà dit (liv. III, v. 467) :

> Loricam consertam hamis auroque trilicem.

47. — Page 22. *Victor apud rapidum Simoenta sub Ilio alto.*

Variantes des manuscrits : *Simeonta, Simounta ; sub Ilion alto, sub Ilion altom, sub Ilion altum.*

48. — Page 22. *Vix illam famuli Phegeus Sagarisque ferebant.*

Variantes des manuscrits : *Phygeus, Flegeus; Sagiris, Sacaris.*

49. — Page 22. *Irrisam sine honore ratem Sergestus agebat.*

Les commentateurs ont recherché pourquoi Virgile avait réservé cet affront à Sergeste. La Cerda croit que le poète a voulu désigner Catilina, qui était de la famille de Sergius. Mais ne fallait-il pas, dans l'ordre de ces jeux nautiques, qu'un des quatre vaisseaux arrivât le dernier ? L'auteur de l'*Énéide* peut fort bien n'avoir pensé à aucune des suppositions faites par les commentateurs.

50. — Page 24. *Qualis sæpe viæ deprensus in aggere serpens.*

Cette comparaison paraît imitée de Lucrèce (liv. III, v. 657). On la trouve aussi dans Quintus de Smyrne (liv. XI, v. 374).

51. — Page 24. *Vela facit tamen, et plenis subit ostia velis.*

De Loynes, qui cherche encore à corriger Virgile, lui reproche d'avoir oublié de *spécifier* qu'il s'était enfin élevé *un bon vent* pour faciliter la marche si pénible du vaisseau de Sergeste. *La vérité du récit* demandait, dit-il, *le bon vent*, et *la chose était importante à dire.* Voici la traduction :

> A la faveur enfin d'un bon vent qui s'élève,
> Il arrive à la voile, et sa course s'achève.

52. — Page 24. *Circus erat.....*

Ce fut Tarquin l'Ancien qui fit construire à Rome le Cirque entre le mont Palatin et le mont Aventin : il était destiné pour la course des chars. Onufrio Panvini, dans son Traité *de Ludis circensibus*, lui donne 2,000 pieds (environ 648 mètres) de longueur, et 1,000 pieds (324 mètres) de largeur.

53. — Page 24. *Nisus et Euryalus primi........*

Ces deux jeunes Troyens, unis par l'amitié la plus tendre, reparaîtront dans un touchant épisode du liv. IX.

54. — Page 24. *Nisus amore pio pueri........*

Le P. Catrou traduit ainsi ce vers : « Nise était attaché à Euryale par les liens de l'amitié la plus sage; » et l'abbé Desfontaines prétend que le jésuite n'a pas rendu *sagement* la pensée de

Virgile. « A Rome, dit M. Tissot, on appelait Virgile la vierge ; on sent, à la pudeur des détails sur l'amitié des deux jeunes héros, que le surnom était mérité. » Mais l'habile littérateur trouve qu'Euryale ne mérite point assez l'éloge que Virgile lui donne. « On voudrait voir, dit-il, éclater sa vertu comme sa beauté. Pourquoi, par exemple, dans un âge où les premiers mouvemens ont tant de droiture et de noblesse, n'aurait-il pas la crainte de paraître dérober la victoire, et la générosité de se borner au second prix ? C'est alors que nous répèterions tous avec émotion : *Gratior et pulchro veniens in corpore virtus.* » Ces observations sont beaucoup plus exactes que celle de madame Dacier, qui se fâche sérieusement contre Nisus. *Son injustice,* dit-elle, *méritait punition.* « C'est pousser un peu loin l'amour de la justice. Madame Dacier, qui, jusque dans ses moindres détails, défend toujours la prééminence d'Homère, aime-t-elle mieux qu'Apollon, irrité contre Diomède, lui arrache le fouet des mains pour lui faire perdre le prix, ou que la haine de la sage Minerve brise le char d'Eumélus quand il est près de passer la borne ? C'est pourtant ce qu'on voit dans Homère, et madame Dacier ne veut pas qu'un jeune homme se serve d'un innocent artifice pour faire triompher son ami. » (*L'Énéide* de DELILLE, liv. v, note 14.)

55. — Page 24. *Hunc Salius simul et Patron, quorum alter Acarnan,*
Alter ab Arcadia, tegeææ sanguine gentis.

L'*Acarnanie* (aujourd'hui *Carnia*), province maritime de la Grèce, était séparée de l'Épire par le golfe d'Ambracie (*Arta*), et de l'Étolie par le fleuve Achéloüs. Les Acarnaniens, habiles frondeurs, excellaient dans les divers exercices des jeux publics.

Tégée, ville d'Arcadie, dans le Péloponnèse, avait au midi le Ménale, et au nord le mont Parthénius. C'est auprès de cette ville que l'Alphée ouvrait à ses flots voyageurs un chemin souterrain.

56. — Page 26. *Tum duo trinacrii juvenes, Helymus Panopesque.*

Variantes dans les manuscrits : *Helemus, Helenus, Helimus, Helinus.*

57. — Page 26. *Multi prætereu, quos fama obscura recondit.*

Macrobe (liv. vi, 1) croit que Virgile a imité ce passage d'Ennius : *Multei aliei adventant, paupertas quorum obscurat nomina.*

58. — Page 26. *Gnosia bina dabo levato lucida ferro.*

Variantes dans les manuscrits : *Gnossia, Cnosia; — limato, polito, leugato* (pour *levigato*), *lunato.*

Gnosse, ancienne ville de Crète, où régnait Minos. C'est auprès de cette ville qu'il fit construire le fameux labyrinthe :

> Hic labor ille domus, et inextricabilis error.
> (*Æneid.*, vi, 28.)

59. — Page 26. . . . . *Et fulminis ocior alis.*

Les anciens donnaient des ailes à la foudre : elle est ainsi représentée sur plusieurs médailles.

60. — Page 28. *Concidit immundoque fimo sacroque cruore.*

Ce vers, et celui qu'on trouve plus bas,

> Turpia membra fimo. Risit pater optimus olli,

ont été trouvés, par plusieurs commentateurs, peu convenables à la dignité de l'épopée. Nous ignorons, dit Heyne, quel jugement on portait de ces vers dans le siècle d'Auguste : mais notre âge rejette justement de telles facéties, *facetias tales recte respuit.* Ce jugement est plus que sévère : il est faux. Et pourquoi le poète épique serait-il condamné à ne jamais descendre des hauteurs de son sujet? Ménète, qui a fait rire les Troyens de sa chute dans les flots, qui les fait rire encore quand il revomit l'onde amère, et toute cette belle description des jeux qui remplissent presque le cinquième livre, seraient donc déplacés dans l'épopée !

61. — Page 28. *Hic totum caveæ consessum ingentis, et ora.*

Les anciens appelaient *cavea* la partie inférieure du cirque, autour duquel s'élevaient par degrés les loges, nommées *cunei*, parce qu'elles se rétrécissaient en remontant, comme les coins dont on se sert pour fendre le bois.

62. — Page 30. . . . . *Didymaonis artes.*

Les variantes *Didamonis, Didamaonis, Didiomonis, Didumæonis* annoncent que le nom de cet artiste pouvait avoir été inventé par le poète, ou que, s'il était historique, il avait peu de célébrité. Malgré ce que les commentateurs appellent *librariorum stupores*, il est rare que les copistes défigurent les noms de personnages et de lieux qui étaient généralement connus : ils ne varient ordinairement que sur des noms restés plus ou moins obscurs.

63. — Page 30. *Solus qui Paridem solitus contendere contra.*

Pâris, tout efféminé que l'ont peint plusieurs poëtes anciens, et tous les modernes qui ont parlé de lui, était robuste, courageux et très-adroit au combat du ceste : il vainquit Hector lui-même ; et c'est en triomphant, dans divers combats, de tous ses frères, qu'il se fit, dit-on, reconnaître à la cour de Priam. Ce fut Pâris qui proposa de terminer la guerre de Troie par un combat singulier avec Ménélas (*Iliade*, liv. III) : il le tenta sans succès, mais avec courage. Dans l'attaque des Troyens contre la flotte des Grecs, Pâris commandait l'aile gauche, et il se distingua par son intrépide valeur (*ibid.*, liv. XIII). Il en est donc des réputations comme des livres : *Habent sua fata.*

64. — Page 30. *Victorem Auten immani corpore.*

Ce Butès, que Darès vainquit aux funérailles de Patrocle, n'est pas le même que Butès, père d'Éryx, dont Virgile a parlé au commencement de ce livre (v. 24).

Apollonius décrit (liv. II) le combat du ceste, dans lequel Amycus, roi de Bébrycie, fut vaincu par Pollux. Virgile a emprunté quelques traits de cette description.

65. — Page 30. *Talis prima Dares caput altum in prœlia tollit.*

On trouve dans l'*Anthologie grecque* (liv. V) une épigramme sur Entelle et Darès.

66. — Page 32. *Hic gravis Entellum dictis castigat Acestes.*

Il y avait dans la Sicile une ville nommée *Entella*, d'où l'on croit que Virgile a pris le nom du vieil ami d'Aceste.

67. — Page 32. *Nequidquam memoratus Eryx?*

Éryx s'était rendu célèbre par sa force et son adresse dans le pugilat. Il osa provoquer Hercule lui-même. (*Voyez* DIODORE

DU LIVRE CINQUIÈME.

de Sicile, liv. IV, 33; PAUSANIAS, liv. IV, 36, et les Médailles de Sicile dans D'ORVILLE.)

68. — Page 32. . . . . . *Non laudis amor, nec gloria cessit*
  Pulsa metu.

C'est ainsi que s'expriment Nestor dans l'*Iliade*, et Laërte dans l'*Odyssée*. Mais Virgile est plus orné qu'Homère.

69. — Page 32. *In medium geminos immani pondere cæstus.*

Servius remarque qu'il faut écrire *cæstus*, parce que ce mot vient de *cædere*, tandis que, pour désigner la ceinture de Vénus, on écrit *cestus*. (C'est du nom de cette ceinture merveilleuse qu'est venu le mot *inceste* ou ceinture déliée.) Le combat du ceste était un jeu cruel. « Tous les peuples, dit Gaston, ont aimé à voir couler le sang dans les fêtes publiques. Les Grecs ont eu leur pugilat; les Romains, leurs gladiateurs; l'Europe moderne, ses tournois. Les Anglais se plaisent encore à faire battre des coqs, et à faire boxer des hommes à peu près à la manière de l'ancien pugilat : les Espagnols ont heureusement perdu le goût des auto-da-fé, mais ils ont conservé les combats des taureaux. »

70. — Page 34. *Sanguine cernis adhuc fractoque infecta cerebro.*

Heyne trouve ce vers fastidieux : *Etiam hic versus fastidium faciat necesse est.* Il critiquerait les *chiens dévorans* qui *se disputaient des lambeaux affreux!* Il trouverait quelquefois Racine et Corneille fastidieux !

71. — Page 34 *Hæc fatus, duplicem ex humeris rejecit amictum.*

Virgile imite ici Homère dans l'*Odyssée* (liv. XVIII), et Apollonius (liv. II).

72. — Page 34. *Et magnos membrorum artus, magna ossa, lacertosque.*

Macrobe veut que le poète ait imité ce passage d'Ennius : *Magna ossa lacertique apparent hominei* (liv. VI, 1).

73. — Page 34. *Constitit in digitos.*

On peut comparer ce combat avec ceux qui sont décrits par Homère, Apollonius, Théocrite (*Idylle* 22), Valerius Flaccus (liv. VI), et Silius Italicus (liv. XVI).

74. — Page 36. *Multa cavo lateri ingeminant, et pectore vastos*
Dant sonitus.

Le père Catrou traduit ainsi ces vers : « On *s'assomme* de grands coups de part et d'autre..... Ils se font craquer les dents dans la bouche. »

75. — Page 36. ..... *Primusque accurrit Acestes,*
Æquævumque ab humo miserans attollit amicum.

Dans les combats des anciens athlètes, quand l'un d'eux tombait, il lui était permis de se relever sans que l'autre pût profiter de sa chute.

Delille ajoute souvent au texte de Virgile, et plus d'une fois il l'embellit :

Aceste le premier accourt, et sa tendresse
Dans son vieux compagnon *plaint sa propre faiblesse.*

C'est le privilège du poète à qui il est permis d'imiter. Mais le prosateur doit se borner à traduire.

76. — Page 38 *Cede deo*.....

Énée désigne Éryx, dont Entelle portait les armes, et qui était honoré comme un dieu du pays.

77. — Page 38. *Ore ejectantem, mixtosque in sanguine dentes.*

Ce vers a paru à plusieurs commentateurs peu digne de la gravité épique. L'abbé Remy l'a traduit avec le burlesque de Scarron : *Darès crachant ses dents avec le sang caillé.*

78. — Page 38. ..... *Palmam Entello taurumque relinquunt.*

L'arrogance de Darès est justement punie dans l'*Énéide*, tandis que l'orgueil présomptueux d'Épée triomphe dans l'*Iliade*. C'est ce que n'a garde de reconnaître madame Dacier : mais d'autres critiques moins prévenus l'ont remarqué.

79. — Page 40. *Sternitur, exanimisque tremens procumbit humi bos.*

Le fait attribué à Milon de Crotone est donné par Virgile à Entelle.

Voici un nouvel exemple de la manière dont on traduisait les poëtes au commencement du dix-huitième siècle. Ces trois vers de Virgile,

> Dixit, et adversi contra stetit ora juvenci,
> Qui donum adstabat pugnæ; durosque reducta
> Libravit dextra media inter cornua cæstus,

sont ainsi défigurés par le jésuite Catrou : « Il dit, puis *il vint se présenter vis-à-vis de la bête* qui lui était destinée pour prix. Il éleva le bras pour frapper un plus grand coup, *et lui déchargea son poing* armé du ceste, entre les cornes. »

Servius n'a point senti l'harmonie imitative du *procumbit humi bos*. Il trouve cette chute détestable : *Est autem hic pessimus versus in syllabam desinens.* « Tel est, dit Desfontaines, le goût d'un grammairien. » Servius, condamnant cette chute généralement admirée, tombe lui-même, *procumbit*.

80. — Page 40. *Hanc tibi, Eryx, meliorem animam pro morte Daretis.*

De Loynes fait tuer cent taureaux par Darès :

> Cher Éryx, reprit-il, reçois cette hécatombe;

et, pour justifier cette licence, il dit : « Le style poétique et figuré n'est pas un style géométrique. D'ailleurs ce taureau était si fort qu'il en valait bien lui seul une demi-douzaine ou plus. »

81. — Page 40. *Protinus Æneas celeri certare sagitta.*

Dans l'*Iliade*, le prix de l'arc n'est disputé que par Teucer, frère d'Ajax, et par Mérion, écuyer d'Idoménée. Teucer rompt les liens qui attachent la colombe au haut du mât; Mérion atteint l'oiseau dans son vol. Virgile, en imitant Homère, a plusieurs fois le bonheur de le surpasser. La description du jeu de l'arc par le poète latin est si supérieure à celle du poète grec, que l'abbé Desfontaines dit, mais en se servant d'une expression qui manque de mesure : « Le divin Homère, modèle de Virgile dans cette description, n'en paraît que l'*écolier*. »

82. — Page 40. *Hyrtacidæ ante omnes exit locus Hippocoon is.*

Variantes dans les anciens manuscrits : *Hippocoantis, Ipsocoontis, Oppocoontis.*

83. — Page 40. *Pandare, qui quondam, jussus confundere fœdus.*

Pandarus, prince troyen, fils de Lycaon, s'était rendu à Troie sans char, et il combattait toujours à pied. Les Grecs et les Troyens étaient convenus de terminer la guerre par un combat singulier entre Ménélas et Pâris. L'offenseur et l'offensé étaient aux prises. Pâris, ravisseur d'Hélène, devait, s'il était vaincu, la rendre à son époux. C'est pendant ce combat que Pandarus, excité par les dieux ennemis de Troie, lança une flèche contre Ménélas, et le traité fut rompu. (*Iliade*, liv. III et IV.)

84. — Page 42. *Hic oculis subitum objicitur magnoque futurum*
Augurio monstrum, docuit post exitus ingens :
Seraque terrifici cecinerunt omina vates.

De ces trois vers, une partie du premier est seule traduite par Delille, qui se contente de dire :

Aux regards se présente un présage divin.

Ce présage, qui fut d'abord mal interprété, est celui de l'incendie des vaisseaux par les femmes troyennes. Énée adopte comme favorable ce présage douteux, trompé sans doute par la ressemblance du prodige de la flèche embrasée, et traçant des sillons de flamme dans les airs, avec le prodige de l'étoile qui, à la fin du second livre, est reçu par Anchise comme un avis des dieux :

Stella facem ducens multa cum luce cucurrit.....
Hic vero victus genitor se tollit ad auras,
Affaturque deos, et sanctum sidus adorat.

Anchise ne veut plus rester enseveli sous les ruines de Troie, et il s'écrie : « La faveur des dieux se déclare par ce prodige. » Chez les anciens, une flamme brillant dans les airs passait pour un augure favorable, comme le remarque Servius.

85. — Page 42. *Seraque terrifici cecinerunt omina vates.*

Heyne croit que Virgile a voulu faire allusion aux guerres de Sicile, dans lesquelles les Romains furent attaqués par les Carthaginois et les Syracusains. A la suite de plusieurs défaites, les richesses de Syracuse furent consumées, comme la flèche d'Aeste, par le feu.

86 — Page 42........ *Sed lætum amplexus Acesten.*

Virgile imite ici Homère, qui fait décerner à Nestor un prix qu'il n'avait pas mérité.

87. — Page 44 .... *In magno munere Cisseus.*

Cissée, roi de Thrace, père d'Hécube, ami d'Anchise, et à peu près contemporain d'Aceste.

88. — Page 44......... *Cœlo dejecit ab alto.*

On remarquera que Virgile, dans le même livre, termine trois vers assez rapprochés par les mêmes mots : *Malo suspendit ab alto* (v. 489); *malo pendebat ab alto* (v. 511).

89. — Page 44. *Epytiden vocat.*

Variantes dans les manuscrits : *Æpytiden, Ephitidem, Epitiden.*

Périphas, fils d'Epytus, est cité, dans l'*Iliade*, comme un des officiers d'Anchise : Énée en fit le gouverneur du jeune Iule. Chez les anciens, les gouverneurs suivaient leurs élèves à la guerre, et ne les abandonnaient pas au sortir de l'adolescence, c'est-à-dire à l'âge où ils étaient le plus nécessaires. Cet usage ne s'est malheureusement pas conservé chez les modernes, et les princes, la noblesse et les peuples n'ont rien gagné à sa suppression.

Auguste, dit Suétone, recommandait aux meilleurs capitaines de la république de former chacun quelque élève dans les exercices militaires : *ut disciplinam singulorum susciperent*. C'est seulement dans les beaux-arts qu'aujourd'hui les maîtres font encore école.

90. — Page 44. *Omnibus in morem tonsa coma pressa corona.*

Les casques des jeunes Troyens étaient surmontés d'une couronne de laurier ou d'olivier. Tel est aussi celui d'Umbron dans le VIIe livre de l'*Énéide* :

> Fronde super galeam et felici comptus oliva.
> (v. 751.)

91. — Page 46. *Flexilis obtorti per collum circulus auri.*

Quelques érudits ont cru trouver dans ce vers l'origine des ordres militaires ou de chevalerie, qui sont des institutions modernes. Les chaînes, comme la prétexte et la bulle, étaient des signes distinctifs que tous les citoyens de certaines classes avaient le droit de porter, et qui n'étaient point, comme les ordres de chevalerie, des récompenses ou des faveurs accordées par les souverains.

92. — Page 46. *Una acies juvenum, ducit quam parvus ovantem.*

« Delille emploie dix vers à rendre les cinq vers de Virgile, et le mutile ou le défigure... L'exagération de Delille sur le jeune Priam n'est conforme ni à la manière antique, ni aux récits de l'histoire. » (Tissot, *Études sur Virgile*, t. II, page 454.)

Cette exagération, la voici :

> Le jeune Priam
> Un jour doit aux Latins rappeler à la fois
> Et le plus malheureux et le plus grand des rois.

Virgile se contente de dire que le jeune Priam, fils de Polite, aura une postérité illustre en Italie. Caton, selon Servius, avait parlé, dans ses *Origines*, de Polite comme étant venu dans le Latium, où, s'étant séparé d'Énée, il avait bâti une ville appelée *Politorium*. Toutes ces origines ou généalogies sont obscures, suspectes : on retrouve, chez tous les peuples, ces mensonges de la flatterie et ces faiblesses de la vanité.

93. — Page 46. *Alter Atys, genus unde Atti duxere Latini.*

Variantes dans les manuscrits : *Atis*, *Attis*, *Atus*, *Atyi*, *Attii*, *Ati*, *Aci*, *Alii*.

Virgile a voulu flatter Auguste en faisant remonter au temps d'Énée la famille des Atiens. Il feint une étroite amitié entre Iule et Atys : *puerogue puer dilectus Iulo*, parce que les deux familles des Jules et des Atiens se trouvèrent réunies dans Auguste. M. Attius Balbus avait épousé Julie, sœur de Jules César, et de ce mariage était née *Attia*, mère d'Octave.

94. — Page 46. *Sidonio est invectus equo.*

Les chevaux de Phénicie ne sont nulle part cités par les anciens. *Sidonio* a pu être employé pour *Africano*.

95. — Page 46. *Esse sui dederat monumentum et pignus amoris.*

Ce vers se retrouve dans le même livre (538) :

> Ferre sui dederat monumentum et pignus amoris.

L'un ou l'autre de ces vers était peut-être placé provisoirement par le poète pour indiquer la pensée et le sentiment qu'il se proposait d'exprimer en d'autres termes. Virgile, dit Segrais, ne laissait de la sorte ces vers doubles, ou ceux qu'il jugeait imparfaits, que comme on met les faux piliers d'un bel édifice, en attendant les colonnes qui doivent en faire le principal ornement. A considérer l'exactitude de la versification des *Églogues* et des *Géorgiques* de Virgile, il ne se serait jamais pardonné cette négligence, si la mort ne l'avait prévenu.

Delille n'a point traduit ce vers qui exprime un sentiment, et qui rappelle, par un seul trait, tous les malheurs de Didon.

96. — Page 48. *Inde alios ineunt cursus, aliosque recursus.*

> Tour-à-tour on s'éloigne, on revient, on repart,
> On s'aligne, on se mêle, on s'atteint, on s'évite :
> C'est tantôt un combat, et tantôt une fuite ;
> Tantôt la paix suspend leur choc tumultueux.

M. Tissot, sage admirateur de Delille, dit : « Le défaut de ces quatre vers est de détruire toutes les images du texte, et de convertir en prose facile et rimée, une poésie élégante et pittoresque. »

97. — Page 48. ...... *Pugnæque cient simulacra sub armis.*

On lit dans Lucrèce :

> .... Belli simulacra cientes.

98. — Page 48. *Ut quondam Creta fertur Labyrinthus in alta.*

Cette comparaison manque de justesse. Les détours du Labyrinthe étaient inextricables, *irremeabilis error*, ou *inextricabilis error* (liv. VI, v. 23). On ne pouvait trouver la route pour en sortir. Mais les jeunes Troyens forment, dans leurs jeux équestres, une espèce de labyrinthe dont ils savent promptement se dégager. L'*irremeabilis error* n'est jamais dans leurs évolutions, et on les voit bientôt marcher de front et en bon ordre : *Facta pariter nunc pace feruntur.*

La description du Labyrinthe est un des plus beaux morceaux de l'*Iliade*. Virgile ne pouvait surpasser, ni même égaler Homère. Il parait avoir imité Catulle (LXI, v. 112). Ovide dit du fameux architecte Dédale :

> Ducit in errorem variarum errore viarum.

Voyez, sur le Labyrinthe, PLINE, liv. XXXVI.

99. — Page 48. *Delphinum similes, qui per maria humida nando.*

Ovide (*Métam.*, liv. III, v. 685) peint ainsi les dauphins se jouant dans le sein des ondes :

> Inque chori ludunt speciem, lascivaque jactant
> Corpora, et acceptum patulis mare naribus efflant.

Avant Virgile et Ovide, les jeux des dauphins sur les mers avaient été décrits par Apollonius.

100. — Page 48. *Carpathium Libycumque secant, luduntque per undas.*

Les anciens donnaient le nom de mer de Carpathie à cette partie de l'Archipel où se trouve l'île *Carpathos* (aujourd'hui *Scarpanto*), entre l'île de Crète et l'île de Rhodes.

101 — Page 48. *Accepit Roma, et patrium servavit honorem,*
Trojaque nunc pueri trojanum dicitur agmen.

Auguste aimait ces exercices équestres, appelés chez les Romains le *jeu de Troie*. On lit dans Suétone : *Lusus ipse, quem vulgo Pyrrhicham appellant, Troja vocatur... Trojæ ludum edidit.* Le même historien dit (*in August.*, c. 43) : *Frequentissime majorum minorumve puerorum delectu, prisci decorique moris existimans claræ stirpis indolem sic innotescere.*

Après la bataille d'Actium, Auguste fit exécuter ce jeu l'an 726 de Rome, par les enfans des premières familles, dans la célébration de la dédicace du temple de César : Tibère commandait le premier escadron. Quelques savans, frappés de la ressemblance des jeux que décrit Virgile avec ceux que fit célébrer Auguste, alors triumvir, ont cru voir, dans l'apothéose d'Anchise, l'allusion d'un poète courtisan à l'apothéose de Jules César.

Un des plus malheureux interprètes du poète latin se montre quelquefois assez judicieux dans ses notes. Il refuse de croire, d'après le témoignage du plus ancien biographe de Virgile (Donat), que le poète n'ait lu, devant Auguste, que le IIe, le IVe et le VIe livre de l'*Énéide* : « Nous ne pouvons nous persuader, dit-il, qu'il n'eût pas été fort aise de lui faire connaître tant d'autres chants remplis par lui d'une adulation si fine, tels que le Ve, et plus encore le VIIIe, où les faits les plus remarquables de l'histoire romaine sont gravés sur le bouclier d'Énée, dont le centre représentait la mémorable bataille d'Actium, et les triomphes si flatteurs pour le vainqueur qui l'avaient suivie. D'un autre côté, je me persuade encore moins qu'Auguste, qui aimait les beaux vers et la bonne louange, s'il a entendu les trois chants cités, n'eût pas été jaloux de voir les autres, et n'eût pas même usé de son autorité pour satisfaire ensemble à cet égard son goût et sa curiosité. »

102. — Page 48. . . . . *Ventosque adspirat eunti.*

Les vents étaient soumis à Junon, comme étant la déesse des airs.

103. — Page 50. *Multa movens, necdum antiquum saturata dolorem.*

Virgile revient souvent sur cet antique ressentiment de la déesse. Il a déjà dit :

. . . . Sævæ memorem Junonis ob iram.
(Lib. I, v. 4.)

Necdum etiam causæ irarum sævique dolores
Exciderant animo; manet alta mente repostum.
(L. I, v. 25.)

Bientôt le poète dira encore :

Junonis gravis ira, et inexsaturabile pectus.
(L. V, v. 781.)

Cette abondance pourrait paraître stérile dans notre langue.

104. — Page 50. *Fit Beroe, Ismarii conjux.*

Variantes dans les manuscrits : *Tmarii, Tinarii, Timarii, Marii, Tarii, Thiari.*

Heinsius adopte la leçon *Tmarii* de *Tmaros*, montagne d'Épire, près de la ville de Dodone. Mais on ne voit pas pourquoi Béroé aurait pris un époux en Épire plutôt que dans la Thrace :

elle était Troyenne, et la Thrace est plus proche de la Troade que l'Épire.

Ismare était aussi le nom d'une montagne de la Thrace, célèbre par l'excellent vin qu'elle produisait :

>   . . . . Juvat Ismara Baccho
> Conserere.
> (*Georg.*, l. ii, v. 37.)

Le discours de la fausse Béroé peut être comparé à celui de Sinon dans le deuxième livre. L'un et l'autre sont également artificieux.

105. — Page 50. . . . . *Cunctæque profundum*
Pontum adspectabant flentes.

La cadence de ces vers semble en exprimer le sens. On peut ne pas croire, comme semblent croire Delille et Gaston, que Virgile ait voulu peindre sans cesse, par l'harmonie des sons, le sujet de ses vers; mais on ne peut s'empêcher de reconnaître qu'il l'a voulu souvent comme dans *Ferri rigor; Procumbit humi bos; Quadrupedante putrem sonitu quatit ungula campum*, etc.

La douleur des Troyennes, exilées de leur patrie et pleurant au bord des mers, rappelle les tribus des Juifs captives qui, assises sur les rives de l'Euphrate, pleuraient au souvenir de Sion : « C'est le même fond de sentimens, et quelquefois exprimé par les mêmes tours. On avait déjà remarqué plusieurs traits de conformité entre la quatrième églogue de Virgile et divers passages d'Isaïe. Virgile a-t-il eu quelques notions des livres des Hébreux? je n'oserais soutenir cette opinion, quoiqu'ils aient pu à toute force lui être connus par la version grecque faite du temps des Ptolémées; mais il faut plutôt penser que la nature et le génie ont le même accent dans tous les siècles. » (DELILLE, *Énéide*, liv. v, note 17.)

106. — Page 50. *Sideraque emensæ ferimur.*

Par les astres, Virgile paraît entendre les tempêtes qu'excitaient, suivant les anciens, le lever ou le coucher de certaines constellations.

107. — Page 52. . . . . *En quatuor aræ.*

Ces quatre autels avaient sans doute été élevés en l'honneur de

Neptune par Mnesthée, Gyas, Sergeste et Cloanthe, avant le jeu de la course sur les eaux.

108. — Page 52. . . . . *Non hæc Rhœteia, matres.*

Le promontoire de Rhétée est dans la Troade, sur la côte de l'Hellespont, à quatre milles de Sigée. Rhétée était aussi le nom d'une ville auprès de laquelle on voyait le tombeau d'Ajax, fils de Télamon.

109. — Page 56. *Tum pius Æneas humeris abscindere vestem.*

Dans les grandes douleurs, les anciens déchiraient leurs habits. C'est ce que fait le roi Latinus dans le xiie livre de l'*Énéide* (v. 609) : *It scissa veste.* On trouve dans la *Bible*, ainsi que dans l'histoire profane, plusieurs exemples de cet antique usage. Le roi prophète, apprenant le meurtre de son fils Ammon et la mort d'Absalon, déchire ses habits. Dans l'Évangile, le grand-prêtre déchire sa robe en s'écriant que le Nazaréen a blasphémé. Néron déchire ses vêtemens à la nouvelle de la révolte de Galba et du soulèvement de l'Ibérie.

Le père Menestrier, savant jésuite qui a publié plusieurs traités singuliers sur les *Devises*, sur les *Tournois, joûtes, carrousels et autres spectacles publics*, fit imprimer à Paris, en 1704, une *Dissertation* assez rare *sur l'usage de se faire porter la queue* : « Je ne doute point, dit-il, que ce ne soit aux funérailles que l'usage de ces habits traînans s'est introduit; » et il croit que cet usage est venu « de la cérémonie que l'on observait de déchirer ses habits pour marque d'honneur... Des robes ainsi déchirées de haut en bas, faisaient que l'une des parties traînait négligemment, et c'était un spectacle lugubre. »

110. — Page 56. *Tum senior Nautes.*

On voit dans Denys d'Halicarnasse (liv. vi, 69), et dans Servius, qui cite les livres de Varron, *de Familiis Trojanis*, qu'il y avait, chez les Romains, une famille *Nautia*, tirant son origine de *Nautes* ou *Nautius*, prêtre de Minerve. On disait que ce Nautès avait sauvé du sac de Troie le *Palladium*, dont la garde lui fut confiée par le fils d'Anchise, et que, dans le siècle d'Auguste, les Nautiens jouissaient encore du même privilège.

111. — Page 58. . . . . . *Superanda omnis fortuna ferendo est.*

On trouve, dans Térence, la même maxime : *Quod fors feret, feremus æquo animo.*

112. — Page 58. *Urbem appellabunt permisso nomine Acestam.*

C'est la ville connue depuis sous le nom d'*Égeste*, vulgairement *Ségeste*. Cicéron, dans son quatrième discours contre Verrès, dit que les habitans de Ségeste, alliés des Romains, jouissaient à ce titre de divers privilèges.

113. — Page 58. *Visa dehinc cœlo facies delapsa parentis.*

Anchise dit plus bas qu'au moment même où il parle à Énée, son ombre est dans les Champs-Élysées. Comment cette ombre peut-elle donc apparaître à son fils? car c'est bien l'ombre des mortels, qui allait dans les enfers. Didon dit dans le ive livre, avant de se donner la mort :

> Et nunc magna mei sub terras ibit imago.

Les commentateurs, qui veulent tout expliquer, prétendent qu'il s'agit ici seulement de l'*image* et de l'*apparence* d'Anchise, c'est-à-dire de l'ombre de l'ombre ; car qu'est-ce qu'une ombre, si ce n'est une *image* ou une *apparence?* Pour éluder la difficulté, Desfontaines substitue dans sa version, à l'ombre d'Anchise qu'il laisse dans l'Élysée, son *âme* qui était dans la région des astres; mais le poète dit *visa facies*, ce qui ne peut se dire de l'âme, qui était un esprit éthéré.

Quoi qu'il en soit, par cette apparition de l'ombre ou de l'image d'Anchise, et par l'ordre qu'elle donne à Énée de descendre aux enfers pour y voir sa postérité, Virgile prépare avec art le sujet du vi^e livre, qui, sans cette précaution, eût été, non précisément un *hors-d'œuvre*, comme le dit un des meilleurs traducteurs de l'*Énéide*, mais une des plus parfaites parties d'un poëme, sans liaison avec ce poëme.

114. — Page 58. *Infernas accede domos.*

Cette descente d'Énée aux enfers lui a déjà été prédite par Helenus (liv. iii, v. 441).

115. — Page 60. *Et me sævus equis Oriens afflavit anhelis.*

On retrouve à peu près le même vers dans les *Géorgiques* (liv. 1, 250):

> Nosque ubi primus equis Oriens afflavit anhelis.

116. — Page 60. *Dixerat, et tenues fugit, ceu fumus, in auras.*

Les ombres des morts ne paraissaient que la nuit. Les songes, dit Horace, n'étaient censés véritables qu'après minuit : *Post mediam noctem... quum somnia vera*, etc.

117. — Page 60. *Pergameumque Larem, et cana penetralia Vestæ.*

Les Lares ne doivent pas être confondus avec les Pénates. Les Lares étaient les âmes des parens morts, dont les simulacres étaient ornés de bandelettes et de fleurs. On les honorait d'un culte domestique par des oblations d'encens, de fleur de farine mêlée avec du sel, et par les prémices des viandes du festin, qu'on jetait dans le foyer. Ce foyer était appelé le sanctuaire de Vesta, *penetralia Vestæ*. Vesta est prise ici pour le feu dont le culte passa de l'Asie chez les Latins. Virgile donne à Vesta l'épithète de *cana*, blanche, parce que le blanc était la couleur des Vestales et le symbole de la pureté. L'abbé Desfontaines est quelquefois facétieux dans ses notes ; « et quoique toutes les cheminées, dit-il, soient noires, celle-ci ne laisse pas d'être appelée le sanctuaire de la blanche Vesta. »

118. — Page 60. *Farre pio et plena supplex veneratur acerra.*

Virgile, en faisant brûler de l'encens par Énée, suit plutôt l'usage de son temps que la vérité historique. L'encens, dit Pline, était inconnu dans les temps héroïques, *nec thure supplicabatur.*

119. — Page 60. *Interea Æneas urbem designat aratro.*

Cette coutume antique de tracer avec la charrue l'enceinte d'une ville, doit être conservée dans la traduction d'un poëme, comme tradition historique, et aussi comme image. Delille se contente de dire :

> Cependant le héros des murs décrit le tour.

Un taureau et une vache, attelés à la même charrue, traçaient un sillon d'enceinte autour du terrain choisi pour bâtir une nouvelle ville. Aux lieux marqués pour servir d'entrée, on soulevait la charrue, on la portait : et de là, dit-on, est venu le nom de *porta*.

Ce que le poète décrit est ainsi raconté par Denys d'Halicarnasse (liv. 1) : « Énée, accueilli par ces deux Troyens (Aceste et Helymus), bâtit sur leur territoire deux villes, qu'il appela de leur nom. Il y laissa tous ceux de son armée qui ne pouvaient plus résister aux fatigues d'un si long voyage, et les femmes troyennes qui, lasses de traverser les mers, avaient brûlé, dit-on, une partie de la flotte, dans l'espérance de l'arrêter en Sicile. »

120. — Page 60. . . . . *Hoc Ilium, et hæc loca Trojam.*

Le professeur Binet est le seul qui ait ainsi traduit ce passage : « Il veut que cette partie soit Ilion, que cette autre s'appelle Troie, noms bien doux pour le prince troyen qui doit y régner. » Heyne dit, d'après les meilleurs commentateurs : *Æneas.... quum novam coloniam conderet, hanc pro Ilio et Troja esse vult.* Énée veut que cette ville tienne lieu aux Troyens d'Ilion et de Troie.

On voit, dans le IIIe livre (v. 300), l'établissement d'une ville semblable fait en Épire par Helenus.

121. — Page 60. *Fundatur Veneri Idaliæ.*

Vénus avait reçu le surnom d'Idalie, parce que, dans l'île de Chypre, se trouvaient un bois et une ville qui lui étaient consacrés, et qui portaient le même nom. Il est plusieurs fois parlé, dans les Livres saints, des bois qui entouraient les temples des payens, et que Dieu lui-même avait en abomination.

122. — Page 62. *Jamque dies epulata novem.....*

Dans les funérailles des anciens, après un deuil qui durait neuf jours, les sacrifices et les jeux commençaient. (OVIDE, *Fastes*, liv. II, v. 543.) Les neuvaines du Christianisme viennent de ces neuf jours de deuil, que les Romains appelaient *Novemdialia sacra*.

123. — Page 62 *Visa maris facies, et non tolerabile numen.*

Variantes dans les anciens manuscrits : *Nomen, lumen, cœlum.*

Un savant commentateur remarque ici que les copistes ont souvent embarrassé le sens de Virgile : *Quum itaque versemur in voce tot librariorum ludibriis obnoxia,* etc.

124. — Page 64. *Fas omne est, Cytherea, meis te fidere regnis.*

De tous les surnoms donnés à Vénus, celui de *Cythérée*, ou de *déesse de Cythère*, est le plus employé par les poètes anciens et modernes. Cythère, aujourd'hui *Cérigo*, est une île située près du promontoire de Malée. Quelques mythographes prétendent que Vénus était née dans cette île, ou sur ses rivages, de l'écume de la mer.

125. — Page 64. ..... *Nec reperire viam atque evolvere posset.*

C'est ce que dit de lui-même le Xanthe dans l'*Iliade*.

126. — Page 64. *Congressum Æneam, nec dis nec viribus æquis.*

Ce combat est peu glorieux pour Énée dans l'*Iliade* : il allait succomber, lorsque Neptune, quoique ennemi des Troyens, vint le sauver en formant un nuage épais devant le redoutable Achille.

127. — Page 66. *Jungit equos auro genitor.*

Imitation d'Homère qui, dans le XIIIe livre de l'*Iliade*, peint le char de Neptune volant sur les mers. Mais le pinceau du poète grec est plus large et plus hardi que celui du poète latin. « Homère, dit Pope, ressemble à son Jupiter qui, lorsqu'il veut effrayer le monde, ébranle l'Olympe, lance la foudre et les éclairs. Virgile aussi ressemble à Jupiter, mais à Jupiter bienfaisant, lorsqu'il délibère avec les dieux, trace le plan des empires, et dispose tout avec une souveraine sagesse. »

128. — Page 66. *Et senior Glauci chorus, Inousque Palæmon.*

Pline le Naturaliste dit (liv. XXXVI) qu'on voyait à Rome, dans le temple de Neptune, un groupe ou plutôt un bas-relief en marbre, ouvrage admirable de Scopa, représentant Neptune, Thétis et Achille ; les Néréides portées sur des dauphins, des cétacés et des chevaux marins ; les Tritons et le chœur de Phorcus, etc. : *Neptunus ipse et Thetis atque Achilles; Nereides supra delphinos, cete et hippocampos sedentes; item Tritones chorusque*

Phorci, et pristes, ac multa alia marina : omnia ejusdem manus, præclarum opus, etiamsi totius vitæ fuisset.

Virgile paraît avoir imité ce recensement des dieux de la mer, du ɪvᵉ livre d'Apollonius (v. 930).

129. — Page 66. *Nesæe, Spioque, Thaliaque, Cymodoceque.*

Ce vers est tout entier dans les *Géorgiques* (liv. ɪv, 338). Virgile ne l'avait sans doute transporté dans l'*Énéide* que provisoirement.

Variantes dans les manuscrits : *Nisceque, Nissencque, Niseque, Nisie, Nisæe, Niseis, Nissæe* ; — *Espioque* ; — *Tholoque* ; — *Chimoeque*.

Quand il s'agit de noms mieux connus, les erreurs des copistes sont un peu plus rares.

130. — Page 66. *Attolli malos, intendi brachia velis.*

On trouve dans ce vers, et dans les trois suivans, plusieurs termes de la marine des anciens. Ils appelaient *brachia* les deux moitiés des antennes ; *cornua*, leurs deux extrémités ; *pedes*, les cordes fixées aux deux angles inférieurs de la voile, et qui s'attachaient aux deux côtés du vaisseau. On lit dans Valerius Flaccus (liv. ɪ, v. 126) :

> Pallada velifero quærentem brachia malo.

131. — Page 68. *Iaside Palinure, ferunt ipsa æquora classem.*

Quelques critiques réprouvent, comme inutile à l'action du poëme, la fin tragique du pilote d'Énée, que recommandaient sa prudence et sa vigilante fidélité. C'est un des grands dieux de l'Olympe qui veut une victime, qui la condamne, et c'est un autre dieu qui sert sa vengeance. Neptune se dit l'ami d'Énée, et il lui enlève son pilote, quand ses vaisseaux approchent du redoutable écueil des Sirènes ! L'injuste et inutile mort de Palinure est-elle suffisamment motivée par le désir de donner une origine ancienne à un promontoire d'Italie ?

132. — Page 70 *Jamque adeo scopulos Sirenum advecta subibat.*

Homère et Apollonius parlent des Sirènes : Homère n'en compte que deux. La plupart des poëtes en nomment trois (Parthénope, Leucosia, Ligæa), et les disent filles du fleuve Achéloüs et de la muse Calliope. On voit, non loin de Caprée, entre le golfe de Pæstum et le promontoire de Minerve, trois petites îles ou rochers célèbres dans l'antiquité, comme ayant été la demeure des Sirènes.

Ceux qui ont voulu chercher dans les fables des origines historiques, prétendent que, par les Sirènes, il faut entendre trois fameuses courtisanes qui, dans l'île de Caprée, faisaient faire naufrage à leurs amans, c'est-à-dire qui les ruinaient.

133. — Page 70. *Nudus in ignota, Palinure, jacebis arena.*

Le plus ancien commentateur de Virgile, Servius, dit que ce poète avait terminé le ve livre par les deux vers qui commencent le vi^e; mais que Tucca et Varius (chargés par Auguste de revoir l'*Énéide*) voulurent que le ve livre fût terminé comme il l'est maintenant : *Sciendum sane Tuccam et Varium hunc finem quinti esse voluisse. Nam a Virgilio duo versus sequentes :*

> Sic fatur lacrymans, classique immittit habenas
> Et tandem Euboicis Cumarum allabitur oris,

huic juncti fuerunt. Unde in nonnullis antiquis codicibus sexti initium est.

L'observation critique de Servius est appuyée de ce témoignage de Probus, cité par Pomponius Sabinus sur les deux premiers vers du vi^e livre : *Probus, his duobus versibus, inquit, finitur hic liber in Tuccæ et Cornelianis commentariis; et Virgilium ita etiam finisse manifestum est, et inchoasse sextum librum : Obvertunt pelago proras.* Les commentaires de Tucca et de Cornelius Balbus ne sont pas venus jusqu'à nous. Servius cite Cornelius Balbus sur le ive livre de l'*Énéide* (v. 127).

Quelques commentateurs modernes pensent que les deux derniers vers du ve livre ne sont point de Virgile; l'un d'eux motive ainsi son opinion : Énée ne pouvait rien dire de plus froid, de plus languissant, mais aussi de plus digne de la subtilité d'un grammairien : *Nihil dici poterat frigidius et languidius, et grammatico acumine dignius.*

LIBER SEXTUS.

Sic fatur lacrymans, classique immittit habenas,
Et tandem euboicis Cumarum allabitur oris.
Obvertunt pelago proras; tum dente tenaci
Anchora fundabat naves, et litora curvæ
Prætexunt puppes. Juvenum manus emicat ardens
Litus in hesperium: quærit pars semina flammæ
Abstrusa in venis silicis; pars, densa ferarum
Tecta, rapit silvas; inventaque flumina monstrat.

At pius Æneas arces, quibus altus Apollo
Præsidet, horrendæque procul secreta sibyllæ,
Antrum immane, petit, magnam cui mentem animumque
Delius inspirat vates, aperitque futura.
Jam subeunt Triviæ lucos, atque aurea tecta.
Dædalus, ut fama est, fugiens Minoia regna,
Præpetibus pennis ausus se credere cœlo,
Insuetum per iter gelidas enavit ad Arctos,
Chalcidicaque levis tandem super adstitit arce.
Redditus his primum terris, tibi, Phœbe, sacravit

LIVRE SIXIÈME.

Ainsi parle Énée, les yeux mouillés de larmes; et, faisant voguer sa flotte à pleines voiles, il entre enfin dans le port de Cumes, ville qu'ont bâtie les Eubéens. Les proues sont tournées vers la mer; l'ancre, à la dent mordante, retient les vaisseaux, et les poupes recourbées bordent le rivage. La jeunesse troyenne s'élance ardente sur la terre d'Hespérie. Les uns cherchent, dans les veines d'un caillou, les semences de feu qu'il recèle; d'autres parcourent les forêts, sombres repaires des bêtes féroces, et montrent les sources qu'ils ont trouvées.

Cependant, le pieux Énée dirige ses pas vers le mont où s'élève le temple d'Apollon, et vers l'antre écarté et profond où la redoutable Sibylle reçoit du dieu de Délos ses prophétiques inspirations, son feu divin et la science de l'avenir. Déjà le héros et sa suite pénètrent dans le bois sacré de la triple Hécate, et sous les toits dorés du temple qui lui est consacré. Dédale, fuyant les états de Minos, osa, dit-on, se confier aux plaines de l'air sur des ailes rapides, et, par cette route nouvelle, se dirigeant vers les Ourses glacées, il suspendit enfin son vol léger sur les remparts de Cumes. A peine avait-il touché la terre, pour la première fois, depuis son dé-

Remigium alarum, posuitque immania templa.
In foribus lethum Androgei: tum pendere pœnas
Cecropidæ jussi, miserum! septena quotannis
Corpora natorum; stat ductis sortibus urna.
Contra elata mari respondet gnosia tellus:
Hic crudelis amor tauri, suppostaque furto
Pasiphae, mixtumque genus, prolesque biformis
Minotaurus inest, Veneris monumenta nefandæ;
Hic labor ille domus, et inextricabilis error.
Magnum reginæ sed enim miseratus amorem
Dædalus, ipse dolos tecti ambagesque resolvit,
Cæca regens filo vestigia. Tu quoque magnam
Partem opere in tanto, sineret dolor, Icare, haberes.
Bis conatus erat casus effingere in auro:
Bis patriæ cecidere manus. Quin protinus omnia
Perlegerent oculis, ni jam præmissus Achates
Afforet, atque una Phœbi Triviæque sacerdos,
Deiphobe Glauci; fatur quæ talia regi:
« Non hoc ista sibi tempus spectacula poscit.
Nunc grege de intacto septem mactare juvencos
Præstiterit, totidem lectas de more bidentes. »

Talibus affata Ænean (nec sacra morantur
Jussa viri), Teucros vocat alta in templa sacerdos.
Excisum euboicæ latus ingens rupis in antrum:
Quo lati ducunt aditus centum, ostia centum;
Unde ruunt totidem voces, responsa Sibyllæ.

part, il t'éleva, ô Phébus, un temple magnifique, et y consacra ses rames aériennes. Sur une porte d'or son burin a tracé le meurtre d'Androgée, et les malheureux Cécropides forcés, en expiation de ce crime, de livrer en tribut, chaque année, sept de leurs enfans : on y voit l'urne fatale où le sort choisissait les victimes. Vis-à-vis, au sein des eaux, s'élève la terre de Crète. Là, sont représentés les infâmes amours de Pasiphaé, l'artifice de son hymen horrible, et, sous une double forme, le Minotaure, fruit monstrueux d'une exécrable flamme. Là, est aussi le fameux Labyrinthe avec ses détours inextricables. Mais Dédale, plaignant le profond amour d'une reine infortunée, résout l'embarras de tant de routes insidieuses, et, à l'aide d'un fil, dirige les pas incertains de son amant. Toi-même, Icare, si la douleur d'un père l'avait permis, tu aurais une place distinguée dans ce grand ouvrage : mais deux fois il s'efforça de graver sur l'or ta chute déplorable, et deux fois retombèrent ses mains paternelles. Les Troyens auraient laissé long-temps errer, sur ces merveilles, leurs avides regards ; mais, en ce moment, Achate, qu'Énée avait envoyé devant lui, arrive avec Déiphobé, fille de Glaucus, prêtresse d'Hécate et d'Apollon. « Ce n'est point, dit-elle, le temps d'arrêter les yeux sur ces grandes images. Hâte-toi d'immoler sept jeunes taureaux et un pareil nombre de brebis, choisies selon l'usage. »

ELLE dit, et les Troyens s'empressent d'offrir les sacrifices ordonnés. Alors la prêtresse les appelle au temple. Là, est un antre immense creusé dans le roc eubéen : cent larges avenues y conduisent ; on y trouve cent portes, d'où se précipitent cent voix qui donnent les réponses de la Sibylle. Déjà ils touchaient le seuil, quand

Ventum erat ad limen, quum virgo : « Poscere fata
Tempus, ait : deus, ecce, deus. » Cui talia fanti
Ante fores, subito non vultus, non color unus,
Non comptæ mansere comæ; sed pectus anhelum,
Et rabie fera corda tument; majorque videri,
Nec mortale sonans, afflata est numine quando
Jam propriore dei : « Cessas in vota precesque,
Tros, ait, Ænea? cessas? neque enim ante dehiscent
Attonitæ magna ora domus. » Et talia fata
Conticuit. Gelidus Teucris per dura cucurrit
Ossa tremor, funditque preces rex pectore ab imo :

« Phoebe, graves Trojæ semper miserate labores,
Dardana qui Paridis direxti tela manusque
Corpus in Æacidæ; magnas obeuntia terras
Tot maria intravi, duce te, penitusque repostas
Massylum gentes, prætentaque Syrtibus arva;
Jam tandem Italiæ fugientis prendimus oras.
Hac trojana tenus fuerit fortuna secuta.
Vos quoque pergameæ jam fas est parcere genti,
Dique deæque omnes, quibus obstitit Ilium et ingens
Gloria Dardaniæ. Tuque, o sanctissima vates,
Præscia venturi, da, non indebita posco
Regna meis fatis, Latio considere Teucros,
Errantesque deos, agitataque numina Trojæ.
Tum Phœbo et Triviæ solido de marmore templum
Instituam, festosque dies de nomine Phœbi.

la vierge s'écrie : « Il est temps d'interroger l'oracle : le dieu vient, voici le dieu ! » Et, tandis qu'elle parle devant le sanctuaire, soudain ce ne sont plus sur son visage les mêmes traits; ce n'est plus dans son teint la même couleur; ses cheveux en désordre se hérissent, son sein haletant se soulève, la fureur transporte ses farouches esprits, sa taille semble grandir : et quand le dieu déjà plus près l'anime de son souffle puissant, il n'est plus rien de mortel dans sa voix : « Tu tardes, dit-elle, Troyen ! tu tardes, Énée, dans tes vœux et dans tes prières ! Ce n'est qu'à leur suite cependant que les portes de ce temple redoutable s'ouvriront. » Elle dit, et se tait. Une terreur glacée court dans les os des Troyens; et, profondément ému, le héros adresse au dieu cette prière :

« APOLLON, toi qui compâtis toujours aux déplorables malheurs de Troie; qui dirigeas contre le corps de l'Éacide la main et les traits de Pâris : c'est sous tes auspices que j'ai parcouru les mers qui baignent tant d'immenses contrées, que j'ai vu les terres lointaines des Massyliens, et les champs arides que bordent les Syrtes. Enfin, nous les tenons ces rivages de l'Italie qui fuyaient devant nous! Qu'ici donc cesse de nous poursuivre la fortune de Troie! Vous tous aussi, dieux et déesses, qui fûtes jaloux d'Ilion et de sa gloire immortelle, épargnez, il en est temps, ce qui reste du peuple de Pergame. Et toi, prêtresse sainte, qui lis dans l'avenir, accorde (je ne demande que l'empire promis à mes destins), accorde aux enfans de Teucer, à nos dieux errans, aux Pénates de Troie si long-temps agités, de se fixer enfin dans le Latium. Alors sera élevé par moi un temple de marbre à Apollon et à Diane; et, par moi, des fêtes seront instituées en l'honneur d'Apollon. Toi-même, ô vierge pro-

Te quoque magna manent regnis penetralia nostris :
Hic ego namque tuas sortes, arcanaque fata,
Dicta meæ genti, ponam, lectosque sacrabo,
Alma, viros. Foliis tantum ne carmina manda,
Ne turbata volent rapidis ludibria ventis.
Ipsa canas, oro. » Finem dedit ore loquendi.

At, Phœbi nondum patiens, immanis in antro
Bacchatur vates, magnum si pectore possit
Excussisse deum : tanto magis ille fatigat
Os rabidum, fera corda domans, fingitque premendo.
Ostia jamque domus patuere ingentia centum
Sponte sua, vatisque ferunt responsa per auras :
« O tandem magnis pelagi defuncte periclis !
Sed terra graviora manent. In regna Lavini
Dardanidæ venient; mitte hanc de pectore curam :
Sed non et venisse volent. Bella, horrida bella,
Et Tibrim multo spumantem sanguine cerno.
Non Simois tibi, nec Xanthus, nec dorica castra
Defuerint; alius Latio jam partus Achilles,
Natus et ipse dea; nec Teucris addita Juno
Usquam aberit. Quum tu supplex in rebus egenis
Quas gentes Italum, aut quas non oraveris urbes !
Causa mali tanti, conjux iterum hospita Teucris,
Externique iterum thalami.
Tu ne cede malis : sed contra audentior ito,
Quam tua te fortuna sinet. Via prima salutis,

phétique, un auguste sanctuaire t'est réservé dans mes états. J'y déposerai tes oracles, renfermant les secrètes destinées annoncées à mon peuple; et des mortels, choisis par moi, en seront les sacrés interprètes. Seulement, ne confie point tes décrets à des feuilles légères, pour que, jouets des vents rapides, elles ne s'envolent point dérangées de l'ordre que tu leur as donné : mais, parle toi-même, je t'en conjure. » Telle fut la prière du héros.

Cependant, luttant contre le dieu puissant qui la presse, la Sibylle farouche s'agite dans son antre pour le repousser; mais, plus elle résiste, plus le dieu fatigue sa bouche écumante, s'imprime dans son cœur rebelle, et la soumet enfin docile à ses inspirations. Déjà les cent portes de l'antre s'ouvrent, et ces paroles de la Sibylle retentissent dans les airs : « Tu ne courras plus de grands dangers sur les eaux : mais des dangers plus terribles t'attendent sur la terre. Les Troyens arriveront dans le royaume de Lavinie (cesse d'en douter) : mais ils voudront n'y être jamais entrés. Je vois des guerres, d'horribles guerres, et le Tibre écumant de sang. Ni le Simoïs, ni le Xanthe, ni le camp des Grecs, ne te manqueront encore. Le Latium a vu naître un autre Achille, fils aussi d'une déesse; et Junon, toujours acharnée contre les Troyens, ne cessera de les poursuivre. De qui, dans ta détresse, de quels peuples, et de quelles villes n'iras-tu pas implorer les secours? Un hymen étranger, une nouvelle épouse qui aura accueilli les Troyens, telle sera la cause de tant de maux. Mais, toi, ne cède point à l'adversité, et que ton audace triomphe de ta fortune! La première voie ouverte à tes succès, le sera, tu n'aurais pu l'espérer, par une ville grecque.

Quod minime reris, graia pandetur ab urbe. »
TALIBUS ex adyto dictis cumæa Sibylla
Horrendas canit ambages, antroque remugit,
Obscuris vera involvens : ea fræna furenti
Concutit, et stimulos sub pectore vertit Apollo.
UT primum cessit furor, et rabida ora quierunt,
Incipit Æneas heros : « Non ulla laborum,
O virgo, nova mi facies inopinave surgit.
Omnia præcepi, atque animo mecum ante peregi.
Unum oro : quando hic inferni janua regis
Dicitur, et tenebrosa palus Acheronte refuso,
Ire ad conspectum cari genitoris et ora
Contingat; doceas iter, et sacra ostia pandas.
Illum ego per flammas et mille sequentia tela
Eripui his humeris, medioque ex hoste recepi;
Ille, meum comitatus iter, maria omnia mecum,
Atque omnes pelagique minas cœlique ferebat
Invalidus, vires ultra sortemque senectæ.
Quin, ut te supplex peterem, et tua limina adirem,
Idem orans mandata dabat. Natique patrisque,
Alma, precor, miserere! potes namque omnia; nec te
Nequidquam lucis Hecate præfecit avernis.
Si potuit manes arcessere conjugis Orpheus,
Threicia fretus cithara fidibusque canoris;
Si fratrem Pollux alterna morte redemit,
Itque reditque viam toties; quid Thesea, magnum

C'est en ces mots que, du fond de l'antre mugissant, la Sibylle de Cumes annonce ces redoutables mystères, et enveloppe la vérité de ténèbres. Ainsi le dieu maîtrise ses transports furieux, et de ses traits aiguillonne son âme.

Dès que son délire a cessé, et que l'écume ne blanchit plus sa bouche prophétique : « Vierge sacrée, dit le prince troyen, il n'est point de dangers dont l'aspect me soit nouveau et inattendu. J'ai su, dans ma pensée, tout prévoir, et à tout me préparer d'avance. Je te fais une seule prière : puisque c'est en ces lieux qu'est, dit-on, la porte des enfers, dans le ténébreux marais formé par les eaux débordées de l'Achéron, ah! qu'il me soit permis de descendre aux sombres bords pour voir encore un père chéri. Enseigne-moi le chemin : ouvre-moi ces portes sacrées. C'est ce père que j'enlevai sur mes épaules, à travers les flammes, au milieu de mille traits lancés, et que je sauvai de la fureur des ennemis ; lui qui, compagnon de mes longs voyages, a traversé avec moi toutes les mers, et, malgré sa faiblesse et le poids des ans, a supporté, avec une constance supérieure à son âge, toutes les menaces du ciel et des flots en courroux. C'est lui-même qui, joignant l'ordre à la prière, m'a fait chercher ta demeure sacrée pour implorer ton secours. Prêtresse auguste, prends pitié du fils et du père! car tu peux tout, et ce n'est pas en vain qu'Hécate t'a confié la garde des sombres bois de l'Averne. Si, par les sons mélodieux de sa lyre de Thrace, Orphée a pu ramener vers la lumière l'ombre de son épouse; si Pollux a pu racheter la mort de son frère en mourant à son tour, et tant de fois passer et repasser la porte des enfers!... qu'ai-

Quid memorem Alciden? et mi genus ab Jove summo. »

TALIBUS orabat dictis, arasque tenebat;
Quum sic orsa loqui vates : « Sate sanguine divum,
Tros Anchisiade, facilis descensus Averni;
Noctes atque dies patet atri janua Ditis;
Sed revocare gradum, superasque evadere ad auras,
Hoc opus, hic labor est. Pauci, quos æquus amavit
Jupiter, aut ardens evexit ad æthera virtus,
Dis geniti potuere. Tenent media omnia silvæ,
Cocytusque sinu labens circumvenit atro.
Quod si tantus amor menti, si tanta cupido est
Bis stygios innare lacus, bis nigra videre
Tartara, et insano juvat indulgere labori :
Accipe quæ peragenda prius. Latet arbore opaca
Aureus et foliis et lento vimine ramus,
Junoni infernæ dictus sacer : hunc tegit omnis
Lucus, et obscuris claudunt convallibus umbræ.
Sed non ante datur telluris operta subire,
Auricomos quam quis decerpserit arbore fetus.
Hoc sibi pulchra suum ferri Proserpina munus
Instituit. Primo avulso, non deficit alter
Aureus; et simili frondescit virga metallo.
Ergo alte vestiga oculis, et rite repertum
Carpe manu. Namque ipse volens facilisque sequetur,
Si te fata vocant : aliter, non viribus ullis
Vincere, nec duro poteris convellere ferro.

je besoin de te rappeler Thésée et le grand Alcide? et moi aussi je descends du puissant Jupiter. »

Ainsi priait Énée, en embrassant les autels : « Troyen, répond la Sibylle, fils d'Anchise, et issu du sang des dieux, la descente aux enfers est facile. La porte du noir empire est ouverte nuit et jour. Mais, revenir sur ses pas et revoir la lumière éthérée, c'est une entreprise, c'est un travail difficile : il n'a été donné de le tenter avec succès qu'à peu de favoris de Jupiter, ou à quelques enfans des dieux qu'une vertu sublime a élevés jusqu'aux astres. Des forêts profondes ferment l'avenue de l'empire des Mânes, et le Cocyte l'enferme dans les replis de ses noires ondes. Mais si un tel empressement est dans ton âme, si tu as un tel désir de traverser deux fois les marais du Styx, de voir deux fois le noir Tartare, et si cette téméraire entreprise plaît à ton audace, apprends ce qu'avant tout tu devras faire. Sur un arbre, et dans son épais feuillage, est caché un rameau consacré à la Junon des enfers : sa tige légère et ses feuilles sont d'or : toute la forêt le dérobe aux yeux des mortels, et une vallée ténébreuse l'enferme dans ses ombres. Mais il n'est donné de pénétrer dans l'empire des morts, qu'à celui qui a pu détacher de l'arbre le rameau d'or : c'est le présent que la belle Proserpine exige, et qui doit lui être apporté. Le rameau détaché est soudain remplacé par un autre, dont l'or forme aussi le feuillage et la tige. Va donc le chercher des yeux dans la vaste forêt; et, dès que tu l'auras trouvé, que ta main le saisisse : car il viendra docile, et sans résistance, si les destins t'appellent aux enfers. Autrement, ni l'effort de ton bras, ni le fer tranchant, ne pourraient le détacher. Ce n'est pas tout :

Præterea jacet exanimum tibi corpus amici,
Heu! nescis, totamque incestat funere classem,
Dum consulta petis, nostroque in limine pendes.
Sedibus hunc refer ante suis, et conde sepulcro.
Duc nigras pecudes : ea prima piacula sunto.
Sic demum lucos stygios, regna invia vivis,
Adspicies. » Dixit, pressoque obmutuit ore.

Æneas mœsto defixus lumina vultu
Ingreditur, linquens antrum; cæcosque volutat
Eventus animo secum. Cui fidus Achates
It comes, et paribus curis vestigia figit.
Multa inter sese vario sermone serebant :
Quem socium exanimem vates, quod corpus humandum
Diceret. Atque illi Misenum in litore sicco,
Ut venere, vident indigna morte peremptum;
Misenum Æoliden : quo non præstantior alter
Ære ciere viros, Martemque accendere cantu.
Hectoris hic magni fuerat comes; Hectora circum
Et lituo pugnas insignis obibat et hasta.
Postquam illum vita victor spoliavit Achilles,
Dardanio Æneæ sese fortissimus heros
Addiderat socium, non inferiora secutus.
Sed tum, forte cava dum personat æquora concha,
Demens, et cantu vocat in certamina divos,
Æmulus exceptum Triton, si credere dignum est,
Inter saxa virum spumosa immerserat unda.

hélas ! tu ignores qu'un de tes compagnons fidèles est étendu sans vie sur le rivage, et que, par la présence du cadavre toute la flotte est souillée, tandis qu'ici tu consultes l'oracle, et qu'inquiet tu attends sa réponse. Va d'abord rendre le corps à son dernier asile, renferme-le dans le tombeau, fais amener des brebis noires, et, par leur sacrifice, commence les expiations. Alors, tu verras enfin les bois sacrés du Styx et les noirs royaumes inaccessibles aux vivans.» Elle dit, ferme la bouche, et se tait.

Énée, le front triste, et les yeux inclinés vers la terre, sort de l'antre, s'éloigne, et roule dans son esprit ces oracles obscurs. Le fidèle Achate l'accompagne : les mêmes soucis agitent sa pensée. L'un et l'autre, par beaucoup de conjectures, varient leur entretien : quel est celui de leurs compagnons dont la Sibylle annonce le trépas, et quel est le corps qui attend sa sépulture ? Ils arrivent : ils voient étendu, sur le sable du rivage, Misène qu'une indigne mort est venue frapper : Misène, fils d'Éole, que nul ne surpassa dans l'art d'enflammer les guerriers et d'exciter l'ardeur des combats par les sons de l'airain belliqueux. Il avait été le compagnon du grand Hector; il le suivait dans la mêlée, également habile à sonner la charge et à manier la lance. Lorsque le fils de Priam fut tombé sous le glaive d'Achille, le vaillant Misène, par un choix non moins glorieux, suivit la fortune d'Énée. Mais tandis que, ce jour-là même, et par hasard, il faisait retentir l'humide plaine des sons de sa conque sonore, insensé! il osa défier les dieux de la mer. Triton, dans un dépit jaloux, s'il est permis de croire un dieu jaloux, le saisit et le précipita, entre les rocs, sous la vague écumante. Les Troyens, rassemblés autour de son corps, exprimaient par de longs cris

Ergo omnes magno circum clamore fremebant;
Præcipue pius Æneas. Tum jussa Sibyllæ,
Haud mora, festinant flentes, aramque sepulcri
Congerere arboribus, cœloque educere certant.
Itur in antiquam silvam, stabula alta ferarum:
Procumbunt piceæ; sonat icta securibus ilex;
Fraxineæque trabes, cuneis et fissile robur
Scinditur; advolvunt ingentes montibus ornos.
Nec non Æneas opera inter talia primus
Hortatur socios, paribusque accingitur armis;
Atque hæc ipse suo tristi cum corde volutat,
Adspectans silvam immensam, et sic voce precatur:
« Si nunc se nobis ille aureus arbore ramus
Ostendat nemore in tanto, quando omnia vere,
Heu! nimium de te vates, Misene, locuta est. »

Vix ea fatus erat, geminæ quum forte columbæ
Ipsa sub ora viri cœlo venere volantes,
Et viridi sedere solo. Tum maximus heros
Maternas agnoscit aves, lætusque precatur:
« Este duces, o, si qua via est, cursumque per auras
Dirigite in lucos, ubi pinguem dives opacat
Ramus humum! Tuque, o, dubiis ne defice rebus,
Diva parens! » Sic effatus vestigia pressit;
Observans quæ signa ferant, quo tendere pergant.
Pascentes illæ tantum prodire volando,
Quantum acie possent oculi servare sequentum.

leur douleur. Énée était encore plus profondément ému. Aussitôt, on s'empresse, en pleurant, d'exécuter les ordres de la Sibylle, d'entasser les arbres et d'élever vers les cieux l'autel funéraire. On va dans une antique forêt, retraite profonde des bêtes sauvages : les sapins ébranlés tombent, l'yeuse et le frêne retentissent sous les coups de la hache, le coin acéré s'enfonce dans le tronc des chênes, et les ormes puissans roulent du sommet des collines. Le pieux Énée prend la première part à ces travaux. Il exhorte ses compagnons; armé des mêmes instrumens, il les anime aussi par son exemple. Mais, en plongeant ses regards dans cette forêt immense, de graves pensers agitent son cœur affligé, et sa voix exprime ce vœu : « O si, dans cette forêt profonde, venait se montrer à moi, sur un arbre, le rameau d'or! car tout ce que la prêtresse a dit de toi, Misène, ne se trouve, hélas! que trop vrai. »

Comme il achevait ces mots, deux colombes descendent du haut des airs, et, sous ses yeux, viennent s'abattre sur le gazon : le héros a reconnu les oiseaux de sa mère, et, joyeux, il fait cette prière : « O soyez mes guides! montrez-moi la route, s'il en est une, et dirigez votre vol vers les lieux où la terre féconde reçoit l'ombre du précieux rameau. Et toi, déesse, toi ma mère, ne m'abandonne pas dans l'incertitude où je suis! » Il dit, et s'arrête, observant les colombes, les indices de leur vol, et la route qu'elles prennent. D'abord, il les voit en voltigeant becqueter l'herbe tendre; et quand d'une aile agile elles effleurent le gazon, son œil les suit aussi loin qu'il peut les atteindre. Mais, à peine arrivées aux bouches de

Inde, ubi venere ad fauces graveolentis Averni,
Tollunt se celeres, liquidumque per aera lapsae
Sedibus optatis geminae super arbore sidunt,
Discolor unde auri per ramos aura refulsit.
Quale solet silvis brumali frigore viscum
Fronde virere nova, quod non sua seminat arbos,
Et croceo fetu teretes circumdare truncos :
Talis erat species auri frondentis opaca
Ilice; sic leni crepitabat bractea vento.
Corripit extemplo Æneas, avidusque refringit
Cunctantem, et vatis portat sub tecta Sibyllae.

Nec minus interea Misenum in litore Teucri
Flebant, et cineri ingrato suprema ferebant.
Principio pinguem taedis et robore secto
Ingentem struxere pyram : cui frondibus atris
Intexunt latera, et ferales ante cupressos
Constituunt, decorantque super fulgentibus armis.
Pars calidos latices et aena undantia flammis
Expediunt, corpusque lavant frigentis et ungunt.
Fit gemitus. Tum membra toro defleta reponunt,
Purpureasque super vestes, velamina nota,
Conjiciunt. Pars ingenti subiere feretro,
Triste ministerium; et subjectam more parentum
Aversi tenuere facem. Congesta cremantur
Thurea dona, dapes, fuso crateres olivo.
Postquam collapsi cineres, et flamma quievit,

l'Averne, elles s'élèvent d'un vol rapide, nagent dans un air plus pur et plus léger, et vont se poser ensemble sur l'arbre désiré, où l'or, variant ses reflets, brille à travers le feuillage. Tel qu'au milieu de l'hiver brumeux, le gui, dans les forêts, étale sa verdure nouvelle, et jaunit de ses fruits le tronc étranger qui le nourrit : tel, sur un chêne touffu, brillait le rameau d'or ; et ses feuilles déliées frémissaient brillantes sous l'haleine du zéphyr. Soudain le héros avide le saisit, le détache d'une main impatiente, et le porte à la demeure de la Sibylle.

Cependant, réunis sur le rivage, les Troyens pleuraient Misène, et rendaient à ses froides reliques les honneurs suprêmes. D'abord, avec le bois résineux et le chêne fendu, ils élèvent un immense bûcher. Sur les flancs s'entrelacent en festons de lugubres feuillages ; au devant sont plantés des cyprès funèbres, et, sur le faîte, brillent les armes du guerrier. Les uns apportent l'eau qui bouillonne dans l'airain : ils lavent le corps glacé, et le parfument. Alors de lamentables cris se font entendre : les uns le placent sur un lit funéraire ; ils jettent, sur ces restes déplorés, des habits de pourpre, dépouilles, hélas ! trop connues. D'autres, triste ministère ! portent le lit funèbre sur le bûcher, et, suivant l'antique usage, inclinent la torche allumée en détournant les yeux. La flamme consume et l'encens, et la chair des victimes, et l'huile qu'à grands flots versent les cratères. Lorsque le bûcher se consume et s'affaisse, et que le feu s'éteint, on lave dans le vin ces tristes débris et les cendres brûlan-

Relliquias vino et bibulam lavere favillam;
Ossaque lecta cado texit Corynæus aeno.
Idem ter socios pura circumtulit unda,
Spargens rore levi et ramo felicis olivæ,
Lustravitque viros, dixitque novissima verba.
At pius Æneas ingenti mole sepulcrum
Imponit, suaque arma viro, remumque, tubamque,
Monte sub aerio: qui nunc Misenus ab illo
Dicitur, æternumque tenet per sæcula nomen.

His actis, propere exsequitur præcepta Sibyllæ.
Spelunca alta fuit, vastoque immanis hiatu,
Scrupea, tuta lacu nigro nemorumque tenebris:
Quam super haud ullæ poterant impune volantes
Tendere iter pennis: talis sese halitus atris
Faucibus effundens supera ad convexa ferebat;
Unde locum Graii dixerunt nomine Aornon.
Quatuor hic primum nigrantes terga juvencos
Constituit, frontique invergit vina sacerdos;
Et, summas carpens media inter cornua sætas,
Ignibus imponit sacris, libamina prima,
Voce vocans Hecaten, cœloque Ereboque potentem.
Supponunt alii cultros, tepidumque cruorem
Suscipiunt pateris. Ipse atri velleris agnam
Æneas matri Eumenidum magnæque sorori
Ense ferit, sterilemque tibi, Proserpina, vaccam.
Tum stygio regi nocturnas inchoat aras,

tes; on recueille les os, et Corynée les renferme dans une urne d'airain. Ensuite, tenant dans sa main un rameau d'olivier, il s'avance trois fois autour du bûcher, jette sur l'assemblée l'eau lustrale qui tombe en légère rosée, et enfin il dit les derniers adieux. Cependant le pieux Énée élève un vaste tombeau, où sont déposés les armes de son ami, sa rame et son clairon, sur une haute montagne, qui porte encore aujourd'hui le nom de Misène, et qui, dans la longue suite des âges, gardera ce nom immortel.

Ce devoir rempli, Énée se hâte d'exécuter les ordres de la Sibylle. Dans les flancs d'un affreux rocher, une caverne profonde ouvre sa bouche immense : un lac aux noires ondes et une forêt ténébreuse en défendent l'accès. De ce gouffre horrible s'exhalent d'impures vapeurs qui s'élèvent au plus haut des airs. Nul oiseau ne peut voler impunément sur ce marais, et de là les Grecs lui ont donné le nom d'Averne. C'est là que d'abord la prêtresse fait conduire quatre taureaux noirs; elle épanche du vin sur leur front, coupe, entre les cornes, l'extrémité du poil, et jette dans les feux des autels ces prémices, en appelant, à grande voix, Hécate, puissante au ciel et dans l'Érèbe. D'autres saisissent les couteaux sacrés, égorgent les victimes, et reçoivent le sang fumant dans les patères. Énée lui-même immole à la mère des Euménides, et à la Terre sa sœur, une jeune brebis, et à toi, Proserpine, une vache stérile. Enfin, des autels nocturnes sont dressés pour le monarque stygien; les feux y sont allumés : ils dévorent les entrailles entières des victimes, et l'huile est versée à flots sur ces entrailles brûlantes.

Et solida imponit taurorum viscera flammis,
Pingue super oleum infundens ardentibus extis.
Ecce autem, primi sub lumina solis et ortus,
Sub pedibus mugire solum, et juga cœpta moveri
Silvarum, visæque canes ululare per umbram,
Adventante dea. « Procul, o, procul este, profani,
Conclamat vates, totoque absistite luco.
Tuque invade viam, vaginaque eripe ferrum.
Nunc animis opus, Ænea, nunc pectore firmo. »
Tantum effata, furens antro se immisit aperto.
Ille ducem haud timidis vadentem passibus æquat.
Di, quibus imperium est animarum, Umbræque silentes,
Et Chaos, et Phlegethon, loca nocte tacentia late,
Sit mihi fas audita loqui; sit, numine vestro,
Pandere res alta terra et caligine mersas!

Ibant obscuri sola sub nocte per umbram,
Perque domos Ditis vacuas, et inania regna:
Quale per incertam lunam sub luce maligna
Est iter in silvis, ubi cœlum condidit umbra
Jupiter, et rebus nox abstulit atra colorem.
Vestibulum ante ipsum, primisque in faucibus Orci
Luctus et ultrices posuere cubilia Curæ,
Pallentesque habitant Morbi, tristisque Senectus,
Et Metus, et malesuada Fames, ac turpis Egestas;
Terribiles visu formæ, Lethumque, Labosque;

Tout à coup, et quand naissent à l'horizon les premiers rayons du soleil, le sol mugit sous les pieds, les forêts tremblent agitant leur cime, les chiens jettent dans l'ombre de longs aboiemens, la déesse arrive : « Loin d'ici ! ô loin d'ici, profanes ! crie la prêtresse, sortez de cette enceinte sacrée ! Et toi, suis mes pas ; tire ton glaive du fourreau : c'est ici qu'il faut du courage, Énée ; ici qu'il faut une âme inébranlable. » Elle dit, et, furieuse, s'élance dans le gouffre ouvert. Le héros, d'un pas assuré, suit son guide, et l'égale en vitesse.

Dieux, à qui appartient l'empire des âmes ! ombres silencieuses ! chaos ! Phlégéthon ! vaste séjour de la nuit et du silence ! qu'il me soit permis de redire ce que j'ai entendu : pardonnez si je dévoile des secrets ensevelis dans les profonds abîmes de la terre, et qui sont plongés sous d'immenses ténèbres.

Ils marchaient, invisibles, dans les ombres de la nuit solitaire, à travers les demeures vides de Pluton et ses tristes royaumes : tel, le voyageur traverse les forêts, à la lueur incertaine et trompeuse de la lune, quand Jupiter a caché le ciel dans l'ombre, et que la nuit a ôté aux objets leurs couleurs.

Devant le vestibule, et dans les premières gorges des enfers, sont couchés les Chagrins et les Remords vengeurs. Là résident les pâles Maladies, et la triste Vieillesse, et la Crainte, et la Faim, mauvaise conseillère; et la honteuse Indigence, spectres terribles ; et la Mort, et le Travail, et le Sommeil, frère de la Mort ; et les Joies

Tum consanguineus Lethi Sopor, et mala mentis
Gaudia, mortiferumque adverso in limine Bellum,
Ferreique Eumenidum thalami, et Discordia demens,
Vipereum crinem vittis innexa cruentis.
In medio ramos annosaque brachia pandit
Ulmus opaca, ingens, quam sedem Somnia vulgo
Vana tenere ferunt, foliisque sub omnibus hærent.
Multaque præterea variarum monstra ferarum,
Centauri in foribus stabulant, Scyllæque biformes,
Et centumgeminus Briareus, ac bellua Lernæ
Horrendum stridens, flammisque armata Chimæra,
Gorgones, Harpyiæque, et forma tricorporis umbræ.
Corripit hic subita trepidus formidine ferrum
Æneas, strictamque aciem venientibus offert;
Et, ni docta comes tenues sine corpore vitas
Admoneat volitare cava sub imagine formæ,
Irruat, et frustra ferro diverberet umbras,

Hinc via tartarei quæ fert Acherontis ad undas;
Turbidus hic cœno vastaque voragine gurges
Æstuat, atque omnem Cocyto eructat arenam.
Portitor has horrendus aquas et flumina servat
Terribili squalore Charon, cui plurima mento
Canities inculta jacet; stant lumina flamma;
Sordidus ex humeris nodo dependet amictus.
Ipse ratem conto subigit, velisque ministrat,
Et ferruginea subvectat corpora cymba,

des cœurs criminels. Dans le côté opposé, sont la Guerre meurtrière, les Euménides et leur lit de fer; et la Discorde insensée, à la chevelure de vipères que des bandelettes sanglantes rattachent sur sa tête. Au centre, un orme épais, immense, étend ses rameaux et ses bras antiques : c'est là, dit-on, qu'est la demeure des vains Songes, qui s'attachent à toutes les feuilles. Sous ces portiques habitent encore mille monstres divers : les Centaures, et les Scylles à double forme; et Briarée aux cent bras, et l'Hydre de Lerne, qui fait entendre d'horribles sifflemens; et la Chimère, vomissant des flammes; et les Gorgones, et les Harpyies, et l'ombre du triple corps de Géryon. A cette vue, frappé d'une terreur soudaine, Énée, présentant son glaive, l'oppose à tous ces monstres qui viennent à lui; et si, mieux instruite, sa compagne ne l'eût averti que c'étaient des ombres sans corps, voltigeant sous des formes vaines, il allait fondre, le fer en main, sur des fantômes, et leur livrer d'inutiles combats.

C'est là que s'ouvre le chemin qui conduit vers le Tartare, aux bords de l'Achéron, gouffre vaste et fangeux, qui toujours bouillonne, et vomit dans le Cocyte son impur et noir limon. Le nocher de ces eaux et de ces fleuves est l'effroyable Charon. De son menton descend une barbe blanchie par l'âge, inculte dans son épaisseur. Le feu jaillit de sa prunelle immobile, et, sur ses épaules, un nœud grossier rattache et suspend un sale vêtement. On le voit plonger l'aviron, ou tendre la voile, et sans cesse passer les ombres dans sa barque funèbre. Il est déjà vieux, mais sa vieillesse verte et vigoureuse

Jam senior; sed cruda deo viridisque senectus.
Huc omnis turba ad ripas effusa ruebat,
Matres atque viri, defunctaque corpora vita
Magnanimum heroum, pueri innuptæque puellæ,
Impositique rogis juvenes ante ora parentum :
Quam multa in silvis autumni frigore primo
Lapsa cadunt folia, aut ad terram gurgite ab alto
Quam multæ glomerantur aves, ubi frigidus annus
Trans pontum fugat, et terris immittit apricis.
Stabant orantes primi transmittere cursum,
Tendebantque manus ripæ ulterioris amore.
Navita sed tristis nunc hos, nunc accipit illos;
Ast alios longe summotos arcet arena.

Æneas, miratus enim, motusque tumultu :
« Dic, ait, o virgo, quid vult concursus ad amnem?
Quidve petunt animæ? vel quo discrimine ripas
Hæ linquunt, illæ remis vada livida verrunt? »
Olli sic breviter fata est longæva sacerdos :
« Anchisa generate, deum certissima proles,
Cocyti stagna alta vides, stygiamque paludem,
Di cujus jurare timent et fallere numen.
Hæc omnis, quam cernis, inops inhumataque turba est ;
Portitor ille, Charon; hi, quos vehit unda, sepulti.
Nec ripas datur horrendas et rauca fluenta
Transportare prius, quam sedibus ossa quierunt.
Centum errant annos, volitantque hæc litora circum :

est celle d'un dieu. Vers ces rives, se précipite la foule des ombres : les mères, les époux, les héros magnanimes, qui sont sortis de la vie ; les vierges moissonnées avant l'hymen, et les fils à la fleur de l'âge, que leurs parens ont vu placer sur le bûcher. Telles, et non moins nombreuses, tombent, au premier froid de l'automne, les feuilles dans les forêts ; ou tels s'attroupent, au rivage des mers, ces essaims d'oiseaux que l'approche des frimas fait fuir au delà de l'empire des ondes, vers des climats plus voisins du soleil. Debout devant les sombres bords, chaque ombre demande à passer la première, et tend les mains vers l'autre rive, objet de ses désirs. Mais le sombre nocher reçoit, dans sa barque, tantôt les uns, tantôt les autres, et repousse la foule loin du rivage.

ÉNÉE surpris, ému par ce tumulte : « O vierge sainte, dit-il, pourquoi ce concours vers le fleuve ? Que demandent ces âmes ? et quel sort inégal éloigne les unes de ces bords, et permet aux autres de fendre avec la rame les ondes livides?» La prêtresse, qui a vu s'écouler de longs âges, répond en peu de mots : « Fils d'Anchise, vrai rejeton des dieux, tu vois les étangs profonds du Cocyte et les marais du Styx par qui les dieux craignent de jurer en vain. Toute cette foule, qui est devant tes yeux, toutes ces ombres sont des malheureux restés sans sépulture. Ce nocher, c'est Charon. Ceux qui traversent cette onde, ont été inhumés. Il n'est point permis de les transporter au delà de ces affreux rivages, de ces rauques torrens, avant qu'un tombeau n'ait reçu leurs ossemens. Privées de ce dernier honneur, les ombres errent et voltigent pendant cent ans sur ces funestes rives.

Tum demum admissi stagna exoptata revisunt. »

Constitit Anchisa satus, et vestigia pressit,
Multa putans, sortemque animo miseratus iniquam.
Cernit ibi mœstos et mortis honore carentes,
Leucaspim, et lyciæ ductorem classis Orontem,
Quos simul a Troja ventosa per æquora vectos
Obruit Auster, aqua involvens navemque virosque.
Ecce gubernator sese Palinurus agebat,
Qui libyco nuper cursu, dum sidera servat,
Exciderat puppi, mediis effusus in undis.
Hunc ubi vix multa mœstum cognovit in umbra,
Sic prior alloquitur : « Quis te, Palinure, deorum
Eripuit nobis, medioque sub æquore mersit?
Dic age. Namque, mihi fallax haud ante repertus,
Hoc uno responso animum delusit Apollo,
Qui fore te ponto incolumen, finesque canebat
Venturum ausonios. En hæc promissa fides est? »
Ille autem : « Neque te Phœbi cortina fefellit,
Dux Anchisiade, nec me deus æquore mersit.
Namque gubernaclum multa vi forte revulsum,
Cui datus hærebam custos, cursusque regebam,
Præcipitans traxi mecum. Maria aspera juro,
Non ullum pro me tantum cepisse timorem,
Quam tua ne, spoliata armis, excussa magistro,
Deficeret tantis navis surgentibus undis.
Tres Notus hibernas immensa per æquora noctes

Alors enfin, elles sont admises dans la barque, et atteignent l'autre bord si long-temps désiré. »

Le fils d'Anchise s'arrête : l'esprit agité de pensers divers, il regarde ces ombres, et déplore l'injustice de leur sort. Parmi ces infortunés, il reconnaît Leucaspis et Oronte, chef du vaisseau des Lyciens, tous deux accablés de tristesse et privés des honneurs du tombeau. Partis avec lui de Troie, et compagnons de sa fortune sur les mers orageuses, ils avaient été assaillis par l'Auster, et engloutis avec leurs guerriers et leurs navires. Aux yeux du héros s'offre aussi son pilote Palinure qui, naguère, voguant sur la mer de Libye, et tandis qu'il observait les astres, était tombé de sa poupe, et avait péri dans les flots. A peine, dans le faible jour qui éclaire ces bords, a-t-il reconnu cette ombre désolée, le premier, il lui adresse la parole en ces mots : « Cher Palinure, quel est celui des dieux qui, t'enlevant à nous, t'a plongé dans le sein des ondes ? Parle, réponds : car Apollon, dont pour moi l'oracle ne fut jamais trompeur, m'a abusé cette fois, en m'annonçant, qu'échappé aux dangers de la mer, tu aborderais aux rives de l'Ausonie : et voilà comme il tient sa promesse ! » — « Fils d'Anchise, chef des Troyens, répond Palinure, non, le trépied d'Apollon ne t'a point trompé. Un dieu ne m'a point précipité dans les ondes. Tandis que je dirigeais votre course, la main fortement pressée sur le gouvernail qui m'était confié, je tombai dans les flots, et le gouvernail fut, dans cette chute, entraîné avec moi. Alors, je le jure par ces mers terribles, je fus moins alarmé pour moi que pour votre navire. Je craignis qu'abandonné à lui-même, sans pilote et sans timon, il ne pût résister à la fureur des vagues soulevées alors et menaçantes. Pendant trois nuits ora-

Vexit me violentus aqua : vix lumine quarto
Prospexi Italiam, summa sublimis ab unda.
Paulatim adnabam terræ; jam tuta tenebam :
Ni gens crudelis madida cum veste gravatum,
Prensantemque uncis manibus capita aspera montis,
Ferro invasisset, prædamque ignara putasset.
Nunc me fluctus habet, versantque in litore venti.
Quod te per cœli jucundum lumen et auras,
Per genitorem oro, per spes surgentis Iuli,
Eripe me his, invicte, malis! aut tu mihi terram
Injice, namque potes, portusque require velinos;
Aut tu, si qua via est, si quam tibi diva creatrix
Ostendit (neque enim, credo, sine numine divum
Flumina tanta paras stygiamque innare paludem),
Da dextram misero, et tecum me tolle per undas,
Sedibus ut saltem placidis in morte quiescam ! »
Talia fatus erat, cœpit quum talia vates :
« Unde hæc, o Palinure, tibi tam dira cupido?
Tu stygias inhumatus aquas, amnemque severum
Eumenidum adspicies, ripamve injussus adibis?
Desine fata deum flecti sperare precando,
Sed cape dicta memor, duri solatia casus.
Nam tua finitimi, longe lateque per urbes
Prodigiis acti cœlestibus, ossa piabunt,
Et statuent tumulum, et tumulo sollemnia mittent,
Æternumque locus Palinuri nomen habebit. »

geuses, j'ai lutté, sur des mers immenses, contre la violence du Notus. Le quatrième jour j'aperçus l'Italie du sommet d'une vague écumante! je nageais lentement vers la terre : déjà le danger avait disparu, et, malgré le poids dont les eaux chargeaient mes vêtemens, déjà mes mains saisissaient les pointes d'un rocher, lorsqu'un peuple barbare se jeta sur moi, le fer à la main, dans l'espoir trompeur d'une riche dépouille : et maintenant mon corps est le jouet des flots, et les vents le roulent vers le rivage. Mais vous, héros invincible, je vous en conjure par la douce lumière des cieux dont vous jouissez, par l'air que vous respirez, par les mânes de votre père, et par l'espoir naissant du jeune Iule, mettez un terme à mes maux. Jetez sur mon corps un peu de terre, vous le pouvez : cherchez-le au port de Vélie. Ou, s'il est ici un chemin pour vous, et s'il vous est ouvert par la déesse que vous avez pour mère (car, je le crois, ce n'est pas sans l'appui des dieux que vous vous préparez à franchir le marais stygien et ces fleuves immenses), tendez la main à un malheureux : entraînez-moi avec vous au delà de ces ondes, afin qu'au moins, étant sorti de la vie, je repose dans ces tranquilles demeures. » A ces mots, la Sibylle l'interrompant : « D'où te vient, dit-elle, ô Palinure, ce désir insensé? Quoi! sans être inhumé, tu franchirais les ondes stygiennes, le fleuve sévère des Euménides, et, contre la volonté des dieux, tu verrais l'autre rive! Cesse d'espérer que tes prières puissent fléchir le Destin. Mais, écoute, et retiens ces paroles qui pourront consoler ton malheur : effrayés par des signes célestes, les peuples des villes voisines et éloignées recueilleront tes restes et les déposeront dans un tombeau. Là, tous les ans, ils te consacreront des honneurs

His dictis curæ emotæ, pulsusque parumper
Corde dolor tristi : gaudet cognomine terra.

Ergo iter inceptum peragunt, fluvioque propinquant.
Navita quos jam inde ut stygia prospexit ab unda
Per tacitum nemus ire, pedemque advertere ripæ,
Sic prior aggreditur dictis, atque increpat ultro :
« Quisquis es, armatus qui nostra ad flumina tendis,
Fare age, quid venias; jam istinc et comprime gressum.
Umbrarum hic locus est, Somni, Noctisque soporæ;
Corpora viva nefas stygia vectare carina.
Nec vero Alciden me sum lætatus euntem
Accepisse lacu, nec Thesea Pirithoumque :
Dis quamquam geniti, atque invicti viribus essent.
Tartareum ille manu custodem in vincla petivit,
Ipsius a solio regis traxitque trementem;
Hi dominam Ditis thalamo deducere adorti. »
Quæ contra breviter fata est amphrysia vates :
« Nullæ hic insidiæ tales; absiste moveri;
Nec vim tela ferunt. Licet ingens janitor antro
Æternum latrans exsangues terreat umbras;
Casta licet patrui servet Proserpina limen.
Troius Æneas, pietate insignis et armis,
Ad genitorem imas Erebi descendit ad umbras.
Si te nulla movet tantæ pietatis imago,
At ramum hunc (aperit ramum qui veste latebat)

solennels, et ce lieu gardera, dans tous les âges, le nom de Palinure. » Ces mots dissipent son inquiétude, et calment un peu la douleur qui l'oppresse : il se réjouit qu'un lieu de la terre doive porter son nom.

Énée et la Sibylle poursuivent leur chemin : ils approchent du fleuve. Dès que, du milieu des eaux du Styx, le nocher les voit traverser le bois silencieux, et diriger leurs pas vers la rive, de loin il menace et gourmande le héros : « Qui que tu sois, qui viens, en armes, aux bords de notre fleuve, dis : quel dessein t'amène ? et d'abord, arrête ! et n'avance pas. C'est ici le séjour des Ombres, du Sommeil et de la Nuit ; il m'est défendu de passer les vivans dans la barque infernale. Certes, je n'ai pas eu à m'applaudir d'y avoir reçu Alcide, Thésée et Pirithoüs, quoiqu'ils fussent invincibles, et issus du sang des dieux. Le premier osa, de sa main puissante, enchaîner le gardien du Tartare, et l'arracher tremblant du trône même de Pluton. Les deux autres entreprirent d'enlever la reine des enfers à la couche de son époux. »

« Cesse de craindre, répond en peu de mots la prêtresse amphrysienne : de tels pièges ne te sont point préparés, et ces armes ne menacent d'aucune violence. Que dans son antre, l'énorme Cerbère continue d'épouvanter les ombres par ses éternels aboiemens ! que toujours la chaste Proserpine reste sans insulte dans le palais de son époux ! c'est ici le prince troyen, Énée, illustre par sa piété et par ses armes, qui descend vers son père dans le noir séjour de l'Érèbe. Et si ce grand exemple de piété filiale ne peut t'émouvoir, reconnais du moins ce rameau ! » En même temps, elle découvre le

Agnoscas. » Tumida ex ira tum corda residunt.
Nec plura his. Ille admirans venerabile donum
Fatalis virgæ, longo post tempore visum,
Cæruleam advertit puppim, ripæque propinquat.
Inde alias animas, quæ per juga longa sedebant,
Deturbat, laxatque foros; simul accipit alveo
Ingentem Ænean. Gemuit sub pondere cymba
Sutilis, et multam accepit rimosa paludem.
Tandem trans fluvium incolumes vatemque virumque
Informi limo glaucaque exponit in ulva.
CERBERUS hæc ingens latratu regna trifauci
Personat, adverso recubans immanis in antro.
Cui vates, horrere videns jam colla colubris,
Melle soporatam et medicatis frugibus offam
Objicit. Ille, fame rabida tria guttura pandens,
Corripit objectam, atque immania terga resolvit
Fusus humi, totoque ingens extenditur antro.
Occupat Æneas aditum custode sepulto,
Evaditque celer ripam irremeabilis undæ.
CONTINUO auditæ voces, vagitus et ingens,
Infantumque animæ flentes in limine primo :
Quos dulcis vitæ exsortes et ab ubere raptos
Abstulit atra dies, et funere mersit acerbo.
Hos juxta falso damnati crimine mortis.

NEC vero hæ sine sorte datæ, sine judice, sedes.

rameau caché sous sa robe : à cet aspect, le nocher, dont le cœur est gonflé par la colère, s'apaise ; il n'ajoute plus rien : il admire ce don sacré, cette branche fatale, que, depuis si long-temps, il n'a vue dans l'empire des mânes. Il tourne sa poupe azurée, l'approche de la rive, écarte la foule des ombres assises, en longues files, sur les bancs, et reçoit sur son bord le grand Énée. La frêle nacelle gémit sous le poids, s'entr'ouvre et l'onde infernale y pénètre de toutes parts. Enfin, le nocher transporte à l'autre rive le héros et la Sibylle, et les dépose sur un limon informe où croît et s'élève le jonc verdoyant.

Devant eux, couché dans son antre, l'énorme Cerbère fait, de ses trois gueules aboyantes, retentir les noirs royaumes. La prêtresse, qui voit, sur son triple cou, se dresser déjà les couleuvres, lui jette un gâteau soporifique, pétri de miel et de pavots. Le monstre affamé, ouvrant ses trois gueules, saisit cette proie ; et, soudain, assoupi, il tombe, développe sa large croupe, étend son corps immense dans la caverne, et la remplit tout entière. Tandis qu'il est enseveli dans le sommeil, Énée franchit l'entrée des enfers, qui n'est plus gardée, et, rapide, il s'éloigne de ces eaux fatales qu'on passe sans retour.

Soudain sont entendues par le héros des voix plaintives et de longs vagissemens. Ce sont les enfans, faibles ombres, qui pleurent à l'entrée des Enfers : infortunés qui, entrés dans la vie, n'en ont point connu les douceurs, qu'une mort prématurée a ravis au sein maternel, et plongés dans la nuit du tombeau. Près d'eux sont les mortels sans crime, que des jugemens iniques ont condamnés.

Mais les places dans les enfers ne sont point assignées

Quæsitor Minos urnam movet; ille silentum
Conciliumque vocat, vitasque et crimina discit.

PROXIMA deinde tenent mœsti loca, qui sibi lethum
Insontes peperere manu, lucemque perosi
Projecere animas. Quam vellent æthere in alto
Nunc et pauperiem et duros perferre labores!
Fata obstant, tristique palus inamabilis unda
Alligat, et novies Styx interfusa coercet.

NEC procul hinc partem fusi monstrantur in omnem
Lugentes campi : sic illos nomine dicunt.
Hic, quos durus amor crudeli tabe peredit,
Secreti celant calles, et myrtea circum
Silva tegit; curæ non ipsa in morte relinquunt.
His Phædram Procrinque locis, mœstamque Eriphylen,
Crudelis nati monstrantem vulnera cernit,
Evadnenque, et Pasiphaen; his Laodamia
It comes; et, juvenis quondam, nunc femina, Cænis,
Rursus et in veterem fato revoluta figuram.
INTER quas Phœnissa recens a vulnere Dido
Errabat silva in magna : quam troius heros,
Ut primum juxta stetit, agnovitque per umbram
Obscuram, qualem primo qui surgere mense
Aut videt, aut vidisse putat per nubila lunam,
Demisit lacrymas, dulcique affatus amore est :

sans examen, et sans que le sort ait prononcé. Juge inflexible, Minos agite l'urne fatale : il appelle à son tribunal les ombres silencieuses, pèse leur vie et recherche leurs crimes.

Non loin, tristes et abattus, sont ces mortels qui, plus malheureux que coupables, se sont donné un trépas volontaire, et qui, détestant le jour, ont rejeté leurs âmes de leurs corps. Oh! qu'ils voudraient maintenant, sous la voûte éthérée, souffrir la pauvreté et les travaux pénibles! mais le Destin s'y oppose. Les eaux livides d'un odieux marais les emprisonnent, et, neuf fois repliant son cours, le Styx les retient à jamais sur ces bords.

On découvre ensuite une plaine immense, nommée le Champ des pleurs. Là, ceux qu'un amour malheureux a consumés de ses cruels poisons, errent dans les sentiers d'une forêt de myrtes, cachant leur douleur solitaire. Les soucis cuisans les suivent encore au delà du trépas. Dans ce séjour, Énée aperçoit Phèdre, Procris et la triste Ériphyle, montrant le coup mortel qu'elle reçut d'un fils dénaturé; avec elles il voit Évadné, Pasiphaé, Laodamie et Cénis, devenue jeune homme autrefois, et qui, fille maintenant, a été rendue à son premier sexe par le Destin.

Parmi ces ombres désolées, dans cette vaste forêt, errait Didon, portant les marques récentes de sa blessure. Dès que le héros troyen est près d'elle, et qu'il l'a reconnue dans le ténébreux espace, comme on voit ou croit voir la lune, en son premier croissant, poindre dans des nuages sombres, il laisse tomber des larmes, et, le cœur encore plein de son amour, il dit : « Infortunée

« Infelix Dido, verus mihi nuntius ergo
Venerat exstinctam, ferroque extrema secutam!
Funeris, heu! tibi causa fui! Per sidera juro,
Per superos, et si qua fides tellure sub ima est,
Invitus, regina, tuo de litore cessi.
Sed me jussa deum, quæ nunc has ire per umbras,
Per loca senta situ cogunt noctemque profundam,
Imperiis egere suis; nec credere quivi
Hunc tantum tibi me discessu ferre dolorem.
Siste gradum, teque adspectu ne subtrahe nostro.
Quem fugis? extremum fato, quod te alloquor, hoc est. »

Talibus Æneas ardentem et torva tuentem
Lenibat dictis animum, lacrymasque ciebat.
Illa solo fixos oculos aversa tenebat;
Nec magis incepto vultum sermone movetur,
Quam si dura silex aut stet marpesia cautes.
Tandem corripuit sese, atque inimica refugit
In nemus umbriferum, conjux ubi pristinus illi
Respondet curis, æquatque Sichæus amorem.
Nec minus Æneas, casu percussus iniquo,
Prosequitur lacrymans longe, et miseratur euntem.
Inde datum molitur iter. Jamque arva tenebant
Ultima, quæ bello clari secreta frequentant.
Hic illi occurrit Tydeus, hic inclytus armis
Parthenopæus, et Adrasti pallentis imago.
Hic multum fleti ad superos, belloque caduci

Didon! elle était donc vraie cette nouvelle qui m'annonçait que vous ne viviez plus, et que le fer avait armé votre désespoir! Hélas! c'est moi qui fus cause de votre mort. Mais, j'en prends à témoin les astres et les dieux du Ciel, et tout ce qui peut garantir la foi du serment dans ces lieux souterrains, c'est malgré moi, ô reine, que je quittai vos rivages. Ces mêmes dieux, qui me forcent aujourd'hui de descendre dans le sombre empire des Mânes, dans cette nuit humide et profonde, ces mêmes dieux m'avaient donné cet ordre cruel. Non, je n'ai pu croire que le regret de mon départ dût être si funeste. Arrêtez! ne vous dérobez point à ma vue. Ah! qui fuyez-vous? C'est la dernière fois que le Destin permet que je vous parle. »

Par ces mots, mêlés de larmes, Énée s'efforçait d'apaiser cette ombre irritée, qui attachait sur lui un farouche regard; qui, ensuite, détournant la tête, tenait ses yeux fixés vers la terre, aussi insensible au discours du Troyen que le plus dur rocher, ou qu'un marbre de Paros. Enfin, elle précipite ses pas, et, le front courroucé, s'enfonce dans le sombre bocage, où celui qui fut son époux, Sichée, partage sa douleur, et conserve son premier amour. Énée, que touche un destin si funeste, la suit des yeux, et, pleurant, plaint son infortune.

Cependant, il poursuit la route ordonnée, et bientôt il arrive à l'extrémité de la plaine, où sont rassemblés, à l'écart, les mortels que la guerre a rendus célèbres. Là, s'offrent à sa vue Tydée, Parthénopée, illustre par ses armes, et l'ombre du pâle Adraste. Là sont ces fiers enfans de Dardanus, moissonnés dans les combats, et

Dardanidæ : quos ille omnes longe ordine cernens
Ingemuit, Glaucumque, Medontaque, Thersilochumque,
Tres Antenoridas, Cererique sacrum Polyphœten,
Idæumque, etiam currus, etiam arma tenentem.
Circumstant animæ dextra lævaque frequentes.
Nec vidisse semel satis est : juvat usque morari,
Et conferre gradum, et veniendi discere causas.
At Danaum proceres, Agamemnoniæque phalanges,
Ut videre virum, fulgentiaque arma per umbras,
Ingenti trepidare metu : pars vertere terga,
Ceu quondam petiere rates ; pars tollere vocem
Exiguam ; inceptus clamor frustratur hiantes.

ATQUE hic Priamidem laniatum corpore toto
Deiphobum vidit, lacerum crudeliter ora,
Ora, manusque ambas, populataque tempora raptis
Auribus, et truncas inhonesto vulnere nares.
Vix adeo agnovit pavitantem, et dira tegentem
Supplicia, et notis compellat vocibus ultro :
« Deiphobe armipotens, genus alto a sanguine Teucri,
Quis tam crudeles optavit sumere pœnas?
Cui tantum de te licuit? Mihi fama suprema
Nocte tulit, fessum vasta te cæde Pelasgum
Procubuisse super confusæ stragis acervum.
Tunc egomet tumulum Rhœteo in litore inanem
Constitui, et magna manes ter voce vocavi.
Nomen et arma locum servant. Te, amice, nequivi

dont la mort a coûté tant de pleurs à la terre. Il gémit en voyant cette longue suite de guerriers : Glaucus, et Médon, et Thersiloque, et les trois fils d'Anténor, et Polyphète, prêtre de Cérès, et Idée, qui se plaît encore à conduire un char, à manier encore les armes. Toutes ces ombres se pressent à droite, à gauche du héros ; c'est peu de le voir une fois : elles cherchent à le retenir, et retardent ses pas, pour demander quel motif l'amène aux sombres bords. Mais les chefs des Grecs et les soldats d'Agamemnon, à la vue du prince troyen et de ses armes, dont l'éclat perce les ténèbres, sont saisis d'épouvante. Les uns précipitent leur fuite, comme autrefois on les vit regagner leurs vaisseaux; les autres veulent crier, et des cris faibles commencés restent suspendus dans leur bouche béante.

Là, Énée voit Déiphobe, fils de Priam, le corps couvert de sanglantes plaies, le visage déchiré, les deux mains coupées, les oreilles abattues, et le nez mutilé par une blessure honteuse. Énée le reconnaît à peine, tremblant, voulant cacher les traces d'un supplice cruel; et d'une voix qui lui fut en d'autres temps si chère : « O Déiphobe, puissant par les armes, rejeton illustre du sang de Teucer, quel barbare s'est fait un plaisir de tant de cruauté? qui a osé se permettre sur toi un tel outrage? Dans cette nuit, qui fut pour Ilion la dernière, on m'avait dit que, fatigué d'un immense carnage, tu étais tombé sans vie sur un confus amas de Grecs égorgés. Alors moi-même je t'élevai un tombeau sur le rivage de Rhétée, et trois fois j'appelai tes mânes à haute voix. Ton nom et tes armes protègent ce monument. Mais, ô mon ami, je ne pus avant mon départ, retrouver ton corps, et le faire reposer dans la terre paternelle. »

Conspicere, et patria decedens ponere terra. »
Ad quæ Priamides : « Nihil o tibi, amice, relictum;
Omnia Deiphobo solvisti, et funeris umbris.
Sed me fata mea et scelus exitiale Lacænæ
His mersere malis; illa hæc monumenta reliquit.
Namque, ut supremam falsa inter gaudia noctem
Egerimus, nosti; et nimium meminisse necesse est.
Quum fatalis equus saltu super ardua venit
Pergama, et armatum peditem gravis attulit alvo,
Illa, chorum simulans, Evantes orgia circum
Ducebat Phrygias; flammam media ipsa tenebat
Ingentem, et summa Danaos ex arce vocabat.
Tum me, confectum curis somnoque gravatum,
Infelix habuit thalamus, pressitque jacentem
Dulcis et alta quies, placidæque simillima morti.
Egregia interea conjux arma omnia tectis
Amovet, et fidum capiti subduxerat ensem;
Intra tecta vocat Menelaum, et limina pandit;
Scilicet id magnum sperans fore munus amanti,
Et famam exstingui veterum sic posse malorum.
Quid moror? irrumpunt thalamo; comes additur una
Hortator scelerum Æolides. Di, talia Graiis
Instaurate! pio si poenas ore reposco.
Sed te qui vivum casus, age fare vicissim,
Attulerint. Pelagine venis erroribus actus,
An monitu divum? an, quæ te fortuna fatigat,

« Ami, répond le fils de Priam, tu n'as rien négligé. Que pouvaient de plus attendre de toi Déiphobe et son ombre malheureuse ? Mais, c'est mon destin ! c'est le crime horrible de cette Lacédémonienne qui a fait ma cruelle infortune : voilà les monumens qu'elle m'a laissés de sa foi. Il te souvient (et comment pourrait-on l'oublier !) de ces joies trompeuses de la dernière nuit de Troie. Tandis que le colosse fatal qui portait dans ses flancs des soldats armés, franchissait nos superbes remparts, Hélène, feignant une orgie, conduisait en Bacchantes les chœurs des femmes phrygiennes ; elle-même, une torche à la main, du haut de la citadelle, appelait les Grecs. En ce moment, accablé de soucis, appesanti par le sommeil, j'étais étendu sur ma couche malheureuse, et je goûtais ce doux, ce profond repos, image d'une mort paisible. Alors, cette tendre épouse écarte de mon palais toutes les armes, et dérobe mon glaive fidèle au chevet qu'il protège : elle appelle Ménélas, et lui ouvre les portes. Sans doute, elle se flattait que cette perfidie serait d'un haut prix aux yeux de son premier époux, et qu'il oublierait l'éclat de ses anciennes infidélités. Que te dirai-je ? les Grecs fondent sur ma couche, et, avec eux, Ulysse, ce conseiller du crime. Dieux ! si j'ai droit d'implorer votre vengeance, rendez aux Grecs tous les maux qu'ils m'ont faits ! Mais, toi-même parle à ton tour, et dis-moi quel malheur ou quel hasard t'amène dans ces lieux ? y viens-tu victime des caprices de la mer ? ou bien est-ce par l'ordre des dieux ou par quelque jeu cruel de la fortune que tu as pénétré dans ce séjour de trouble et de deuil, dans ces tristes demeures sans soleil ! »

Ut tristes sine sole domos, loca turbida, adires? »
Hac vice sermonum roseis Aurora quadrigis
Jam medium aetherio cursu trajecerat axem,
Et fors omne datum traherent per talia tempus;
Sed comes admonuit, breviterque affata Sibylla est :
« Nox ruit, Ænea; nos flendo ducimus horas.
Hic locus est, partes ubi se via finditt in ambas :
Dextera, quae Ditis magni sub moenia tendit :
Hac iter Elysium nobis; at laeva malorum
Exercet poenas; et ad impia Tartara mittit. »
Deiphobus contra : « Ne saevi, magna sacerdos;
Discedam, explebo numerum, reddarque tenebris.
I decus, i, nostrum; melioribus utere fatis. »
Tantum effatus, et in verbo vestigia torsit.

Respicit Æneas subito, et sub rupe sinistra
Moenia lata videt, triplici circumdata muro :
Quae rapidus flammis ambit torrentibus amnis
Tartareus Phlegethon, torquetque sonantia saxa.
Porta adversa, ingens, solidoque adamante columnae :
Vis ut nulla virum, non ipsi exscindere ferro
Coelicolae valeant. Stat ferrea turris ad auras;
Tisiphoneque sedens, palla succincta cruenta,
Vestibulum exsomnis servat noctesque diesque.
Hinc exaudiri gemitus, et saeva sonare
Verbera : tum stridor ferri, tractaeque catenae.
Constitit Æneas, strepituque exterritus hausit :

Cependant, le dieu du jour, sur son char que quatre coursiers conduisent, avait déjà franchi, dans l'éther, l'axe qui partage les cieux, et peut-être le temps prescrit se serait écoulé dans cet entretien, si, compagne du héros, la Sibylle n'en eût, par ces mots rapides, interrompu le cours : « La nuit vient, Énée, et nous consumons le temps en pleurs inutiles. C'est ici que la route se partage en deux chemins divers : l'un, à droite, mène au palais de Pluton : c'est le chemin de l'Élysée; l'autre, à gauche, est celui de l'affreux Tartare, séjour des méchans et des supplices de leurs crimes. » — « Puissante prêtresse, reprend Déiphobe, excusez ma douleur ! je me retire; je vais m'ajouter à la foule des ombres, et rentrer dans l'éternelle nuit. Et toi, va prince, l'honneur d'Ilion, va, et jouis d'un sort plus heureux que le mien ! » Il dit, se détourne et s'éloigne.

Énée, alors, regarde, et voit, à gauche, derrière un roc entr'ouvert, une vaste enceinte qu'un triple mur défend. Autour, le rapide Phlégethon roule des torrens de flammes et des rochers bruyans. En face, est une porte immense entre deux colonnes de fer, et que ne pourraient renverser ni l'effort des mortels, ni la puissance même des dieux. Là, une tour de fer s'élève dans les airs : Tisiphone la garde, assise sur le seuil, relevant sa robe ensanglantée, et sans que le sommeil, ni le jour ni la nuit, pèse un moment sur sa paupière. Là sont entendus sans cesse des cris et des gémissemens, le sifflement des fouets déchirans, et le fracas des chaînes que traînent les coupables. Énée s'arrête, écoute et frémit : « O, dit-il, vierge sacrée, parlez : quels sont ces criminels ? par quels supplices sont-ils tourmentés ? et pour-

« Quæ scelerum facies? o virgo, effare; quibusve
Urgentur pœnis? quis tantus plangor ad auras? »
Tum vates sic orsa loqui : « Dux inclyte Teucrum,
Nulli fas casto sceleratum insistere limen;
Sed me, quum lucis Hecate præfecit Avernis,
Ipsa deum pœnas docuit, perque omnia duxit.
Gnosius hæc Rhadamanthus habet durissima regna,
Castigatque auditque dolos; subigitque fateri,
Quæ quis apud superos, furto lætatus inani,
Distulit in seram commissa piacula mortem.
Continuo sontes ultrix accincta flagello
Tisiphone quatit insultans, torvosque sinistra
Intentans angues, vocat agmina sæva sororum. »

Tum demum horrisono stridentes cardine sacræ
Panduntur portæ. « Cernis, custodia qualis
Vestibulo sedeat? facies quæ limina servet?
Quinquaginta atris immanis hiatibus Hydra
Sævior intus habet sedem : tum Tartarus ipse
Bis patet in præceps tantum, tenditque sub umbras,
Quantus ad ætherium cœli suspectus Olympum.
Hic genus antiquum Terræ, Titania pubes,
Fulmine dejecti, fundo volvuntur in imo.
Hic et Aloidas geminos, immania vidi
Corpora, qui manibus magnum rescindere cœlum
Aggressi, superisque Jovem detrudere regnis.
Vidi et crudeles dantem Salmonea pœnas,

quoi ces cris de souffrances horribles qui remplissent les airs ? » — « Chef illustre des Troyens, répond la prêtresse, il n'est permis à aucun ami de la vertu de pénétrer dans cette demeure du crime. Mais, en me confiant la garde des bois sacrés de l'Averne, Hécate elle-même me révéla les vengeances des dieux, et me conduisit dans tout le Tartare. C'est l'empire où Rhadamante de Crète dicte ses dures lois : il recherche les crimes et les punit. Il force les coupables d'avouer les forfaits, qu'ils avaient eu la vaine joie de dérober aux regards de la terre, et dont l'expiation trop tardive avait été précédée par la mort. Alors Tisiphone vengeresse saisit ses fouets, frappe les condamnés, les insulte; de son autre main leur présente ses serpens horribles, et appelle, pour la seconder, ses effroyables sœurs. »

En ce moment enfin, tournant sur ses gonds mugissans, l'affreuse porte du Tartare s'ouvre : « Tu vois, dit la Sibylle, quelle garde veille sous ce portique, et quel monstre en défend l'accès. Au dedans est plus terrible encore l'hydre énorme avec ses cinquante gueules béantes, et le Tartare s'étend en profondeur, et plonge sous le ténébreux empire deux fois autant qu'il s'allonge d'espace entre la terre et la voûte des cieux. Là, ces vieux enfans de la Terre, les Titans, précipités par la foudre dans le fond de l'abîme, y roulent sans fin. Là, j'ai vu les deux fils d'Aloée, ces immenses géans qui tentèrent de briser de leurs mains les hauts parvis de l'Olympe, et de chasser Jupiter de son trône éternel. Là, j'ai vu, subissant des peines cruelles, l'impie Salmonée, qui voulut imiter les feux lancés par le maître des dieux, et le bruit de son tonnerre. Sur un char, traîné par quatre coursiers, ce

Dum flammas Jovis et sonitus imitatur Olympi.
Quatuor hic invectus equis, et lampada quassans,
Per Graium populos, mediæque per Elidis urbem
Ibat ovans, divumque sibi poscebat honorem,
Demens! qui nimbos, et non imitabile fulmen
Ære et cornipedum pulsu simularat equorum.
At pater omnipotens densa inter nubila telum
Contorsit; non ille faces, nec fumea tædis
Lumina; præcipitemque immani turbine adegit.
Nec non et Tityon, Terræ omniparentis alumnum,
Cernere erat, per tota novem cui jugera corpus
Porrigitur; rostroque immanis vultur obunco
Immortale jecur tondens, fecundaque poenis
Viscera, rimaturque epulis, habitatque sub alto
Pectore; nec fibris requies datur ulla renatis.

Quid memorem Lapithas, Ixiona, Pirithoumque?
Quos super atra silex jam jam lapsura, cadentique
Imminet assimilis : lucent genialibus altis
Aurea fulcra toris, epulæque ante ora paratæ
Regifico luxu : Furiarum maxima juxta
Accubat, et manibus prohibet contingere mensas,
Exsurgitque facem attollens, atque intonat ore.
Hic, quibus invisi fratres, dum vita manebat,
Pulsatusve parens, et fraus innexa clienti;
Aut qui divitiis soli incubuere repertis,
Nec partem posuere suis : quæ maxima turba est;

prince, agitant une torche enflammée, parcourait, triomphant, les champs de la Grèce et la ville d'Élis, où il exigeait les honneurs qu'on rend aux immortels. Insensé! qui, avec son pont d'airain, et ses chevaux aux pieds retentissans, prétendait simuler les orages, et imiter la foudre inimitable. Mais le père des dieux, tout-puissant, du milieu des nuées, lança, non de vains flambeaux, non des feux mêlés de fumée, mais la véritable foudre, sur le faux dieu, et, l'enveloppant d'un noir tourbillon, le précipita dans le fond du Tartare. Là, on voit encore Titye, enfant monstrueux de la Terre, qui produit toutes choses, et dont le corps étendu couvre tout entiers neuf arpens : un énorme vautour, de son bec recourbé, ronge sans cesse le foie du Titan, qui sans cesse revit; déchire ses entrailles en tourmens fécondes; rouvre, pour s'y nourrir, d'éternelles blessures ; habite sa poitrine profonde, et ne donne aucun repos à ses fibres qui renaissent toujours.

Rappellerai-je les Lapithes, Ixion et Pirithoüs? Sur eux pend un noir rocher déjà prêt à tomber, et leur faisant de sa chute la menace éternelle. Couchés sur des lits somptueux, aux pieds d'or, ils voient briller, devant leur bouche avide, le luxe d'un banquet royal. Mais, la plus terrible des Euménides, assise à ce banquet, les arrête quand ils portent les mains sur les mets placés devant eux. Alors, elle se lève, agitant sa torche menaçante, et fait tonner sa redoutable voix. Là, sont ceux qui, pendant leur vie, ont haï leurs frères; ceux qui ont levé sur leur père une main sacrilège, ou trompé la foi d'un client; ceux, et le nombre en est infini, qui couvant d'un œil insatiable des trésors pour eux seuls entassés,

Quique ob adulterium cæsi; quique arma secuti
Impia, nec veriti dominorum fallere dextras,
Inclusi pœnam exspectant. Ne quære doceri
Quam pœnam, aut quæ forma viros fortunave mersit.
Saxum ingens volvunt alii, radiisve rotarum
Districti pendent; sedet, æternumque sedebit,
Infelix Theseus; Phlegyasque miserrimus omnes
Admonet, et magna testatur voce per umbras :
« Discite justitiam moniti, et, non temnere divos.»
Vendidit hic auro patriam, dominumque potentem
Imposuit; fixit leges pretio atque refixit.
Hic thalamum invasit natæ vetitosque hymenæos.
Ausi omnes immane nefas, ausoque potiti.
Non, mihi si linguæ centum sint, oraque centum,
Ferrea vox, omnes scelerum comprendere formas,
Omnia pœnarum percurrere nomina possim. »

Hæc ubi dicta dedit Phœbi longæva sacerdos :
« Sed jam age, carpe viam, et susceptum perfice munus,
Acceleremus, ait : Cyclopum educta caminis
Mœnia conspicio, atque adverso fornice portas,
Hæc ubi nos præcepta jubent deponere dona. »
Dixerat, et pariter, gressi per opaca viarum,
Corripiunt spatium medium, foribusque propinquant.
Occupat Æneas aditum, corpusque recenti

n'en ont point donné une part à leurs proches; et ceux qui, dans un amour adultère, ont trouvé le trépas; et ceux qui, suivant des guerres impies, n'ont pas craint de violer les sermens faits à leurs maîtres. Tous, renfermés dans ces lieux, attendent leur châtiment. Ne cherche point à connaître quels sont les divers supplices du Tartare, quel est leur appareil, et quel sort accable ces hommes criminels. Les uns roulent incessamment un rocher devant eux; d'autres, attachés aux rayons d'une roue mouvante, y demeurent sans fin suspendus; le malheureux Thésée est assis sur un siège immobile, et doit y rester assis éternellement. Le plus infortuné de tous, Phlégyas les avertit sans cesse, et, sans cesse, d'une voix forte crie au milieu des ténèbres : « Apprenez, par mon exemple, « à être justes, et à ne point mépriser les dieux! » Celui-ci, vil mercenaire, a vendu sa patrie, et l'a livrée au pouvoir d'un tyran; celui-là, au gré de son avarice, a fait et refait les lois; cet autre a souillé le lit de sa fille, et cherché un affreux hyménée. Tous ont osé méditer des forfaits horribles, et tous ont osé les exécuter. Non, quand j'aurais cent bouches, cent langues et une voix de fer, je ne pourrais dire tous les genres de crimes, ni parcourir les noms de tous les supplices des Enfers.

« Mais, ajoute la prêtresse séculaire d'Apollon, il est temps d'avancer; reprends ta route, et poursuis ton dessein. J'aperçois les murs du palais forgé par les Cyclopes, et voilà devant nous la porte et la voûte où nous devons déposer notre offrande. »

Elle dit, et tous deux marchent d'un pas égal dans ces routes obscures, franchissent rapidement l'intervalle, et arrivent au palais de Pluton. Énée s'avance

Spargit aqua, ramumque adverso in limine figit.

His demum exactis, perfecto munere divae,
Devenere locos laetos et amoena vireta
Fortunatorum nemorum, sedesque beatas.
Largior hic campos aether et lumine vestit
Purpureo; solemque suum, sua sidera norunt.
Pars in gramineis exercent membra palaestris;
Contendunt ludo, et fulva luctantur arena;
Pars pedibus plaudunt choreas, et carmina dicun.
Nec non Threicius longa cum veste sacerdos
Obloquitur numeris septem discrimina vocum;
Jamque eadem digitis, jam pectine pulsat eburno.
Hic genus antiquum Teucri, pulcherrima proles,
Magnanimi heroes, nati melioribus annis,
Ilusque, Assaracusque, et Trojae Dardanus auctor
Arma procul currusque virum miratur inanes.
Stant terra defixae hastae, passimque soluti
Per campos pascuntur equi : quae gratia curruun
Armorumque fuit vivis, quae cura nitentes
Pascere equos, eadem sequitur tellure repostos.
Conspicit, ecce, alios dextra laevaque per herbam
Vescentes, laetumque choro Paeana canentes,
Inter odoratum lauri nemus : unde superne
Plurimus Eridani per silvam volvitur amnis.
Hic manus, ob patriam pugnando vulnera passi;
Quique sacerdotes casti, dum vita manebat;

sous le portique, purifie son corps dans l'onde fraîche et pure, et attache à la porte le rameau sacré.

Ce devoir accompli, et la déesse rendue propice, ils arrivent enfin dans ces champs délicieux, dans ces riantes prairies, dans ces bocages frais, séjour éternel de la paix et du bonheur. Là, l'éther plus pur revêt les campagnes d'une lumière pourprée : elles ont leur soleil et leurs étoiles. Parmi les habitans de ces lieux fortunés, les uns exercent, dans des jeux sur le gazon, leur force et leur souplesse, ou luttent sur le sable doré ; d'autres frappent du pied la terre en cadence, forment des chœurs et récitent des vers. Le chantre divin de la Thrace, en longue robe de lin, marie des chants harmonieux aux sept tons de sa lyre, qui résonne tantôt sous ses doigts légers, et tantôt sous le dé d'ivoire. Là, sont les descendans illustres de l'antique Teucer : Ilus, Assaracus et Dardanus, fondateur de Troie, race brillante de héros magnanimes, nés dans des temps plus heureux. Énée s'étonne de voir au loin des armes, des chars vides, des javelots fixés dans la terre, et des chevaux sans frein qui paissent libres dans la plaine. Ceux qui, pendant leur vie, aimèrent les chars et les chevaux, sont encore charmés, par les mêmes goûts, au delà du trépas.

A droite et à gauche le héros aperçoit d'autres ombres qui, couchées sur l'herbe, chantent, dans des festins, le joyeux Péan, sous l'ombrage odorant d'une forêt de lauriers où l'Éridan roule ses abondantes eaux. Là, sont ces guerriers généreux qui versèrent leur sang pour la patrie, les prêtres dont la vie fut toujours chaste et pure, les poètes divins qu'Apollon inspira ; les mortels qui, par

Quique pii vates, et Phœbo digna locuti ;
Inventas aut qui vitam excoluere per artes;
Quique sui memores alios fecere merendo :
Omnibus his nivea cinguntur tempora vitta.
Quos circumfusos sic est affata Sibylla,
Musæum ante omnes; medium nam plurima turba
Hunc habet, atque humeris exstantem suspicit altis :
« Dicite, felices animæ, tuque, optime vates,
Quæ regio Anchisen, quis habet locus? illius ergo
Venimus, et magnos Erebi tranavimus amnes. »
Atque huic responsum paucis ita reddidit heros :
« Nulli certa domus; lucis habitamus opacis,
Riparumque toros et prata recentia rivis
Incolimus. Sed vos, si fert ita corde voluntas,
Hoc superate jugum, et facili jam tramite sistam. »
Dixit, et ante tulit gressum, camposque nitentes
Desuper ostentat; dehinc summa cacumina linquunt.

At pater Anchises penitus convalle virenti
Inclusas animas, superumque ad lumen ituras,
Lustrabat studio recolens, omnemque suorum
Forte recensebat numerum, carosque nepotes,
Fataque, fortunasque virum, moresque, manusque.
Isque ubi tendentem adversum per gramina vidit
Ænean, alacris palmas utrasque tetendit;
Effusæque genis lacrymæ, et vox excidit ore :

l'invention des arts, enrichirent les âges; et ceux dont les bienfaits sur la terre, ont fait vivre le souvenir : tous ont le front ceint de bandeaux d'un blanc pur.

En passant au milieu de ces ombres, la Sibylle leur parle; et, d'abord, s'adressant à Musée, qu'une foule nombreuse environne, et qu'il domine par sa taille élevée : « Chantre illustre, dit-elle, et vous, ombres fortunées, dites-nous dans quelle région est le séjour d'Anchise? C'est pour le voir que nous sommes venus, et que nous avons franchi les grands fleuves de l'Érèbe. » Le poète héroïque répond en peu de mots : « Nous n'avons point ici de demeure fixe : nous habitons ces bocages toujours frais; nous errons sur le gazon de ces rives, dans ces prés où les ruisseaux promènent leur onde tranquille. Mais, si tel est le dessein qui vous amène, montez sur cette colline, je vous servirai de guide, et vous trouverez un facile chemin. » Il dit, et marche devant eux; du haut de la colline, il leur montre une plaine riante : et aussitôt, ils descendent et pressent leurs pas.

Anchise alors, au fond d'un vallon verdoyant, contemplait, avec un intérêt paternel, des âmes destinées à revoir un jour la lumière éthérée; il parcourait toute la suite de ses neveux chéris, de sa postérité. Il repassait dans son esprit leurs destinées, leurs fortunes diverses, leurs mœurs et leurs exploits. A peine il aperçoit Énée qui accourt à travers l'herbe ondoyante, dans le transport de sa joie, il lui tend les deux bras; des pleurs baignent sa joue, et sa voix défaillante laisse tomber ces mots : « Tu es enfin venu! et ta piété, si connue de ton

« Venisti tandem, tuaque exspectata parenti
Vicit iter durum pietas! Datur ora tueri,
Nate, tua; et notas audire et reddere voces!
Sic equidem ducebam animo, rebarque futurum,
Tempora dinumerans, nec me mea cura fefellit.
Quas ego te terras, et quanta per æquora vectum
Accipio! quantis jactatum, nate, periclis!
Quam metui ne quid Libyæ tibi regna nocerent! »
Ille autem : « Tua me, genitor, tua tristis imago,
Sæpius occurrens, hæc limina tendere adegit.
Stant sale Tyrrheno classes. Da jungere dextram,
Da, genitor; teque amplexu ne subtrahe nostro! »
Sic memorans largo fletu simul ora rigabat.
Ter conatus ibi collo dare brachia circum;
Ter frustra comprensa manus effugit imago,
Par levibus ventis, volucrique simillima somno.

INTEREA videt Æneas in valle reducta
Seclusum nemus, et virgulta sonantia silvis,
Lethæumque, domos placidas qui prænatat, amnem.
Hunc circum innumeræ gentes populique volabant;
Ac, veluti in pratis, ubi apes æstate serena
Floribus insidunt variis, et candida circum
Lilia funduntur, strepit omnis murmure campus.
Horrescit visu subito, causasque requirit
Inscius Æneas, quæ sint ea flumina porro,
Quive viri tanto complerint agmine ripas.

père, a vaincu le difficile chemin des Enfers. Il m'est donc donné, ô mon fils, de contempler encore tes traits, de t'entendre, et de répondre à ta voix! Il est vrai que cet espoir était dans mon cœur, et que, calculant les temps, je pensais que ce bonheur n'était pas éloigné : mon espoir ne m'a pas trompé. Que de terres, que de mers il t'a fallu parcourir, ô mon fils, avant d'arriver près de moi! Quels grands dangers ont troublé ta fortune! et que j'ai craint pour toi le royaume de Libye! » — «O mon père, répond Énée, c'est votre ombre, votre ombre affligée, qui, s'offrant souvent à mes regards, m'a fait descendre au ténébreux empire. Ma flotte repose dans la mer de Tyrrhène. Donnez-moi votre main! donnez, mon père, et ne vous dérobez pas à mes embrassemens! » Il disait, et de larges pleurs inondaient son visage. Trois fois il veut presser dans ses bras cette ombre chère, et trois fois elle échappe à ses mains, pareille aux vents légers, semblable au songe qui s'envole.

Cependant, Énée aperçoit, dans le fond du vallon, un bocage solitaire, plein d'arbrisseaux légers, dont le feuillage s'agite avec un doux frémissement. Le Léthé roule son onde tranquille devant ce paisible séjour. Sur ses rives voltigent des nations et des peuples sans nombre. Tels, dans un beau jour d'été, on voit des essaims d'abeilles se répandre dans les prairies, se poser sur le sein de mille fleurs nouvelles, et, dans leur vol bruyant, se presser autour des lis éclatans de blancheur : toute la plaine retentit de leur bourdonnement. Frappé du spectacle nouveau qui s'offre à sa vue, Énée veut en connaître la cause. Il demande quel est ce fleuve et quels

Tum pater Anchises : « Animæ, quibus altera fato
Corpora debentur, Lethæi ad fluminis undam
Securos latices et longa oblivia potant.
Has equidem memorare tibi atque ostendere coram,
Jampridem hanc prolem cupio enumerare meorum,
Quo magis Italia mecum lætere reperta. »
« O pater, anne aliquas ad cœlum hinc ire putandum est
Sublimes animas, iterumque in tarda reverti
Corpora? quæ lucis miseris tam dira cupido? »
« Dicam equidem; nec te suspensum, nate, tenebo, »
Suscipit Anchises, atque ordine singula pandit.

« Principio cœlum ac terras, camposque liquentes,
Lucentemque globum Lunæ, Titaniaque astra,
Spiritus intus alit, totamque infusa per artus
Mens agitat molem, et magno se corpore miscet.
Inde hominum pecudumque genus, vitæque volantum,
Et quæ marmoreo fert monstra sub æquore pontus.
Igneus est ollis vigor, et cœlestis origo
Seminibus, quantum non noxia corpora tardant,
Terrenique hebetant artus moribundaque membra.
Hinc metuunt, cupiuntque; dolent, gaudentque; neque auras
Dispiciunt, clausæ tenebris et carcere cæco.
Quin et supremo quum lumine vita reliquit,
Non tamen omne malum miseris, nec funditus omnes

peuples si nombreux couvrent ses rivages. Anchise répond : « Ces âmes qui, par l'ordre du destin, doivent un jour animer d'autres corps, boivent, dans les eaux de ce fleuve, le long oubli du passé. Dès long-temps, ô mon fils! je voulais te parler de ces âmes, les montrer ici à tes regards, et te faire compter notre nombreuse postérité, afin que tu goûtes mieux, avec moi, la joie d'avoir abordé l'Italie. » — « O mon père, faut-il croire que des âmes, esprits purs, puissent quitter ces paisibles demeures, pour retourner au terrestre séjour, et que, dégagées de la matière, elles veuillent y rentrer pour animer de nouveaux corps? qui peut inspirer à ces âmes malheureuses un si grand amour de la vie! » — « Je vais te l'apprendre, ô mon fils; je vais satisfaire tes désirs curieux. » Et aussitôt Anchise lui dévoile ainsi les grands secrets du monde.

« D'ABORD, et le ciel, et la terre, et les mers, le globe lumineux de la Lune, et l'astre de Titan sont pénétrés, nourris par un même principe, âme universelle qui, répandue dans les veines du monde, se mêle à ce grand corps, et lui donne la vie. L'esprit agite la matière : il anime les hommes, et les diverses espèces d'animaux qui peuplent la terre, les oiseaux qui volent dans les airs, et les monstres qui nagent au fond des mers profondes. Partout est une semence de ce feu vivifiant, émané des cieux : mais ce principe divin s'altère, s'il s'unit à des corps pesans, à des organes grossiers, à des membres périssables : de là, chez les mortels, la crainte, les désirs, la douleur et la joie. Enfermée dans le corps comme dans une obscure prison, l'âme porte difficilement ses regards vers sa céleste origine; et même lorsque, au dernier jour, la mort a brisé ses liens, elle ne

Corporeæ excedunt pestes; penitusque necesse est
Multa diu concreta modis inolescere miris.
Ergo exercentur pœnis, veterumque malorum
Supplicia expendunt. Aliæ panduntur inanes
Suspensæ ad ventos; aliis sub gurgite vasto
Infectum eluitur scelus, aut exuritur igni ;
Quisque suos patimur Manes ; exinde per amplum
Mittimur Elysium, et pauci læta arva tenemus,
Donec longa dies, perfecto temporis orbe,
Concretam exemit labem, purumque reliquit
Ætherium sensum, atque aurai simplicis ignem.
Has omnes, ubi mille rotam volvere per annos,
Lethæum ad fluvium deus evocat agmine magno,
Scilicet immemores supera ut convexa revisant,
Rursus et incipiant in corpora velle reverti. »

Dixerat Anchises : natumque unaque Sibyllam
Conventus trahit in medios, turbamque sonantem;
Et tumulum capit, unde omnes longo ordine possit
Adversos legere, et venientum discere vultus.
« Nunc age, Dardaniam prolem quæ deinde sequatur
Gloria, qui maneant itala de gente nepotes,
Illustres animas, nostrumque in nomen ituras,
Expediam dictis, et te tua fata docebo.

« Ille, vides, pura juvenis qui nititur hasta,
Proxima sorte tenet lucis loca; primus ad auras
Ætherias italo commixtus sanguine surget

peut se dégager entièrement des souillures du corps; car les vices s'y sont accrus et invétérés sans effort. Les âmes subissent donc des peines; et dans divers supplices est l'expiation de leurs crimes. Les unes, suspendues dans les airs, sont le jouet des vents; d'autres, plongées dans un vaste gouffre, y lavent leurs forfaits; d'autres enfin s'épurent par le feu. Mânes de ces lieux, chacun de nous doit subir ses épreuves : ensuite, nous sommes envoyés dans le vaste Élysée : mais ces champs fortunés ont peu d'habitans. Lorsque, dans la succession des âges, après une révolution de mille ans, le temps a effacé les souillures des âmes, a dégagé de tout impur alliage ces esprits éthérés, et leur a rendu la simple essence du feu élémentaire, un dieu appelle leur nombreuse foule sur les bords du Léthé, afin qu'oubliant le passé, elles puissent revoir l'azur des cieux, et qu'elles commencent à vouloir revenir encore habiter de nouveaux corps. »

Il dit, et il entraîne son fils et la Sibylle au milieu du peuple bruyant des Ombres. Il monte sur une éminence d'où il peut les voir passer, en long ordre, devant ses yeux, et distinguer aisément tous leurs traits : « Regarde, dit-il à son fils, quelle gloire attend, dans l'Italie, les descendans de Dardanus! je vais te révéler ces âmes sublimes qui doivent illustrer notre nom, et je t'enseignerai tes hautes destinées.

« Vois ce jeune prince appuyé sur un sceptre. Le sort l'a placé le plus près des portes de la vie. Le premier, il est appelé à voir la lumière éthérée, et il doit sortir de notre sang mêlé au sang Ausonien. Silvius est son nom :

Silvius, albanum nomen, tua posthuma proles :
Quem tibi longævo serum Lavinia conjux
Educet silvis regem, regumque parentem :
Unde genus Longa nostrum dominabitur Alba.

« Proximus ille Procas, trojanæ gloria gentis,
Et Capys, et Numitor, et qui te nomine reddet
Silvius Æneas, pariter pietate vel armis
Egregius, si umquam regnandam acceperit Albam.
Qui juvenes quantas ostentant, adspice, vires!
At, qui umbrata gerunt civili tempora quercu,
Hi tibi Nomentum, et Gabios, urbemque Fidenam;
Hi Collatinas imponent montibus arces,
Pometios, Castrumque Inui, Bolamque, Coramque.
Hæc tum nomina erunt, nunc sunt sine nomine terræ.

« Quin et avo comitem sese Mavortius addet
Romulus, Assaraci quem sanguinis Ilia mater
Educet. Viden' ut geminæ stant vertice cristæ,
Et pater ipse suo superum jam signat honore?
En, hujus, nate, auspiciis illa inclyta Roma
Imperium terris, animos æquabit Olympo,
Septemque una sibi muro circumdabit arces,
Felix prole virum : qualis Berecynthia mater
Invehitur curru phrygias turrita per urbes,
Læta deum partu, centum complexa nepotes,
Omnes cœlicolas, omnes supera alta tenentes.

« Huc geminas nunc flecte acies; hanc adspice gentem,

ce nom sera celui des rois d'Albe. Fruit tardif de ta vieillesse, sa naissance suivra ta mort. Lavinie, ton épouse, élèvera son enfance dans les bois du Latium. Il sera roi, et père de tous les rois de notre race, qui domineront dans Albe-la-Longue.

« Près de lui est Procas, la gloire de la nation troyenne. A sa suite tu vois Capys et Numitor, et celui qui doit porter ton nom, Silvius Énée, que distinguera, comme toi, le double éclat de la vertu et des armes, s'il doit un jour régner sur les Albains. Admire la mâle vigueur qui signale ces jeunes guerriers. Mais, parmi ceux dont le rameau du chêne civique ombrage le front, les uns bâtiront les villes de Nomente, de Gabie et de Fidène; d'autres élèveront sur des montagnes les remparts de Collatie, ceux de Pométie, d'Inuus, de Bole et de Cora : tels seront les noms de ces lieux qui sont encore sans nom sur la terre.

« Vois, près de son aïeul, se placer Romulus, digne fils du dieu Mars : Ilie, du sang d'Assaracus, sera sa mère. Regarde, sur sa tête, ces deux aigrettes, et cet éclat de la grandeur divine, dont Jupiter a imprimé le sceau sur son front. C'est, ô mon fils, sous les auspices de ce héros, que la superbe Rome étendra son empire jusqu'aux bornes du monde, et portera son nom jusqu'aux cieux : elle enfermera sept collines dans son enceinte, et sera éternellement fière d'avoir enfanté tant de héros. Telle, dans les villes de Phrygie, la déesse de Bérécynthe s'avance sur son char, la tête couronnée de tours, joyeuse d'être la mère des dieux, et d'embrasser, dans ses petits-fils, cent divinités qui toutes habitent les cieux, et toutes occupent les hauteurs de l'Olympe.

« Maintenant, tourne les yeux de ce côté, contemple

Romanosque tuos. Hic Caesar, et omnis Iuli
Progenies, magnum coeli ventura sub axem.
Hic vir, hic est, tibi quem promitti saepius audis,
Augustus Caesar, Divi genus : aurea condet
Saecula qui rursus Latio, regnata per arva
Saturno quondam; super et Garamantas et Indos
Proferet imperium; jacet extra sidera tellus,
Extra anni Solisque vias, ubi coelifer Atlas
Axem humero torquet stellis ardentibus aptum.
Hujus in adventum jam nunc et caspia regna
Responsis horrent divum, et Maeotica tellus,
Et septemgemini turbant trepida ostia Nili.
Nec vero Alcides tantum telluris obivit;
Fixerit aeripedem cervam licet, aut Erymanthi
Pacarit nemora, et Lernam tremefecerit arcu;
Nec, qui pampineis victor juga flectit habenis,
Liber, agens celso Nisae de vertice tigres.
Et dubitamus adhuc virtutem extendere factis?
Aut metus ausonia prohibet consistere terra?

« Quis procul ille autem ramis insignis olivae
Sacra ferens? nosco crines incanaque menta
Regis romani, primus qui legibus Urbem
Fundabit, Curibus parvis et paupere terra
Missus in imperium magnum. Cui deinde subibit,
Otia qui rumpet patriae, residesque movebit
Tullus in arma viros, et jam desueta triumphis

cette nation : mon fils, ce sont les Romains. Voilà César et toute la postérité d'Iule, qui doit remplir de son nom l'univers. Celui-ci, c'est ce héros qui t'a souvent été promis : Auguste César, le fils d'un dieu. Il ramènera le siècle d'or dans le Latium, contrée heureuse où régna jadis Saturne. Il étendra son empire sur les Garamantes et sur les Indiens, dans les climats situés au delà des signes célestes, au delà des routes de l'année et du soleil, où le puissant Atlas soutient, sur ses épaules, l'axe du monde et les étoiles dont les feux brillent à la voûte des cieux. Déjà, dans l'attente de ce héros, effrayés par les oracles qui l'annoncent, frémissent les royaumes Caspiens et les peuples qui bordent les marais Méotides ; déjà, dans ses sept bouches, le Nil se trouble, saisi d'effroi. Alcide n'a point parcouru autant de contrées : Alcide qui, de ses traits inévitables, atteignit la biche aux pieds d'airain ; rendit la paix aux forêts d'Érymanthe, et fit trembler le marais de Lerne du bruit de son arc redoutable. Bacchus, le vainqueur des Indes, a vu aussi moins de climats : Bacchus qui, guidant ses tigres avec des rênes entrelacées de pampre, du sommet de Nisa faisait voler son char. Et nous balancerions encore d'éterniser notre gloire par nos exploits ! et nous craindrions encore d'établir nos Pénates dans l'Ausonie !

« Mais, plus loin, quel est ce prince, le front ceint du rameau d'olivier, et qui, dans sa main, porte la patère sacrée ? A ses cheveux, et à sa barbe, que le temps a blanchis, je reconnais Numa, ce roi de Rome qui, le premier, donnera à la ville naissante, pour fondemens éternels, de sages lois. C'est de l'humble ville de Cures et de sa terre infertile, qu'il sera appelé au trône du grand empire. Il aura pour successeur Tullus,

Agmina. Quem juxta sequitur jactantior Ancus,
Nunc quoque jam nimium gaudens popularibus auris.
Vis et Tarquinios reges, animamque superbam
Ultoris Bruti, fascesque videre receptos?
Consulis imperium hic primus sævasque secures
Accipiet, natosque pater, nova bella moventes,
Ad pœnam pulchra pro libertate vocabit,
Infelix! utcumque ferent ea facta minores,
Vincet amor patriæ, laudumque immensa cupido.
« Quin Decios, Drusosque procul, sævumque securi
Adspice Torquatum, et referentem signa Camillum.

« Illæ autem, paribus quas fulgere cernis in armis,
Concordes animæ nunc, et dum nocte prementur,
Heu quantum inter se bellum, si lumina vitæ
Attigerint, quantas acies stragemque ciebunt!
Aggeribus socer alpinis atque arce Monœci
Descendens, gener adversis instructus eois.
Ne, pueri, ne tanta animis assuescite bella ;
Neu patriæ validas in viscera vertite vires.
Tuque prior, tu parce, genus qui ducis Olympo;
Projice tela manu, sanguis meus.

« Ille triumphata Capitolia ad alta Corintho

qui rompra la longue paix de la patrie, réveillera les Romains assoupis dans le repos des armes, et qui, long-temps vainqueurs, oubliaient la victoire. Après lui vient le trop orgueilleux Ancus, que déjà réjouit le vent inconstant de la faveur populaire. Veux-tu voir les rois Tarquins, et Brutus à l'âme indomptable, vengeur des tyrans, et arrachant de leurs mains les faisceaux! Le premier, il sera revêtu du pouvoir consulaire, et devant lui marcheront les haches redoutables. Père, il verra ses enfans susciter contre Rome de nouvelles guerres, et fera couler leur sang pour que Rome reste grande et belle dans sa liberté. Père infortuné! quel que soit sur ce sacrifice de la nature le jugement de la postérité, en toi auront triomphé l'amour de la patrie et le désir immense de la gloire. Vois plus loin les Decius, et les Drusus, et l'inflexible Torquatus, armé de sa hache sanglante, et Camille ramenant contre les Gaulois nos drapeaux qui fuyaient.

« CES deux guerriers dont les armes brillent, à ta vue, d'un éclat pareil, et dont les âmes sont unies tandis que la nuit retient encore ici leur essor, hélas! quelles grandes guerres s'allumeront entre eux, s'ils touchent au seuil de la vie! Que de bras ils armeront l'un contre l'autre! Et quel vaste carnage, quand, aux aigles du beau-père descendant du sommet des Alpes et du roc sacré d'Hercule solitaire, le gendre opposera toutes les forces de l'Orient! O mes fils, n'accoutumez point vos courages à ces horribles guerres! ne tournez point l'effort puissant de vos bras contre le sein de la patrie! Et toi, le premier, pardonne, toi qui tires des dieux ton origine, toi, mon sang, et rejette loin de ta main ces armes parricides.

« CELUI-CI, vainqueur de la haute Corinthe, après

Victor aget currum, cæsis insignis Achivis.
Eruet ille Argos, Agamemnoniasque Mycenas,
Ipsumque Æaciden, genus armipotentis Achilli;
Ultus avos Trojæ, templa et temerata Minervæ.
Quis te, magne Cato, tacitum, aut te, Cosse, relinquat?
Quis Gracchi genus? aut geminos, duo fulmina belli,
Scipiadas, cladem Libyæ? parvoque potentem
Fabricium? vel te sulco, Serrane, serentem?
Quo fessum rapitis, Fabii? Tu Maximus ille es,
Unus qui nobis cunctando restituis rem.

« Excudent alii spirantia mollius æra,
Credo equidem; vivos ducent de marmore vultus;
Orabunt causas melius; cœlique meatus
Describent radio, et surgentia sidera dicent :
Tu regere imperio populos, Romane, memento;
Hæ tibi erunt artes, pacisque imponere morem,
Parcere subjectis, et debellare superbos. »

Sic pater Anchises, atque hæc mirantibus addit :
« Adspice, ut insignis spoliis Marcellus opimis
Ingreditur, victorque viros supereminet omnes!
Hic rem romanam, magno turbante tumultu,
Sistet, eques sternet Pœnos, Gallumque rebellem,
Tertiaque arma patri suspendet capta Quirino. »

avoir défait les Achéens, montera au Capitole sur un char de triomphe. Celui-là doit renverser Argos et Mycènes, villes d'Agamemnon : il frappera, dans le dernier des Æacides, la race de l'invincible Achille, vengera les Troyens, ses aïeux, et la profanation du temple de Minerve. Qui pourrait, ô grand Caton, et toi, Cossus, vous passer sous silence? Qui pourrait oublier la famille des Gracques, et les deux Scipions, ces deux foudres de guerre, qui désoleront la Libye! et Fabricius, puissant dans sa pauvreté! et toi, Serranus, qui dois passer de la charrue aux faisceaux du consulat! où m'entraînez-vous, race de Fabius, quand j'ai peine à vous suivre? Te voilà, toi, le plus grand de tous, et qui, seul, en temporisant, sauves la république!

« D'AUTRES peuples, je le crois, seront plus habiles dans l'art d'animer l'airain, et de faire sortir d'un marbre insensible de vivantes figures; ils feront, dans la tribune, entendre des voix plus éloquentes ; ils sauront décrire, avec plus de science, les mouvemens des cieux, et mieux dire le lever et la course des astres : toi, Romain, souviens-toi de régir par ton empire l'univers. Voici quels seront tes arts : imposer les lois de la paix, pardonner aux peuples soumis et dompter les superbes. »

Ainsi parlait Anchise; et, tandis que son fils et la Sibylle admirent, il ajoute : « Vois s'avancer l'illustre Marcellus chargé de dépouilles opimes, et qui, de son front, paré par la Victoire, domine cette foule de héros : c'est lui qui soutiendra la république ébranlée par de grands revers : il renversera les succès de Carthage et l'orgueil du Gaulois indompté; il sera le troisième Romain qui suspendra les armes ennemies dans le temple de Quirinus. »

Atque hic Æneas (una namque ire videbat
Egregium forma juvenem et fulgentibus armis,
Sed frons læta parum, et dejecto lumina vultu) :
« Quis, pater, ille, virum qui sic comitatur euntem?
Filius, anne aliquis magna de stirpe nepotum?
Qui strepitus circa comitum! quantum instar in ipso est!
Sed nox atra caput tristi circumvolat umbra. »

Tum pater Anchises, lacrymis ingressus obortis :
« O nate, ingentem luctum ne quære tuorum;
Ostendent terris hunc tantum fata, neque ultra
Esse sinent. Nimium vobis romana propago
Visa potens, superi, propria hæc si dona fuissent.
Quantos ille virum magnam Mavortis ad urbem
Campus aget gemitus! vel quæ, Tiberine, videbis
Funera, quum tumulum præterlabere recentem!
Nec puer iliaca quisquam de gente latinos
In tantum spe tollet avos; nec Romula quondam
Ullo se tantum tellus jactabit alumno.
Heu pietas! heu prisca fides! invictaque bello
Dextera! non illi se quisquam impune tulisset
Obvius armato, seu quum pedes iret in hostem,
Seu spumantis equi foderet calcaribus armos.
Heu, miserande puer! si qua fata aspera rumpas,
Tu Marcellus eris. Manibus date lilia plenis :
Purpureos spargam flores, animamque nepotis

En ce moment, Énée interrompt Anchise (car il voyait, à côté de Marcellus, marcher un guerrier adolescent que rendaient remarquable la beauté de ses traits et l'éclat de ses armes, mais dont le front était triste et le regard abattu) : « O mon père ! quel est ce jeune homme qui accompagne le héros ? Est-ce son fils, ou l'un des rejetons de son illustre race ? Quel bruyant cortège l'environne ! et combien il ressemble à l'autre guerrier ! mais une affreuse nuit enveloppe d'un voile lugubre sa tête. »

Alors Anchise reprend, et les pleurs coulent sur son visage : « O mon fils ! ne me demande pas ce qui, pour les tiens, sera de regrets une source éternelle. Ce jeune prince, les Destins le montreront seulement à la terre, et ne permettront pas qu'il y prolonge ses jours. Dieux immortels ! Rome vous eût paru trop puissante, si elle avait conservé ce don précieux de vos mains. Oh ! de quels gémissemens retentiront le champ illustre et la cité de Mars ! et toi, dieu du Tibre, quelle pompe funèbre tu verras sur tes rives, lorsque, pour la première fois, tes ondes couleront près de son tombeau ! Non, jamais enfant du sang des Troyens n'aura donné un si haut espoir aux Latins ses aïeux ! jamais Rome ne verra naître un de ses fils qui la réjouisse de tant d'orgueil. Oh ! quelle piété, oh ! quelle vertu antique, et quelle invincible ardeur dans les combats ! Nul ne se fût avancé impunément contre ce héros sous les armes, soit que, d'un pied ferme, il marchât à l'ennemi, soit qu'il pressât les flancs d'un coursier écumant. Hélas ! jeune infortuné, si tu peux vaincre un jour les Destins trop cruels, tu seras Marcellus. Donnez des lys à pleines mains ! que je couvre de fleurs vermeilles son tombeau ! qu'au moins je prodigue à l'ombre de mon petit-fils ces

His saltem accumulem donis, et fungar inani
Munere. »

  Sic tota passim regione vagantur
Aeris in campis latis, atque omnia lustrant.
Quæ postquam Anchises natum per singula duxit,
Incenditque animum famæ venientis amore :
Exin bella viro memorat quæ deinde gerenda,
Laurentesque docet populos, urbemque Latini ;
Et quo quemque modo fugiatque feratque laborem.
Sunt geminæ Somni portæ : quarum altera fertur
Cornea, qua veris facilis datur exitus umbris :
Altera candenti perfecta nitens elephanto ;
Sed falsa ad cœlum mittunt insomnia Manes.
His ubi tum natum Anchises unaque Sibyllam
Prosequitur dictis, portaque emittit eburna.
Ille viam secat ad naves, sociosque revisit.
Tum se ad Caietæ recto fert limite portum :
Anchora de prora jacitur ; stant litore puppes.

offrandes légères, et qu'elle reçoive de moi ces vains honneurs. »

Ainsi le héros troyen errait, avec son père, dans le vaste Élysée, et partout promenait ses regards. Anchise lui a fait admirer toutes les merveilles de ces champs aériens. Enfin, il enflamme son cœur de l'amour de sa gloire future; il lui fait connaître les guerres qu'il devra soutenir, les peuples Laurentins et la ville de Latinus, et les moyens de détourner ou de surmonter les dangers qui le menacent.

Le Sommeil a, dans les Enfers, deux portes : l'une est faite de corne, et donne un passage facile aux ombres véritables; l'autre, d'un pur et blanc ivoire, s'ouvre aux songes trompeurs, qui sont envoyés par les dieux Mânes sur la terre. C'est devant cette double issue qu'arrive Anchise, poursuivant son entretien avec son fils et la Sibylle, et il les fait sortir par la porte d'ivoire. Le héros presse ses pas vers la flotte, et rejoint ses compagnons. Bientôt, les voiles déployées, et côtoyant les bords de la mer, ils entrent dans le port de Caïète : l'ancre est jetée du haut de la proue, et les vaisseaux reposent attachés au rivage.

NOTES

DU LIVRE SIXIÈME.

1. — Page 108. *Sic fatur lacrymans.*

Les anciens ne regardaient point les pleurs comme une faiblesse de l'humanité. Leurs historiens nous apprennent que les hommes les plus célèbres, qu'Alexandre, Scipion, Annibal versaient des larmes. Homère ne croit pas dégrader son héros, en lui faisant suivre les mouvemens de la nature. Achille furieux, qui,

> Épouvantait l'armée et partageait les dieux,

pleure aussi souvent que le pieux Énée. Pourquoi donc les tragiques modernes ont-ils craint de rendre les rois et leurs personnages héroïques, sans dignité, presque ridicules, en faisant pleurer les grandes douleurs ? La fausse doctrine des stoïciens doit-elle être nécessairement celle des héros ? Plutarque parle d'un tyran qui, se sentant ému à une représentation d'*Hécube et Polixène*, sortit brusquement du théâtre, et fut près d'ordonner le trépas de l'auteur qui l'avait attendri. Un tyran seul peut voir dans les vives émotions, une faiblesse. Le sévère ami de Racine avait dit lui-même :

> Achille déplairait moins bouillant et moins prompt :
> J'aime à lui voir verser des pleurs pour un affront.

Mais Achille pleure plus long-temps et plus amèrement la mort de son ami Patrocle; et c'est la violence de sa douleur qui, seule, excuse son triomphe barbare sur les restes du grand Hector.

2. — Page 108. *Et tandem euboicis Cumarum allabitur oris.*

Au lieu de *Cumarum* on lit, dans les plus anciens manuscrits, *Cymarum*.

Selon Strabon (liv. v), la ville de Cumes, que rendirent si célèbre dans l'antiquité l'antre et l'oracle de la Sibylle, avait été fondée par une colonie grecque venue de Chalcis, ville de l'île d'Eubée. Aussi, Virgile dit-il plus bas *Chalcidica arce* et *euboicæ rupis* (vers 17 et 42). La colonie de Cumes est regardée par Strabon, comme le plus ancien monument du passage des Grecs en Italie.

Servius croit que Cumes tire son nom des flots, nommés *cumata* par les Grecs. Il y avait dans l'Éolide une ville de ce nom; et Pausanias parle d'une autre ville de Cumes dans l'Opique, pays aujourd'hui inconnu. Il ne reste de la cité de Cumes en Italie, que d'incertains vestiges, sur le golfe de Gaëte, à une lieue de Pouzzol.

On montre encore aux voyageurs, à quelque distance du lac Averne, l'antre de la Sibylle, « tel à peu près qu'il est décrit par Virgile. Il est creusé dans le roc; mais des terres éboulées et couvertes de ronces, en rendent l'entrée très-difficile : elle est large d'environ dix pieds, et haute de douze. Lorsqu'on y a fait environ deux cent cinquante pas, on est obligé de tourner sur la droite; et l'on parvient, quatre-vingt pas plus loin, à une cellule dont la voûte était peinte autrefois en mosaïque. La terre, qui s'est affaissée à quelque distance de là, ne permet pas d'aller plus loin. » (Gaston.)

3. — Page 108. . . . . *Pars, densa ferarum*
   Tecta, rapit silvas.

Le professeur Binet rend ainsi ce passage : « Ceux-ci vont abattre les forêts. » D'autres traducteurs avaient déjà dit que les Troyens *abattaient* ou *entraînaient* les forêts. Cette interprétation est étrange. Dans quel but la forêt de Cumes aurait-elle été abattue? Il ne s'agissait que de couper le bois nécessaire pour le service du camp ou pour les sacrifices. Aussi, faut-il entendre par *rapit silvas*, parcourir d'un pas rapide les forêts pour y trouver (comme dans le 1er livre, v. 192) quelques cerfs ou d'autres animaux destinés à nourrir les Troyens, et des sources d'eau que les navigateurs descendus sur les côtes s'empressent d'y chercher.

4. — Page 108. *At pius Æneas arces, quibus Altus Apollo*
Præsidet.

Virgile suppose que ce temple d'Apollon, bâti sur la montagne où s'éleva depuis la citadelle de Cumes, *arx chalcidica*, existait déjà lorsqu'Énée arriva dans l'Ausonie, et qu'il avait été construit par le fameux Dédale : ce qui donne occasion au poète de rappeler, et il le fait avec esprit et sentiment, toute la fable du labyrinthe de Crète, de son architecte volant dans les airs, et de son fils Icare, dont la chute rappelle celle de Phaëton, et le mépris imprudent que l'un et l'autre firent des conseils paternels.

5. — Page 108. *Antrum immane, petit, magnam cui mentem animumque*
Delius inspirat vates.

Ces deux mots, *mens* et *animus*, exprimaient deux idées différentes, comme on le voit dans ce passage de Lucrèce : *Animi vix mente valemus*. On lit dans Térence *mala mens, malus animus*. Les anciens entendaient par *mens*, l'esprit ou l'âme intelligente; et par *animus*, l'âme qui reçoit les impressions sensibles, qui est agitée par les passions.

6. — Page 108. *Jam subeunt Triviæ lucos.*

Diane, sous le nom d'Hécate, était appelée *Trivia*, parce que l'antiquité païenne plaçait son culte dans les carrefours.

7. — Page 108. *Dædalus, ut fama est.*

Les anciens donnent une origine illustre au premier mécanicien connu, qui fut en même temps architecte célèbre et sculpteur renommé. Dédale était petit-fils de Métion, de la famille d'Érechthée, sixième roi d'Athènes. On lui attribue l'invention de la hache, du villebrequin, de la scie, du compas, du niveau.

Servius dit que Dédale, proscrit par Minos, se réfugia d'abord dans l'île de Sardaigne, d'où il se rendit ensuite à Cumes, et il cite le témoignage de Salluste, *ut dicit Sallustius, libro* II *Historiarum* *.

* Il ne reste de ces histoires que des fragmens cités dans Sénèque, Quintilien, Aulu-Gelle, Isidore, saint Augustin (*de Civitate Dei*), dans les anciens grammairiens et les vieux glossateurs. Ces fragmens ont été recueillis par Paul

Les anciens habitans de l'Italie et de la Sicile rapportaient aux travaux de Dédale tout ce que l'art offrait de merveilleux dans leur patrie. (*Voyez* DIODORE DE SICILE, l. IV, 78.)

Horace, parlant du voyage aérien de Dédale, dit (l. 1, od. 3) :

> Expertus vacuum Dædalus aera
> Pennis non homini datis.

Cette fable célèbre est ainsi rapportée par Ovide dans le VIIIe livre de ses *Métamorphoses*.

« Minos veut dérober au monde la honte de son hymen : il enferme le Minotaure dans la profonde enceinte, dans les détours obscurs du Labyrinthe. Le plus célèbre des architectes, Dédale, en a tracé les fondemens. L'œil s'égare dans des sentiers infinis, sans terme et sans issue, qui se croisent, se mêlent, se confondent toujours. Tel le Méandre se joue dans les champs de Phrygie : dans sa course ambiguë, il suit sa pente ou revient sur ses pas, et détournant ses ondes vers leur source, ou les ramenant vers la mer, en mille détours il égare sa route, et roule ses flots incertains. Ainsi Dédale confond tous les sentiers du Labyrinthe : à peine lui-même il peut en retrouver l'issue, tant sont merveilleux et son ouvrage et son art!

« Enfermé dans le Labyrinthe, le monstre, moitié homme et moitié taureau, s'était engraissé deux fois du sang athénien. Après neuf ans il tomba sous les coups du héros que le sort d'un troisième tribut condamnait à être dévoré. Thésée, à l'aide du fil d'Ariane, revient à la porte du Labyrinthe, qu'avant lui nul autre n'avait pu retrouver.....

« Cependant Dédale, que lasse un long exil, ne peut résister au désir si doux de revoir sa patrie; mais la mer qui l'emprisonne est un obstacle à ses désirs : « Si de la terre et de la mer Minos, dit-il, me ferme le passage, la route de l'air est libre, et c'est par là que j'irai. Que Minos étende son empire sur la terre et sur les

---

Manuce, Jean Douza, Louis Carrion et par le président de Brosses, qui en a rassemblé plus de sept cents. M. Charles du Rozoir a fait un choix judicieux de ces fragmens dans sa traduction de Salluste pour la *Bibliothèque latine-française*. Au mérite remarquable de cette nouvelle version, est joint celui des notes, qui annoncent dans le savant professeur un habile écrivain.

flots, le ciel du moins n'est pas sous ses lois. » Il dit, et, occupant sa pensée d'un art inconnu, il veut vaincre la nature par un prodige nouveau. Il prend des plumes qu'il assortit avec choix : il les dispose par degrés suivant leur longueur; il en forme des ailes. Telle jadis la flûte champêtre se forma, sous les doigts de Pan, en tubes inégaux. Avec le lin, Dédale attache les plumes du milieu; avec la cire, celles qui sont aux extrémités. Il leur donne une courbure légère : elles imitent ainsi les ailes de l'oiseau. Icare est auprès de lui : ignorant qu'il prépare son malheur, tantôt en folâtrant il court après le duvet qu'emporte le zéphir; tantôt il amollit la cire sous ses doigts; et, par ses jeux innocens, il retarde le travail merveilleux de son père. Dès qu'il est achevé, Dédale balance son corps sur ses ailes; il s'essaie, et s'élève suspendu dans les airs.

« En même temps, il enseigne à son fils cet art qu'il vient d'inventer. « Icare, dit-il, je t'exhorte à prendre le milieu des airs : si tu descends trop bas, la vapeur de l'onde appesantira tes ailes; si tu voles trop haut, le soleil fondra la cire qui les retient. Évite, dans ta course, les deux extrêmes : garde-toi de trop approcher de Bootès, et du char de l'Ourse, et de l'étoile d'Orion. Imite-moi, et suis la route que je vais parcourir. » Il lui donne encore d'autres conseils. Il attache à ses épaules les ailes qu'il a faites pour lui : et, dans ce moment, les joues du vieillard sont mouillées de larmes; il sent trembler ses mains paternelles; il embrasse son fils, hélas! pour la dernière fois : et bientôt, s'élevant dans les airs, inquiet et frémissant, il vole devant lui. Telle une tendre mère instruit l'oiseau novice encore, le fait sortir de son nid, essaie et dirige son premier essor. Dédale exhorte Icare à le suivre; il lui montre l'usage de son art périlleux; il agite ses ailes, et regarde les ailes de son fils.

« Le pêcheur qui surprend le poisson au fer de sa ligne tremblante, le berger appuyé sur sa houlette, et le laboureur sur sa charrue, voyant des hommes voler au dessus de leurs têtes, s'étonnent d'un tel prodige, et les prennent pour des dieux. Déjà ils avaient laissé à gauche Samos, consacré à Junon; derrière eux étaient Délos et Paros; ils se trouvaient à la droite de Lébynthe et de Calymne, en miel si fertile, lorsque le jeune Icare, devenu trop imprudent dans ce vol qui plaît à son audace, veut s'élever jusqu'aux cieux, abandonne son guide, et prend plus haut son essor. Les feux du soleil amollissent la cire de ses ailes : elle fond dans les airs ; il agite, mais en vain, ses bras qui, dépouillés du plumage propice, ne le soutiennent plus. Pâle et tremblant, il appelle son père, et tombe dans la mer, qui a conservé son nom.

« Cependant, son père infortuné, qui déjà n'était plus père, s'écriait : « Icare! où es-tu? Icare! dans quels lieux dois-je te chercher? » Il aperçoit le fatal plumage qui flotte sur les eaux. Alors il maudit un art trop funeste; il recueille le corps de son fils, il l'ensevelit sur le rivage, et le rivage retient aussi son nom. »

La mer, qui fut appelée Icarienne, était au nord de l'île de Crète, autour de Samos, d'Icarie, de Pathmos, etc.

Servius explique la fable de Dédale, en disant qu'il se sauva de Crète dans une barque garnie de voiles dont il fut l'inventeur; ceux qui le poursuivirent publièrent qu'il s'était enfui avec des ailes : *Illos qui insequebantur, reversos nuntiasse pennis illum evasisse.*

8. — Page 108. *Chalcidicaque levis tandem super adstitit arce.*

Variantes dans les anciens manuscrits : *Calcidia*, *Chalchidica*, etc.

9. — Page 110. *Remigium alarum.*

Cette heureuse métaphore, déjà employée dans le 1er livre (v. 300)

. . . . Volat ille per aera magnum
Remigio alarum,

se trouve dans Lucrèce, qui dit, en parlant des oiseaux volant sur les funestes eaux de l'Averne (l. VI, v. 743),

. . . . Cum advenere volantes,
Remigii oblitæ pennarum vela remittunt.

M. de Pongerville, à qui la littérature française doit deux brillantes versions, l'une en vers, l'autre en prose, du poëme *de Natura rerum*; et qui, le premier, a eu le difficile honneur de faire lire dans notre langue, avec attrait, un ouvrage célèbre, mais resté jusqu'à lui presqu'inconnu hors du cercle étroit des savans et des humanistes, a très-bien rendu ce passage : « Et maintenant interrogeons ces sombres lieux, ces lacs, ces Avernes, que la nature a doués d'une pernicieuse influence. Ce nom d'Averne leur est imposé par leur funeste effet sur les oiseaux. Quand les habitans de l'air sont portés sur ces lieux, il semblent oublier *la rame de leurs ailes, et replier leur voile emplumée* : sans force, le cou amolli et penché, ils tombent précipités sur la terre. »

Si Lucrèce et Virgile ont donné des *rames* aux oiseaux, Voltaire, par une heureuse imitation, a donné des *ailes* aux vaisseaux :

> Je montrai le premier aux peuples du Mexique
> L'appareil inouï pour ces mortels nouveaux
> De nos *châteaux ailés* qui volaient sur les eaux.
> (*Alzire*, acte II, scène I.)

10. — Page 110. *In foribus lethum Androgei.*

Androgée était fils de Minos II et de Pasiphaé : il avait remporté tous les prix à la fête des Panathénées. Égée, neuvième roi d'Athènes, le fit assassiner sur les confins de l'Attique. Les Athéniens, voulant sauver l'honneur de leur roi, publièrent qu'Androgée avait été tué par le taureau de Marathon. Apollodore et quelques historiens voulurent accréditer cette imposture; d'autres prétendirent que, jaloux de sa gloire, les athlètes Athéniens et Mégariens l'avaient fait périr : mais Diodore et Plutarque accusent Égée. Minos vengea la mort de son fils : il prit les villes d'Athènes et de Mégare, et leur imposa les conditions d'un vainqueur irrité. Les Athéniens devaient envoyer tous les ans, dans l'île de Crète, sept jeunes gens destinés à être dévorés par le Minotaure, ou, selon ceux qui ont voulu expliquer les fables antiques, à combattre contre Taurus, fameux athlète crétois, et qui était l'amant de Pasiphaé, femme de Minos.

11. — Page 110. *Cecropidæ jussi.*

Les Athéniens sont ici appelés *Cécropides*, du nom de Cécrops, qui conduisit dans l'Attique une colonie d'Égyptiens, et fonda les douze bourgades dont Thésée composa depuis la ville d'Athènes.

12. — Page 110. *Pasiphae, mixtumque genus.*

Variantes dans les manuscrits : *Pasiphæ, Pasiphe.*

Pasiphaé, fille du Soleil et de la nymphe Perséis, épousa Minos II, petit-fils du législateur de Crète, et dont la fable a fait un des juges des Enfers. Platon, Plutarque et Servius rapportent qu'elle aima un général crétois nommé Taurus; que Dédale favorisa cette intrigue; que de cet amour adultère naquirent deux jumeaux, dont l'un ressemblait à Minos, l'autre à Taurus; et que c'est là ce qui donna lieu à la fable du *Minotaure*, mot qui signifie *semi-Minos* et *semi-taureau*. Pasiphaé fut mère de six enfans : Deucalion, Glaucus, Androgée, Hécate, Ariane et Phèdre.

Voyez, sur toute cette fable de Dédale, du Labyrinthe, du Minotaure et de Pasiphaé, Ovide, *Métamorph.*, liv. VIII; Silius Italicus, liv. III; Catulle, *Épithal.*; Apollodore, liv. III; Hycin, *fab.* 40; Diodore de Sicile, l. IV, etc.

13. — Page 110. *Magnum reginæ sed enim miseratus amorem.*

Les Latins donnaient le nom de *regina*, reine, aux princesses nées d'un sang royal. Ariane, fille de Minos, roi de Crète, aima Thésée, fils d'Égée, roi d'Athènes, lorsqu'il vint combattre et tuer le Minotaure au fond du Labyrinthe. Ce fut à l'aide d'un fil donné par Ariane, d'après le conseil de Dédale, que le héros put sortir des inextricables détours où il était engagé. Il s'enfuit avec sa libératrice; mais, trop peu reconnaissant, il l'abandonna sur les rochers de Naxos, en lui laissant une couronne dont les poètes ont fait une constellation, placée entre Hercule et Bootès. Homère parle d'Ariane dans le XIe livre de l'*Iliade*; on célébrait annuellement, dans l'île de Naxos, des fêtes appelées *Arianées*.

14. — Page 110. *Cæca regens filo vestigia.*

Catulle avait dit dans son poëme de Thétis et Pélée :

Errabunda regens tenui vestigia filo.

Et Racine a fait dire à Phèdre (act. II, sc. 5),

Pour en développer l'embarras incertain,
Ma sœur du fil fatal eût armé votre main.

15. — Page 110. *Bis patriæ cecidere manus.*

Vers qui peint en disant que l'artiste n'a pu peindre. Delille voit, dans la construction même des vers, et dans le jeu étudié des sons, un tableau touchant de la douleur de Dédale : « les vers, dit-il, se soulèvent et retombent avec la main paternelle... Ils font sentir tour à-tour l'effort et l'affaissement de la douleur. » Il y a un peu d'exagération dans cet enthousiasme.

16. — Page 110. *Deiphobe Glauci ; fatur quæ talia regi.*

Le dernier hémistiche manque tout entier dans plusieurs anciens manuscrits. Le jésuite La Cerda fait ici une remarque singulière : peut-être, dit-il, quelque critique, blessé par le mot *regi*, aura enlevé cet hémistiche.

17. — Page 110. *Non hoc ista sibi tempus spectacula poscit.*

Cette apostrophe de la Sibylle a quelque chose de rude et de sauvage. Ce ton semble convenir à sa vie, dont plusieurs siècles composent le cours, à ses fonctions de Pythonnisse, à la solitude où elle vit dans les forêts sombres, dans l'âpre réduit d'une grotte escarpée. Elle ignore encore le nom et la gloire du prince troyen ; mais lorsqu'inspirée par le dieu qui va bientôt l'agiter, elle aura connu le héros et les hautes destinées qui lui sont promises par les oracles, ses paroles seront moins brusques et plus polies.

18. — Page 110. *Nunc grege de intacto septem mactare juvencos.*

Les victimes immolées aux autels des dieux ne devaient point avoir été employées au service des hommes : c'est ce que le poète exprime par ces mots : *grege de intacto*.

19. — Page 110. .... *Ostia centum ;*
Unde ruunt totidem voces, responsa Sibyllæ.

« C'était la même voix, la voix de la Sibylle, qui, sortant par toutes ces ouvertures artistement ménagées, semblait se multiplier. » (DESFONTAINES.)

20. — Page 112. .... *Deus, ecce, deus. Cui talia fanti*
Ante fores, subito non vultus, non color unus.

Le poète Rousseau a heureusement imité, dans son ode au comte du Luc, cette énergique peinture des fureurs de la Sibylle :

Ou tel que d'Apollon le ministre terrible,
Impatient du dieu dont le souffle invincible
    Agite tous ses sens;
Le regard furieux, la tête échevelée,
Du temple fait mugir la demeure ébranlée
    Par ses cris impuissans.

Tel, aux premiers accès d'une sainte manie,
Mon esprit alarmé redoute du génie
    L'assaut victorieux;
Il s'étonne, il combat l'ardeur qui le possède,
Et voudrait secouer du démon qui l'obsède
    Le joug impérieux.

Mais sitôt que, cédant à la fureur divine,
Il reconnaît enfin du dieu qui le domine
    Les souveraines lois;
Alors, tout pénétré de sa vertu suprême,
Ce n'est plus un mortel, c'est Apollon lui-même
    Qui parle par ma voix.

La Harpe, dans son *Cours de littérature*, n'hésite point à placer cette ode du lyrique français au dessus de toutes les autres : on y trouve le *mens divinior* et l'*os magna sonaturum*, qui seuls, selon le lyrique romain, annoncent le poète. Rousseau s'est vivement appliqué l'allégorie de la Sibylle luttant contre le dieu qui l'obsède :

    Bacchatur vates, magnum si pectore possit
    Excussisse deum.   (v. 78.)

En admirant, dans Virgile, cette description des fureurs de la Sibylle, un critique moderne, dit Delille, trouve supérieure encore celle de l'esprit prophétique de Joad. On sent, pour ainsi dire, l'effort et le trouble du mensonge dans les mouvemens désordonnés qui transportent la prêtresse d'Apollon; mais l'enthousiasme du prophète a quelque chose de naturel et de tranquille comme la vérité. Il se livre sans résistance à l'esprit divin qui le domine, et ses paroles ont l'autorité du dieu dont il explique les oracles :

    C'est lui-même, il m'échauffe, il parle, mes yeux s'ouvrent,
    Et les siècles obscurs devant moi se découvrent.
             (*Athalie*, act. III, sc. 8.)

21. — Page 112. *Nec mortale sonans.*

Les poètes donnent aux divinités un son de voix qui n'a rien de mortel. C'est ainsi que, dans le ve livre (v. 649), le son de voix de la fausse Béroé, *vocis sonus*, sert à faire reconnaître la céleste messagère de Junon. Les dieux, dans leur démarche, avaient aussi quelque chose de divin. La vieille nourrice des enfans de Priam, Pyrgo, ne peut reconnaître une mortelle, en voyant marcher la fausse Béroé. « Remarquez, dit-elle, son visage, le son de sa voix et la manière dont elle forme ses pas, » *gressus eunti.* C'est ainsi que, dans le premier livre (v. 405), Vénus est reconnue par Énée au moment où elle le quitte et s'éloigne : *et vera incessu patuit dea.*

22. — Page 112. *Tros, ait, Ænea? cessas?*

Ce ton brusque de la Sibylle a quelque chose d'offensant. Elle lutte encore contre le dieu qui la presse, et ne voit dans le fils d'une déesse qu'un simple Troyen qui, banni de sa patrie, erre sur les mers.

23. — Page 112. *Phœbe, graves Trojæ semper miserate labores.*

Apollon ne s'était pas rangé parmi les ennemis de Troie : il protégeait cette ville. Il envoya, comme secours, dans le camp des Grecs, la peste, qui amena entre le roi des rois et l'invincible Achille une division plus fatale que la peste elle-même. Ce fut Apollon qui sauva Énée, déjà blessé, des mains de Diomède. Ce fut encore lui qui dirigea contre Achille la flèche de Pâris caché derrière la statue du dieu dans le temple de Thymbrée, où il était adoré, lorsque le meurtrier d'Hector allait épouser Polixène.

24. — Page 112. *Dardana qui Paridis direxti tela manusque.*

Direxti, par syncope, pour *direxisti.*
Homère n'avait point voulu détruire l'intérêt qui s'attache à son héros, par la supposition qu'il était invulnérable. Cette fable est postérieure à l'*Iliade*. Appellera-t-on vertu la valeur d'un guerrier qui, dans les combats, ne court aucun danger, et qui frappe et tue sans pouvoir lui-même être atteint!

25. — Page 112. *Tot maria intravi, duce te.*

Le navigation d'Énée embrasse la plus grande partie de la Méditerranée. Sorti du port d'Antandre, au pied du mont Ida, il s'arrête successivement dans la Thrace, à Délos, en Crète, dans les îles Strophades, à Actium; il côtoie l'Épire jusqu'à Buthrote, traverse l'entrée du golfe Adriatique, et parcourt les mers qui baignent la Sicile. Il part de l'extrémité occidentale de cette île; la tempête le jette sur les côtes d'Afrique; il revient en Sicile, et enfin, après plus de sept ans de courses errantes sur les mers, il aborde en Italie.

Et tandem Euboicis Cumarum allabitur oris.

26. — Page 112. *Vos quoque pergameæ jam fas est parcere genti,*
Dique deæque omnes, quibus obstitit Ilium et ingens
Gloria Dardaniæ.

Ces dieux ennemis de Troie étaient Junon, Neptune, Minerve, Hébé, Vulcain, etc.

27. — Page 112. . . . . *Non indebita posco*
Regna meis fatis.

Les oracles qui ont promis l'Italie à Énée, l'autorisent à dire à la Sibylle qu'il demande l'empire qui lui est dû, *non indebita regna.*

28. — Page 112. *Errantesque deos, agitataque numina Trojæ.*

Énée avait emporté, dans son exil, les Pénates de Troie : ils étaient comme inséparables de sa famille et de sa nation.

29. — Page 112. *Tum Phœbo et Triviæ solido de marmore templum*
Instituam, festosque dies de nomine Phœbi.

Allusion au temple d'Apollon élevé par Auguste sur le mont Palatin, après la bataille d'Actium, qui lui donna l'empire du monde, et aux jeux Apollinaires, qui, depuis la première guerre punique, et d'après les livres Sibyllins, toujours consultés dans les grandes calamités, étaient célébrés à Rome avec beaucoup de pompe, sous la direction du premier préteur, *prætor urbanus.* En faisant remonter à l'époque de la guerre de Troie, ces livres obscurs et sacrés où Rome croyait renfermés les secrets de ses destinées, le poète caressait l'orgueil d'un peuple qui se disait roi, et qui avait un maître.

30. — Page 114. *Te quoque magna manent regnis penetralia nostris.*
Hic ego namque tuas sortes, arcanaque fata
Dicta meæ genti, ponam, lectosque sacrabo,
Alma, viros.

Cependant aucun temple particulier ne fut dédié, dans Rome, à la Sibylle.

Selon Servius, le mot Sibylle vient de deux mots grecs qui signifient *voix de dieu*. Les anciens auteurs s'accordent sur l'existence, mais non sur le nombre des Sibylles. Platon semble n'en admettre qu'une, lorsqu'après avoir parlé de la Pythie et de la prêtresse de Dodone, il dit qu'il ne parlera point de la Sibylle. Martianus Capella, poète latin qui vivait dans le cinquième siècle de l'ère vulgaire, admet deux Sibylles, l'*Érythréenne* et la *Phrygienne*. Pline et Solin en comptent trois, l'*Érythréenne*, la *Samienne* et la *Cuméenne*. Ausone dit qu'il y a trois Gorgones, trois Harpies, trois Furies et trois Sibylles :

Et tres fatidicæ nomen commune Sibyllæ.

Élien en admet quatre : l'*Érythréenne*, la *Samienne*, la *Sardienne*, l'*Égyptienne*. Pausanias en reconnaît également quatre. Enfin, Varron, dont le sentiment est le plus suivi*, en compte dix, et les nomme avec les auteurs qui en ont parlé avant lui : « la première, dit-il, était de Perse, ainsi que Nicanor, l'historien d'Alexandre-le-Grand, nous l'apprend : *primam fuisse de Persis*. La seconde était Libyenne ou de Libye, *Libycam* ou *Libyssam* : Euripide en parle dans le prologue de sa tragédie intitulée *Lamia*. Chrysippe, dans son *Traité de la divination*, fait mention de la troisième, connue sous le nom de Delphienne, *Delphicam*. La quatrième est la Cuméenne, ou celle de Cumes en Italie, *Cumæam in Italia* : Névius en parle dans son livre de la guerre Punique, et Pison dans ses *Annales*. L'*Érythréenne* est la cinquième, *quintam Erythream*; Apollodore dit qu'elle était de son pays : c'est celle-ci

---

* Lactance regarde Varron comme le premier des savans de l'antiquité : *Quo nemo doctior, ne apud Græcos quidem, nedum apud Latinos* (*De falsa Religione*, l. 1, c. 6.)

qui prédit aux Grecs, partant pour Troie, qu'ils détruiraient cette ville, et qu'un jour Homère débiterait bien des fables à ce sujet. La sixième était de Samos, *Samiam;* et son histoire, selon Ératosthène, se trouvait dans les anciennes annales des Samiens. La septième était de Cumes, ville d'Éolide, *Cumanam :* on la nomme *Amalthée;* d'autres l'appellent *Démophile* ou *Hérophile.* Ce fut celle-là qui apporta un recueil de vers en neuf livres à Tarquin l'Ancien, et qui offrit de le lui céder pour trois cents pièces d'or. La huitième était l'Hellespontine, *Hellesponticam,* née au bourg de Marpesse, près de la ville de Gergythos, dans la Troade; Héraclide de Pont prétend qu'elle vivait du temps de Solon et de Cyrus. La neuvième, née dans la Phrygie, *Phrygiam,* faisait son séjour à Ancyre. La dixième, nommée Albunée, était de Tivoli, *Tiburtem;* les habitans des bords du fleuve *Anienus* l'honoraient comme une déesse : sa statue, qui fut trouvée dans un gouffre, la représentait avec un livre à la main. »

« On voyait, dit Pausanias, au dessus du portique du temple de Delphes, une roche sur laquelle la sibylle Hérophile avait coutume de s'asseoir pour rendre ses oracles. » Le même historien cite une autre sibylle du même nom, mais beaucoup plus ancienne, qu'il croit avoir été la première femme qui ait eu le don de prophétie, et qu'il dit avoir été nommée Sibylle par les Africains. Les Grecs la faisaient naître de Jupiter et de Lamia, fille de Neptune. Les habitans de Délos lui attribuaient les hymnes qu'ils chantaient en l'honneur d'Apollon. Cette sibylle se prétend, dans ses vers, tantôt sœur, tantôt fille d'Apollon ; et ailleurs, fille d'une nymphe de l'Ida et d'un père mortel : « Les habitans d'Alexandrie, ajoute Pausanias, disent qu'Hérophile était sacristine du temple d'Apollon Smynthéen, et qu'elle expliqua le songe d'Hécube comme l'évènement a prouvé qu'il devait s'entendre. » Après avoir longtemps vécu à Samos, elle vint à Claros, puis à Délos, de là à Delphes, et elle finit ses jours dans la Troade. C'est là que, du temps de Pausanias, qui vivait sous les Antonins, on voyait encore son tombeau dans le bois sacré d'Apollon Smynthéen, avec une épitaphe en vers élégiaques, gravée sur une colonne, et dont voici le sens : « Je suis cette fameuse Sibylle qu'Apollon voulut avoir pour interprète de ses oracles; autrefois vierge éloquente, maintenant muette sous ce marbre, et condamnée à un silence éternel. Cependant, par la faveur du dieu, toute morte que je suis, je jouis encore de la douce société de Mercure et des Nymphes mes compagnes. » En effet, on voyait près du tombeau de la Sibylle un Mercure de forme quadrangulaire, et des statues de Nymphes près d'une source d'eau tombant dans un bassin.

Selon Pausanias, Hyperochus comptait une sibylle de Cumes, ville d'Opique, contrée dont l'existence est inconnue, et il la nommait *Demo*; mais on ne connaissait à Cumes aucun de ses oracles : on montrait seulement, dans le temple d'Apollon Delphien, une petite urne de marbre que l'on disait contenir les cendres de cette sibylle.

« Après *Demo*, continue Pausanias, les Hébreux qui habitent au dessus de la Palestine ont mis au nombre des prophétesses une certaine *Sabba*, qu'ils font fille de Bérose et d'Érymanthe. C'est elle-même que les uns appellent la Sibylle de Babylone, et les autres la Sibylle d'Égypte. »

Solin et Suidas donnent le nom d'Hérophile à la Sibylle d'Érythrée ; Eusèbe le donne à celle de Samos, et la fait vivre du temps de Numa Pompilius. Diodore de Sicile désigne, sous le nom de *Daphné*, et Tibulle sous le nom d'*Hériphile*, la Sibylle de Delphes, que Pausanias nomme *Hérophile*. Cœlius Rhodiginus dit que la Sibylle de Phrygie était née de Dardanus et de Néso, fille de Teucer ; qu'on l'honorait particulièrement dans l'Asie Mineure, et qu'elle prophétisait dans la ville d'Ancyre, entre la Galatie et la Paphlagonie.

La plus célèbre de toutes les sibylles était celle de Cumes, qui servit de guide à Énée dans sa descente aux enfers. Les uns la nomment *Daphné*; les autres, *Manto*; plusieurs, *Amalthée*; quelques-uns, *Phémonoé*; et Virgile, *Déiphobe*. Ovide la dit fille de Glaucus ; Servius, d'Hercule ; mais la plupart des anciens lui donnent pour père Tirésias. Elle écrivait ses oracles en vers sur des feuilles sèches de palmier, qu'elle arrangeait à l'entrée de sa caverne. Il fallait être assez adroit pour prendre ces feuilles dans le même ordre qu'elle les avait présentées : car si le vent venait à les déranger, elle dédaignait de les rétablir dans leur ordre primitif ; de sorte que ceux qui allaient pour la consulter s'en retournaient assez souvent sans réponse.

Selon quelques auteurs, après avoir rendu des oracles dans le temple de Delphes, cette Sibylle appelée Daphné, Déiphobe et Manto, se retira dans l'Ionie, où elle établit l'oracle de Claros. C'est là que, fondant en larmes, en déplorant les maux de sa patrie, ses pleurs formèrent une fontaine et un lac dont les eaux inspiraient la vertu prophétique à ceux qui en buvaient; mais en même temps elles abrégeaient leur vie. La Sibylle épousa le roi de ce pays, nommé Rhadius ou Rhacius, et en eut Mopsus; elle passa en Italie, épousa le Tibre, ou plutôt Tiberinus, roi d'Albe, qui la rendit mère d'Ocnus : « C'est, dit Virgile, cet Ocnus, fils du fleuve toscan (le Tibre), qui a bâti tes murs, célèbre Mantoue, et qui t'a donné le nom de sa mère. » (*Énéide*, l. x, v. 198.)

On voyait à Thèbes, du temps de Pausanias, devant le vestibule d'un temple, la *chaire de Manto* : c'était une pierre sur laquelle la Sibylle s'asseyait pour rendre ses oracles. On dit qu'elle avait laissé plusieurs livres dont Homère a fait usage dans ses poëmes.

Les livres Sibyllins, nom donné au recueil des vers attribués aux sibylles, sont célèbres dans l'histoire romaine. Denys d'Halicarnasse, Pline, Aulu-Gelle, Lactance, Solin et Servius racontent qu'une femme inconnue (quelques auteurs veulent que ce soit la Sibylle de Cumes) se présenta un jour soit à Tarquin l'Ancien, soit à Tarquin le Superbe, et qu'elle lui offrit neuf volumes de vers, pour lesquels elle demanda trois cents pièces d'or. Le roi ayant rejeté son offre avec mépris, cette femme jeta dans les flammes trois de ces livres, et demanda, sans s'émouvoir, le même prix pour les six autres. Un second refus lui fit brûler tranquillement trois autres livres, et elle demanda la même somme pour ceux qui restaient encore, en menaçant de les détruire par le feu. Tarquin, trouvant alors un air d'inspiration à cette femme, ordonna qu'on lui payât les trois cents pièces d'or. Dès que la Sibylle eut reçu cette somme, elle recommanda au prince de garder soigneusement ces trois livres, et elle disparut pour toujours. Si cette histoire a tout l'air d'une fable, il est du moins certain qu'on conservait à Rome un recueil de vers sibyllins, et qu'on croyait ces vers dépositaires des destins de la ville éternelle. Il y avait un collège de prêtres appelés d'abord Duumvirs, puis Décemvirs, et ensuite Quindécemvirs, parce qu'ils furent successivement au nombre de deux, de dix et de quinze, pour veiller à la conservation des livres Sibyllins, et pour les consulter dans les calamités publiques. Les ambitieux employèrent souvent ces prétendus oracles; P. Lentulus Sura, un des chefs de la conjuration de Catilina, Pompée et Jules César, les firent servir de voie à leurs desseins, et les augures surent tirer parti de leur obscurité mystérieuse.

Ces livres étaient conservés dans le temple de Jupiter Capitolin, où ils furent consumés par un incendie, du temps de Sylla. Les Romains s'empressèrent d'envoyer des députés en différentes contrées de l'Asie et de l'Afrique, pour se procurer de nouveaux livres Sibyllins. P. Gabinus, M. Octavius et L. Valerius en rapportèrent un grand nombre; le sénat et le collège sacerdotal en choisirent plusieurs. Dans la suite, Auguste les fit renfermer dans deux cassettes que l'on déposa sous une statue d'Apollon : on en retira quelques-uns sous Tibère, et l'an de J.-C. 399 l'empereur Honorius les fit brûler. Il paraît que le reste de cette seconde collection est perdu : car les huit livres de vers sibyllins qui sont venus jusqu'à nous sont évidemment apocryphes, quoiqu'ils contiennent quelques-unes des anciennes prédictions, et quoique plusieurs Pères de l'Église les aient cités en témoignage contre les païens. Les prophéties qu'on y trouve sur les mystères du christianisme sont beaucoup plus claires que celles d'Isaïe et des autres prophètes. Il y est parlé du Paradis terrestre, de l'Arche de Noé et de la longue vie des Patriarches. On est étonné d'y voir annoncés les miracles de Jésus-Christ, sa passion, sa mort et sa résurrection, comme si Dieu s'était révélé d'une manière plus sensible et plus détaillée aux prêtresses des païens qu'aux prophètes de son peuple. D'ailleurs ces livres ne portent aucun caractère de la Grèce antique. Il est aisé de reconnaître, en les lisant, ou qu'ils ont été fabriqués dans le second siècle de l'Église, ou que, s'ils sont plus anciens, ils ont été altérés par de pieuses fraudes en faveur du christianisme, comme ils l'avaient été en faveur du paganisme, sous le règne d'Auguste, et, selon Tacite (*Annal.*, liv. VI, ch. 12), dès le temps même de Sylla. Quoi qu'il en soit, Justin, Lactance, saint Clément d'Alexandrie, saint Augustin, saint Jérôme, saint Ambroise et plusieurs autres Pères de l'Église ont été dupes de cette supercherie. Dans la prose des morts, on invoque aujourd'hui, aux funérailles des chrétiens, le témoignage de la Sibylle conjointement avec celui du prophète David: *Teste David cum Sibylla.*

Les huit livres des vers sibyllins ont été imprimés sous le titre de *Sibyllina oracula*, avec la version latine de Sébastien Castalion, dans le dernier volume de la *Magna Bibliotheca veterum Patrum* (Paris, 1654, 14 vol. in-fol.). Jean Opsopéus avait publié les mêmes livres Sibyllins avec des notes, et le traité d'Onuphrio Panvini, *de Sibyllis et carminibus sibyllinis* (Paris, 1599, quatre parties en un vol. in-8°). Il y a une autre édition de Paris, également bonne, donnée en 1607. Servais Galle fit imprimer les mêmes oracles Sibyllins à Amsterdam, en 1689, in-4°, *cum notis variorum*; et l'année précédente il avait publié dans la même ville deux vol. in-4°, intitulés : *Dissertationes de Sibyllis earumque oraculis*. Galle combat Socin, qui niait l'existence des sibylles; mais il prétend qu'elles étaient inspirées par le démon, et il ne croit pas à leur virginité. Saint Jérôme y croit, mais il ne fait pas attention à ce que dit l'une de ces prophétesses :

Mille mihi lecti, connubia nulla fuerunt.

Parmi les auteurs qui ont parlé des sibylles, on peut citer Platon, dans le *Phédon*; Aristote, Denys d'Halicarnasse, Plutarque, Pausanias, Strabon, Suidas, Diodore de Sicile, Ovide, Virgile, Properce, Tibulle, Lucain, Juvénal, Servius, Ausone, Élien, Pline, Solin, Varron, Cicéron, Tite-Live, Tacite, Florus, Suétone, Valère-Maxime, Ammien-Marcellin, Macrobe, Aulu-Gelle, Justin, saint Clément d'Alexandrie, saint Jérôme, saint Augustin, saint Ambroise, Lactance, Eusèbe, Nicétas, Zonare, etc.

Les jésuites Possevin et Crasset[1] ont défendu l'authenticité des huit livres Sibyllins; elle a été attaquée par Galle, par Blondel[2], et par plusieurs autres écrivains protestans. Pierre Petit, dans un savant ouvrage[3], a voulu prouver, contre le sentiment de Varron, qu'il n'y avait eu qu'une Sibylle.

31. — Page 114. *Ne turbata volent rapidis ludibria ventis.*

Tout, dans cette fable de la Sibylle, se rapporte aux anciens

---

[1] *Dissertation sur les Sibylles.* Paris, 1678.
[2] *Discours sur les Sibylles.* Charenton, 1649, in-4°.
[3] Imprimé à Leipzig, 1686, in-8°.

temps du monde, où l'on traçait des caractères sur des feuilles d'arbre, parce qu'on n'avait encore inventé ni les tablettes de cire et de plomb, ni le parchemin, ni le papier.

M. le marquis de Fortia, à qui les sciences et les lettres doivent tant de savantes investigations, dit dans son *Essai sur l'origine de l'écriture, sur son introduction dans la Grèce et son usage jusqu'au temps d'Homère* (Paris, 1832, in-8°, p. 96) : « Au moyen des bois, des pierres, des marbres et des métaux, les hommes tracèrent quelques signes de convention qui représentaient les objets ou qui en étaient l'emblème. C'est ce que nous appelons l'*écriture des pensées*, bien différente de l'*écriture des sons*, puisque celle-ci se prononce et que l'autre ne peut pas s'articuler..... C'est vraisemblablement à la nécessité de tracer ainsi nos pensées (en dessinant les images des choses), que la peinture dut son origine. »

Ne pouvant suivre l'auteur dans ses ingénieux développemens sur l'écriture hiéroglyphique, que M. Champollion fait remonter, par des monumens qui existent encore, à dix-neuf siècles avant l'ère vulgaire, je me bornerai à citer quelques passages sur l'*écriture des sons* : « La difficulté d'exprimer une infinité de pensées intellectuelles et métaphysiques a fait inventer l'*écriture des sons*. »

Il y a dans l'écriture chinoise deux cent quatorze clefs, dont on trouve le tableau dans la grammaire chinoise de M. Abel Rémusat. « L'agglomération de deux, trois et même six ou huit signes, modifiée par des traits, compose jusqu'à quatre-vingt mille caractères, et représente conséquemment quatre-vingt mille idées.

« L'écriture phonétique régulière, comme dans la langue allemande et dans la langue grecque, se forme par environ deux cents monosyllabes, dont l'agglomération compose de huit à dix mille mots.

« L'écriture des sons ou des mots est ainsi le signe auditif de l'écriture des pensées.....

« Il n'est pas facile de connaître à qui l'invention de l'écriture appartient primitivement. Cependant on peut dire que, de toutes les écritures *alphabétiques*, l'éthiopienne, la chaldaïque, l'égyptienne et la samaritaine ou phénicienne sont les seules qui puissent entrer en lice pour disputer l'antiquité. »

Après avoir établi que l'alphabet arabe actuel n'est autre chose dans son origine que l'alphabet *syriaque*; que celui-ci n'était qu'une altération ou une variété du *babylonien* ou *chaldéen* qui est notre hébreu actuel; que, plus anciennement, les uns et les autres ne furent que l'altération du *phénicien* représenté par le caractère dit *samaritain*, lequel a été l'hébreu primitif, dont s'est servi Moïse, et dont l'usage a subsisté jusqu'à la captivité des Juifs à Babylone, M. de Fortia traite avec une érudition bien rare dans notre siècle, de hautes questions controversées dans des systèmes divers, parce qu'elles sont comme cachées dans la nuit des vieux âges, et qu'elles se rattachent à l'histoire d'un temps qui n'avait pas encore d'histoire. M. de Fortia pense que la langue hébraïque est celle que l'on parlait au delà ou sur la rive droite de l'Euphrate.

Saint Cyrille d'Alexandrie, Eusèbe et Isidore de Séville attribuent l'invention de l'écriture à Moïse; Philon en fait honneur à Abraham; Flavius Joseph, à Seth, fils de Noé; saint Augustin, Suidas et d'autres en font remonter l'origine jusqu'à Adam. Il s'est trouvé, même dans le dernier siècle, des savans qui ont prétendu qu'un livre composé par Adam subsiste encore aujourd'hui (*Voyez* D. CALMET, Jean-Albert FABRICIUS, etc.). M. Silvestre de Sacy a cru devoir prouver, dans le *Journal des Savans* de 1819, que ce livre, imprimé par Mathias Norberg, en 1815 et 1816, ne peut avoir été écrit par le premier homme. Mais d'autres savans admettent l'opinion de saint Augustin, qu'Héber, dont les Hébreux tirent leur nom, n'a fait que conserver l'écriture, dont l'origine, antérieure à la loi de Moïse, remonterait aux plus anciens patriarches, et pourrait même être attribuée au premier homme [1]. Ceux qui adoptent ce sentiment l'appuient sur cet argument conforme au système de la foi des chrétiens : « Dieu apprit à Adam la langue dans laquelle il imposa des noms à tous les animaux (*Genèse*, II, 19). Il est donc naturel qu'en lui enseignant cette langue, il lui ait enseigné en même temps l'art d'écrire. »

[1] Non est credendum quod nonnulli arbitrantur, hebræam tantum linguam, per illum qui vocatur Heber, unde Hebræorum vocabulum est, fuisse servatam, atque inde pervenisse ad Abrahamum; hebræas autem litteras a lege cœpisse, quæ data est per Mosem; sed potius per illam successionem Patrum memoratam linguam cum suis litteris custodisse. (*De Civitate Dei*, lib. XVIII, cap. 39.)

Sans adopter cette opinion, et sans croire aux livres qui auraient été écrits par Adam, Seth, Énoch, Abraham et Jacob, on peut admettre que l'écriture est plus ancienne que Moïse. Cneus Gellius, cité par Pline (l. vii, c. 56), Platon, dans son dialogue intitulé *Phèdre*, et Diodore de Sicile (l. i, c. 16), attribuent l'invention des lettres à Thot, appelé Hermès par les Grecs, et Mercure par les Latins : ainsi l'alphabet hébreu dériverait de l'alphabet égyptien. Selon Tacite (*Annales*, xi, 14), Cécrops avait porté l'écriture en Grèce, avant Cadmus. Lucain (l. iv) fait honneur de l'invention des lettres aux Phéniciens; et, suivant l'opinion la plus générale, c'est des Phéniciens que les Hébreux et les Égyptiens ont reçu les lettres.

On lit, avec intérêt, les chapitres où M. de Fortia traite de l'introduction de l'écriture dans la Grèce, ou par un certain Menos, qui peut-être perfectionna l'écriture de Thot, en la simplifiant, et qui vivait, suivant Eusèbe, l'an 1820 avant notre ère; ou par Prométhée qui, d'après le témoignage d'Eschyle, dans sa tragédie de *Prométhée enchaîné* (act. iii, sc. 1), se vantait, en Arcadie, d'avoir enseigné à ses concitoyens l'art de tracer des caractères (vers l'an 1606 avant notre ère); ou par Cécrops, qui vint d'Égypte vers l'an 1581. Or, Eusèbe ne fait arriver le Phénicien Cadmus à Thèbes que l'an 1428, et la Chronique des marbres de Paros le fait naître l'an 1540. Il est donc vraisemblable que Cadmus n'apporta dans la Grèce qu'un perfectionnement dans l'art d'écrire.

Le savant académicien donne des détails curieux sur le *biblos* dont parle Hérodote (l. v, 58), extrait d'une plante ou d'un jonc plus connu sous le nom de papyrus. Théophraste, en décrivant cette plante (l. iv, c. 9), dit : « Le papyrus sert lui-même à beaucoup de choses; on en construit en effet des barques, et avec la tranche qui en est extraite (βύβλος) on fait des voiles, des nattes, de certains vêtemens, des couvertures de lit, des cordages, et plusieurs autres choses; le plus remarquable de ses usages est la fabrication des livres. » Théophraste distingue le *biblos* du *papyros*. Le *papyros* est la plante, et le *biblos* est la pellicule ou tranche de la moelle de cette plante avec laquelle on fait du papier.

Dans le temps où le *biblos* était rare, on écrivait, dit Hérodote, sur les diphthères ou les peaux de chèvre et de mouton. Selon

Marcus Varron, dit Pline (l. XIII, c. 11 ou 21, selon les éditions), l'usage du papyrus commença lors des conquêtes d'Alexandre-le-Grand et de la fondation d'Alexandrie en Égypte. Auparavant on ne connaissait pas le papyrus : on écrivit d'abord sur des feuilles de palmier, ensuite sur l'écorce de certains arbres. Plus tard des feuilles de plomb reçurent les actes publics; la toile et la cire furent ensuite consacrées aux affaires particulières. L'usage des tablettes était connu avant la guerre de Troie, si l'on s'en rapporte à Homère (*Iliade*, l. VI, v. 168 et 169).

Varron ajoute que, les rois Ptolémée et Eumène rivalisant l'un avec l'autre au sujet de leurs bibliothèques, le premier prohiba la sortie du papyrus, et qu'on inventa alors à Pergame le parchemin. Dans la suite, cette dernière espèce de papier, qui donna l'immortalité aux hommes, devint d'un usage très-commun. Ainsi, suivant l'*Art de vérifier les dates*, Varron placerait l'invention du parchemin de l'an 180 à l'an 157 avant l'ère vulgaire, époque approximative de l'établissement de la bibliothèque de Pergame, qu'on place sous l'an 170. Mais M. de Fortia prouve, contre Varron, que, bien long-temps avant Alexandre, les Égyptiens faisaient usage du papyrus[1]; et le témoignage d'Hérodote, qui vivait plus de deux siècles avant Alexandre, lui sert aussi à établir que l'usage pour l'écriture des peaux de diphthères qui étaient entières, et non amincies et taillées en feuilles, est antérieur de plusieurs siècles à l'invention du parchemin.

Dans son chapitre des *diverses natures du papier*, M. de Fortia passe en revue les différens végétaux qui ont été employés pour l'écriture. L'usage des feuilles de plusieurs espèces de palmier remonte à des temps que leur antiquité empêche de connaître. « On se sert encore dans l'Inde des feuilles de diverses espèces de monocotylédones peu connues. Les manuscrits sanscrits et tamouls sont écrits sur de pareil papier. Les écorces de frêne, de tilleul, de hêtre, ont autrefois servi à retracer l'écriture. » Isidore de Séville dit, dans ses *Origines* (l. VI, 13), qu'avant l'usage du papier les livres se composaient des pellicules des arbres,

---

[1] On cultive aujourd'hui le papyrus au Jardin-des-Plantes. M. de Fortia en a un dans son cabinet, et la lithographie coloriée qu'il en donne est composée d'après nature.

après qu'elles avaient été préparées : *Ante usum chartæ, de libris arborum volumina fiebant.* On employait aussi l'épiderme qui s'enlève par plaques de l'écorce du bouleau. L'écorce intérieure du mûrier de la Chine sert encore à fabriquer un papier dont l'usage est très-répandu dans l'Inde.

Tite-Live parle de certains livres de toile (*lintei libri*) sur lesquels on écrivait, dans les premiers temps de Rome, les noms des magistrats et l'histoire de la république. (*Encycl. mod.*, t. XVII.)

Pline cite, pour prouver la haute antiquité des manuscrits, une lettre écrite par Sarpédon, en date de Troie. Mucien, trois fois consul, rapportait l'avoir lue étant préfet de Lycie, et M. de Fortia croit que le témoignage de ce consul, contemporain du célèbre naturaliste, *pourrait difficilement être récusé.*

On a trouvé sous les enveloppes générales qui recouvrent les momies, ordinairement entre les deux cuisses, et quelquefois entre les bras et le corps, des volumes ou rouleaux de papyrus, dont le plus grand et le plus précieux a neuf mètres vingt centimètres de long (environ vingt-huit pieds quatre pouces.) Ces volumes sont bien plus anciens que la lettre de Sarpédon : « N'oublions pas que nous avons des monumens qui remontent au dix-neuvième siècle avant notre ère, c'est-à-dire plus de neuf siècles avant qu'Homère eût composé ses poëmes. »

Pline rapporte les divers procédés employés pour faire disparaître les aspérités et l'humidité du papyrus, et pour le coller. « C'est sur ce papier, ajoute-t-il, que depuis si long-temps Tiberius et Caïus Gracchus (morts l'un l'an 133, et l'autre l'an 122 avant notre ère) ont écrit de leurs propres mains leurs mémoires, dont j'ai vu, environ deux siècles après, l'autographe chez Pomponius Secundus, citoyen et poète illustre. Cicéron, Auguste et Virgile s'en servaient aussi, et nous avons vu nombre de fois leurs manuscrits [1]. »

Cet extrait doit suffire pour inspirer le désir de connaître le

[1] On trouve, dans la nouvelle et savante traduction de l'*Histoire naturelle de Pline*, par M. Ajasson de Grandsagne, et qui fait partie de la *Bibliothèque latine-francaise*, des notes curieuses sur ce que le vieux naturaliste dit de l'ancienneté de l'écriture, des feuilles de palmier, du papyrus et du biblos, des diphthères, des tablettes, des procédés employés dans la préparation de tout ce qui servait pour les manuscrits, etc., etc.

savant ouvrage de M. de Fortia. On peut combattre quelques-unes des autorités qu'il cite : M. Dugas-Monbel, traducteur d'Homère, en a attaqué plusieurs; mais il est plus facile de les attaquer que de les détruire.

Remarquons que de *biblos* et *liber*, noms que les Grecs et les Latins donnaient à l'écorce ou à la peau fine des arbres, sont venus les mots *bible* et *livre;* comme le mot papier a été tiré de *papyrus*, et le mot *parchemin*, de *Pergame* ou *Pergamena*.

32. — Page 114. . . . . . *Finem dedit ore loquendi.*

Les commentateurs citent, comme ayant pu être imité par Virgile, ce vers de Lucile :

> Hæc ubi dicta dedit, pausam facit ore loquendi.

33. — Page 114. *At, Phœbi nondum patiens, immanis in antro*
Bacchatur vates.

Voyez, plus haut, l'heureuse imitation de ces vers par J.-B. Rousseau.

34. — Page 114. *O tandem magnis pelagi defuncte periclis!*

La Sibylle prend enfin un ton plus respectueux. Vaincue par le dieu, elle reconnaît dans Énée le fondateur de Rome, le fils de Vénus, le favori des dieux : *sate sanguine divum.*

Le poète semble annoncer ici la division de l'*Énéide* en deux parties. « Elles se présentent au lecteur inattentif comme deux tableaux distincts, n'ayant point entre eux une liaison nécessaire, et pouvant subsister séparément; mais pour celui qui lit l'*Énéide* avec attention, ces deux parties sont réellement inséparables : elles roulent toutes deux sur une seule action, laquelle, annoncée dès le commencement de la première, n'est terminée qu'au dernier vers de la seconde. » (BINET.)

Turnus, fils de Vénilie, est le nouvel Achille qu'annonce la Sibylle.

35. — Page 114. . . . . *In regna Lavini*
Dardanidæ venient.

Cette prédiction de la Sibylle rappelle celle d'Helenus (l. III, v. 458) :

> Illa tibi Italiæ populos, venturaque bella, etc.

C'est par anticipation que le poète appelle le royaume des Latins, *Lavinium*; la ville qui reçut ce nom n'existait pas encore : elle fut bâtie par Énée.

36. — Page 114. *Externique iterum thalami.*

La Sibylle annonce le nouveau mariage d'Énée avec Lavinie, fille de Latinus, qui avait été promise à Turnus, et que ce guerrier doit disputer au héros troyen.

37. — Page 114. *Tu ne cede malis; sed contra audentior ito.*

Il fallait, dans Énée, un courage supérieur à sa fortune, pour qu'il osât entreprendre de soutenir, avec une poignée de Troyens, la guerre contre toute l'Italie. Et quel succès pouvait-il attendre, si le hasard ne lui eût procuré l'alliance d'Évandre, et, par ce prince, celle des Toscans? C'est ce hasard hors de prévision qu'annonce la Sibylle.

38. — Page 114. . . . . *Via prima salutis,*
Quod minime reris, graia pandetur ab urbe.

Il s'agit ici de la ville de Pallantée, qui fut bâtie par Évandre sur les bords du Tibre, et qui, depuis, fit partie de la ville de Rome. Le nom de Pallantée fut changé, par la suppression de deux lettres, en celui de Palatium, d'où est venu celui de Palatinus.

Évandre, prince arcadien, apporta, dit-on, en Italie, l'agriculture, l'usage des lettres, et la plupart des dieux de la Grèce; sa sagesse lui mérita l'estime et le respect des aborigènes qui, sans l'avoir pris pour leur roi, lui obéirent comme à un homme que chérissaient les dieux. Ancien ami d'Anchise, il n'avait point épousé la querelle qui arma tous les rois de la Grèce contre l'Asie Mineure. Après sa mort, les peuples reconnaissans le placèrent au rang des immortels, et lui élevèrent un autel sur le mont Aventin.

Selon quelques auteurs, le règne d'Évandre fut l'âge d'or pour les Latins, et c'était ce prince qu'ils honoraient sous le nom de Saturne. Silius Italicus (liv. VII, v. 18) désigne en effet cet heureux âge par ces mots *Evandria regna*, le règne d'Évandre.

39. — Page 116. . . . . *Ea fræna furenti*
Concutit, et stimulos sub pectore vertit Apollo.

Cette image hardie, empruntée d'un cavalier qui soumet un

coursier indompté, ne peut être heureusement rendue dans notre langue. Le P. Catrou paraphrase ainsi le texte du poète : « Son dieu ne cesse point de l'agiter, comme on dompte un cheval fougueux, dont on tient la bride, et qu'on pique de l'éperon. »

Delille paraphrase aussi, mais en poète :

>Ainsi le dieu terrible, aiguillonnant son âme,
>La perce de ses traits, l'embrase de sa flamme,
>Répand sur ses discours sa sainte obscurité,
>Et même en l'annonçant voile la vérité.

40. — Page 116. *Omnia præcepi, atque animo mecum ante peregi.*

En effet, tout ce que la Sibylle annonce au prince troyen lui avait été prédit par la plus grande des Harpyies, Céléno (l. III, v. 247), par Helenus (liv. III, v. 458), et par Anchise (l. V, v. 730).

41. — Page 116. . . . . *Hic inferni janua regis.*

C'est dans la Campanie, près du lac Averne, qu'était placée l'entrée des enfers. Les anciens croyaient que ce lac était formé par un épanchement de l'Achéron :

> . . . . . Tenebrosa palus Acheronte refuso.

Les eaux funestes de ce lac, que les oiseaux n'osaient franchir, ce qui lui fit donner le nom d'*Averne* (sans oiseaux), reçurent, sous Auguste, un écoulement salutaire. Cet empereur fit couper une langue de terre qui séparait le lac Lucrin de l'Averne. Il fit abattre aussi le bois ténébreux qui bordait ses rives, et creuser le port *Julia* en l'honneur de César. Dès-lors on ne craignit plus d'habiter une contrée qui avait été si long-temps inculte et déserte. Les ruines de quelques édifices, qu'on trouve encore sur les coteaux voisins, sont un témoignage de ce fait historique.

42. — Page 116. *Nequidquam lucis Hecate præfecit avernis.*

La mythologie payenne offre une espèce de trinité dans la sœur d'Apollon : elle était la Lune ou Phœbé dans le ciel, Diane chasseresse sur la terre, et Hécate dans les enfers. Hécate était encore triple elle-même : elle avait une tête de chien, une tête de lion, et une tête de taureau. Virgile, Horace, Ovide, appellent Hécate *Diva, Triceps, Triformis, Tergemina*. Le nombre *trois* lui était consacré; ses autels étaient triangulaires. On l'invoquait dans les opérations magiques : elle présidait aux enchantemens. Apulée dit qu'elle était la même qu'Isis. Les Spartiates teignaient ses autels de sang humain. Le nom d'Hécate a pour racine ἑκατόν, cent, parce qu'on offrait à cette divinité terrible cent victimes, et ces sacrifices furent appelés hécatombes; et parce qu'elle retenait, pendant cent ans, sur les bords du Styx, les âmes dont les corps n'avaient pas reçu les honneurs du tombeau. Quelques mythographes ont confondu Hécate avec Proserpine; d'autres, comme Hésiode, qui la dit fille de Titan et d'Astérie, la distinguent de Diane, fille de Jupiter et de Latone. Les anciens poètes arrangeaient souvent les dieux à leur manière: de là les variantes et la confusion qu'on trouve dans les mythes du paganisme.

43. — Page 116. *Si potuit manes arcessere conjugis Orpheus.*

La descente d'Orphée aux enfers est un des plus beaux épisodes de la poésie antique dans le IVe livre des *Géorgiques*.

44. — Page 116. *Si fratrem Pollux alterna morte redemit.*

Castor et Pollux, appelés aussi *Tyndarides* et *Dioscures*, l'un fils de Jupiter et de Léda, l'autre fils de Léda et de Tyndare, modèles de l'amitié fraternelle, voulurent partager entre eux la mort et l'immortalité. Ils descendaient, tour-à-tour, pendant six mois, dans les enfers, et tour-à-tour ils en sortaient pour retrouver pendant six mois la vie. Ceux qui ont voulu tout expliquer dans les fables, trouvent l'origine de celle de Castor et de Pollux dans deux constellations qui portent le nom de *Gémeaux*, et dont l'une se lève quand l'autre se couche. Les *Dioscures* avaient un temple, un tombeau et des statues à Sparte. On leur immolait des agneaux blancs comme à des dieux protecteurs et propices. Ils avaient aussi un culte dans plusieurs parties de la Grèce. Ce culte passa en Italie, et, l'an 250 de la fondation de Rome, le dictateur Posthumius, qui avait prétendu voir Castor et Pollux combattre à cheval pour les Romains, près du lac Régille, éleva aux deux frères un temple où les hommes juraient par le temple de Pollux (*Ædepol*), et les femmes par le temple de Castor

(*Æcastor*). Mais, quoique ce temple fût consacré aux deux frères, il n'était ordinairement désigné que sous le nom de Castor. (Denys d'Halicarnasse, liv. vi; Tite-Live, liv. ii.)

45. — Page 116. . . . . *Quid Thesea, magnum*
Quid memorem Alciden?

Thésée, après avoir purgé la terre d'un grand nombre de brigands, voulut les imiter lui-même dans sa descente aux enfers. Son ami Pirithoüs, fils d'Ixion et roi des Lapithes, ayant conçu le projet d'aller enlever Proserpine à Pluton, Thésée l'accompagna et fut le complice du crime. Mais les deux coupables échouèrent dans leur entreprise. Pirithoüs, fort maltraité par les dents du gardien des enfers, fut condamné au supplice de son père, le mouvement perpétuel de la roue d'Ixion. Thésée, au contraire, subit la peine d'un repos sans fin, et fut condamné à rester assis éternellement sur la pierre où il s'était un moment reposé. En prononçant cette double sentence, les trois juges infernaux appliquèrent gravement au même délit deux peines différentes, et qui faisaient une singulière antithèse.

Hercule descendit plusieurs fois dans les enfers. Le roi d'Argos et de Mycène, Eurysthée, ayant eu la coupable, mais plaisante fantaisie de voir le terrible Cerbère, le héros complaisant alla l'enchaîner dans son antre; en même temps il cassa la double sentence du mouvement et du repos éternel, délivra Pirithoüs et Thésée, et traîna Cerbère, résistant pour ne pas voir la lumière du jour, du fond des noirs royaumes jusqu'au palais du roi d'Argos : ce fut le douzième et le plus difficile des travaux d'Hercule.

Un sentiment plus louable, celui de la reconnaissance, porta le grand Alcide à descendre aux sombres bords; il alla délivrer l'ombre d'Alceste, qui avait voulu mourir pour racheter la vie de son mari. Ce dévouement obtint sa récompense : Alceste fut rendue vivante au roi Admète, et les deux époux furent de nouveau réunis par un de ces prodiges qu'on ne voit plus qu'à l'Opéra.

46. — Page 118. *Talibus orabat dictis, arasque tenebat.*

Les anciens, dans leurs sacrifices, dans leurs prières, dans leurs sermens, auraient cru n'être pas entendus par les dieux, s'ils n'eussent embrassé leurs autels.

47. — Page 118. *Quod si tantus amor menti, si tanta cupido est*
Bis stygios innare lacus, bis nigra videre
Tartara.

Les grammairiens et les commentateurs ont longuement et fastidieusement disserté sur cette double descente d'Énée aux enfers. Ils ont cru que Virgile s'était trompé, puisque Énée ayant été mis, après sa mort, au rang des immortels, n'avait pu descendre, une seconde fois, dans le noir empire. Mais, selon les croyances payennes, les ombres des héros reçus dans l'Olympe n'en habitaient pas moins les champs élysiens. Homère dit, dans l'*Odyssée*, qu'Ulysse vit l'ombre d'Hercule dans les enfers.

48. — Page 118. . . . . *Latet arbore opaca*
Aureus et foliis et lento vimine ramus.

« On ne sait, dit le professeur Binet, où Virgile a pris l'idée de ce rameau d'or. Fait-il allusion à la branche de myrte que tenaient, dit-on, les initiés aux mystères de Cérès? Ou bien veut-il donner à entendre qu'on pénètre partout avec de l'or, ou même avec une vertu irréprochable, figurée par l'or le plus pur? »

Servius croit que Virgile a voulu faire allusion à une cérémonie religieuse qui était pratiquée dans la forêt d'Aricie : un petit rameau de cette forêt ne pouvait être détaché sans qu'il en coûtât la vie à quelqu'un : c'est pourquoi, tandis qu'Énée arrache le rameau d'or, Misène, un de ses compagnons, perd la vie. Desfontaines a tort de ne voir là qu'une idée de *scholiaste* : l'opinion de Servius pouvait être fondée sur l'antique tradition d'un mythe qui n'est pas plus merveilleux que beaucoup d'autres.

49. — Page 118. *Junoni infernæ dictus sacer.*

Proserpine était appelée la *Junon des enfers*, comme on donnait à Pluton le nom de *Jupiter Stygien*.

50. — Page 120. . . . . *Totamque incestat funere classem.*

Delille traduit ainsi ce vers :

Et souille tes vaisseaux de ses *vapeurs funestes.*

M. Morin dit également « et souille tous tes vaisseaux de ses *vapeurs funestes.* » Ce n'est pas là le sens de Virgile. Les anciens croyaient que la *présence* seule d'un cadavre, ou son attouchement, rendaient impurs les lieux et les personnes, et qu'il fallait purifier même toute une ville ou tout un camp, par des prières et des expiations. Cette croyance était aussi dans la loi de Moïse.

51. — Page 120. *Æmulus exceptum Triton.*

Triton, dieu de la mer, moitié homme et moitié poisson, était le trompette de Neptune, comme Misène était celui du héros troyen. Misène est supposé fils d'Éole, parce que, disent gravement les commentateurs, Éole est le dieu des vents, et que le vent (le souffle) peut seul tirer des sons de la trompette.

52. — Page 122. . . . . *Aramque sepulcri*
Congerere arboribus, cœloque educere certant.

Le bûcher est appelé *aram sepulcri*, parce qu'il était regardé à la fois comme un tombeau pour le mort, et comme un autel où l'on sacrifiait aux dieux infernaux.

Gaston trouve le bûcher moins effrayant que la sépulture. « Il est, dit-il, cruel de ne pouvoir rien retenir de l'être qu'on aima, et de le condamner à la pourriture et aux vers. La flamme qui consumait les corps permettait à la douleur d'en recueillir la cendre; on croyait, en la réchauffant contre son cœur, sentir encore palpiter un cœur ami. L'emblème du bûcher m'offre celui d'une âme épurée qui remonte vers son créateur. La salubrité de l'air serait encore un argument en faveur de l'usage des anciens : mais la sépulture épargne une immense quantité de combustible qu'il faudrait employer à brûler les morts. » Le même écrivain croit cependant qu'il faut respecter les usages, les mœurs et la religion de nos pères, et il ne veut pas qu'on l'accuse d'avoir regretté, comme le fait un auteur moderne, de ne pouvoir porter *dans sa bonbonnière les cendres de sa mère.*

53. — Page 122. *Itur in antiquam silvam.*

Virgile imite, dans la description des funérailles de Misène, plusieurs circonstances des funérailles de Patrocle, dans l'*Iliade.*

54. — Page 122. . . . . *Ubi pinguem dives opacat*
Ramus humum.

Comment un petit rameau pouvait-il ombrager la terre? quelle ombre projette dans les champs le gui qui croît sur les branches du chêne? Cette poétique métaphore a fait beaucoup rêver les commentateurs qui ont voulu l'expliquer.

55. — Page 122. *Pascentes illæ tantum prodire volando.*

Le mot *pascentes* n'est pas ici seulement une image poétique : Les anciens regardaient comme un augure favorable de voir les oiseaux manger; et si les poulets sacrés, pieux bagage dans les camps, ne donnaient quelque signe d'appétit, les généraux romains n'osaient livrer bataille.

56. — Page 124. *Sedibus optatis geminæ super arbore sidunt,*
  Discolor unde auri per ramos aura refulsit.

M. Binet traduit ainsi ces vers : « Et vont se percher sur deux arbres, dans ce lieu si désiré, où l'or se reflète sur le feuillage verdoyant. » Il est vrai que, dans quelques anciens manuscrits, on lit *gemino*, qui se rapporterait au mot *arbore*, au lieu de *geminæ*, qui s'applique au mot *aves*. Mais les meilleurs interprètes de Virgile, Heyne, Burmann et d'autres encore, ont adopté *geminæ*. Quelques commentateurs, tels que Cuningham, en préférant la leçon choisie par M. Binet, n'ont cependant pas voulu que les deux colombes se perchassent sur deux arbres différens : ils ont supposé que l'arbre au rameau d'or avait, ce qu'on voit souvent dans les forêts, un double tronc réuni par un faîte commun; tant leur avait paru peu juste et peu naturelle l'idée de faire s'arrêter, sur deux arbres séparés, les oiseaux de Vénus qui ne s'étaient point séparés dans leur vol! Mais, d'ailleurs, comment le professeur ne s'est-il pas aperçu qu'il plaçait ou semblait placer le rameau d'or sur deux arbres différens, tandis que Virgile dit : *Latet arbore opaca?*

Comme il est rare que les colombes se perchent sur les arbres, et qu'on les voit presque toujours à terre ou sur le toit des maisons, Burmann aimerait mieux lire dans le texte que les deux colombes s'arrêtent sous l'arbre : *Geminæque sub arbore sidunt.* Enfin d'autres commentateurs, gravement occupés de petites choses, prétendent que les colombes de Vénus étaient deux pigeons forestiers ou ramiers.

57. — Page 124. *Discolor unde auri per ramos aura refulsit.*

Aura, mot grec et latin qui signifie *éclat, splendeur,* et d'où sont formés les mots latins, *aurum, thesaurus, aurora*, et les mots français, *or, trésor, aurore*.

58. — Page 124. *Quale solet silvis brumali frigore viscum.*

Le gui, plante parasite dont la semence s'attache aux branches du chêne et de quelques autres arbres, tels que le pommier, et se nourrit de leur sève ; la couleur de son fruit est jaune, et la hauteur de la plante n'excède pas une coudée.

59. — Page 124. . . . . . *Sic leni crepitabat bractea vento.*

VARIANTES dans les manuscrits : *Brattea, bratea, brathea, bracthea.* En citant ces diverses manières d'écrire ce mot, un commentateur de Virgile accuse les copistes, et dit : *A tam indoctis hominibus quidni exspectes, pro plurali nomine hoc habitum fuisse ?*

60. — Page 124. . . . . *Avidusque refringit*
    Cunctantem.

Le mot *cunctantem* ne signifie pas que le rameau d'or résiste, *namque ipse volens facilisque sequetur;* mais que, dans l'ardeur impatiente du héros, le rameau lui paraît lent à suivre le mouvement de son bras.

61. — Page 124. . . . . *Cui frondibus atris*
    Intexunt latera.

Virgile retrace exactement, dans les funérailles de Misène, les cérémonies funèbres des Romains. Ils plaçaient des cyprès devant la maison des morts, et les disposaient en ordre autour du bûcher, comme image de tristesse et de deuil, et aussi à cause de la forte odeur aromatique de cet arbre. *Varro dicit pyras ideo cupresso circumdari, propter gravem ustrinæ odorem.* (SERVIUS.)

62. — Page 124. . . . . . *Corpusque lavant frigentis et ungunt.*

Servius cite avec éloge ce vers du poète Ennius :

  Tarquinii corpus bona femina lavit et unxit.

63. — Page 124. *Fit gemitus.*

Ces gémissemens, qui avaient lieu pendant la durée du convoi, redoublaient avec des cris, lorsque le corps était porté sur le bûcher. C'est ainsi que, parmi nous, la douleur éclate avec plus de force au moment où le cercueil descend dans la fosse, parce qu'alors la séparation du mort et des vivans semble se consommer sans retour dans ce monde.

64. — Page 124. . . . *Pars ingenti subiere feretro.*

Plusieurs traducteurs me paraissent avoir mal rendu ce vers. Delille dit :

<blockquote>
D'autres, le regard morne et l'âme désolée,
Triste et lugubre emploi, *portent le mausolée.*
</blockquote>

M. Morin, qui suit souvent le poète français, dit, à son exemple : *D'autres portent le* CERCUEIL *au bûcher.* Le lit funèbre ou le brancard, *feretrum*, sur lequel était étendu le corps de Misène, couvert de ses vêtemens, n'était point un *cercueil,* encore moins un *mausolée.* Le professeur Binet ne veut pas même de brancard. « Ici, dit-il, il n'y a point de transport, puisque tout se fait au pied du bûcher préparé. Il n'est donc pas besoin de brancard. *Feretrum* paraît désigner le bûcher même, au haut duquel le corps est déjà étendu sur un, lit orné de ses plus beaux vêtemens. L'épithète *ingenti* le fait assez entendre : elle ne conviendrait pas à un simple brancard portatif. » Cette dernière observation paraît assez juste. Cependant, avant d'être *étendu sur un lit au haut du bûcher,* le corps de Misène avait dû y être porté sur un brancard, et le *lit* devait être le brancard lui-même.

65. — Page 124. . . . . *Congesta cremantur*
Thurea dona, dapes, fuso crateres olivo.

On conçoit, dit Heyne, que les anciens plaçassent sur le bûcher, de l'huile et de l'encens pour y être consumés. Mais pourquoi y mettaient-ils aussi les viandes des festins ? *Sed quid dapes ?* C'était, chez les Romains, une superstition, qui se retrouve encore chez plusieurs peuples barbares, de placer auprès des morts les alimens de la vie.

66. — Page 126. *Ossaque lecta cado texit Corynæus aeno.*

VARIANTES : *Chorineus, Corineus.* Ce Corynée est un personnage inconnu dans l'histoire et dans la fable. L'usage de recueillir les cendres des morts dans les urnes ou amphores, remonte à une haute antiquité. Homère dit que les cendres d'Achille furent déposées dans une urne. On conserve encore plusieurs de ces urnes d'airain où les anciens renfermaient la cendre des morts.

Dans les sacrifices ordinaires faits aux dieux, on versait un peu d'huile sur les feux des autels; mais quand on sacrifiait aux dieux infernaux, on jetait le vase avec l'huile dans les flammes : *cremantur.... fuso crateres olivo.*

Avant de placer les morts sur les bûchers, on les lavait avec de l'eau bouillante (*calidos latices*), pour réveiller les esprits s'ils n'étaient pas sans retour éteints. C'est dans le même but qu'on les appelait trois fois avec de grands cris. Pline rapporte qu'un mort apparent revint de sa léthargie sur le bûcher, et périt au milieu des flammes.

L'usage était de brûler avec les morts ce qu'ils avaient eu de plus cher pendant leur vie.

67. — Page 126. . . . . *Et ramo felicis olivæ,*
Lustravitque viros, dixitque novissima verba.

Cette aspersion était faite sur l'assemblée avec une branche de laurier ou d'olivier, trempée dans l'eau lustrale, c'est-à-dire dans l'eau où l'on avait éteint un tison de l'autel funèbre, *ara sepulcri* (*voyez* ATHÉNÉE, liv. IX). L'épithète *felicis*, donnée ici au rameau, exprime sans doute que l'eau lustrale dont il était chargé purifiait le rivage et les Troyens, et qu'elle écartait toute idée funeste.

Les mots *novissima verba* signifient les derniers adieux. On criait trois fois au mort : *Vale*. Le pontife disait ensuite à l'assemblée : *I, licet;* comme s'il y avait eu quelque danger à se retirer avant la cérémonie de l'expiation. C'est de cette ancienne coutume, et de ce congé donné par ces mots *I, licet*, qu'est dérivé l'*Ite, missa est,* « ce que les théologiens ne nient point, » dit l'abbé Desfontaines.

68. — Page 126. *Imponit, suaque arma viro, ramumque, tubamque.*

Imitation d'Homère. Ulysse, dans l'*Odyssée*, fait graver une rame sur le tombeau d'Elpenor.

69. — Page 126. . . . . . *Æternumque tenet per sæcula nomen.*

Virgile célèbre, dans son poëme, non-seulement les grandes

familles de Rome, mais aussi les promontoires, les villes, et les principales contrées de l'Italie.

Le promontoire de Misène, dans la Campanie, est au couchant du golfe de Baïes, et vis-à-vis l'île *Procita*. La prédiction du poète s'est réalisée, et, tandis que tant de villes et de royaumes, célèbres dans l'antiquité, ont vu changer leur nom dans la longue suite des âges, le cap de Misène est encore aujourd'hui le *capo di Miseno*.

C'est sous ce cap que se réunissaient les flottes romaines; c'est là que Pline s'embarqua pour voir de trop près l'éruption du Vésuve, qui ensevelit les villes d'Herculanum, de Pompéia et de Stabies. Parmi les maisons de plaisance qu'on voyait sur cette côte, on distinguait celle de Lucullus, qui depuis appartint à Tibère, et où le second maître de l'empire romain fut étouffé sous des coussins et sous des matelas.

70. — Page 126. *Unde locum Graii dixerunt nomine Aornon.*

Ce vers a paru tout entier suspect d'interpolation à divers scoliastes et commentateurs. Il manque dans le manuscrit du Vatican, et dans plusieurs autres dont l'écriture est très-ancienne; il se trouve ajouté dans le *Codex* Médicis et dans d'autres, par une main plus récente que leur âge. Ce vers a été écarté de la belle édition de Parme, donnée par Bodoni. Mais comme il fait partie du *codex romanus* et des manuscrits de Pierius, sans qu'il paraisse y avoir été ajouté postérieurement, Burmann, Heyne, et autres bons commentateurs, n'ont pas cru devoir le rejeter, et ils l'ont admis dans leurs savantes éditions.

Aornon, que d'autres écrivent *Aornum*, est employé pour *Avernum*.

71. — Page 126. *Quatuor hic primum nigrantes terga juvencos.*

Les détails de ce sacrifice sont imités de plusieurs passages qui se trouvent dans Homère, principalement dans l'*Odyssée*. Ulysse, dans le onzième livre, sacrifie aux dieux infernaux, avant d'évoquer les ombres des morts.

Les autels de Pluton n'étaient souvent qu'une fosse où l'on faisait couler le sang des victimes.

Ces victimes noires, immolées pendant la nuit, et tout ce qui avait un vice ou un appareil sinistre, étaient censés devoir plaire aux divinités des enfers. Le professeur Binet dit à ce sujet : « Ainsi une vache stérile était le *mets* favori de Proserpine. » Le vin qu'on versait sur le front de la victime était une épreuve : si, pendant l'effusion, la victime se montrait inquiète et tremblante, le pontife la rejetait comme indigne d'être offerte en sacrifice aux dieux.

Suivant une tradition antique devenue proverbe, les dieux de l'Olympe aimaient les nombres impairs; et, d'après cette croyance, les payens supposèrent que les nombres pairs étaient préférés dans l'empire des Mânes.

72. — Page 126. *Æneas matri Eumenidum magnæque sorori.*

La mère des Euménides était la Nuit, que les mythes anciens font sœur de la Terre. Erinnys, Alecton, Tisiphone, sont les noms des trois Furies ou Euménides. Les poètes les appellent aussi Érynnies, du mot *erinnein*, qui signifie *être en fureur*. Homère donne à *Erinnys* des ailes; le mot *Tisiphone* est formé de *tiein*, punir, et *phonos*, meurtre; *Alecton* signifie en grec *sans repos*. Virgile peint cette Furie dans le viie liv., v. 324. Les Euménides avaient plusieurs temples dans la Grèce : à Athènes, près de l'Aréopage; sur le Cithéron; à Cérynée, ville de l'Achaïe, dans le Péloponnèse, etc. Ainsi les anciens sacrifiaient aux divinités malfaisantes. La peur avait des autels; et Pétrone a eu raison de dire que la peur avait fait les premiers dieux, comme elle a trop souvent fait les crimes des rois et les malheurs de la terre.

73. — Page 126. ..... *Sterilemque tibi, Proserpina, vaccam.*

C'est ainsi qu'Ulysse, dans le ixe livre de l'*Odyssée*, promet aux ombres de leur immoler une génisse stérile, dès qu'il aura revu son royaume d'Ithaque.

74. — Page 128. *Et solida imponit taurorum viscera flammis.*

Le poëte dit que les entrailles des taureaux sont jetées dans les flammes. Desfontaines traduit *viscera* par *les victimes entières* : c'était un holocauste, dit-il. Or, le mot holocauste signifie une consommation entière par le feu; et il cite ce passage de Pélisson : « S'il y avait parmi les juifs des holocaustes, c'est-à-dire des sacrifices où la victime entière était immolée en l'honneur de Dieu, on les accompagnait de l'offrande d'un gâteau, afin qu'en ce sacrifice même il y eût à manger pour les hommes. » On remarquera que, dans toutes les religions, l'action de *manger* fait partie intégrante de tous les sacrifices, et que, chez tous les peuples anciens et modernes, les funérailles des morts sont accompagnées de festins pour les vivans.

75. — Page 128. *Tuque invade viam, vaginaque eripe ferrum.*

On voit aussi dans l'*Odyssée* (livre XI) Ulysse tirer l'épée du fourreau pour écarter les ombres; mais c'est pour les empêcher de boire le sang des victimes immolées.

76. — Page 128. *Di, quibus imperium est animarum, Umbræque silentes,*

L'évêque anglais Warburton dit, dans sa longue *Explication du VIe livre de l'Énéide*, que Virgile, dans cette invocation sublime aux puissances de la mort, s'excuse de révéler la doctrine secrète des initiés, et il ne voit, dans ce sixième livre, qu'un tableau allégorique des célèbres mystères d'Éleusis. Voltaire, qui avait adopté cette opinion, ne tarda pas à l'abandonner, et il la combattit avec avantage : « Cette descente aux enfers, dit-il, imitée d'Homère beaucoup moins qu'embellie, et la belle prédiction des destins de César et de l'empire romain, n'ont aucun rapport aux fables de Cérès et de Triptolème. Ainsi, il est fort vraisemblable que le sixième livre de l'*Énéide* n'est point une description de mystères : si je l'ai dit, je me dédis. »

Auguste, qui était initié lui-même, n'aurait pas souffert une profanation qu'Horace regarde comme un sacrilège :

> Vetabo qui Cereris sacrum
> Vulgarit arcana sub iisdem
> Sit trabibus :

Voltaire, qui cite ces vers, les traduit ainsi :

> Je me garderai bien de loger sous mes toits
> Celui qui de Cérès a trahi les mystères.

La croyance à une vie future était un dogme populaire longtemps avant le siècle d'Auguste, et ce n'était point profaner les mystères, que de peindre les récompenses de la vertu dans l'Élysée, et les châtimens du crime dans le Tartare. Virgile n'a fait qu'expliquer en vers les idées de Timée de Locres, de Pythagore et de Platon. Timée, qui précéda Pythagore, dit, dans son traité de *l'Ame du monde* : « Malheur à l'homme indocile et rebelle à la sagesse! Que les punitions tombent sur lui, tant celles des lois humaines, que celles dont nous menacent les *traditions de nos pères*, qui nous annoncent les vengeances du ciel et les supplices des enfers, supplices inévitables, préparés sous la terre aux criminels. » Le fonds du vi^e livre est certainement pris dans la *République* de Platon, et c'est pour cela sans doute que Virgile était appelé le *Platonicien*. Warburton avoue que Platon a servi de modèle au poète; mais il prétend que Pythagore et Platon avaient eux-mêmes publié la doctrine des mystères. Dans ce cas, puisque les livres des deux philosophes étaient partout, et qu'on les appelait divins, quel besoin aurait eu Virgile d'invoquer les dieux, pour les prier de pardonner une révélation impie?

77. — Page 128. *Sit mihi fas audita loqui.*

Catrou traduit ainsi ce vers : « permettez que, *sous votre bon plaisir*, j'expose, etc. » Comment s'étonnerait-on du *bon plaisir* des rois, puisqu'un jésuite invoque le bon plaisir du *Chaos*, et celui du *Phlégethon?*

78. — Page 128. *Ibant obscuri sola sub nocte per umbram.*

« Des sons graves et lents, multipliés à dessein, dit Delille, imitent l'uniforme immensité de ces royaumes du silence et du vide. La longue et pénible marche de la Sibylle et d'Énée se fait sentir dans l'accumulation de ces spondées, qui semblent appesantir le vers comme les ombres de la nuit, et s'allonger comme les espaces du chaos. » C'est donner beaucoup de puissance aux spondées. Sans doute Virgile a voulu peindre, *ut pictura poesis ;* mais qu'eût-il répondu au Romain enthousiaste qui lui aurait dit : Vos spondées *semblent appesantir* ce vers *comme les ombres de la nuit*, et *l'allonger comme les espaces du chaos?*

79. — Page 128. *Vestibulum ante ipsum, primisque in faucibus Orci.*

Quelques critiques ont blâmé Virgile, pour n'avoir mis devant la porte des enfers que les Maladies, la Pauvreté, la Faim, la Peur, la Vieillesse, au lieu d'y placer plus convenablement, comme le fait Voltaire, dans la *Henriade*, les passions qui enfantent les crimes : l'Envie, l'Orgueil l'Ambition, l'Hypocrisie et l'Intérêt sordide. Mais Énée et la Sibylle ne sont pas encore arrivés devant le Tartare, où les crimes ont leur châtiment; ils sont arrêtés à l'entrée des enfers, *in faucibus Orci*. Ainsi, la Vieillesse, les Maladies, la Peur, la Pauvreté et la Faim, sont aussi raisonnablement que poétiquement placées, comme ministres de la Mort, à l'entrée de son empire.

80. — Page 128. *Et Metus, et malesuada Fames, ac turpis Egestas.*

Virgile dit énergiquement que la Faim est mauvaise conseillère. En effet, ses pensées sont sinistres et ses conseils funestes : César disait que, pour éviter les séditions, il fallait s'entourer de visages gras et bien nourris; et, par ce mot, César entendait sans doute qu'il fallait partout augmenter et multiplier le nombre de ces visages.

81. — Page 130. *Tum consanguineus Lethi Sopor.*

Homère et Hésiode ont fait aussi le Sommeil frère de la Mort. Les Lacédémoniens joignaient toujours dans leurs temples l'image de ces deux divinités, qui avaient la même mère, la Nuit, et la même demeure, les enfers.

82. — Page 130. *Vipereum crinem vittis innexa cruentis.*

Virgile donne cette même chevelure de serpens aux Euménides, dans le IVe livre des *Géorgiques* (v. 402).

. . . . Cæruleosque implexæ crinibus angues
Eumenides.

83. — Page 130. *Ulmus opaca, ingens, quam sedem Somnia vulgo.*

Les commentateurs ont recherché pourquoi Virgile assignait un ormeau immense, à l'épais feuillage, pour la demeure des Songes. Les uns ont pensé qu'un arbre convenait parfaitement à des dieux ailés, légers et voltigeans; d'autres ont vu, dans cette image, une imitation d'Homère, qui fait se percher sur un arbre le songe envoyé par Junon, en attendant qu'il puisse entrer dans le sommeil de Jupiter.

Les Songes avaient une statue à Sicyone, à côté de celle du Sommeil : car, dans l'antiquité payenne, *tout était dieu, excepté Dieu lui-même.*

84. — Page 130. . . . . *Quam sedem Somnia vulgo*
Vana tenere ferunt, foliisque sub omnibus hærent.

Dans le dix-septième siècle, ces vers ont été ingénieusement et assez justement appliqués au père Hardouin et à ses ouvrages : ce jésuite, dit l'abbé Desfontaines, était *l'homme le plus savant et le moins sensé de son siècle.* Il soutenait que l'*Énéide* et tous les poëmes du siècle d'Auguste avaient été composés par des moines du moyen âge. C'était donner une grande illustration à des siècles barbares. Le jésuite eut le chagrin de ne voir combattre que par le ridicule cet étrange paradoxe.

85. — Page 130. *Centauri in foribus stabulant, Scyllæque biformes,*
Et centumgeminus Briareus, ac bellua Lernæ.

« On n'a pas encore remarqué, je crois, dit Gaston, que ce passage prouve l'opinion que l'on avait à Rome de tous ces monstres de la fable; on n'ajoutait pas foi à la Chimère, aux Harpyies, et au triple Géryon : c'étaient des allégories inventées par les poètes, et Virgile a soin de nous avertir qu'il ne les donne ici que comme un luxe d'imagination. » Mais on ne trouve pas cet avertissement dans Virgile. S'il dit des pâles Maladies, de la Pauvreté, de la Faim, de la Vieillesse, *habitant;* s'il dit des Songes, attachés à toutes les feuilles, *hærent,* il ajoute immédiatement, en parlant des Centaures, etc., *stabulant.* Il ne faut donc pas s'étonner qu'on n'eût pas fait une remarque dont Gaston s'attribue le premier honneur.

Les Centaures étaient des peuples de Thessalie, habiles écuyers, et qui, les premiers peut-être, apprirent à dompter les chevaux. Paléphate, Strabon, Pline et Servius, qui ont souvent cherché dans l'histoire l'origine des fables, disent que, comme, vus de loin ou dans l'obscurité, les Centaures paraissaient ne faire qu'un même corps avec le cheval, on les prit pour une nouvelle espèce d'animaux, demi-hommes et demi-chevaux : c'est ainsi qu'on les représente. On les nomma Centaures, ou *pique-taureaux*, du grec *kentein*, piquer, et *tauros*, taureau, parce qu'ils employèrent d'abord leurs chevaux à poursuivre des taureaux qui s'étaient enfuis de leurs pâturages. Lucrèce (l. v) regarde les Centaures comme des êtres fabuleux; mais des auteurs graves, tels que Plutarque, saint Jérôme, Phlégon, dans son *Traité des choses merveilleuses*, prétendent qu'il y a eu des Centaures, et Pline (liv. VII, ch. 3) va plus loin encore : il assure avoir vu lui-même un Centaure enduit de miel, qui avait été envoyé d'Égypte à Rome, sous l'empereur Claude : *Claudius Cæsar scribit hippocentaurum in Thessalia natum, eodem die interiisse; et nos principatu ejus allatum illi ex Ægypto in melle vidimus.*

Les Scylles étaient des monstres, moitié femmes, moitié poissons. La plus célèbre est celle qui, dans l'*Odyssée* (liv. XII), dévore les compagnons d'Ulysse. (*Voyez* VIRGILE, *Éclog.*, VI, v. 74; *Énéide*, liv. III, v. 420; OVIDE, *Métamorph.*, liv. XIV; STACE, *Silv.*, v. 3, 280, etc.)

Le géant Briarée est appelé *centumgeminus*, c'est-à-dire cent fois double, *centies duplex*, parce qu'il avait cent têtes ou cent bras, ce qui devait embarrasser et rendre moins redoutables son intelligence et sa force physique. Apollodore ne lui donne que cinquante têtes, qui étaient autant de petits volcans: *Quinquaginta oribus ignem Pectoribusque arsisse.* Les hommes, dit Homère, le nommaient *Égéon*, et les dieux *Briarée*.

Lerne, canton de l'Argolide dans le Péloponnèse, avait un bois et un marais célèbres par deux fables. Le bois était infesté par l'Hydre, qui avait cent têtes selon Diodore de Sicile (liv. IV), cinquante selon Simonide, et neuf d'après Apollodore et Hygin : cette dernière version est l'opinion poétique reçue. Hercule tua ce monstre et trempa dans son sang ses flèches, pour rendre leurs blessures incurables. — Le marais de Lerne a une autre célébrité : c'est, dit-on, dans ses eaux, que les cinquante Danaïdes jetèrent les cinquante têtes de leurs maris, égorgés par elles la première nuit de leurs noces.

La Chimère, qui fut combattue et tuée dans la Lycie par Bellérophon, monté sur le cheval Pégase (*Iliade*, liv. VI), était un monstre moitié nymphe et moitié serpent, dont la bouche vomissait des torrens de flamme et de fumée. Ceux qui ont voulu expliquer les fables par l'histoire, disent qu'il y avait dans la Lycie une montagne volcanique, habitée à son sommet par des lions, sur ses flancs par des chèvres, vers sa base par des serpens, et que les poètes imaginèrent de faire de cette montagne une femme qui avait une tête de lion, ignivome, un ventre de chèvre, et le reste du corps d'un dragon.

Les trois Gorgones, Sthéno, Euryalé et Méduse, avaient une chevelure de serpens, des mains d'airain, des dents aussi longues que les défenses d'un sanglier, des ailes dorées, et le corps couvert d'écailles impénétrables ; leur seul aspect donnait la mort, et leur regard changeait les hommes en pierre. Homère ne parle que de Méduse, dont la tête énorme et formidable était gravée sur l'égide de Pallas et sur le bouclier d'Agamemnon : cette tête était environnée de la terreur et de la fuite. Hésiode place la demeure des Gorgones vers l'Occident, près du séjour de la nuit; Eschyle les fait habiter à l'Orient, dans la Scythie Asiatique; Ovide, dans la Libye, près du lac Tritonide. Diodore, Pausanias, Paléphate, Fulgence et Cœlius Rhodiginus, racontent que les Gorgones étaient des femmes guerrières voisines des Amazones, et dont la reine, appelée Méduse, fut vaincue et tuée par Persée. Hercule acheva la destruction de ces femmes armées. L'abbé Massieu a composé sur les Gorgones une *Dissertation* qu'on trouve dans le tome III des *Mémoires de l'Académie des Belles-Lettres*.

J'ai parlé des Harpyies dans les notes du liv. III.

86. — Page 130. . . . . *Et forma tricorporis umbræ.*

Virgile désigne ici Géryon, monstre géant qui avait trois têtes, trois corps, et qui fut tué par Hercule. Servius dit que Géryon était un roi d'Ibérie, dont les états se composaient de trois provinces, ce qui donna lieu aux poètes de lui attribuer trois têtes et trois corps.

Le même commentateur rapporte qu'à la suite de cette énumération, Virgile avait mis encore les vers suivans :

> Gorgonis in medio portentum immane Medusæ,
> Vipereæ circum ora comæ cui sibila torquent,
> Infamesque rigent oculi, meritoque sub imo
> Serpentum extremis nodantur vincula caudis.

Servius croit que Varius et Tucca, chargés par Auguste de revoir l'*Énéide*, supprimèrent ces vers comme indignes du poète latin. Mais les plus habiles commentateurs modernes ne voient dans ces mêmes vers que le travail malheureux d'un inepte interpolateur.

87. — Page 130. *Et, ni docta comes tenues sine corpore vitas.*

Selon les croyances payennes, les ombres conservaient, dans les enfers, la forme extérieure des corps, *cava sub imagine formæ*. Virgile appelle les âmes *vitas*, parce qu'elles sont immortelles.

88. — Page 130. *Hinc via tartarei quæ fert Acherontis ad undas.*

Dans l'antiquité, plusieurs fleuves ont porté le nom d'*Achéron*. Le plus connu est celui qui coulait en Épire, recevait le Cocyte, traversait le marais *Acherusia*, près de son embouchure, et se jetait dans le bras de mer qui sépare Corcyre (Corfou) du continent. A l'exemple des Grecs, les Latins eurent leur Achéron et leur marais *Acherusia*, qu'ils placèrent dans la Campanie, sur le bord de la mer, entre le cap Misène et Cumes. Virgile fait du lac Averne un épanchement de l'Achéron. On croit que l'*Acherusia* est aujourd'hui le lac *Fusaro*.

« Avant d'arriver à Bauli, dit Richard dans sa *Description historique de l'Italie*, on traverse un chemin assez large, entouré de part et d'autre de cimetières antiques qui subsistent encore pour la plus grande partie. On voit qu'ils ont été construits avec soin et décorés avec goût : quelques-uns sont encore revêtus de bas-reliefs, de peintures et même de dorures. Les différentes voûtes qui sont aux deux côtés de ce chemin, ont douze à quinze pieds de long sur environ dix de large, remplies de niches d'égale grandeur, où se mettaient les urnes cinéraires. Au milieu de chaque voûte était une niche plus considérable, destinée sans doute à placer l'urne de quelque personnage distingué. Il paraît que chaque famille avait le lieu de sa sépulture séparé, à en juger par la quantité de chambres qui sont à la suite les unes des autres. A droite est un lac plus long que large, qui communique à la mer par un canal étroit : les poètes l'ont appelé *Achéron*; les gens du pays l'appellent le lac de *Fusaro*. C'était là que résidait le batelier Caron, qui, sans doute, était un vieillard d'humeur triste, dont l'emploi principal était de passer d'un bord du lac à l'autre les urnes cinéraires que l'on devait placer dans les sépulcres dont je viens de parler, que l'on regardait comme l'habitation des Mânes ; et Caron n'en passait aucune qu'il ne fût exactement payé, et d'avance. De l'autre côté, sur une pente douce qui s'étendait jusqu'au bord de la mer, entre le Midi et le Levant, étaient les *Champs-Élysées*, probablement dans des jardins plantés de beaux arbres et arrosés de fontaines. C'était là que l'on avait établi le séjour fortuné des âmes vertueuses. On ne pouvait pas leur donner un séjour plus délicieux à habiter : aujourd'hui même que tout ce canton a été entièrement culbuté par les tremblemens de terre et les éruptions qui les ont accompagnés, ce climat est encore de la plus grande beauté; l'hiver ne s'y fait jamais sentir ; les plantes les plus tendres et les plus délicates y croissent aux mois de décembre et de janvier.

« Quant aux royaumes sombres de Pluton et de Proserpine, on peut trouver l'origine de ces fables dans les volcans, et placer, si l'on veut, le trône du prince du ténébreux empire, sous la *Solfatare* (montagne remplie de soufre), près de Pouzzoles, ainsi que fait Pétrone.... Cette petite contrée est connue dans le pays sous le nom de *Mercato del sabbato*. Au reste, le paysan le plus grossier sait la position des *Champs-Élysées* et de l'*Achéron*. »

89. — Page 130 *Æstuat, atque omnem Cocyto eructat arenam.*

Le Cocyte, dont le nom, tiré du grec, signifie *pleurs*, *gémissemens*, était, dans l'Épire, un fleuve ou un marais, dont les eaux stagnantes et pernicieuses se mêlaient à celles de l'Achéron, qui étaient aussi sans écoulement et pestilentielles. C'est ce qui porta les poètes à placer ces fleuves ou marais dans les enfers.

90. — Page 130. . . . . *Stant lumina flamma.*

M. Binet traduit ainsi : « La flamme jaillit de ses yeux. » Mais le verbe *stant* est-il rendu par *jaillit ?* C'est mettre le mouvement où est le repos. Virgile a voulu peindre le regard fixe du vieux nautonnier des enfers. L'immobilité de la prunelle donne à l'œil un feu plus vif ou plus terrible. C'est ainsi qu'Homère représente Ulysse l'œil fixe et immobile.

91. — Page 132. *Huc omnis turba ad ripas effusa ruebat.*

La même énumération des Ombres qui se pressent pour entrer dans la barque infernale, se trouve textuellement dans le ive livre des *Géorgiques* (v. 475).

Matres atque viri, defunctaque corpora vita

> Magnanimum heroum, pueri, innuptæque puellæ,
> Impositique rogis juvenes ante ora parentum.

Ces trois vers des *Géorgiques* sont répétés dans l'*Énéide*, sans aucun changement : c'est un nouvel indice, si ce n'est une preuve, qu'un assez grand nombre de ces emprunts, faits à un poëme déjà célèbre dans l'empire romain, ne pouvaient être que provisoires, et qu'en insérant des vers connus dans un autre poëme qui n'était encore ni revu ni publié, le poète, se proposait de les remplacer par d'autres vers, qui exprimeraient, avec de nouveaux détails et dans d'autres termes, ou la même image, ou la même comparaison, ou la même pensée. C'est ainsi que Virgile avait déjà arrangé différemment, après l'énumération des Ombres, une même comparaison. Dans les *Géorgiques*, comme dans l'*Énéide*, la foule des morts est comparée à des milliers d'oiseaux. Le poète dit dans les *Géorgiques* :

> Quam multa in foliis avium se millia condunt,
> Vesper ubi aut hibernus agit de montibus imber;

dans l'*Énéide* :

> Quam multa in silvis autumni frigore primo
> Lapsa cadunt folia; aut ad terram gurgite ab alto
> Quam multæ glomerantur aves, ubi frigidus annus
> Trans pontum fugat, et terris immittit apricis.

Ainsi, tout semble annoncer que l'intention du poète était de refaire une autre énumération des Ombres, comme il avait déjà refait la comparaison qui se rapporte à cette image.

92. — Page 132. . . . . *Stygiamque paludem,*
Di cujus jurare timent.

Ce n'était pas sans raison que les dieux craignaient de jurer par le Styx : Jupiter forçait les dieux parjures à boire de l'eau terrible de ce fleuve, et ils étaient soudain plongés dans une léthargie profonde, qui les tenait une année entière sans parole et sans mouvement. Ce temps révolu, ils étaient bannis des parvis célestes, et privés pendant neuf ans de l'ambroisie, du nectar, des plaisirs de l'Olympe, et assujétis à toutes les misères humaines. Les privilèges divins ne leur étaient rendus, que lorsque le temps

DU LIVRE SIXIÈME.

fixé pour l'expiation était enfin écoulé. Il y avait, dans ce mythe, une grande leçon pour les rois, comme pour les faibles mortels.

93. — Page 134. *Multa putans, sortemque animo miseratus iniquam.*

Les dieux pouvaient être accusés d'injustice, en punissant d'un exil centenaire les mortels dont les corps étaient restés privés des honneurs funèbres, contre le désir et la volonté de ces mêmes mortels : mais la théologie payenne avait voulu inspirer aux vivans le respect pour les morts, et les obliger, par la sévérité d'un dogme qui les frappât de terreur, à ne pas laisser les morts sans sépulture.

Cependant ce dogme devait inspirer aux anciens un grand éloignement pour les voyages maritimes; et il dut retarder les progrès de la navigation, du commerce et de la civilisation.

94. — Page 134. *Leucaspim, et lyciæ ductorem classis Orontem.*

Variantes dans les anciens manuscrits : *Leucapsim, Leucaspin.*

95. — Page 134. *Obruit Auster, aqua involvens navemque virosque.*

Leucaspis et Oronte avaient péri avec leurs vaisseaux, dans la tempête qui est décrite au commencement du premier livre.

96. — Page 134. *Ille autem :* « *Neque te Phœbi cortina fefellit.* »

Dans le xie livre de l'*Odyssée*, Ulysse rencontre aussi son ami Elpenor dans les enfers; mais tout l'avantage est ici pour l'heureux imitateur d'Homère.

97. — Page 134. . . . . *Maria aspera juro.*

Un pareil serment est placé convenablement dans la bouche d'un pilote. *Notandi mores.*

98. — Page 134. *Tres Notus hibernas immensa per æquora noctes.*

M. Binet traduit ainsi *hibernas noctes* : « Trois jours, ou plutôt trois nuits des plus orageuses, j'ai lutté, etc. »

99. — Page 136. *Ni gens crudelis madida cum veste gravatum.*

Cette cruauté envers les naufragés, exercée ici par les Lucaniens, est attribuée, dans l'*Odyssée*, aux Lestrigons. On retrouve cette coutume barbare, dans les temps modernes, sur les côtes de l'Armorique et de l'Écosse.

100. — Page 136. *Tu mihi terram*
     Injice.

L'ombre de Patrocle fait, dans l'*Iliade*, la même prière à Achille. Une loi d'Athènes enjoignait de couvrir d'un peu de terre les cadavres trouvés sans sépulture. Horace dit :

> At tu, nauta, vagæ ne parce malignus arenæ
> Ossibus et capiti inhumato
> Particulam dare.

Il dit encore ailleurs (*Od.*, liv. 1, 28) :

> . . . . Licebit
> Injecto ter pulvere curras.

« Quand tu auras trois fois jeté de la poussière sur mon corps, tu pourras partir. »

101. — Page 136. . . . . *Portusque require velinos.*

La ville de *Velia*, où *Elea* selon les Grecs, aujourd'hui *Castel a mare della Brucca*, ne fut bâtie dans la Lucanie, par une colonie de Phocéens, que plusieurs siècles après Énée. Cette ville donna son nom au port : c'est donc par anticipation que Virgile parle du port de Vélie.

102. — Page 136. *Æternumque locus Palinuri nomen habebit.*

Cette prédiction du poète s'est réalisée comme celle qu'il avait faite sur Misène. Le promontoire de Palinure a conservé le nom de *capo di Palinuro*; il s'élève dans la principauté citérieure, province du royaume de Naples, et qui était appelée Lucanie par les anciens.

103. — Page 138. *Nec vero Alciden me sum lætatus euntem.*

Lorsqu'Hercule descendit aux enfers, dit Servius, citant les poésies Orphiques, Charon, saisi d'une terreur soudaine, le reçut aussitôt et le passa dans sa nacelle : ce qui fit condamner le nautonnier infernal à rester un an entier enfermé dans un cachot du

Tartare. C'est pourquoi, ajoute l'ancien commentateur, il n'était point joyeux : *Ideo ergo* NON LÆTATUS *propter supplicium suum.*

104. — Page 138. *Quæ contra breviter fata est amphrysia vates.*

La Sibylle est appelée *vates amphrysia*, parce qu'Apollon, qui l'inspirait, était nommé souvent *Amphrysius* ou *pastor ab Amphryso*, depuis que, chassé de l'Olympe, il avait été réduit à garder les troupeaux d'Admète, sur les bords du fleuve Amphryse, dans la Thessalie.

105. — Page 138. . . . . *Ingens janitor antro.*

Cerbère, chien de Pluton, et gardien des enfers, *janitor Orci*, était né de Typhon, vent orageux, et d'Échidna, moitié nymphe et moitié serpent. Hésiode lui donne cinquante têtes; Horace lui en prête cent (*bellua centiceps*). Mais, selon presque tous les mythographes, il n'en avait que trois, et le merveilleux se trouve encore suffisant. Ces trois têtes étaient celles d'un chien, d'un loup et d'un lion. Sur son triple cou, au lieu de poil, se hérissaient des couleuvres. Homère parle du chien des enfers sans le nommer, ni sans le dépeindre. Hésiode lui a donné le premier le nom de Cerbère, du mot grec *Cresboros*, carnivore. Fourmont fait dériver son nom de celui de *Chébrès*, donné à plusieurs anciens rois d'Égypte. Paléphate le nomme chien de Géryon ; mais il le confond avec Orthros, son frère, chien de ce géant. Cerbère était surnommé *Trigeminus*, *Triceps* et *Trifaux*. Hésiode le représente flattant de ses caresses les morts qui arrivent, et menaçant de dévorer ceux qui voudraient sortir de l'empire des Mânes.

Horace peint ainsi le gardien de cet empire (*Od.*, liv. III, 11) :

> Cerberus, quamvis furiale centum
> Muniant angues caput ejus, atque
> Spiritus teter, saniesque manet
>   Ore trilingui.

Cerbère fut enchaîné par Hercule, assoupi par la lyre d'Orphée et par le caducée de Mercure, endormi par le gâteau de la Sibylle, et fasciné par le rameau d'Énée. Selon quelques auteurs, la fable de Cerbère devrait son origine à la coutume des Égyptiens, de faire garder les tombeaux par des dogues. Les Platoniciens ont vu dans Cerbère le mauvais génie dont les funestes influences, dit Porphyre, se répandent sur les trois élémens, l'air, la terre et l'eau. D'autres enfin ont cru reconnaître, dans le mythe de Cerbère, le temps avec ses trois divisions, dévorant, sur la terre, dont les anciens ne connaissaient que les trois premières parties, les trois principaux âges de la vie, l'enfance, la jeunesse et la vieillesse, par trois genres de mort, naturelle, violente et fortuite. Pythagore avait mis en réputation la science des nombres : cette science a été appliquée à toutes les religions, et a fait beaucoup rêver les savans.

106. — Page 138. *Casta licet patrui servet Proserpina limen.*

Fille de Jupiter et de Cérès, Proserpine était en même temps nièce et femme de Pluton.

107. — Page 140. . . . . . *Ille admirans venerabile donum
Fatalis virgæ, longo post tempore visum.*

Virgile semblerait dire ici qu'Hercule et Thésée n'avaient fait leur descente aux royaumes sombres qu'en présentant le rameau d'or. Mais comment Charon aurait-il été puni pour avoir reçu dans sa barque le grand Alcide, si ce héros lui avait montré le rameau d'or ?

108. — Page 140. *Ingentem Æneau.*

Par cette épithète, *ingentem*, Virgile désigne la haute stature et la force matérielle d'Énée. Ce sont les premiers avantages qu'Homère donne à ses héros ; et tous les poètes de l'antiquité ont imité, sur ce point, Homère, comme La Cerda le remarque et le prouve par les exemples qu'il cite.

109. — Page 140. . . . . *Gemuit sub pondere cymba
Sutilis, et multam accepit rimosa paludem.*

C'est avec un soin singulier et une stérile érudition que les commentateurs ont disserté sur la barque infernale. Était-elle formée de planches comme les bateaux de nos rivières, ou de peaux cousues, ou de joncs ployés ? Plusieurs ont pensé que, puisqu'il y avait un Charon dans l'enfer des Égyptiens, la nacelle devait être composée de l'écorce du papyrus. Desfontaines et M. Binet ont traduit ainsi : *composée d'écorces cousues ensemble.* Ni Virgile, ni aucun autre poète ne font connaître la matière dont était formée la barque de Charon. En la peignant fragile et délabrée, l'auteur de l'*Énéide* a-t-il voulu prouver que tout était pauvre et misérable dans les enfers? Les ombres étaient légères et sans aucune pesanteur; mais puisque cette barque porta le puissant Alcide, elle devait avoir quelque solidité. Ce sont les mots *sutilis*, cousu, et *rimosa*, plein de fentes, qui ont si péniblement exercé la patience des érudits, souvent plus infatigable que celle de leurs lecteurs.

110. — Page 140. *Informi limo glaucaque exponit in ulva.*

La plante aquatique appelée *ulva*, et dont Virgile a déjà parlé dans le second livre de l'*Énéide* (v. 135), est demeurée inconnue aux botanistes modernes ; ils se contentent de dire : L'*ulva* est dans les marais ce que l'algue est dans la mer. Quelques savans ont cru que l'*ulva* est la *typhe* de Dioscoride, c'est-à-dire cette espèce de jonc qui a des masses à son sommet. Un des derniers traducteurs de l'*Énéide* a transformé l'*ulva glauca*, le jonc vert pâle, en *roseaux noirs* :

111. — Page 140. *Melle soporatam et medicatis frugibus offam.*

Tout, jusqu'au gâteau de la Sibylle, a exercé la sagacité des scoliastes. De quoi était composé ce gâteau? les uns disent que c'était un potage somnifère ou une bouillie assoupissante; les autres prétendent qu'il était pétri avec des plantes magiques. Comprenez, dit gravement Heyne, que c'était une boulette : *intellige globulum ex pulte factum*, mais où il entrait du miel, des pavots et d'autres semences soporifiques, *sed admixto melle et papavere, aliisque seminibus et succis ita temperatum, ut vim soporificam haberet.*

112. — Page 140. *Infantumque animæ flentes in limine primo.*

Delille mêle trop souvent ses idées à celles de Virgile. C'est ainsi qu'après avoir montré le héros entendant les cris des enfans qui

. . . Ravis en naissant aux baisers de leur mère,
N'ont qu'entrevu le jour et fermé la paupière,

le poète français ajoute :

> Il se souvient d'Ascagne et s'émeut à leurs cris.

Mais Ascagne est vivant ; et d'ailleurs il n'est plus un enfant à la mamelle (car il n'est question dans Virgile que des enfans *ab ubere raptos*), puisqu'il a commandé, dans les jeux funèbres célébrés en Sicile, un escadron de jeunes Troyens. D'ailleurs enfin le poète traduit ne dit pas qu'en ce moment Énée se soit souvenu d'Ascagne.

113. — Page 140. *Hos juxta falso damnati crimine mortis.*

Tandis que l'évêque Warburton et les traducteurs modernes qui adoptent son sentiment, veulent expliquer la privation des Champs-Élysées pour les enfans et pour les hommes injustement condamnés, par les mystères des initiés, et par la prétendue révélation qu'en aurait faite Virgile, l'opinion du savant critique Heyne, est que le poète latin a pu suivre la doctrine qu'enseignait le philosophe Empédocle dans des livres qui ne sont pas venus jusqu'à nous. *Si Empedoclea superessent, de multis judicium expeditius foret.*

114. — Page 140. *Nec vero hæ sine sorte datæ, sine judice, sedes.*

N'y a-t-il pas un contresens dans cette version du professeur Binet : « Ces places ne sont point données au hasard, mais par des juges que le sort a choisis? » Les juges des enfers étaient toujours les mêmes : Minos, Éaque et Rhadamante. Virgile fait ici allusion à la manière dont la justice était rendue chez les Romains. On tirait au sort, non les juges, mais les causes pour les appeler.

115. — Page 142. *Quæsitor Minos urnam movet.*

Minos est appelé *quæsitor*, dont *quæstor* n'est qu'une abréviation. A Rome, le questeur informait, et le préteur de la ville prononçait, *jus dicebat*. Tous les poètes ont mis l'urne fatale dans les mains de Minos. Horace dit (*Od.*, liv. III, 1, et liv. II, 3) :

> Omne capax movet urna nomen.....
> Omnes eodem cogimur : omnium
> Versatur urna, serius, ocius,
> Sors exitura.

116. — Page 142. *Proxima deinde tenent mœsti loca, qui sibi lethum Insontes peperere manu.*

Voltaire a traduit ainsi ces vers, dans ses réflexions sur le suicide :

> Là sont ces insensés qui, d'un bras téméraire,
> Ont cherché dans la mort un secours volontaire,
> Qui n'ont pu supporter, faibles et furieux,
> Le fardeau de la vie imposé par les dieux.
> Hélas! ils voudraient tous se rendre à la lumière,
> Recommencer cent fois leur pénible carrière :
> Ils regrettent la vie, ils pleurent; et le sort,
> Le sort, pour les punir, les retient dans la mort.
> L'abîme du Cocyte et l'Achéron terrible
> Met entre eux et la vie un obstacle invincible.

Le suicide est puni plus sévèrement dans l'*Enfer* du Dante (chant XIII).

Les anciens condamnaient le suicide : *Il vaut mieux*, dit Euripide dans son IPHIGÉNIE, *vivre mal que de mourir bien.*

Parmi les suicides des temps héroïques, on distingue Égée, fils de Neptune : il se précipita dans la mer qui porte son nom; Evenus, roi d'Étolie; Ajax, fils de Télamon; Lycurgue, roi des Édons; Macarée, fils d'Éole; Agrius, chassé de ses états par Diomède; Menecée, fils de Créon, roi de Thèbes; Nisus, roi de Mégare; Clymène, roi d'Arcadie; Cinyre, roi de Cypre; Hercule; OEdipe; Pyrame; etc., etc.

Les femmes des temps héroïques, qui se donnèrent la mort, sont en plus grand nombre que les hommes de ces mêmes temps : on distingue Hécube, femme de Priam; Ino, fille de Cadmus; Anticlée, fille du brigand Autolycus; Sthénobée, reine d'Argolide; Évadné, femme de Capanée; Déjanire, femme d'Hercule; Laodamie, femme de Protésilas; Hippodamie, femme de Pélops; Alceste, femme d'Admète; Thémisto, fille d'Hypsée; Érigone, fille d'Icarius; Phèdre, femme de Thésée; Phyllis, femme de Démophoon, fils de Thésée; Canacé, fille d'Éole; Biblis, sœur de Caunus; Calypso, fille d'Atlas; Didon, reine de Carthage; Jocaste, mère et femme d'OEdipe; Antigone, fille d'OEdipe; Pélopée, fille de Thyeste; Thisbé, amante de Pyrame; Sémiramis, reine de Babylone, etc.

On remarquera que la plupart de ces personnages rejetèrent le fardeau de la vie, pour s'être abandonnés à des passions criminelles; le désespoir, la colère, la honte, les maux physiques égarèrent les autres. On ne trouve guère, dans cette liste, qu'une mort de dévouement, celle d'Alceste.

117. — Page 142. . . . . *Quam vellent æthere in alto*
Nunc et pauperiem et duros perferre labores!

C'est ce qu'Homère fait dire à Achille, dans le 11ᵉ livre de l'*Odyssée*. Peu touché des calmes plaisirs de l'Élysée, il leur préférerait, dit-il énergiquement, la dernière des conditions humaines sur la terre : « Je préférerais d'être, dans ce monde, le jardinier d'un fermier qui ne gagnerait sa vie qu'à la sueur de son front, à régner ici sur toutes les Ombres. » (*Traduction de* Mᵐᵉ DACIER.)

118. — Page 142. . . . . *Tristique palus inamabilis unda*
Alligat, et novies Styx interfusa coercet.

Ces mêmes vers se trouvent encore dans le ɪvᵉ livre des *Géorgiques* (479-480); il n'y a de changé que le premier mot. Au lieu de *tristique*, on lit, dans les *Géorgiques*, *tardaque*.

Le Styx, neuf fois replié sur lui-même, aurait formé, autour des enfers, un pareil nombre de barrières, et il aurait fallu qu'Énée le traversât neuf fois. Il est certain que Virgile ne donne pas toujours, dans le vɪᵉ livre, la même idée du Styx : tantôt c'est un fleuve, et tantôt un marais : *novies Styx interfusa, tenebrosa palus, stygiamque paludem*; mais, avant tout, Virgile voulait peindre; et la métaphore exclut souvent l'exactitude.

119. — Page 142. *Lugentes campi : sic illos nomine dicunt.*

« L'âme rêveuse et tendre de Virgile se plaît à peindre cette *campagne des pleurs*, où les ombres des amans malheureux gémissent sous une forêt de myrtes.... Le Dante a imité à sa manière, dans son *Enfer*, ces belles fictions de Virgile. Il place aussi les amans dans une plaine où l'on n'entend que des soupirs, et qui est toujours agitée par les orages. Il est bon d'observer qu'un des poètes les plus originaux de l'Italie moderne n'est le plus souvent qu'un imitateur bizarre de ce même Virgile, à qui certains critiques refusent le titre de génie original. » (DELILLE.)

DU LIVRE SIXIÈME. 233

120. — Page 142. *His Phœdram Procrinque,.... Evadnenque.*

Variantes dans les manuscrits, *Procnin, Prochrim; Euchadem, Euchandem, Heuhadnemque.*

Virgile place, dans le champ des pleurs, plusieurs femmes dont l'amour malheureux et la fin tragique nous sont inconnus. Heyne croit que le poète a pu suivre des fables d'amour rapportées par d'anciens poètes dont les écrits sont perdus.

On peut voir la fable de Procris, fille d'Érechthée, roi d'Athènes, dans le viie livre des *Métamorphoses*; la fable de Cénis, dans le livre xiie; la fable d'Ériphyle, fille d'Amphiaraüs, dans l'*Odyssée*, livre xi, et dans Apollodore, l. 1; la fable d'Évadné, femme de Capanée, géant d'Argos, qui fut tué par la foudre au siège de Thèbes, dans Euripide, *in Supplic.*, act. v; la fable de Laodamie, femme de Protésilas, dans Hygin (*fab.* 40), et dans la xiiie *Héroïde* d'Ovide.

Ulysse trouve aussi, dans les Enfers, la plupart des victimes de l'amour (*Odyssée*).

On est étonné de voir le chaste Virgile placer dans un même lieu Phèdre adultère, et Procris qui aimait tendrement son mari; Pasiphaé, si horrible dans ses monstrueuses amours, et deux victimes de l'amour conjugal, Évadné qui se jette dans les flammes du bûcher de son époux; Laodamie, qui supplia les dieux de lui montrer l'ombre de Protésilas, et qui, l'ayant vue, mourut en l'embrassant. Cependant le poète dit que, dans les enfers, les demeures ne sont point distribuées au hasard, et que les âmes criminelles sont séparées des âmes vertueuses. Les commentateurs et les traducteurs de Virgile ont examiné cette difficulté. Segrais veut justifier le texte, et se tire assez mal de cette entreprise. Le P. Catrou condamne le poète. Heyne pense qu'un meilleur choix, *melior nominum dilectus*, aurait pu être fait par Virgile. L'abbé Desfontaines dit : « Pour moi, je crois que Virgile a jugé à propos de ne point mettre dans le Tartare les âmes que l'amour seul avait rendu criminelles. Il a pu supposer que cette passion portait avec elle son excuse. La morale est un peu relâchée; mais elle est d'un poète. » Gaston, moins indulgent que Desfontaines, dit : « On ne voit pas sans étonnement Pasiphaé partager le sort de la vertueuse Évadné : on peut douter un peu de l'équité de Minos, à moins qu'il n'ait ignoré (suivant l'usage) le crime de son épouse. » Cette épigramme, toute française, n'a pas même, suivant les traditions mythologiques, le mérite de la justesse. Le labyrinthe ne fut-il pas un monument de la vengeance de Minos?

La plupart des traducteurs ont donné, dans leurs notes, de courtes notices sur toutes les femmes que Virgile place dans le champ des pleurs; M. de Loynes a été plus loin, il ajoute ces notices au texte même de Virgile. « Pour sauver, dit-il, cette nomenclature un peu sèche, il nous a semblé *plus heureux* de consacrer un ou deux vers à l'histoire de chacune de ces femmes célèbres. » Or, voici quelques-uns de ces vers :

> Ils aperçoivent Phèdre appelant Hippolyte,
> Et Procris de Céphale évitant la poursuite.....
> Au mugissant amour du taureau qu'elle adore,
> L'épouse de Minos semblait répondre encore.
> Laodamie, en pleurs, de douleur haletait :
> Au bûcher d'un époux Évadné se jetait, etc.

121. — Page 142. *Inter quas Phœnissa recens a vulnere Dido.*

Énée se montre ici assez vivement ému. Il pleure et adresse à Didon des paroles de regret et d'amour :

> Demisit lacrymas, dulcique affatus amore est.

Mais Didon le regarde, se tait, et s'éloigne d'un air irrité :

> Tandem corripuit sese, atque inimica refugit.

« On sent, dit Delille, combien ce silence est sublime; il motive la haine future de Carthage et de Rome; Didon n'a pas même pardonné après sa mort, et son ombre attend Annibal. Cet épisode a de plus un autre avantage : il excuse la fuite et l'abandon d'Énée; il rend à son caractère une partie de l'intérêt qui ne s'était attaché qu'à Didon dans le IVe livre. »

122. — Page 144. *Per loca senta situ cogunt noctemque profundam.*

Situs signifie sale, humide, moisi, *squallor ex vetustate contractus*; l'épithète *senta* est employée pour *horrida, inculta.* On trouve rarement ce mot dans les auteurs. Térence dit (*Eun.*, act. II, sc. 2) : *Video sentum, squallidum, ægrum, pannis, annisque obsitum.*

DU LIVRE SIXIÈME.

123. — Page 144. *Lenibat dictis animum, lacrymasque ciebat.*

Ciebat est employé pour *fundebat.* Énée pleure, mais sans chercher, comme le pense le P. La Rue, à faire pleurer l'ombre de l'amante qu'il a abandonnée.

124. — Page 144. *Quam si dura silex aut stet marpesia cautes.*

Variantes dans les anciens manuscrits : *Mopesia, Marsepia, in Arpeia.*

On trouve un peu plus bas ces autres variantes, *Thersilochum, Tersilocon. — Polyphoeten, Polipotem, Polybutem, Polyboten, que Pobyten, que Politen,* etc. Ces variantes sont appelées, dans l'édition de Heyne, *aberrationes indoctorum librariorum.*

J'ai dû me borner à citer les variantes qui sont dans les noms propres de personnages et de lieux; les scoliastes ont ramassé toutes celles qu'offre le texte dans les anciens manuscrits; le nombre en est immense. Il a fallu des travaux patiens pour les recueillir, et une grande sagacité pour choisir les meilleures leçons.

Marpesa était le nom d'une montagne de Paros, île de l'Archipel, célèbre par la beauté de ses marbres blancs. Il y avait, selon Pausanias (x, 12), une ville de *Marpessa* dans la Troade.

125. — Page 144. *Hic illi occurrit Tydeus.*

Tydée, fils d'OEnée, roi de Calydon, et père du fameux Diomède, fut un des sept chefs qui marchèrent contre Thèbes. Blessé à mort par Ménalippe, Capanée lui apporte son ennemi sur ses épaules. A cette vue, Tydée sent renaître ses forces; sa joie égale sa fureur : il saisit le crâne de Ménalippe, et l'ouvre avec ses dents, au moment même où Minerve lui apportait le don de l'immortalité. La déesse, révoltée à cet horrible spectacle, abandonne Tydée, et le laisse mourir. Euripide dit, dans sa tragédie des *Sept chefs devant Thèbes*, que Tydée savait moins manier la parole que les armes, et que ses exploits faisaient son éloquence : le premier de ses exploits fut le meurtre de son fils Olénius, selon Phérécide et Stace, ou de son oncle Alcathoüs, selon Apollodore. D'ailleurs Homère, Eschyle, Pausanias, d'autres encore louent son adresse et sa valeur. Il suivait le parti de Polynice, et tua, dans une seule action, cinquante guerriers, partisans d'Étéocle. Les héros de ces vieux âges étaient, pour la plupart, d'illustres brigands.

126. — Page 144. *Parthenopœus, et Adrasti pallentis imago.*

Parthénopée, un des sept chefs qui allèrent assiéger Thèbes, était, dit Eschyle, fort jeune encore lorsqu'il partit pour cette expédition si célèbre dans l'antiquité. Il fut tué par Amphidique. Quelques auteurs le disent fils de Méléagre et d'Atalante.

Adraste, roi d'Argos et de Sicyone, qui commandait les sept capitaines devant Thèbes, vit périr, sous les murs de cette ville, ses deux gendres, Polynice et Tydée. Il vit aussi tomber tous les autres chefs, et n'échappa lui-même à la mort qu'en prenant la fuite : c'est ce qui fait dire à Virgile : *Adrasti pallentis imago.*

127. — Page 146. ..... *Glaucumque, Medontaque, Thersilocumque.*

Plus de vingt personnages, dans l'antiquité payenne, ont porté le nom de Glaucus. Virgile désigne ici Glaucus, fils d'Hippolochus, et petit-fils de Bellérophon. Il était ami de Sarpédon; il commandait les Lyciens au siège de Troie, et combattit contre les Grecs : il eut la simplicité de changer son armure d'or contre l'armure de fer de Diomède : et de là vint le proverbe cité par Platon et par Aristote, et qui, par les mots *marché de Glaucus*, signifiait marché de dupe. Ce Glaucus tua un grand nombre de Grecs, et fut tué lui-même par Ajax.

Médon, un des fils d'Anténor, périt au siège de Troie. Il n'est guère connu que par ce vers de Virgile.

Thersiloque, autre fils d'Anténor, commandait, dans le même siège, les troupes auxiliaires de Thrace : il fut tué par Achille (*Iliad.*, XXI).

128. — Page 146. *Tres Antenoridas, Cererique sacrum Polybœten.*

Trois Anténorides ou fils d'Anténor, Polybe, Agénor et Acamas, périrent aussi dans la guerre de Troie. Homère parle d'Acamas dans l'*Iliade* (liv. XI, XIII et XVI); Quintus Calaber en fait aussi mention dans son poëme de la guerre de Troie (l. X). On ne connaît Polybe et Agénor que par ce qui en est dit dans l'*Iliade* et dans l'*Énéide*.

Polybète est aujourd'hui inconnu. Homère ne le nomme pas.

129. — Page 146. *Idæumque etiam currus, etiam arma tenentem.*

Tout ce qu'on sait d'Idée, héros troyen, et écuyer de Priam, c'est qu'il défendit sa patrie contre les Grecs par ses armes et par ses conseils (*Voyez* l'*Iliade*, liv. III, v et VII). Scarron, et non Perrault, comme le dit le professeur Binet, a rendu plaisamment, dans son *Virgile travesti*, ces mots : *Etiam currus, etiam arma tenentem.*

> J'aperçus l'ombre d'un cocher,
> Qui, tenant l'ombre d'une brosse,
> Nettoyait l'ombre d'un carrosse.

130. — Page 146. *At Danaum proceres, Agamemnoniæque phalanges.*

Pour élever la gloire de son héros, Virgile abaisse celle des Grecs. Le seul éclat des armes d'Énée suffit pour mettre en fuite toutes les phalanges d'Agamemnon, comme jadis la seule lance d'Hector les avait fait fuir en désordre vers leurs vaisseaux. Il y a de l'exagération dans ce trait; mais la poésie vit d'exagération et d'images.

131. — Page 146. . . . . *Pars tollere vocem*
Exiguam : inceptus clamor frustratur hiantes.

Ce vers, comme le remarque Gaston, peint bien l'effort impuissant d'un homme qui veut pousser un cri que la terreur étouffe dans sa bouche béante.

132. — Page 146. *Deiphobum vidit.*

Déiphobe, fils de Priam et d'Hécube, se distingua par sa valeur pendant le siège de Troie. Il se battit deux fois contre Mérion, et vainquit Ascalaphe, fils de Mars (*Iliad.*, l. XIII). Après la mort de son frère Pâris, tué par Philoctète, il épousa Hélène. Dans la dernière nuit de Troie, cette Lacédémonienne, dont la beauté fut si fatale, voulut se réconcilier avec Ménélas, son premier époux; elle l'introduisit dans la chambre du prince troyen, et le roi de Sparte l'égorgea quand il était sans défense, et après l'avoir horriblement mutilé. Dictys de Crète (liv. II) rapporte que l'auguste frère d'Agamemnon coupa lui-même les oreilles, les bras et le nez de Déiphobe. Le P. Catrou prétend que les bras ne durent pas être coupés, parce que, devant Énée, Déiphobe cache ses cruelles mutilations : *dira tegentem supplicia.* Il est vrai qu'Énée voit l'ombre de Déiphobe privée de son nez et de ses mains : *manusque ambas, et truncas inhonesto vulnere nares.* Mais le poète ne dit pas précisément que les bras eussent eu le même sort que les mains ; ainsi il a pu ajouter : *dira tegentem supplicia.* Quelques critiques ont trouvé singulier que Virgile ait omis le meurtre de Déiphobe dans le deuxième livre, consacré tout entier à retracer la chute et les derniers malheurs de Troie; mais d'autres, qui veulent tout louer ou tout excuser dans les auteurs qu'ils commentent ou qu'ils traduisent, allèguent que la triste fin de Déiphobe n'appartenait pas à l'action principale (quoiqu'elle y tînt de plus près que beaucoup d'autres détails donnés par le poète), et M. Binet ajoute, sans motiver son avis, que ce récit *ne serait pas assez intéressant pour Didon.*

Une autre observation critique a été faite, et paraît mieux fondée : pourquoi Hector n'est-il pas rencontré par Énée dans les enfers ? Mais Virgile, a-t-on dit, a cru qu'Hector devait être déjà, comme Anchise, dans l'Élysée, et que la rencontre, en ces champs fortunés, de l'époux d'Andromaque, aurait détourné l'attention qu'Anchise réclamait tout entière, et partagé un intérêt qui se fût affaibli en se divisant. Cette réflexion peut ne pas paraître tout-à-fait satisfaisante.

133. — Page 146. *Tunc egomet tumulum rhœteo in litore inanem.*

On appelait *cénotaphes* ces tombeaux vides et représentatifs dressés avec les cérémonies ordinaires; ils suffisaient, suivant les idées de la théologie payenne, pour faire obtenir le passage de la barque infernale aux morts dont les os et les cendres n'avaient pu être recueillis.

134. — Page 146. *Nomen et arma locum servant.*

Quelques commentateurs n'ont pas entendu ce passage. Le P. La Rue y a vu un hypallage, et s'est trompé en renversant ainsi la phrase : *locus servat nomen et arma.* Il eût dû réfléchir que le promontoire de Rhétée n'avait jamais pris le nom de *Déiphobe,* et qu'aucun lieu n'a porté ce nom dans les temps héroïques.

Par une bien plus singulière aberration, M. de Loynes explique le mot *arma* par *armoiries*. Déjà il avait vu des armoiries dans la trompette et dans la rame qu'Énée fit déposer sur le tombeau de Misène : « Il ne peut être ici question, dit-il, que de ces *armes* ou *armoiries* de décoration par lesquelles on distinguait les divers guerriers et les diverses familles, et qui devenaient la récompense et l'aiguillon du courage. » M. de Loynes fait donc remonter ces armoiries, *bien spécifiées* par Virgile, ainsi que les *cordons*, au delà même des temps homériques. C'est donner une haute origine à la féodalité et à la chevalerie.

135 — Page 148. *Quum fatalis equus saltu super ardua venit.*

Macrobe (liv. VI, 2) veut que Virgile ait imité ici Ennius, qui avait dit : *Nam maximo saltu superavit gravidus armateis equus, qui suo partu ardua perdat Pergama.* Lucrèce aurait pu aussi imiter Ennius dans ces vers (l. 1, 477) :

Nec clam durateus Trojanis Pergama partu
Inflammasset equus nocturno Grajugenarum.

« Jamais le cheval monstrueux, qui dominait les remparts de Troie, n'eût enfanté le nocturne essaim de guerriers armés pour la détruire. » (*Traduct. de* M. DE PONGERVILLE.)

136. — Page 148. *Illa, chorum simulans, Evantes orgia circum.*

Les Bacchantes étaient appelées *Evantes*, soit du mot *Evoe*, qui était leur cri ordinaire, *Evoe Bacche!* cri par lequel Jupiter avait, dit-on, excité le courage de son fils Bacchus, dans la guerre des Géans; soit du mot *Evan*, nom qu'on donnait à Bacchus, et qui, sans doute, avait la même origine. On appelait aussi ce dieu *Evius*. Horace dit : *Dissipat Evius curas edaces.* On lit dans les *Proverbes* de Salomon ces paroles : *Cui Va, cui Evan? nonne iis qui vino immorantur?*

137. — Page 148. *Tum me confectum curis somnoque gravatum.*

Quels pouvaient donc être les soucis qui avaient accablé le prince troyen, *curis gravatum?* Dans le second livre de l'*Énéide*, toute la ville est représentée ensevelie dans le sommeil et dans le vin :

Invadunt urbem somno vinoque sepultam.

Les Troyens, trompés par le perfide Sinon, s'étaient abandonnés à la joie et à l'ivresse des festins. Plusieurs commentateurs ont pensé qu'il fallait corriger le vers de Virgile. Jean Schrader substitue *confectum choreis* à *confectum curis*. Il aimerait mieux cependant lire, comme dans les *Silves* de Stace (l. III, 1), *confectum thiasis*, accablé par des danses en l'honneur de Bacchus. Mais si les femmes troyennes se livraient à une joie insensée, et si le peuple les suivait partageant leur délire, les chefs ne pouvaient-ils avoir encore de grandes sollicitudes, et penser, comme Laocoon, qu'il fallait tout craindre des Grecs, et même leurs présens? Et d'ailleurs, combien nous paraîtraient peu dignes de l'épopée les héros troyens, Énée et Déiphobe, conduisant des chœurs dansans dans les rues d'Ilion?

138. — Page 148. *Egregia interea conjux arma omnia tectis*
                Emovet.

Ce vers et ceux qui suivent nous montrent Hélène dans le palais de Déiphobe, livrant son mari au glaive de Ménélas, tandis que, dans le second livre (v. 567 et suiv.), Hélène est cachée dans l'ombre sur les marches de l'autel de Vesta, redoutant à la fois la haine des Troyens, dont elle a renversé l'empire, et le ressentiment d'un époux outragé :

    Et pœnas Danaum et deserti conjugis iras
    Permetuens.

Elle n'a donc pas encore vu Ménélas! et cependant la ruine de Troie est déjà consommée, la citadelle est prise; Priam, ses fils et ses défenseurs sont tombés. Frappés de cette contradiction, que Segrais explique assez mal, plusieurs critiques ont pensé que cette partie du récit de Déiphobe devait être retranchée; mais d'autres, remarquant que le palais de Déiphobe était dans la citadelle, ont cru qu'après avoir livré son troisième époux aux fureurs de Ménélas, la fille de Tyndare, incertaine encore du fruit qu'elle retirerait de son crime, avait pu chercher la protection des ténèbres, et aller s'asseoir aux marches de l'autel de Vesta :

    . . . . . Et tacitam secreta in sede latentem.
                      (L. II, v. 568.)

Mais on peut objecter qu'au moment même de l'invasion de Troie, d'après le discours de Déiphobe, Hélène, feignant une orgie, conduisait en Bacchantes les chœurs des femmes phrygiennes, et, du haut de la citadelle, une torche à la main, appelait les Grecs, *et summa Danaos ex arce vocabat.* Comment cette furie ardente serait-elle devenue, dans la même nuit, une femme timide? D'ailleurs le meurtre de Déiphobe ne peut être placé qu'au commencement de cette nuit fatale, puisque le palais de ce prince était déjà dévoré par les flammes lorsqu'Énée se réveilla :

..... Jam Deiphobi dedit ampla ruinam,
Vulcano superante, domus.

(L. II, v. 310.)

Il paraît difficile d'admettre qu'Hélène eût à redouter la vengeance des Grecs, après les avoir si bien servis. On ne peut donc facilement concilier ce qui est dit d'Hélène, dans le IIe et dans le VIe livres; aussi les quatre professeurs annoncent-ils dans une note qu'ils y ont renoncé.

On remarquera que, si Virgile paraît en contradiction avec lui-même, il l'est visiblement avec Homère. Il est dit, dans le IVe livre de l'*Odyssée*, que, loin de favoriser les Grecs, la fille de Tyndare voulut faire tourner contre eux l'artifice du cheval de bois; que, soupçonnant cet artifice, elle se rendit près du colosse, appelant d'une voix douce et amie les guerriers qu'elle présumait enfermés dans ses flancs; que plusieurs de ces guerriers furent près de se trahir, et qu'ils étaient tous perdus, si le prudent Ulysse n'eût précipitamment appliqué sa main sur la bouche d'Anticlus, qui s'ouvrait déjà pour répondre. Le poète grec peint, dans l'*Iliade*, Hélène gémissant sur les malheurs de la guerre, et s'accusant d'en être la cause. Dans l'*Odyssée*, elle avoue ses égaremens, et demande pardon à Ménélas de l'avoir trahi. Elle est rendue intéressante dans ses adieux au jeune Télémaque, dans les présens qu'elle lui fait : le poète latin a imité cet épisode dans les adieux si touchans d'Andromaque à Ascagne (*Énéide*, l. III).

Mais il ne faut pas oublier que, si Virgile imite souvent Homère, ce n'est jamais, et ce ne peut jamais être dans la peinture des mêmes personnages. L'un célèbre les Grecs, l'autre chante les Troyens; des peuples ennemis ont fait des sujets opposés, et les héros élevés par Homère sont abaissés par Virgile.

139. — Page 148. *Hortator scelerum Æolides.*

Variantes dans les manuscrits : *Eoliades*, *Oelides* et *Elides*.

Ulysse est appelé *Éolide*, parce que plusieurs auteurs le faisaient descendre de Sisyphe, fils d'Éole, lequel aurait aimé sa mère Anticlée avant ou après son mariage avec Laërte. Ajax dit à Ulysse, dans les *Métamorphoses*, livre XIII :

> . . . . . Quid sanguine cretus
> Sisyphio, furtisque et fraude simillimus illi?

« Mais toi, né du sang de Sisyphe, et qui lui ressembles par tes artifices et par tes larcins ? »

140. — Page 150. *Hac vice sermonum roseis Aurora quadrigis.*

L'Aurore n'avait que deux chevaux attelés à son char. Virgile dit lui-même, dans le VIIe livre de l'*Énéide* (v. 26) :

> Aurora in roseis fulgebat lutea bigis.

Lorsque les poètes donnent quatre chevaux à l'Aurore, alors ils désignent le Soleil. C'est l'opinion de Donat, de Lætus, du P. La Rue et des meilleurs interprètes et commentateurs. L'Aurore ouvre à l'Orient les portes du jour, et ne parcourt pas le ciel, comme fait ici le Soleil, qui a déjà fourni la moitié de sa carrière :

> Jam medium æthereo cursu trajecerat axem.

141. — Page 150. *Nox ruit, Ænea; nos flendo ducimus horas.*

Selon Plutarque, dans son traité du *Génie de Socrate*, il n'était accordé que vingt-quatre heures aux vivans qui avaient obtenu le rare privilège de visiter les enfers. Énée avait commencé son voyage au point du jour, *primi sub lumina solis*, et la Sibylle l'avertit que déjà la nuit s'avance, *nox ruit*.

142. — Page 150. . . . . *Et ad impia Tartara mittit.*

Cet hémistiche est regardé par quelques commentateurs comme ayant été ajouté par une main étrangère; d'autres, sans croire à son interpolation, pensent que Virgile l'aurait corrige, s'il avait eu le temps de revoir l'*Énéide*. En effet, le poète dit que le chemin à droite conduit au palais de Pluton et à l'Elysée, tandis que, sur le chemin à gauche, est le supplice des méchans, *lœva malorum exercet pœnas*, et puis que ce chemin envoie ces mêmes méchans dans le Tartare, *ad impia Tartara mittit*; mais les supplices des criminels n'avaient lieu que dans le Tartare.

143. — Page 150. *Discedam, explebo numerum, reddarque tenebris.*

Ces mots *explebo numerum* ont paru aux commentateurs susceptibles de plus d'une interprétation : La Cerda croit qu'ils signifient *je vais achever le temps de mes épreuves, de mes expiations*: c'est le sens de Servius, qui voit dans *explebo* le synonyme de *minuam*; mais la plupart des interprètes ont pensé qu'*explebo numerum* avait le même sens que *nos numerus sumus* dans Horace, et que Virgile a voulu désigner le grand nombre, la foule des Ombres.

144. — Page 150. *Respicit Æneas subito.*

Jusqu'à ce moment, Énée et la Sibylle ont parcouru seulement le séjour des expiations, dont faisaient partie le champ des pleurs et le camp des guerriers. Ce séjour n'appartenait ni à l'Élysée, ni au Tartare : c'était le purgatoire des païens.

Hésiode fait du Tartare une prison séparée des enfers, et si profonde, qu'elle est aussi éloignée de la terre, que la terre l'est du ciel. Un mur d'airain l'environne, et des ténèbres trois fois plus épaisses que la nuit en dérobent l'entrée. Homère ne sépare point le Tartare des enfers. Virgile fait du Tartare une vaste prison, dont l'hydre à cinquante têtes est le gardien, et où Rhadamanthe donne ses lois, qu'il fait exécuter par les Furies.

La description du Tartare est un des plus magnifiques tableaux de l'*Énéide*. L'imitation qu'en fait Voltaire dans le septième chant de la *Henriade*, est bien inférieure à l'original : c'est le philosophe du xviiie siècle, c'est Voltaire qui parle par la bouche de Henri iv, et même par celle de Louis ix, quand il fait dire au saint couronné que l'éternité des peines est de l'invention des hommes; que dieu n'est infini que dans ses récompenses, et qu'il ne sait point punir

Par des tourmens affreux, éternels comme lui.

Ces idées philosophiques pouvaient trouver place ailleurs; mais elles répandent beaucoup de froid dans l'enfer de la *Henriade*.

145. — Page 150. . . . . *Solidoque adamante columnæ.*

Au lieu de *columnæ*, on lit *columbæ* dans un des plus anciens manuscrits : *miro librarii stupore*, dit Heyne; et il ajoute, dans son indignation de savant : *et horum hominum barbariem excutere non piget !*

Dans le VIIIe livre de l'*Iliade*, Homère met aussi dans les enfers des portes de fer et un seuil d'airain. La plupart des traducteurs de l'*Énéide* ont, jusqu'à présent, traduit *adamante* par *diamant*; mais, selon la remarque d'Hesychius, de Budée, de M. Boissonnade, et de plusieurs autres savans hellénistes, *adamas* signifiait, chez les Grecs et chez les Latins, une espèce de fer plus dur que le fer ordinaire. C'est ainsi qu'Horace représente le dieu Mars revêtu *tunicæ adamantinæ*; ce qui ne veut pas dire une cuirasse de diamant. C'est ainsi que Pindare appelle (IVe *Pyth.*) une charrue *adamantinon*. On peut consulter, pour de plus nombreuses citations sur ce vers de Virgile, La Cerda, Boissonnade, dans son édition de Philostrate, et les notes de Cluvier sur Apollodore.

146. — Page 150. *Hinc exaudiri gemitus, et sæva sonare*
Verbera : tum stridor ferri, tractæque catenæ.
. . . .
Tum demum horrisono stridentes cardine sacræ.

Delille a raison de toujours admirer l'harmonie des vers de Virgile; l'inimitable poète cherche à peindre par les sons : « Il se sert quelquefois d'une harmonie effrayante, et, pour ainsi dire, infernale comme les objets qu'il décrit. » Mais n'est-ce pas se laisser trop emporter à l'enthousiasme, que d'ajouter : « le son dur des *r* redoublés dans ce vers (*tum demum horrisono*, etc.) fait entendre le cri des gonds des portes de l'enfer? »

147. — Page 152. . . . . *Quis tantus plangor ad auras?*

Les anciens ne donnaient au Tartare ni air, ni mouvement atmosphérique. Cependant Virgile y fait retentir des cris; mais il fallait peindre. Le Tartare sans air serait sans bruit : on n'y entendrait ni les rauques torrens du Phlégéthon, *sonantia saxa*, ni le fracas des chaînes, ni le fouet sifflant des Furies, ni les portes de fer criant sur leurs gonds d'airain, ni les gémissemens des criminels mêlés au bruit de leurs tortures : il n'y aurait plus de poésie.

148. — Page 152. *Nulli fas casto sceleratum insistere limen.*

Énée n'est descendu aux enfers que pour voir son père Anchise, et pour apprendre de lui les futures destinées de sa race, et celles de l'empire romain. Le poëte n'a pas voulu le détourner trop du but de son voyage : il ne voit donc pas tout ce qu'il pourrait voir dans les enfers. La Sibylle suppose adroitement que nul chaste mortel ne peut pénétrer dans le Tartare; mais elle satisfait, par des récits abrégés et de vives peintures, la curiosité du héros et celle du lecteur.

149. — Page 152. *Gnosius hæc Rhadamanthus habet durissima regna.*

Rhadamanthe, frère de Minos I, et fils de Jupiter et d'Europe, était né à Gnosse, dans l'île de Crète. Il régna dans une île de la mer Égée avec une justice sévère, qui souvent est la véritable bonté des rois. Il punissait, selon Diodore de Sicile (l. v), sans distinction de rang, les impies, les brigands et les malfaiteurs. Le même historien ajoute que, sur la réputation de sa vertu, un grand nombre d'îles et presque toutes les côtes de l'Asie se soumirent à ses lois. C'est cette réputation qui le fit placer, après sa mort, parmi les juges des enfers. Il y avait dans les enfers trois départemens; le lieu des expiations, où siégeait Minos; l'Élysée, où présidait Éaque; et le Tartare, régi par Rhadamanthe.

Les premiers philosophes de l'antiquité ne croyaient pas tous aux enfers : Pythagore les détruit dans le langage que lui prête Ovide (*Metam.*, l. xv). Ce sont, dit-il, de vains noms, *nomina vana.*

150. — Page 152. *Distulit in seram commissa piacula mortem.*

Chez les païens, le repentir retardé jusqu'au moment de la mort n'était plus efficace, et les crimes devaient être expiés dans les enfers.

151. — Page 152. .... *Vocat agmina sæva sororum.*

On ne connaît que trois Furies principales, *Alecton*, *Mégère* et

Tisiphone; mais il pouvait y avoir un grand nombre de Furies subalternes, *agmina sæva.*

152. — Page 152. *Quinquaginta atris immanis hiatibus Hydra.*

Delille dit que, dans cette rude élision, *quinquaginta atris*, la voix retentit et se brise *avec un éclat terrible;* que, dans *hiatibus Hydra*, la même aspiration deux fois répétée contraint la voix à de nouveaux efforts. Cette observation est juste; mais par quelle poétique illusion Delille trouve-t-il que les mêmes syllabes toujours multipliées, en se choquant et en se suspendant tour-à-tour, *imitent en quelque sorte les cinquante gueules béantes du monstre infernal?* Un des meilleurs traducteurs de l'*Énéide*, M. Morin, renchérit encore sur l'enthousiasme du poète français : il dit que le heurt, le fracas et la suspension alternative des syllabes, *imitent le mouvement des cinquante gueules du monstre, qui s'ouvrent et se ferment alternativement.*

Le monstre gardien du Tartare n'est pas, comme l'ont cru plusieurs traducteurs de l'*Énéide*, l'hydre de Lerne, dont le spectre figure parmi les Ombres vaines que Virgile a placées dans l'avenue de l'Averne : c'est un dragon à cinquante têtes, qui est, dans le Tartare, ce qu'est Cerbère sur le bord du Styx.

153. — Page 152. *Bis patet in præceps tantum, tenditque sub umbras,*
Quantus ad ætherium cœli suspectus Olympum.

Imitation de ces vers de Lucrèce (l. IV, 418) :

Despectum præbet sub terras impete tanto,
A terris quantum cœli patet altus hiatus.

Virgile avait dit aussi, dans les *Géorgiques* (l. II, v. 291) :

Æsculus in primis : quæ quantum vertice ad auras
Ætherias, tantum radice in Tartara tendit.

La Fontaine a rajeuni, avec bonheur, cette ancienne image dans les deux derniers vers d'une de ses plus belles fables, *le Chêne et le Roseau.*

Le singulier *Tartarus* désigne le lieu le plus profond de ce gouffre des enfers. Le pluriel neutre *Tartara* a une signification plus étendue.

154. — Page 152. *Hic et Aloïdas geminos, immania vidi*
　　　　　　　　　Corpora.

Les poètes donnent le nom d'Aloïdes à Othus et à Éphialte, frères jumeaux, fils de Neptune et de la femme du géant Aloée; ils croissaient de neuf pouces chaque mois, et n'étaient âgés que de neuf ans lorsqu'ils se signalèrent dans la guerre des géans contre les dieux; ils avaient alors trente coudées, et, suivant quelques mythographes, neuf cents pieds de hauteur. Ils entassèrent Ossa sur Pélion, firent le dieu Mars prisonnier, et le retinrent plus d'un an enchaîné dans un cachot d'airain. Ils osèrent demander en mariage Junon et la chaste Diane; mais Jupiter, ou, selon Homère, Apollon les précipita dans le Tartare, où ils sont liés à une colonne avec des nœuds de serpens. Sur cette colonne est un hibou qui les tourmente éternellement par ses cris, ou leur ronge les intestins. Pausanias raconte que les Aloïdes fondèrent la ville d'Ascra, au pied du mont Hélicon, et qu'ils instituèrent le premier culte des Muses *Mélété*, *Mnémé* et *Aœdé*; c'est-à-dire, la méditation, la mémoire et le chant.

155. — Page 152. *Vidi et crudeles dantem Salmonea pœnas.*

Salmonée, fils d'Éole, frère de Sisyphe, et grand-père de Pélias, régnait sur l'Élide. Plusieurs princes eurent, comme lui, la folie de se croire, ou de vouloir se faire passer pour des dieux. Alexandre, Caligula, Néron, d'autres encore, ambitionnèrent l'apothéose et des autels; mais aucun d'eux ne fut puni comme Salmonée.

156 — Page 154. *Nec non et Tityon, Terræ omniparentis alumnum.*

Lucrèce, poète philosophe, ne voyait souvent que des allégories dans les mythes du paganisme, que Virgile respecte toujours comme étant la religion des Romains. L'auteur du poëme *de Natura rerum*, dit en parlant de Tityé :

Nec Tityum volucres ineunt Acheronte jacentem, etc.

« Au bord de l'Achéron, Tityé n'est point livré en proie aux avides oiseaux : ces monstres trouveraient-ils, dans sa vaste poitrine l'aliment éternel de leur voracité, quand l'immensité de son corps, au lieu de neuf arpens, couvrirait l'orbe du monde? Quel être pourrait suffire à une douleur éternelle, et fournir l'éternel aliment de ses bourreaux? Tityc est avec nous, il est ici : les monstres qui le déchirent sont les noirs soucis, les soupçons jaloux, la sombre ambition et les remords dévorans. » (*Trad. de* M. DE PONGERVILLE.)

Virgile appelle la terre *omniparens;* ce qui rappelle ce beau vers de Lucrèce (l. VI) :

Omniparens, eadem rerum commune sepulcrum.

Tityc est l'image de ceux qui sont dévorés par les passions, et surtout par l'amour, dont les anciens plaçaient le siège dans le foie : de là la fable du vautour rongeant le foie du géant. Ce même supplice est décrit dans le XIe livre de l'*Odyssée.* L'opinion des anciens sur le siège de l'amour sert d'interprétation à ce vers d'Horace *(Epist.*, l. 1) :

Non ancilla tuum jecur ulceret ulla.

Les historiens et les poètes de l'antiquité sont rarement d'accord. Tandis que ces derniers font de Tityc un géant fils de la Terre, un grand criminel, qui fut condamné au supplice de Prométhée, pour avoir voulu attenter à l'honneur de Latone, Strabon rapporte que Tityc était un tyran de Panope, dans la Phocide; qu'il fut dit fils de la Terre, parce que son nom signifie *terre* ou *boue,* et que, loin d'être enchaîné dans le Tartare, il était adoré comme un dieu dans l'Eubée.

Mais les historiens de ces vieux âges avaient aussi leurs erreurs et leur crédulité. Pausanias s'étonne (l. x, ch. 4) qu'on ose révoquer en doute la grandeur démesurée de Tityc, qui, selon Homère, Virgile, Ovide et Hygin, couvrait de son corps neuf plèthres ou arpens de terre; et l'historien raconte que Cléon, du pays des Magnésiens, avait vu à Gades (aujourd'hui Cadix) un homme tué d'un coup de foudre, que l'on avait jeté sur le rivage, et dont le corps couvrait cinq arpens de terre.

157. — Page 154. *Quid memorem Lapithas, Ixiona, Pirithoumque.*

La fable des Lapithes et de leur combat avec les Centaures est racontée par Ovide dans le XIIe livre des *Métamorphoses.* Les Lapithes, descendus de Lapithus, fils d'Apollon, et frère de Centaurus, étaient un petit peuple de Thessalie, habitant sur les bords du Pénée, et non moins habile que les Centaures dans l'équitation. On leur attribue l'invention du mors.

Ixion, roi de Thessalie, fils de Phlégyas, père de Pirithoüs, et ami de Thésée, précipita son beau-père dans les flammes, et les peuples indignés lui refusèrent l'expiation. Jupiter, on ne sait pourquoi, eut pitié de lui, et le transporta au séjour des dieux. Le roi, meurtrier sur la terre, se montra ingrat dans le ciel : il voulut séduire l'auguste Junon. Le maître du tonnerre, soupçonnant la perfidie d'Ixion, lui présenta une nue à laquelle il donna la ressemblance de sa femme; Ixion l'embrassa avec ardeur, et engendra Pirithoüs, ou, selon quelques auteurs, Centaurus, de qui vinrent les Centaures. Jupiter lança sa foudre sur le coupable, et le précipita dans les enfers, où il fut attaché, avec des couleuvres, à une roue qui tourne éternellement.

Pirithoüs, roi des Lapithes, époux d'Hippodamie, aida son ami Thésée dans le premier enlèvement d'Hélène, et se fit aider à son tour par le même Thésée, lorsqu'il voulut enlever la chaste Proserpine. Mais cette expédition fut fatale aux deux amis : Pirithoüs fut condamné au supplice que subissait Ixion son père, et Thésée dut rester assis sur une pierre éternellement.

158. — Page 154. *Accubat, et manibus prohibet contingere mensas.*

Ce supplice ressemble à celui de Tantale. Mais Tantale, roi de Lydie ou de Phrygie, qui avait enlevé ou voulu enlever à son père Jupiter l'échanson Ganymède, et qui égorgea son propre fils Pélops, pour le servir sur la table des dieux, n'était point assis sur un lit somptueux dans le Tartare; il était plongé jusqu'au cou dans un des fleuves des enfers, toujours dévoré d'une soif ardente, sans que ses lèvres pussent effleurer l'onde, et souffrant tous les tourmens de la faim, sans pouvoir saisir les fruits sans cesse rapprochés et sans cesse éloignés de ses mains parricides.

159 — Page 154. . . . . *Et fraus innexa clienti.*

On lit dans la loi romaine des Douze-Tables : *Patronus si clienti fraudem faxit, sacer esto.* On sait que le mot *sacer* a deux significations contraires, *saint* et *exécrable*, *sacré* et *abominable*.

160. — Page 156. . . . . *Quique arma secuti*
Impia, nec veriti dominorum fallere dextras.

Par ces armes impies, Virgile désigne clairement les guerres civiles. Servius pense que le poète courtisan voulait flatter Auguste sur sa clémence. Octave, devenu maître du monde, avait fait grâce à un grand nombre de Romains qui avaient porté les armes contre César : *Est namque ejus dictum : dare quidem se veniam Pompeianis, sed ab ipsis quandoque esse periturum.* Mais, ajoute Servius, en appelant les guerres civiles des guerres impies, le poète attaquait César et Pompée, et en condamnant ceux qui combattirent contre la foi donnée du pardon, il condamnait Auguste, qui vainquit avec le secours de deux mille Gaulois, transfuges du parti d'Antoine. *Adhuc fremenctes verterunt bis mille equos Galli canentes Cæsarem* (Horat.). Il insulte Auguste et César en les appelant maîtres, *dominos*; car, pour plaire aux Romains, ils se disaient, non les maîtres, mais les pères de la patrie : *nam patres patriæ dicebantur, non domini.* Plusieurs commentateurs ont pensé que, par *dominorum fallere dextras*, Virgile indiquait les affranchis qui trahissaient leurs patrons. Mais qui oserait, dit Heyne, affirmer que le poète avait voulu désigner Pompeius Mena, affranchi de Cnéius Pompée, et qui trahit Sextus au profit de César? — Tant il est difficile de louer les tyrans !

161. — Page 156. *Saxum ingens volvunt alii, radiisve rotarum*
Districti pendent.

Virgile désigne le brigand Sisyphe, fils d'Éole, frère d'Athamas et de l'impie Salmonée. Pausanias lui attribue la fondation de Corinthe, qui fut d'abord appelée Éphyre, et l'institution des jeux Isthmiques. Il est peu de personnages des temps héroïques qui aient été plus diversement jugés que Sisyphe. Homère dit que ce prince aimait la paix, qu'il sut la maintenir, non-seulement dans ses états, mais encore entre les états voisins. Le poète grec fait de Sisyphe le plus sage et le plus prudent des mortels, tandis que d'autres le représentent comme en ayant été le plus rusé, le plus fourbe et le plus scélérat.

Phérécyde raconte que Sisyphe fut précipité dans les enfers, pour avoir enchaîné la Mort dans son palais, et pour l'y avoir retenue si long-temps, que Mars, à la prière de Pluton, fut obligé d'aller la délivrer, parce qu'il n'arrivait plus personne dans le sombre empire.

Eschyle et Sophocle avaient composé sur Sisyphe des tragédies qui ne sont point venues jusqu'à nous.

Lucrèce voit, dans le supplice de Sisyphe, celui de l'homme trompé dans son ardente ambition :

> Nam petere imperium, quod inane est, nec datur unquam,
> Atque in eo semper durum sufferre laborem ;
> Hoc est adverso nixantem trudere monte
> Saxum ; quod tamen a summo jam vertice rursum
> Volvitur, et plani raptim petit æquora campi.

« Se consumer en travaux douloureux pour un honneur futile qui nous fuit sans cesse, n'est-ce point élever avec de périlleux efforts, vers la cime d'un mont, l'énorme rocher qui menace celui qui le pousse, et, près du but, échappe, retombe, et roule en grondant dans la plaine. » (*Traduct. de* M. DE PONGERVILLE.)

162. — Page 156. . . . . *Sedet, æternumque sedebit,*
Infelix Theseus.

Dans un des plus anciens manuscrits de Virgile, un copiste ignorant a mis *Térée* au lieu de *Thésée*.

L'histoire des temps héroïques, qui ne paraît guère plus vraie que la fable, rapporte que Thésée, roi d'Athènes, se réunit à son ami Pirithoüs, pour aller enlever la femme du roi de Thesprotie, (pays de l'Épire, où est le lac Achéruse, qui reçoit les eaux du Cocyte); que ce roi, nommé Pluton, fit arrêter les deux amis, et que, dans la suite, Hercule les retira de leur prison.

Plutarque, qui a écrit la vie de Thésée, Diodore de Sicile et Élien, expliquent la fable des deux amis par une autre fable, en disant qu'Aidonée, roi des Molosses, avait une femme et un chien, nommés Proserpine et Cerbère; qu'il fit dévorer par ce chien Pirithoüs, qui voulait enlever sa fille Coré, et qu'il enferma dans une prison Thésée, complice du projet d'enlèvement.

« Nous avons vu, dit Gaston, que les héros vertueux goûtaient chez les morts les plaisirs qu'ils avaient recherchés sur la terre : par la même raison, Thésée, qui avait été sans cesse errant et voyageur, fut condamné à rester toujours assis dans les enfers, pour expier ses amours adultères. » Parmi les écrivains qui ont introduit tant de variantes dans les mythes, il en est qui semblent avoir voulu épuiser la crédulité des anciens âges. Thésée, disent-ils, était si fortement assis que, lorsque Hercule le souleva, par un pénible effort, la peau du roi d'Athènes resta collée sur la pierre infernale. Plusieurs mythographes prétendent que Pirithoüs et Thésée, délivrés par le grand Alcide, n'obtinrent qu'un répit provisoire, et qu'après leur mort ils furent rendus à leur premier supplice.

163. — Page 156. . . . . *Phlegyasque miserrimus omnes*
Admonet.

Les anciens manuscrits offrent sur Phlégyas ces variantes : *Phleguas, Flegeas*, etc.

Fils de Mars, père d'Ixion et de la nymphe Coronis, Phlégyas régnait sur un petit canton de la Béotie, lorsqu'Apollon séduisit sa fille, et la rendit mère d'Esculape; le père indigné marcha contre Delphes, pilla ou brûla le temple du dieu qui l'avait outragé; et le dieu, l'atteignant de ses traits inévitables, le précipita dans les enfers. Les Phlégyens qui l'avaient suivi dans cette expédition furent tous exterminés par les foudres, par la peste et par des tremblemens de terre continuels. (*Voyez* PAUSANIAS, l. IX, c. 36; STRABON, liv. IX; l'*Iliade*, liv. XIII; VALERIUS FLACCUS, liv. XI; STACE, *Thébaïde*, liv. I, v. 712.)

Servius, Schrevelius, Warburton, Desfontaines, d'autres encore, ont supposé que c'est Thésée qui crie sans cesse aux Phlégyens qu'il faut honorer les dieux. Mais quel rapport y a-t-il entre Thésée et les Phlégyens? et pourquoi Thésée n'adresserait-il ce grand avertissement qu'aux seuls Phlégyens? D'ailleurs comment, dans le même vers, Thésée, appelé *infelix*, recevrait-il encore l'épithète de *miserrimus?* Desfontaines a suivi l'erreur de Warburton; il a vu un accusatif dans un nominatif, et fait d'un roi un peuple. « Je crois, dit-il, que *Phlégyas* est ici à l'accusatif, et doit se rapporter à Thésée, comme s'il y avait : *Theseus admonet Phlegyas.*

164. — Page 156. *Discite justitiam moniti, et non temnere divos.*

Un moine du moyen âge répandit la fable suivante : Le démon

interrogé par un saint personnage, et sommé ou adjuré de déclarer quel était le plus beau vers de Virgile, répondit sans hésiter : *Discite justitiam*, etc.

Quelques critiques ont trouvé cette belle maxime déplacée dans le Tartare, les malheureux condamnés à des supplices éternels n'ayant plus besoin d'avertissemens salutaires, puisqu'ils ne peuvent plus en profiter. Scarron dit plaisamment, dans son *Virgile travesti* :

> Cette sentence est bonne et belle :
> Mais en Enfer à quoi sert-elle?

On peut répondre, non au poète burlesque, mais à des critiques plus graves, que Virgile écrivait pour les vivans, et non pour les morts : *omnes admonet*. Dans toutes les religions, le tableau des peines et des récompenses de l'autre vie est une leçon présentée aux hommes qui peuvent mériter, par leurs vertus ou par leurs crimes, un bonheur infini dans sa durée, ou un malheur éternel.

165. — Page 156. *Vendidit hic auro patriam, dominumque potentem*
Imposuit; fixit leges pretio atque refixit.

Macrobe (l. VI, 1) dit que ces vers ont été presque en entier pris d'un poëme aujourd'hui perdu de L. Varius :

> Vendidit hic Latium populis, agrosque Quiritum
> Eripuit, fixit leges pretio atque refixit.

Les anciens biographes de Virgile rapportent qu'il lut le VIe livre devant Auguste. Le poète osa donc dire en présence d'Octave : *Vendidit hic auro patriam*, DOMINUMque POTENTEM *imposuit!* Octave n'était arrivé à l'empire qu'aidé par des hommes corrompus qui lui vendirent la patrie, et lui imposèrent un maître puissant, *dominumque potentem*.

Les mots *fixit leges* sont une allusion à l'usage de graver les lois nouvelles sur des tables d'airain, de les attacher à des colonnes dans les places publiques, et d'enlever ces tables quand les lois étaient abrogées. Ovide dit (*Métamorph.*, liv. I) que, dans l'âge d'or, on n'attachait point des paroles menaçantes sur des tables d'airain :

.... Nec verba minantia fixo
Ære ligabantur.

166. — Page 156. *Hic thalamum invasit natæ vetitosque hymenæos.*

Donat prétend que Virgile avait eu en vue, dans ce vers, Cicéron, que Dion (liv. XLVI) accuse ouvertement d'un commerce incestueux avec sa fille. L'auteur de l'invective attribuée à Salluste dit, que Tullia, fille de l'orateur romain, était la rivale de sa mère, *filia matris pellex*. Mais Servius repousse l'opinion de Donat comme une espèce de blasphème. Ce n'était pas du côté des mœurs que le consul, philosophe et orateur, pouvait être attaqué. Il ne cachait point sa tendresse pour sa fille. Quand il eut le malheur de la perdre, il donna un libre cours à ses regrets. Il écrivait à Atticus : « Ma douleur est moins grande à l'extérieur, mais dans mon cœur elle est toujours la même; et s'il était en mon pouvoir de l'alléger, je ne le voudrais pas (*nec si possem, vellem*). » Il écrivait dans une autre lettre : « Je m'efforce, non d'affaiblir ma douleur, mais de la montrer moins sur mon visage; et quelquefois, en faisant cet effort, il me semble commettre un crime (*idque faciens, interdum mihi peccare videor*). » (*Epist.* lib. XII, 15 et 29.)

On aime à retrouver, dans les grands hommes, ces sentimens qui les rapprochent de la nature, et qu'il faut craindre de calomnier. On sait que Cicéron voulut élever à sa fille, non un tombeau, mais un temple : *Nollem illud ullo nomine nisi* FANI *appellari*.

Ces sentimens étaient reçus dans l'antiquité. Les enfans rendaient à leurs parens, après leur mort, des honneurs presque pareils à ceux qui étaient rendus aux dieux. Un mausolée devenait une espèce de temple où les ancêtres étaient honorés comme des dieux domestiques, et les dieux mânes n'étaient autre chose que les ancêtres d'une famille. Plutarque rapporte, dans ses *Questions romaines*, qu'après avoir brûlé le corps de leur père, les enfans le croyaient devenu dieu. C'était l'opinion de Labéon, cité par Servius (sur le IIIe livre de l'*Énéide*, v. 254); mais, quels que fussent les honneurs rendus aux morts chez les Romains, on ne voit pas qu'on ait donné le nom de *fanum* à d'autres monumens que ceux qui étaient consacrés aux empereurs après leur apothéose. Aussi le père de Tullia fait-il entendre qu'il veut faire pour sa fille quelque chose d'extraordinaire; il a presque honte de sa faiblesse : *Hæ meæ ineptiæ, fateor enim, ferendæ sunt.* C'est à cette époque qu'il écrivit son traité *de Consolatione*, qui n'est pas venu entier jusqu'à nous. Dans un autre traité, il disait : « Que les dépouilles mortelles restent éternellement sacrées! que les droits des Mânes soient toujours saints, et que les Mânes soient regardés comme des dieux! » *Deorum Manium jura sancta sunto : hos letho datos divos habent.* (*Voyez* les *Remarques* de l'abbé Mongault *sur le* FANUM *de Tullia, fille de Cicéron*, dans le 1er volume des *Mémoires de l'Académie des Belles-Lettres.*)

167. — Page 156. *Non, mihi si linguæ centum sint, oraque centum,
Ferrea vox.*

Macrobe (l. VI, 3) rapporte qu'un poète nommé Hostius, antérieur à Virgile, avait dit : *Non, si mihi linguæ centum atque ora sient totidem vocesque liquatæ*. Mais cette hyperbole est dans l'*Iliade*, liv. II, v. 489. Le même vers, suivi du *ferrea vox*, se trouve dans les *Géorgiques* (liv. II, 43). Le poète latin fait allusion à Stentor qui, dans l'*Iliade* (l. II, v. 785), est dit avoir une voix d'airain.

168. — Page 158. *Devenere locos lætos et amœna vireta.*

Homère décrit l'Élysée dans le IIIe livre de l'*Odyssée* : « Les Ombres y mènent une vie douce et tranquille; les neiges, les pluies, les frimas n'y désolent jamais les campagnes; en tout temps on y respire un air tempéré; d'agréables zéphyrs, qui s'élèvent de l'Océan, rafraîchissent continuellement cette heureuse contrée. »

Pindare, cité par Plutarque, appelle ces tranquilles demeures « l'auguste palais de Saturne, une île fortunée sur laquelle jamais la nuit n'étend ses sombres voiles. Là, d'agréables zéphyrs s'élèvent de la mer, et promènent dans les airs le parfum délicieux qu'exhalent les fleurs qui couvrent cette heureuse contrée, et dont l'éclat le dispute à celui de l'or. Les unes sortent de la terre, les autres naissent dans des ruisseaux limpides; on en voit sur les arbres, à côté des fruits dont ils sont couronnés. »

L'Élysée est placé par Platon sous terre, ou sous nos antipodes; par Homère et par Hésiode, à l'extrémité de la terre, et sur les bords de l'Océan; par Plutarque, au centre de la terre; par Macrobe, dans une sphère particulière; par Lucain, près de la lune; par Denys le Géographe, dans les îles Blanches du Pont-Euxin. D'autres placent les Champs-Élysées près des colonnes d'Hercule, dans l'île de Gades, dans les îles Canaries, dans les îles de Schetland, dans l'Islande, qui était la Thulé des anciens, etc.

Virgile ne prolonge pas la description des Champs-Élysées comme il a prolongé celle des enfers. « Il faut, dit Delille, abréger les peintures du bonheur; celles de la douleur seules sont inépuisables. Le goût exquis du poète ne se méprend jamais sur l'effet et la mesure de ses tableaux. »

Il y a des rapports remarquables entre la description de l'âge d'or par les anciens poètes, et celle qu'ils font de l'Élysée. Milton est, de tous les modernes, celui qui a le mieux représenté cet âge d'innocence et de pures voluptés. « Comme il n'y a point d'exemple de pareilles amours, il n'y a pas non plus d'exemple d'une pareille poésie. « (VOLTAIRE, *Essai sur la poésie épique*.)

169. — Page 158. ..... *Solemque suum, sua sidera norunt.*

Claudien dit, comme Virgile, que les Champs-Élysées ont un ciel, un soleil, et des astres particuliers :

> Amissum ne crede diem : sunt altera nobis
> Sidera, sunt orbes alii, lumenque videbis
> Purius, Elysiosque magis mirabere campos.
> (*De raptu Proserpinæ.*)

L'opinion de Virgile, suivie par Claudien, était celle de Platon, et elle fut adoptée par Plutarque. Fénelon, dans l'enfer de son *Télémaque*, dit de ce soleil, « C'est plutôt une gloire céleste qu'une lumière. »

170. — Page 158. *Pars in gramineis exercent membra palæstris.*

L'âme qui descendait aux enfers n'était que l'ombre de la matière dont elle avait été revêtue. Cette image conservait les goûts et les qualités du corps.

171. — Page 158. *Nec non Threicius longa cum veste sacerdos.*

Les longues robes à queue étaient connues des anciens. Les prêtres en portaient dans les sacrifices. Properce dit (*Élég.*, l. 1, 31) :

> Pythius in longa carmina veste sonat

On lit dans Ovide (*Fast.*, 1) :

> Induerat Tyris distinctam murice pallam.

Palla était l'habit long des hommes, et *stola* celui des femmes. Orphée inventa, dit-on, la lyre et le culte des dieux. « Il est assez singulier, dit l'abbé Desfontaines, que l'ancienne tradition fasse venir de la Thrace, pays barbare, les vers, la musique et tous les beaux-arts. »

172. — Page 158. *Jamque eadem digitis, jam pectine pulsat eburno.*

Le *Pecten* était un dé d'ivoire, armé d'un crochet avec lequel le poète ou le musicien faisait vibrer les cordes de la lyre.

173. — Page 158. ..... *Lætumque choro Pæana canentes.*

Le *Pæan* était un hymne chanté en l'honneur d'Apollon ou de Mars. Ce mot servait aussi à désigner tous les chants joyeux. *Io Pæan* était un cri d'allégresse et d'acclamation.

174. — Page 158. *Plurimus Eridani per silvam volvitur amnis.*

L'Éridan ou le Pô est appelé par Virgile le roi des fleuves, *fluviorum rex Eridanus* (*Géorg.*, l. 1, v. 482). Pline dit que ses eaux disparaissent tout à coup sous terre, non loin de sa source, ce qui aurait pu donner lieu à la fable qui le fait couler dans l'Élysée. Mais les géographes modernes ne disent rien qui confirme ce que rapporte Pline. L'Éridan est, de tous les fleuves de l'antiquité, celui qui a fait naître le plus de fables. C'est dans ses ondes que les poètes placent la chute de Phaéton, la métamorphose des Héliades en peupliers, et le supplice de Tantale.

175. — Page 160. *Quique pii vates, et Phœbo digna locuti.*

Virgile a réservé dans l'Élysée une place pour les poètes, mais seulement pour les poètes religieux ou législateurs, qui, en civilisant les hommes, et en faisant aimer la vertu, se sont montrés les dignes interprètes d'Apollon, *Phœbo digna locuti*.

176. — Page 160. *Quique sui memores alios fecere merendo.*

Saint Augustin cite, explique et admire ce vers dans le dernier chapitre de la *Cité de Dieu*.

177. — Page 160. *Musœum ante omnes; medium nam plurima turba Hunc habet, atque humeris exstantem suspicit altis.*

Quelques critiques ont cru que Virgile avait voulu se peindre lui-même dans l'éloge qu'il fait du poète Musée.

D'autres savans, en plus grand nombre, se sont étonnés qu'en faisant la description des Champs-Élysées, Virgile ait oublié de montrer Homère dans ce bois de lauriers où il place les poètes; ils ont trouvé étrange qu'ayant tant imité l'auteur immortel de l'*Iliade* et de l'*Odyssée*, il ait laissé échapper cette occasion de lui payer un tribut d'éloge et de reconnaissance. Turnèbe, Muret, le cardinal Sirlet, Jules Scaliger, Taubmann, d'autres encore, ont vu dans ce silence beaucoup d'ingratitude. Scaliger, confondant l'ancien Musée, antérieur à Homère, et que l'auteur de l'*Énéide* met dans les Champs-Élysiens, avec le Musée auteur du poëme de *Héro et Léandre*, qui vivait après les temps homériques, a prétendu que Virgile préférait les vers de ce Musée à ceux du plus grand poète de l'antiquité; et c'est ainsi qu'il explique pourquoi l'un est admis dans l'Élysée, tandis que l'autre en est exclu. Mais, dans cette ridicule hypothèse, les deux poètes n'eussent-ils pu avoir leur place dans le bois de lauriers?

Ménage et d'autres savans ont vengé l'auteur de l'*Énéide* du reproche d'ingratitude. Ils ont fait remarquer qu'Énée ne pouvait voir, dans sa descente aux enfers, que les poètes morts avant le sac de Troie; que l'ancien Musée, qu'on disait fils d'Apollon, disciple d'Orphée, législateur comme lui, digne héritier de sa lyre, et qui vivait du temps de Cécrops II, pouvait se trouver dans l'Élysée; mais qu'Homère n'ayant vécu, selon les chronologistes, que près de deux siècles après la guerre de Troie, ne devait pas être rencontré par le héros troyen.

Cette observation est juste, et semble péremptoire. Cependant, puisque la Sibylle qui conduisait le pieux Énée lui faisait montrer dans l'avenir, par Anchise, la place qui attendait, dans ces champs de gloire éternelle, les descendans d'Iule devenus maîtres du monde, Virgile aurait pu, par la même fiction, annoncer qu'un jour Musée verrait arriver le prince des poètes grecs ; et si le prince des poètes latins ne peut être taxé d'ingratitude, il est du moins permis de penser qu'il a laissé échapper l'occasion de la reconnaissance.

178. — Page 162. *Tempora dinumerans, nec me mea cura fefellit.*

Lorsqu'Anchise apparut à son fils avant qu'il quittât la Sicile, il lui recommanda de le venir voir dans le sombre empire, dès qu'il serait arrivé en Italie. Ainsi, en supputant le temps de son départ et celui de sa navigation, *tempora dinumerans*, Anchise avait jugé que l'époque de la descente d'Énée aux enfers n'était pas éloignée.

179. — Page 162. *Stant sale Tyrrheno classes.*

La mer de Tyrrhène, aujourd'hui mer de Toscane, s'étendait jusqu'au détroit de Sicile.

180. — Page 162. *Ter conatus ibi collo dare brachia circum ;*
Ter frustra comprensa manus effugit imago,
Par levibus ventis, volucrique simillima somno.

Ces trois vers sont déjà, sans aucun changement, à la fin du IIe livre de l'*Énéide* (792-794). Ce double emploi n'a pu être fait que provisoirement. Virgile se proposait sans doute de conserver l'image et de changer la forme, comme il l'avait déjà fait dans ces vers du IVe livre des *Géorgiques* (499-501), lorsque l'ombre d'Eurydice échappe aux embrassemens d'Orphée :

> Dixit, et ex oculis subito, ceu fumus in auras
> Commixtus tenues, fugit diversa : neque illum
> Prensantem nequidquam umbras.....

Voltaire a imité Virgile dans ces vers du VIe chant de la *Henriade* :

> Trois fois il tend les bras à cette ombre sacrée ;
> Trois fois son père échappe à ses embrassemens,
> Tel qu'un léger nuage emporté par les vents.

181. — Page 162. *Interea videt Æneas in valle reducta.*

Ce qui suit sur le retour des âmes dans d'autres corps, et sur le système qui fait tout périr et renaître, est tiré de mythes de Platon, qui avait suivi les opinions des pythagoriciens.

182. — Page 162. . . . . *Et virgulta sonantia silvis.*

Il y avait donc des vents dans l'Élysée; et l'on entendait, sur les bords du paisible Léthé, le bruissement du feuillage, *virgulta sonantia silvis,* comme sur les noires eaux de l'Averne, *Averna sonantia silvis* (*Énéide,* l. III, v. 442).

183. — Page 162. *Ac, veluti in pratis, ubi apes æstate serena.*

Cette comparaison est tirée d'Apollonius, qui l'avait prise dans l'*Iliade.* Virgile se contente de montrer les abeilles voltigeant sur des fleurs. Il ne fait mention ni de leurs travaux, ni de leurs combats, qu'il décrit si bien dans le ive livre des *Géorgiques,* parce qu'il leur compare ici des âmes oisives, uniquement occupées des innocens et paresseux plaisirs de l'Élysée.

184. — Page 164. . . . . . *Quæ lucis miseris tam dira cupido ?*

Si l'on compare cette réflexion d'Énée avec le regret qu'Achille exprime dans l'*Odyssée* de n'être plus au nombre des vivans, on voit quels progrès avait faits la philosophie dans l'intervalle qui sépare le siècle d'Auguste des temps homériques.

185. — Page 164. *Principio cœlum ac terras, camposque liquentes.*

Servius a obscurci ce magnifique tableau avec le fatras de toutes les arguties néoplatoniques et de toutes les subtilités des grammairiens.

A l'exemple de Pythagore, de Platon et de la plupart des anciens philosophes, Virgile ne voit dans la nature que trois grandes parties : le ciel, la terre et la mer. C'est ainsi qu'il avait dit dans les *Géorgiques* (l. IV, v. 222) :

> Terrasque, tractusque maris, cœlumque profundum,

et dans l'*Énéide* (l. I, v. 58) :

> . . . . Maria ac terras, cœlumque profundum.

C'était aussi la doctrine d'Ennius : *Qui tuo lumine mare, terram, cœlum contines.*

Anchise explique à son fils le système de la métempsychose, inventé par Pythagore, et qui fut adopté par Socrate et Platon. Mais Pythagore était-il de bonne foi, lorsqu'il prétendait avoir été, 1° *Ethalides*, fils putatif de Mercure ; 2° *Euphorbe*, qui fut blessé par Ménélas au siège de Troie ; 3° *Hermotime*, fameux devin de Clazomène dans l'Ionie, dont l'âme se transportait en différens lieux, et revenait ensuite prendre possession du corps, qui, pendant son absence, demeurait immobile [1] ; 4° enfin, un pauvre pêcheur ? Puisque Pythagore se souvenait de si loin, il n'avait donc pas bu les eaux du Léthé. L'abbé Barthélemy prétend, dans son *Voyage d'Anacharsis*, que Pythagore enseignait une science à laquelle il ne croyait pas. D'autres auteurs pensent que, par le mot métempsychose, le philosophe grec voulait donner une image symbolique des reproductions et des métamorphoses qui s'opèrent sans cesse dans les trois règnes de la nature.

Anchise expose le dogme platonique de l'âme universelle, dont chaque âme était une portion, et qui, répandue dans le monde, animait tout. Mais Platon supposait cette âme distinguée de la matière, tandis que les spinosistes n'admettent dans le monde que la matière, à laquelle ils attribuent deux propriétés, celle d'être étendue, et celle de pouvoir connaître. Ils font ainsi dépendre la pensée de telle ou telle configuration et de tel ou tel mouvement de la matière : ce qui est absurde.

Quoique le dogme de Platon sur la nature de dieu ne soit pas conforme au dogme du christianisme, l'apôtre saint Paul s'en est prévalu pour faire connaître aux Athéniens l'unité d'un dieu ; et plusieurs Pères de l'Église se sont servis de la doctrine platonicienne pour combattre le polythéisme. Cependant Lactance prétend que Platon détruit la divinité, en la supposant unie à un

---

[1] On dit que la femme de cet Hermotime profita d'un des voyages de l'âme, pour faire enterrer ou brûler le corps, ce qui empêcha l'âme d'y rentrer. On ajoute que, dans la suite, Hermotime eut un temple à Clazomène, dont l'accès était interdit aux femmes à cause de cette trahison. (*Voyez* PLINE, l. VII, c. 52 et 53 ; TERTULLIEN, *de Anima*, II, c. 28 et 44 ; ORIGÈNE, *contre Celse*, c. III, etc.)

corps comme l'âme humaine ; il reproche à Virgile de confondre ce dieu avec le monde, quand il dit :

> .... Totamque infusa per artus
> Mens agitat molem, et magno se corpore *miscet*.

Il est difficile de prouver que Platon ait admis un dieu distingué de la nature, de l'âme des hommes et de l'âme des bêtes.

Virgile, platonicien, fait de l'âme des bêtes une portion de la divinité. Il dit dans le IVe livre des *Géorgiques* :

> ..... Deum namque ire per omnes
> Terrasque, tractusque maris, cœlumque profundum :
> Hinc pecudes, armenta, viros, genus omne ferarum.

Quelques théologiens ont prétendu prouver que Platon avait distingué un dieu créateur, commandant aux âmes qui étaient des créatures, et ils ont cité ces vers de Virgile :

> Has omnes (animas), ubi mille rotam volvere per annos,
> Lethæum ad fluvium *Deus* evocat agmine magno.

Mais ce dieu, qui commande aux âmes de boire les eaux du Léthé, est non un dieu philosophique, mais un dieu poétique : c'est Mercure, dont le caducée plonge les âmes dans le Tartare, ou les retire des enfers :

> .... Hac animas ille evocat Orco
> Pallentes, alias sub tristia Tartara mittit.

Cependant Platon et Virgile sont les deux auteurs de l'antiquité payenne qui ont fourni aux théologiens le plus d'argumens en faveur d'un dieu unique, immatériel, et en faveur de l'immortalité de l'âme.

Fénelon, dans son *Télémaque* (liv. IV), explique ainsi le vers de Virgile,

> Mens agitat molem, et magno se corpore miscet :

« L'âme universelle du monde est comme un grand océan de lumière : nos esprits sont comme de petits ruisseaux qui en sortent et qui y retournent pour s'y perdre.

On peut consulter, dans les *Mémoires de l'Académie des*

Belles-Lettres (t. II, p. 169), les réflexions de l'abbé Fraguier, *sur la philosophie mêlée dans le sixième livre de l'Énéide.*

186. — Page 164. *Inde hominum pecudumque genus, vitæque volantum.*

Cette doctrine de la grande âme du monde, qui anime les hommes et les bêtes, est développée dans le IVe livre des *Géorgiques* (v. 219-227). Delille a traduit ainsi ce passage :

>Frappés de ces grands traits, des sages ont pensé
>Qu'un céleste rayon dans leur sein fut versé.
>Dieu remplit, disent-ils, le ciel, la terre et l'onde;
>Dieu circule partout, et son âme féconde
>A tous les animaux prête un souffle léger :
>Aucun ne doit périr, mais tous doivent changer,
>Et, retournant aux cieux en globe de lumière,
>Vont rejoindre leur être à la masse première.

187. — Page 164. *Non tamen omne malum miseris, nec funditus omnes.*

Le christianisme a pris dans ces traditions antiques sa doctrine du purgatoire, mais en la perfectionnant. Les vivans prient pour les morts, et la prière abrège la durée des expiations. Ainsi se trouvent établis des rapports continuels entre la vie présente et la vie future.

188. — Page 166. *Ergo exercentur pœnis. . . . .*

Cette purgation des âmes se faisait par l'air, ou par l'eau, ou par le feu. La doctrine secrète des prêtres égyptiens semble placer le lieu de cette purgation des âmes dans les astres.

189. — Page 166. *Quisque suos patimur Manes.*

Desfontaines a traduit singulièrement ce vers : « Chacune de nos âmes a une divinité infernale chargée de son expiation. »
Plusieurs commentateurs ont pensé qu'il y avait eu transposition dans ce passage, et que Virgile avait suivi l'ordre suivant :

>. . . . . Aut exuritur igni :
>Donec longa dies perfecto temporis orbe,
>Concretam exemit labem, purumque reliquit
>Ætherium sensum, atque auraï simplicis ignem.
>Quisque suos patimur Manes.

D'autres interprètes ont cru que Virgile n'avait pas revu ces vers, ni réglé l'ordre où ils devaient être placés; d'autres enfin ont été tentés de croire à leur supposition. C'est l'opinion du savant Heyne, qui dit : *Sensum idoneum non habent, a poetæ mente sunt alieni;* et, en effet, suivant ces vers, une nouvelle purgation des âmes par des épreuves, des peines, des douleurs, aurait lieu dans l'Élysée, séjour paisible d'un bonheur éternel; ou du moins cette purgation, commencée avant l'admission des âmes dans l'Élysée, se poursuivrait et ne s'achèverait que dans ce fortuné séjour.

190. — Page 166. *Ætherium sensum, atque aurai simplicis ignem.*

Virgile appelle l'âme *ætherium sensum*, parce qu'elle a une origine céleste, et *aurai simplicis ignem*, pour faire entendre que son essence est celle des élémens les plus subtils, le feu et l'air. C'est ainsi que l'âme est appelée par Horace, *divinæ particulam auræ*.

191. — Page 166. . . . . *Ubi mille rotam volvere per annos.*

Rêve de Platon dans sa *République* (liv. x). On lit dans Hérodote (liv. ii) que, d'après un dogme des Égyptiens, les âmes devaient transmigrer dans les corps mortels pendant trois mille ans.

192. — Page 166. *Illustres animas, nostrumque in nomen ituras.*

Ce tableau de la grandeur future de Rome, et cette revue de toute la postérité d'Énée, sont une création sublime du poète latin. Le Tasse, Camoëns, Milton et Voltaire ont imité Virgile. Mais, dans la *Jérusalem délivrée*, les destinées de la maison d'Est, qui sont prédites à Renaud, n'ont pas historiquement assez d'importance pour autoriser l'emploi du merveilleux; c'est ce qu'on peut dire aussi de la gloire du Portugal resserrée dans un trop petit cadre, et dont l'éclat a eu peu de durée. « Milton, dit Delille, ouvre une scène plus vaste que Virgile lui-même; mais c'est un autre défaut. Les destinées du monde entier touchent moins que celles d'une seule nation. Cependant le dessin du poète anglais a de l'audace et de la grandeur. De tous les imitateurs du poète latin, Voltaire a été sans doute le plus heureux ; il a eu l'avantage de peindre l'époque la plus mémorable de l'esprit humain, et son style a souvent tout l'éclat de la cour de Louis xiv. »

Le siècle de Louis xiv fut sans doute une époque mémorable, mais non *la plus mémorable de l'esprit humain.* Et qu'est-ce qu'un style qui a *tout l'éclat* de la cour d'un roi?

193. — Page 166. *Ille, vides, pura juvenis qui nititur hasta.*

Pura hasta signifie une *lance sans fer*, suivant l'interprétation de La Cerda, et celle de la plupart des commentateurs. Ces sortes de lances avaient souvent l'acception de *sceptre* chez les Grecs et chez les Latins. Virgile, après avoir représenté, dans le 1er livre, Éole *sceptra tenens*, lui fait ouvrir, avec la pointe acérée de sa lance, les flancs de la montagne où sont emprisonnés les vents : *cavum conversa cuspide montem impulit in latus.* L'historien Justin dit (l. xliii) : *Per ea adhuc tempora, reges hastas pro diademate habebant... Nam et ab origine rerum pro diis immortalibus veteres hastas coluere; ob cujus religionis memoriam, adhuc deorum simulacris hastæ adduntur.*

Virgile, en donnant un sceptre à Silvius, fils posthume d'Énée, fait entendre qu'il régnera dans Albe-la-Longue, après la mort d'Ascagne, à l'exclusion d'Iule, fils d'Ascagne, dont les premiers césars se disaient descendus.

194 — Page 168. *Silvius, albanum nomen, tua posthuma proles:*
Quem tibi longævo serum Lavinia conjux.

Le nom de *Silvius*, qui signifie né au milieu des bois, *in silvis*, fut donné à un fils posthume d'Énée, dont Lavinie accoucha dans une forêt. Elle s'y était réfugiée, craignant qu'Ascagne ne fît périr cet enfant. Les origines du royaume des Latins, comme celles de tous les peuples, sont fort obscures. Selon Tite-Live, Silvius était fils d'Ascagne, tandis que Servius prétend qu'Ascagne mourut sans enfans, et laissa le sceptre à Silvius, qui fut la tige des rois d'Albe.

Virgile dit que, *dans sa vieillesse*, Énée sera père de Silvius. Il est étonnant que le poète ne se souvienne plus de la prédiction faite par Jupiter à Vénus (l. 1, v. 265) :

Tertia dum Latio regnantem viderit æstas,
Ternaque transierint Rutulis hiberna subactis.

Énée ne devait donc régner que trois ans; et si son règne a eu cette courte durée, le héros troyen était jeune encore lorsqu'il périt dans les eaux du Numicus. Le poète oublie donc ce qu'il a dit dans le premier livre, lorsque, dans le sixième, il fait d'Énée un vieillard qui doit laisser un fils posthume : *quem tibi longævo*, etc.

195. — Page 168. *Silvius Æneas, pariter pietate vel armis*
Egregius.

Ce vers manque dans quelques anciens manuscrits. Burmann l'a cru interpolé, et il a pensé aussi qu'il pouvait être retranché du texte sans en altérer le sens; car, dans le poëme, l'énumération des rois d'Albe est incomplète, et Virgile ne s'est pas même assujéti à l'ordre des temps. Anchise montre les rois obscurs qu'il nomme, à mesure qu'ils se présentent. Mais Heyne et les meilleurs interprètes ont conservé ce vers.

196. — Page 168. . . . . *Si umquam regnandam acceperit Albam.*

Silvius Énée ne monta sur le trône que dans un âge assez avancé. Son tuteur avait ambitionné et long-temps retenu le sceptre des Albains.

197. — Page 168. *At, qui umbrata gerunt civili tempora quercu.*

La couronne civique était décernée à celui qui, dans les combats, avait sauvé la vie à un citoyen, ou défendu avec courage un poste difficile. Les hommes qui avaient fondé des villes, ou bâti d'utiles remparts, obtenaient la même récompense. De toutes les couronnes, c'était la plus honorable : elle était formée de feuilles de chêne, arbre qui fut long-temps honoré, parce que son fruit avait été la nourriture des hommes dans les premiers âges du monde. Virgile donne la couronne civique aux fondateurs des plus anciennes colonies des Latins, qu'il nomme, et qui étaient sorties d'Albe-la-Longue.

198. — Page 168. *Hi tibi Nomentum, et Gabios, urbemque Fidenam.*

Nomente, ville des Sabins, à douze milles de Rome : c'est aujourd'hui le bourg de *Lamentano*.

Gabies, ville qui, jusqu'à Tarquin-le-Superbe, fut la rivale de

Rome, dont elle n'était éloignée que de dix milles. Déjà, sous Auguste, elle comptait un petit nombre d'habitans dans la vaste enceinte de ses murs.

Fidènes, ville du pays des Sabins, célèbre par la chute de son amphithéâtre qui, sous Tibère, fit périr ou blessa dangereusement cinquante mille spectateurs que la curiosité avait attirés de Rome et des villes voisines (TACITE, *Ann.*, liv. IV, 62). Les théâtres de Curion, d'une construction plus hardie, puisqu'ils roulaient sur un pivot, eurent des effets moins funestes. Pline (l. XXXVI, c. 5) blâme avec raison la témérité de l'architecte, et plus encore celle des Romains qui se pressaient en foule sur ces édifices mouvans. Dans les ruines de Fidènes s'est élevé le bourg de *Castro-Giubileo*.

Collatie, autre ville des Sabins, peu éloignée de Rome, et dont il ne reste aucun vestige, fut célèbre par l'aventure de Lucrèce, qui fit abolir la royauté et fonder la république romaine. Du temps de Strabon, Collatie n'était déjà plus qu'un village.

Pométie, ancienne ville des Volsques, qui fut détruite par les Romains. Elle avait été bâtie sur le terrain autrefois fertile, aujourd'hui stérile et pestilentiel, que l'on appelle les *Marais Pontins*.

Inua, petite ville du pays des Rutules, sur le bord de la mer Tyrrhénienne, et qui tirait son nom du dieu Pan, appelé *Inuus* par les Latins.

Pola, ville du Latium, à dix milles de Rome, sur la voie Appienne, et qui, du temps de Pline, n'offrait déjà que des ruines.

Cora, aujourd'hui Cori, dans la campagne de Rome, près des marais Pontins; ancienne ville des Volsques, voisine de *Corioli*, dont la conquête fit donner à Marcius le surnom de *Coriolan*.

Denys d'Halicarnasse (l. III, 31) dit que trente colonies sortirent d'Albe-la-Longue, pour former des établissemens dans le Latium et hors du Latium. Tite-Live, Aurelius-Victor et Pline citent encore d'autres villes fondées par les Albains : *Tibur*, *Tusculum*, etc.

199. — Page 168. *Hi Collatinas imponent montibus arces.*

Après ce vers, on trouve celui-ci dans plusieurs manuscrits :

Laude pudicitiæ celebres, addentque superbos.

Heyne s'étonne que ce vers, qu'il déclare n'admettre qu'à regret (*ne versuum numeris deminutas turbas faceret*), n'ait pas été retranché par Heinsius. Il ne se trouve dans aucun des anciens manuscrits. Il manque dans les premières éditions, et passe pour avoir été interpolé par un jurisconsulte de Milan, nommé Fabrice Lampugnani. Il a été rejeté par la plupart des interprètes; ils ont jugé de trop peu de poids le motif qui a déterminé Heyne à l'admettre.

200. — Page 168. *Pometios, castrumque Inui, Bolamque, Coramque.*

Variantes dans les manuscrits : *Pomerios, Pometicos; — Castrumque Nini; — Borumque, Volamque, Bulamque; — Corasque.*

201. — Page 168. *Romulus, Assaraci quem sanguinis Ilia mater.*

Romulus et Rémus, petits-fils de Numitor, le rétablirent sur le trône d'où l'avait chassé Amulius, fils de Procas. Ilia, mère de Romulus et de Rémus, descendait, par Énée, d'Assaracus, frère d'Ilus, roi de Troie. Amulius l'avait consacrée au culte de Vesta, pour l'empêcher de devenir mère. Mais elle accoucha de deux jumeaux, et déclara que le dieu Mars était leur père. Amulius fit exposer les deux enfans, qui furent nourris par Acca Laurentia; et parce que la vie de cette femme était peu réglée, on lui donna, dit-on, le nom de *Louve*. Les jumeaux qu'elle avait nourris jetèrent les fondemens de la ville éternelle, l'an 752 avant l'ère vulgaire.

202. — Page 168. *Et pater ipse suo superum jam signat honore?*

Allusion à l'apothéose de Romulus, qui périt dans un orage; et comme son corps ne fut pas retrouvé, on publia qu'il avait été enlevé au ciel par Jupiter. Le peuple le crut, et Romulus fut depuis honoré comme un dieu, sous le nom de *Quirinus*.

203. — Page 168. *En, hujus, nate, auspiciis illa inclyta Roma.*

Ce vers est pris d'Ennius, qui avait dit :

His nata auspiciis illa incluta Roma.

204. — Page 168. . . . . *Qualis Berecynthia mater.*

Cybèle était appelée *Berecynthia*, du nom d'une montagne de Phrygie, ou, selon Servius, du nom d'une ville bâtie sur les bords du Sangaris; elle était représentée avec une couronne de tours, parce qu'elle présidait aux fondemens des villes; et comme elle était appelée la mère des dieux, la comparaison de Virgile devait flatter les Romains, qui se regardaient eux-mêmes comme les rois ou les dieux de l'univers.

205. — Page 170. . . . . *Hic Cæsar, et omnis Iuli*
     Progenies.

Jules César se disait descendu de Iule, fils d'Ascagne, dont la postérité, qui avait retenu, sans interruption, le pontificat dans la ville d'Albe, fut transférée à Rome, avec le reste des Albains, lors de la destruction de la capitale du Latium par Tullus Hostilius.

206. — Page 170. *Augustus Cæsar, Divi genus.*

C'est ici la première fois que le poète donne à Octave le nom d'*Auguste*, qui lui fut décerné par le sénat, l'an de Rome 727. Il l'appelle aussi fils de dieu, *Divi genus*, parce que Jules César, son père adoptif, avait été mis au rang des dieux.

207. — Page 170. . . . . *Super et Garamantas et Indos*
    Proferet imperium; jacet extra sidera tellus,
    Extra anni Solisque vias, etc.

Les Romains donnaient le nom d'Indiens aux peuples de l'Afrique méridionale. Virgile dit, dans le ive livre des *Géorgiques* (v. 293), en parlant du Nil, qui descend du pays des Éthiopiens, appelés Indiens :

  Usque coloratis amnis devexus ab Indis.

Extra vias Solis, c'est-à-dire plus loin que le tropique du Capricorne, au delà duquel les anciens ne connaissaient rien. Les Romains ne s'étaient pas avancés plus loin que l'Atlas.

Ce panégyrique d'Auguste, où l'hyperbole est si magnifique, peut être comparé avec celui que Tibulle fait de Messala (l. iv, *Eleg.* 1, v. 147):

  . . . . . Oceanus ponto qua continet orbem,

Nulla tibi adversis regio sese offeret armis.
Te manet invictus Romano Marte Britannus;
Teque interjecto mundi pars altera Sole.

Un des traducteurs en vers de l'*Énéide* dit, dans une note : « l'encens de la flatterie préparé par les Virgile et les Horace devient dans leurs mains un parfum suave, subtil et spiritueux, qui se porte rapidement vers le ciel, et force à s'élever ceux qui veulent l'aspirer; mais de tels *parfumeurs* sont bien rares. »

208. — Page 170. *Hujus in adventum jam nunc et caspia regna.*

Par *caspia regna* sont désignés les Parthes et les Arméniens, qui bordaient, au midi et au couchant, la mer Caspienne; et par *Mæotica tellus*, les petits Tartares, établis sur les bords du Tanaïs, qui se jette dans les Palus-Méotides, aujourd'hui la mer Blanche, au dessus du Pont-Euxin. Virgile fait allusion à l'expédition contre les Parthes, qui demandèrent la paix à Auguste, en lui renvoyant les aigles enlevées à Crassus, et à l'ambassade des *Indiens*, que reçut Auguste, quand il était dans la Syrie. (STRABON, XV, et DENYS D'HALICARNASSE, liv. IX.)

209. — Page 170. *Et septemgemini turbant trepida ostia Nili.*

Le trouble poétique des sept bouches du Nil est une allusion aux alarmes de l'Égypte, près de subir le joug d'Auguste après la bataille d'Actium.

La superstition qui travaillait Auguste, et que Heyne appelle *stultissima*, lui faisait croire que des signes célestes annonçaient les grands évènemens de sa vie, comme un grand prodige avait annoncé sa naissance, suivant Suétone (ch. 92), *quo denunciabatur regem populi romani naturam parturire*. On vendait à Auguste des divinations et des présages; et il les achetait plus cher encore, peut-être, qu'il ne payait l'encens de Virgile et d'Horace.

210. — Page 170. *Nec vero Alcides tantum telluris obivit.*

On ne sait pourquoi, dans cette comparaison, le poète a choisi parmi les travaux d'Hercule ceux qui durent être les plus faciles et les plus légers. Il a tué un sanglier dans la forêt d'Érymanthe; il a tué, dans la forêt de Lerne, un serpent qui avait plusieurs têtes; il a poursuivi pendant un an, pour l'attraper enfin, une biche qui avait des cornes d'or et des pieds d'airain. Il était plus difficile de détourner seul le cours de deux fleuves (le Pénée et l'Alphée) pour diriger tous leurs flots dans les étables d'Augias. Il était plus difficile de dompter seul, dans les enfers, les palus du Styx, de l'Achéron et du Cocyte, que de triompher, avec une armée, vers les Palus-Méotides. Les travaux de Bacchus paraissent plus merveilleux encore que ceux de l'empereur romain. Suivi de son vieux compagnon Silène, monté sur un âne, suivi d'une troupe de Satyres que conduisait le dieu grotesque Pan, et d'un chœur de femmes échevelées criant *Evohe!* Bacchus fit la conquête de l'Inde avec des bâtons entourés de pampre. Il est vrai que Virgile se contente de représenter le dieu du vin faisant voler son char du sommet de Nisa, et qu'il semble se borner à dire :

Il excelle à conduire un char dans la carrière.

211. — Page 170. *Quis procul ille autem ramis insignis olivæ.*

Le poète revient de l'éloge d'Auguste à celui de Numa, qui, sorti de l'obscure ville de Cures, fut le véritable fondateur de Rome, en y établissant le double empire de la religion et des lois.

212. — Page 170. *Tullus in arma viros*..........

Tullus Hostilius fut plus guerrier encore que Romulus. Il détruisit Albe-la-Longue et le vieux royaume du Latium. Rome encore naissante dut chercher à s'étendre. La guerre fut le premier besoin d'un peuple qui ne possédait qu'un territoire de quelques arpens, et qui finit par soumettre le monde des anciens à sa domination.

213. — Page 172. ....*Quem juxta sequitur jactantior Ancus.*

Ancus, neveu de Numa, et quatrième roi de Rome, aima la vaine gloire, c'est-à-dire la pompe et les vanités du trône. Il voulait qu'on admirât en lui, ce qu'il n'avait pas, la valeur de Romulus et la piété de Numa : aussi Virgile l'appelle-t-il *jactantior.* Servius nous a conservé ce passage de Pomponius Sabinus : *Vivente Tullo ægre ferebat, quum e stirpe regia se jactaret, prælatum sibi Tullum : itaque statuerat, favore populari, Tullum regem cum tota familia occidere.* Tite-Live dit qu'Ancus se souvenait de la gloire de Numa, *avitæ gloriæ memor.* Mais ce souvenir n'était qu'une jactance insolente dans un prince qui avait voulu tuer un roi, et se défaire, par le meurtre, de toute une famille royale, pour saisir un sceptre qu'il se montra indigne de porter, et qu'il eut le malheur de laisser à des princes plus indignes encore, les Tarquins.

214. — Page 172. *Vis et Tarquinios reges.*

L'histoire des deux Tarquins est assez connue. Tarquin, dit l'*Ancien*, originaire de Corinthe, usurpa la couronne, et régna au préjudice des enfans d'Ancus, qui le firent, dans la suite, assassiner. Ce fut par le meurtre de Servius Tullius, son beau-père, que Tarquin, dit le *Superbe*, monta sur le trône : il fut tyran ; ses fils achevèrent, par leur violence, de le rendre odieux aux Romains. Le poignard de Lucrèce brisa le sceptre, et la république sortit des crimes de la royauté.

215. — Page 172. . . . . . *Utcumque ferent ea facta minores.*

Ce vers de Virgile semble indiquer que, dans le siècle d'Auguste, l'ancien Brutus, sacrifiant ses enfans, et ordonnant leur supplice parce qu'ils avaient conspiré en faveur des Tarquins, ne réunissait pas l'admiration d'un grand nombre de Romains. Le poète n'ose ni louer ni blâmer ; il ne condamne ni n'absout le sévère consul. Il lui donne une âme superbe, *animamque superbam* : c'est par la même épithète que les Romains désignaient leur tyran ; et, s'il dit que la postérité verra, dans l'acte de Brutus, le triomphe de l'amour de la patrie, il ajoute, « et aussi un immense désir de louanges : » *Laudumque immensa cupido.*

216. — Page 172. *Quin Decios, Drusosque.*

Les deux premiers *Decius*, père et fils, se dévouèrent pour sauver l'armée romaine, l'un dans une bataille contre les Latins, l'autre dans un combat contre les Étruriens et les Gaulois. Un troisième Decius imita ce grand dévouement dans la guerre de Pyrrhus.

Les *Drusus* étaient une branche illustre de la famille *Claudia*. Tibère et Livie, femme d'Auguste, appartenaient à cette branche. Un des fils de Livie, frère de Tibère, et qui portait le nom de Drusus, se rendit célèbre par ses victoires sur les Germains.

217. — Page 172. *Adspice Torquatum, et referentem signa Camillum.*

Trop barbare défenseur de la discipline militaire, Manlius Torquatus, qui fut trois fois consul et trois fois dictateur, ordonna le supplice de son fils, parce qu'il avait combattu hors des rangs, quoiqu'il eût vaincu et tué de sa main le général ennemi qui l'avait défié. Ce défi était une excuse, et la victoire une absolution (*Voyez* Tite-Live, liv. VIII, chap. 7). La sévérité de Manlius était passée en proverbe, *Manliana imperia*, et Virgile appelle ce consul, *sævum securi*, cruel par sa hache.

Camille, qui fut cinq fois dictateur, et qui triompha quatre fois, sauva le Capitole en ramenant à son secours l'armée et les aigles romaines, qui avaient fui devant les Gaulois à la bataille de l'*Allia*. (*Voyez* Tite-Live, liv. V, chap. 37 et 49.)

218. — Page 172. . . . . . *Paribus quas fulgere cernis in armis*.

Virgile avait déjà dit, dans les *Géorgiques* (liv. I, v. 489):

> Ergo inter sese paribus concurrere telis
> Romanas acies iterum videre Philippi, etc.

Lucain a imité Virgile (l. I, v. 7):

> . . . . Infestisque obvia signis
> Signa, pares aquilas, et pila minantia pilis.

219. — Page 172. *Concordes animæ nunc, et dum nocte premuntur*.

Pompée avait épousé Julie, fille de Jules-César. Le gendre et le beau-père restèrent unis tant que leur ambition eut besoin qu'ils se prêtassent un appui mutuel; mais, lorsqu'ils n'eurent plus à craindre d'autres rivaux, ils se divisèrent, et la république expira dans les convulsions de la guerre civile.

220. — Page 172. *Aggeribus socer alpinis atque arce Monœci*.

Variantes dans les manuscrits: *Menœci*, *Menœti*, *Moneti*, *Minœci*, *Monete*, etc. C'est aujourd'hui *Monaco*: le nom de cette ville a été moins altéré par le temps que par les copistes. Hercule avait un temple dans ce lieu; et, comme il y était peut-être seul honoré, les anciens lui donnèrent l'épithète de *monœcus*, ou solitaire.

221. — Page 172. *Tuque prior, tu parce, genus qui ducis Olympo*.

Jules-César, plus homme politique que Pompée, proposait la paix dans la guerre, et protégeait les neutres, que Pompée déclarait ennemis de la république; après la victoire de Pharsale, il pardonna à tous ceux qui mirent bas les armes.

222. — Page 172. *Ille triumphata Capitolia ad alta Corintho.*

Ce fut pour venger l'insulte faite à ses ambassadeurs par les Achéens, que la république envoya Lucius Memmius assiéger Corinthe. Cette ville, que Cicéron appelle *la lumière de la Grèce*, fut prise et saccagée, l'an 608 de Rome. Memmius rapporta, de son expédition, des richesses immenses, qui commencèrent à introduire, dans la ville du peuple-roi, le luxe plus tard funeste à sa liberté.

223. — Page 174. *Eruet ille Argos, Agamemnoniasque Mycenas.*

Virgile désigne dans ce vers, ou T. Quintus Flaminius, qui, vainqueur de Philippe, roi de Macédoine, lui enleva la Thessalie, la Grèce, et une partie du Péloponnèse; ou Paul-Émile, qui fit prisonnier Persée, dernier roi de Macédoine. Les commentateurs ont longuement disserté sur la question de savoir lequel de ces deux généraux romains le poète avait voulu indiquer. Philippe, et Persée son fils, se vantaient de descendre d'Achille. Après la défaite de Persée, Argos, Mycènes, et toutes les villes de la Grèce, furent bientôt soumises au joug des Romains, qui se disaient descendus des Troyens (*Voyez* TITE-LIVE, liv. XLV, chap. 31, 34, etc.) Ainsi, dans les révolutions des âges, les peuples vaincus deviennent vainqueurs à leur tour. Ici, le sac de Troie par les Grecs est vengé par un descendant des Troyens :

Ultus avos Trojæ, templa et temerata Minervæ.

224. — Page 174. *Quis te, magne Cato, tacitum, aut te, Cosse, relinquat?*

Le nom de Caton doit son illustration à M. Porcius Caton, censeur sévère, vertueux soutien de la république, et à Caton d'Utique, qui se donna la mort pour ne pas survivre à la liberté de Rome, quand elle expira dans les champs de Pharsale.

Cornelius Cossus tua de sa main Tolumnius, roi des Véiens, et fut le premier, après Romulus, qui consacra les dépouilles opimes de la victoire à Jupiter Férétrien (*Voyez* TITE-LIVE, liv. IV, chapitres 19-20). Il vainquit les Volsques, obtint le dangereux honneur de la dictature, et fit échouer l'ambitieux désir qu'un illustre Romain, Manlius Capitolinus, avait eu de se faire roi.

225. — Page 174. *Quis Gracchi genus? aut geminos, duo fulmina belli,
Scipiadas.*

Virgile ne prend, dans ce magnifique tableau de la grandeur romaine, que le trait le plus important de la vie ou du caractère des grands hommes dont il fait la revue. Les Gracques, les Scipions, les Fabricius n'occupent que deux vers. Le poète ne dessine avec plus de détail que les figures de Romulus, de César, d'Auguste et de Marcellus. Voltaire a su garder cette mesure, en ne s'étendant, dans la vision de saint Louis, que sur Richelieu, Louis XIV, le duc de Bourgogne, et Louis XV encore enfant. Turenne et Condé sont peints en quatre vers. (*Henriade*, ch. VII.)

Le premier des Gracques, Tiberius, habile général et grand orateur, fut deux fois consul, et obtint deux fois les honneurs du triomphe. Ses deux fils, Caïus et Tiberius, tribuns célèbres, puissans de la faveur populaire, remplirent de troubles la république, et périrent victimes de leur zèle ou de leur ambition : l'un fut assassiné par Opimius, l'autre par Scipion Nasica; et ce double meurtre fut approuvé par le sénat.

Le premier des Scipions vainquit Annibal à Zama, et termina la seconde guerre punique. Virgile semble avoir imité ce vers de Lucrèce (liv. III, v. 1047) :

Scipiades, belli fulmen, Carthaginis horror.

L'autre Scipion, fils de Paul-Émile, détruisit Carthage, et mit fin à la troisième guerre punique. Il fut trouvé mort dans son lit; et sa femme, sœur des Gracques, se vit soupçonnée d'être restée plus fidèle aux sentimens de ses frères qu'à ceux de son mari.

La pauvreté volontaire de Fabricius, respectée des anciens Romains, ne l'empêcha pas d'être deux fois consul, et de triompher deux fois des Samnites et des Étruriens. Il refusa les présens de Pyrrhus, disant « qu'il convenait aux Romains non d'être riches, mais de commander à ceux qui l'étaient. »

226. — Page 174. . . . . *Vel te sulco, Serrane, serentem?*

C. Attilius Serranus était occupé à labourer son champ, lorsqu'on vint lui annoncer son élévation au consulat (*Voyez* PLINE, liv. XVIII). C'est ainsi que la première magistrature de Rome vint encore honorer la charrue de Cincinnatus. C'était le temps où la république était grande par la vertu; et c'était aussi cette vertu qui la rendait possible.

227. — Page 174. *Quo fessum rapitis, Fabii?*

La famille de Fabius se chargea seule de la guerre contre les Véiens, et fut détruite dans cette entreprise. Il ne resta qu'un enfant, aïeul de Fabius Maximus, dont la sage lenteur arrêta les progrès d'Annibal.

Delille a rendu ainsi le vers de Virgile :

> Race de Fabius, souffrez que je respire ;

comme si le poète avait voulu peindre Anchise, non ébloui dans son admiration à la vue de tant de héros, mais épuisé de fatigue. Le professeur Binet a fait la même faute : « Famille des Fabius, dit-il, les forces me manquent pour vous suivre dans vos exploits. »

228. — Page 174. *Unus qui nobis cunctando restituis rem.*

Ce vers a été pris à Ennius, qui avait dit :

> Unus homo nobis cunctando restituit rem.

229. — Page 174. *Excudent alii spirantia mollius œra.*

Allusion aux Grecs, qui excellaient dans la poésie, dans l'éloquence, dans les sciences, dans les arts, et qui cependant n'avaient su ni bien fonder leur liberté, ni surtout la défendre.

230. — Page 174. *Parcere subjectis, et debellare superbos.*

Les Romains voulaient paraître clémens et modérés après la victoire; c'est ainsi qu'Horace, dans le *Carmen seculare* (v. 51), dit à Auguste :

> ..... Bellante prior, jacentem
> Lenis in hostem.

231. — Page 174. *Adspice, ut insignis spoliis Marcellus opimis.*

Les Romains entendaient, par dépouilles opimes, celles d'un général ennemi tué par un général de la république.

Marcellus, étant consul pour la première fois, vainquit les Gaulois Insubriens, tua de sa main leur chef Viridomare, et fut le troisième et le dernier qui consacra des dépouilles opimes à Jupiter Férétrien. Virgile donne à Jupiter le nom de Quirinus. On appelait ainsi

Romulus depuis son apothéose (*Voyez* Tite-Live, l. 1, ch. 10).
Marcellus fut aussi vainqueur d'Annibal. Le poète le fait paraître le
dernier, pour amener naturellement l'épisode du jeune Marcellus.

232. — Page 176. *Sed nox atra caput tristi circumvolat umbra.*

Les poètes ont donné des ailes à la Nuit, comme au Sommeil
et à la Mort. Tibulle a dit du Sommeil (*Elég.*, liv. II) :

> Postque venit tacitus fuscis circumdatus alis
>   Somnus.

233. — Page 176. *Tu Marcellus eris.*

Marcellus était fils d'Octavie, sœur d'Auguste, gendre de ce
prince, et regardé comme son successeur à l'empire : il mourut à
Baies, à peine âgé de vingt ans, l'an de Rome 731. Il était aimé du
peuple, qui attendait de lui, lorsqu'il serait devenu maître du
monde, le rétablissement de sa vieille liberté. Auguste lui fit faire
de pompeuses funérailles, et prononça lui-même son éloge funèbre dans le Champ-de-Mars, où fut élevé son tombeau (*Voyez*
Suétone; Strabon, liv. v). L'auteur de la plus ancienne vie de
Virgile, attribuée à Donat, rapporte que, lorsque le poète lut
son VIe livre à Auguste, en présence d'Octavie, cette princesse
s'évanouit à ces mots : *Tu Marcellus eris.* Elle porta le deuil de
son fils pendant douze ans, c'est-à-dire pendant tout le reste de
sa vie. On dit qu'elle fit donner à l'auteur autant de talens qu'il
y avait de vers dans l'éloge de son fils : ce présent magnifique
représenterait aujourd'hui environ 150,000 fr.

234. — Page 176. . . . . *Manibus date lilia plenis.*

Ces regrets sont touchans; mais, comme Heyne l'a remarqué,
ils ont peut-être trop de délicatesse pour les temps d'Anchise, et
l'élégance de ce deuil paraît mieux appartenir au siècle poli d'Auguste.

235. — Page 178. *Sunt geminæ Somni portæ.*

Cette fiction des deux portes du Sommeil se trouve à la fin du
XIe livre de l'*Odyssée.*

Virgile place la demeure des Songes à l'entrée des enfers, bien loin des deux portes de corne et d'ivoire, par lesquelles ces Songes sortent pour aller consoler ou troubler les faibles mortels.

Horace admet aussi la porte d'ivoire pour les Songes trompeurs (*Od.*, liv. III, XXVII, v. 40) :

> . . . . . Imago
> Vana, quæ porta fugiens eburna
> Somnium ducit.

Les deux portes ont beaucoup embarrassé les commentateurs. En faisant sortir Énée par la porte d'ivoire, qui est celle par où s'échappent les Songes trompeurs, *falsa insomnia*, Virgile ne semble-t-il pas dire lui-même que tout ce qu'il vient de raconter n'est qu'une fiction, qu'un songe sans réalité? c'est l'opinion de Servius. Le poète a voulu indiquer, selon le père La Rue, que sa raison n'admettait pas ce que son imagination venait de décrire. Virgile vivait dans un siècle où déjà les dieux s'en allaient. César avait dit en plein sénat, *qu'il n'y avait rien après la mort;* et Virgile s'était exprimé ainsi dans les *Géorgiques* (liv. II, v. 490) :

> Felix qui potuit rerum cognoscere causas,
> Atque metus omnes et inexorabile fatum
> Subjecit pedibus, strepitumque Acherontis avari.

Delille a traduit un peu librement ces vers :

> Heureux le sage instruit des lois de la nature,
> Qui du vaste univers embrasse la structure,
> Qui dompte et foule aux pieds d'importunes erreurs,
> Le sort inexorable et les fausses terreurs,
> Qui regarde en pitié les fables du Ténare,
> Et s'endort au vain bruit de l'Achéron avare.

Énée a trouvé, à l'entrée des enfers, le Sommeil et les vains Songes :

> . . . . Quem sedem somnia vulgo
> *Vana* tenere ferunt;

et il en sort par la porte qui sert de passage aux Songes vains, *falsa insomnia*. Virgile semblerait donc lui-même annoncer que tout ce que son héros vient de voir dans les enfers n'est qu'une illusion; mais alors le grand épisode de la postérité d'Énée deviendrait une fable comme tout le reste, et le poète aurait mal fait sa cour à Auguste, en plaçant dans une fiction sans réalité, les magnifiques éloges qu'il donne à cet empereur! Ce n'est donc pas sans raison que les commentateurs ont été embarrassés sur la question de savoir si Virgile avait voulu accorder, dans ce chant, la raison et l'imagination, le poète, le philosophe et le courtisan.

LIBER SEPTIMUS.

Tu quoque litoribus nostris, Æneia nutrix,
Æternam moriens famam, Caieta, dedisti;
Et nunc servat honos sedem tuus, ossaque nomen
Hesperia in magna, si qua est ea gloria, signat.
At pius exsequiis Æneas rite solutis,
Aggere composito tumuli, postquam alta quierunt
Æquora, tendit iter velis, portumque relinquit.
Adspirant auræ in noctem, nec candida cursum
Luna negat; splendet tremulo sub lumine pontus.

Proxima Circææ raduntur litora terræ,
Dives inaccessos ubi Solis filia lucos
Assiduo resonat cantu, tectisque superbis
Urit odoratam nocturna in lumina cedrum,
Arguto tenues percurrens pectine telas.
Hinc exaudiri gemitus iræque leonum
Vincla recusantum, et sera sub nocte rudentum;
Setigerique sues, atque in præsepibus ursi
Sævire, ac formæ magnorum ululare luporum :

LIVRE SEPTIÈME.

Et toi aussi, Caïète, nourrice d'Énée, en mourant tu donnas à nos rivages une éternelle renommée. Ton souvenir s'attache encore au lieu où tu reçus les honneurs du tombeau; et ton nom, si c'est un titre de gloire, témoigne que ta cendre repose dans la grande Hespérie.

Après que le héros pieux a célébré les funérailles selon le rit accoutumé; lorsque le tertre du monument est élevé, et que, sur les mers profondes, les flots retombent aplanis, on déploie les voiles, on part, on s'éloigne du port. La nuit amène des brises aux douces haleines; la lune ne refuse point ses clartés utiles, et sa tremblante lumière resplendit sur l'onde mollement agitée.

Bientot la flotte côtoie les rivages Circéens, où la puissante fille du Soleil fait sans cesse résonner de ses chants des bois inaccessibles, et où, la nuit, retirée sous les toits superbes d'un palais que le cèdre odorant éclaire de sa flamme, elle promène la navette bruyante entre les fils d'une trame légère. On entend, sur ces côtes, des lions en colère rugir dans les ténèbres, indignés de leurs fers; des sangliers au poil hérissé, des ours effrayans gronder dans leurs étables, et des loups énormes épouvanter les airs de longs hurlemens. Hommes autre-

Quos hominum ex facie dea saeva potentibus herbis
Induerat Circe in vultus ac terga ferarum.
Quae ne monstra pii paterentur talia Troes
Delati in portus, neu litora dira subirent,
Neptunus ventis implevit vela secundis,
Atque fugam dedit, et praeter vada fervida vexit.

Jamque rubescebat radiis mare, et aethere ab alto
Aurora in roseis fulgebat lutea bigis,
Quum venti posuere, omnisque repente resedit
Flatus, et in lento luctantur marmore tonsae.
Atque hic Aeneas ingentem ex aequore lucum
Prospicit. Hunc inter fluvio Tiberinus amoeno,
Vorticibus rapidis, et multa flavus arena,
In mare prorumpit. Variae circumque supraque
Assuetae ripis volucres et fluminis alveo
Aethera mulcebant cantu, lucoque volabant.
Flectere iter sociis terraeque advertere proras
Imperat, et laetus fluvio succedit opaco.
Nunc age, qui reges, Erato, quae tempora rerum,
Quis Latio antiquo fuerit status, advena classem
Quum primum ausoniis exercitus appulit oris,
Expediam, et primae revocabo exordia pugnae.
Tu vatem, tu, diva, mone. Dicam horrida bella;
Dicam acies, actosque animis in funera reges,
Tyrrhenamque manum, totamque sub arma coactam
Hesperiam. Major rerum mihi nascitur ordo;

fois, la cruelle déesse, par le charme puissant de ses breuvages, les dépouilla de leur figure, et les transforma en hôtes féroces des bois et des déserts. Mais Neptune, craignant que, sur ces funestes rives, les Troyens, entraînés dans le port de Circé, ne soient aussi victimes de tels enchantemens, envoie sur toutes leurs voiles la rapide haleine des vents, seconde leur fuite, et les emporte loin de ces bords dangereux.

Déja les flots étaient rougis des premiers rayons du jour, et dans l'éther brillait l'Aurore sur son char de rose, conduit par deux chevaux : tout à coup les vents se taisent, ils retiennent leur haleine, et la rame pesante lutte avec effort contre l'onde immobile. Alors, du haut de sa poupe, Énée découvre une vaste forêt, que le Tibre traverse dans son heureux cours, avant de précipiter dans la mer ses flots tumultueux, jaunis d'une nombreuse arène. Mille oiseaux divers voltigent sous ces frais ombrages, sur les rives accoutumées et sur les eaux du fleuve, et charment les airs par leurs chants mélodieux. Le héros ordonne à ses compagnons de changer leur course, de tourner leurs proues vers la terre, et, joyeux, il entre dans le lit ombragé du Tibre.

Maintenant, divine Érato, inspire-moi, et je dirai quels ont été les temps célèbres, les rois et les grands évènemens de l'antique Latium, alors qu'une flotte étrangère aborda, pour la première fois, aux rives de l'Ausonie. Je rappellerai l'origine des combats livrés sur cette terre. C'est à toi, Muse, c'est à toi d'instruire ton poète. Je dirai d'horribles guerres; je dirai les armées et les rois que la vengeance animait au carnage, les soldats de Tyrrhène et toute l'Hespérie rassemblée pour les combats. Un ordre de faits plus grands s'ouvre de-

Majus opus moveo. Rex arva Latinus et urbes
Jam senior longa placidas in pace regebat.
Hunc Fauno et nympha genitum Laurente Marica
Accipimus. Fauno Picus pater; isque parentem
Te, Saturne, refert; tu sanguinis ultimus auctor.
Filius huic, fato divum, prolesque virilis
Nulla fuit, primaque oriens erepta juventa est.
Sola domum et tantas servabat filia sedes,
Jam matura viro, jam plenis nubilis annis.
Multi illam magno e Latio totaque petebant
Ausonia : petit ante alios pulcherrimus omnes
Turnus, avis atavisque potens : quem regia conjux
Adjungi generum miro properabat amore;
Sed variis portenta deum terroribus obstant.

Laurus erat tecti medio in penetralibus altis,
Sacra comam, multosque metu servata per annos;
Quam pater inventam, primas quum conderet arces,
Ipse ferebatur Phœbo sacrasse Latinus,
Laurentisque ab ea nomen posuisse colonis.
Hujus apes summum densæ, mirabile dictu,
Stridore ingenti liquidum trans æthera vectæ,
Obsedere apicem; et, pedibus per mutua nexis,
Examen subitum ramo frondente pependit.
Continuo vates : « Externum cernimus, inquit,
Adventare virum, et partes petere agmen easdem

vant moi, et je suis entraîné dans un sujet plus élevé. Déjà, sous le poids d'un long âge, le roi Latinus gouvernait, depuis long-temps, dans une paix profonde, les campagnes et les villes soumises à son empire. On le disait fils de Faune et de Marica, nymphe de Laurente. Faune avait eu pour père Picus ; et Picus, ô Saturne, te rapportant son origine, voyait en toi le chef de sa race illustre. Latinus était sans postérité mâle : les destins lui avaient enlevé, dans la fleur des ans, le seul fils qui lui fût né. Une fille lui restait, seule héritière de son trône et seul espoir de sa maison. Dans le premier âge de la beauté, et déjà mûre pour l'hymen, elle est recherchée par un grand nombre de princes du Latium et par tous ceux de l'Ausonie. Entre les prétendans, Turnus est le plus distingué par sa puissance, par la noblesse de ses traits et par la suite de ses aïeux. La reine favorise ses vœux, et, avec une vive tendresse, le désire pour gendre; mais les dieux s'opposent à cet hymen par d'effrayans prodiges.

Au milieu du palais, et dans une enceinte écartée, s'élevait un laurier qu'une crainte religieuse protégeait depuis un long âge. On disait que, trouvé dans ce lieu par Latinus, lorsqu'il jetait les fondemens de sa ville, ce prince l'avait consacré au dieu de la lumière, et dès-lors avait donné le nom de Laurente à sa colonie. Un jour, ô prodige! des abeilles, traversant bruyamment les airs, s'arrêtent sur la cime de l'arbre sacré, et chacune aux pieds d'une autre engageant ses pieds, tout à coup le nombreux essaim forme, à l'un des rameaux, comme une chaîne suspendue. Alors un devin consulté : « Je vois, dit-il, du même côté que sont venues ces abeilles, arriver un héros étranger, qui conduit de puissans guer-

Partibus ex isdem, et summa dominarier arce. »
Præterea, castis adolet dum altaria tædis,
Et juxta genitorem adstat Lavinia virgo,
Visa (nefas!) longis comprendere crinibus ignem,
Atque omnem ornatum flamma crepitante cremari,
Regalesque accensa comas, accensa coronam
Insignem gemmis; tum fumida lumine fulvo
Involvi, ac totis Vulcanum spargere tectis.
Id vero horrendum ac visu mirabile ferri :
Namque fore illustrem fama fatisque canebant
Ipsam, sed populo magnum portendere bellum.

At rex, sollicitus monstris, oracula Fauni
Fatidici genitoris adit, lucosque sub alta
Consulit Albunea, nemorum quæ maxima sacro
Fonte sonat, sævamque exhalat opaca mephitim.
Hinc italæ gentes, omnisque œnotria tellus
In dubiis responsa petunt. Huc dona sacerdos
Quum tulit, et cæsarum ovium sub nocte silenti
Pellibus incubuit stratis, somnosque petivit :
Multa modis simulacra videt volitantia miris,
Et varias audit voces, fruiturque deorum
Colloquio, atque imis Acheronta affatur Avernis.
Hic et tum pater ipse petens responsa Latinus
Centum lanigeras mactabat rite bidentes,
Atque harum effultus tergo stratisque jacebat
Velleribus. Subita ex alto vox reddita luco est :

riers, et qui donnera des lois à cet empire. » Un autre prodige vient encore étonner les esprits : tandis que Lavinie est devant les autels des dieux, debout près de son père, et que sa main virginale offre un pur encens, tout à coup, ô terreur! on voit les feux sacrés s'attacher à sa longue chevelure; la flamme, en pétillant, dévorer les ornemens qui parent sa tête, embraser son bandeau royal, embraser sa couronne éclatante de pierreries : elle-même est enveloppée d'une lumière pâle, d'une fumée ondoyante, et la flamme, qui court, resplendit dans tout le palais. Ce prodige semble annoncer des évènemens terribles et merveilleux : les augures y voient, pour Lavinie, une destinée d'éclat et de gloire; mais le peuple est menacé d'une guerre sanglante.

Cependant le roi, qu'ont alarmé ces présages, va consulter les oracles que le dieu Faune, son père, rend dans un bois sacré, où la profonde Albunée fait retentir au loin le bruit de ses ondes, fontaine couverte de noirs ombrages, et qui exhale dans les airs d'impures vapeurs. Là, les peuples d'Italie et tous les OEnotriens viennent, dans leurs doutes, chercher les réponses du sort. Là, le prêtre, quand il a déposé ses offrandes, se couche, dans le silence des nuits, sur les toisons des brebis immolées; et dès que le sommeil pèse sur ses yeux, il aperçoit autour de lui, voltigeant sous des formes étranges, des fantômes sans nombre; il entend mille confuses voix, jouit de l'entretien des dieux, et du fond de l'Averne voit sortir et lui parler les Mânes. C'est dans ce bois mystérieux que Latinus lui-même vient demander l'explication des présages. Il avait immolé, suivant le rit accoutumé, cent brebis âgées de deux ans, et il dormait étendu sur leurs molles toisons : soudain, du

« Ne pete connubiis natam sociare latinis,
O mea progenies, thalamis neu crede paratis;
Externi veniunt generi, qui sanguine nostrum
Nomen in astra ferant, quorumque ab stirpe nepotes
Omnia sub pedibus, qua sol utrumque recurrens
Adspicit Oceanum, vertique regique videbunt. »

Hæc responsa patris Fauni, monitusque silenti
Nocte datos, non ipse suo premit ore Latinus;
Sed circum late volitans jam Fama per urbes
Ausonias tulerat, quum Laomedontia pubes
Gramineo ripæ religavit ab aggere classem.
Æneas, primique duces, et pulcher Iulus
Corpora sub ramis deponunt arboris altæ;
Instituuntque dapes, et adorea liba per herbam
Subjiciunt epulis (sic Jupiter ipse monebat),
Et cereale solum pomis agrestibus augent.
Consumptis hic forte aliis, ut vertere morsus
Exiguam in Cererem penuria adegit edendi,
Et violare manu malisque audacibus orbem
Fatalis crusti, patulis nec parcere quadris :
« Heus! etiam mensas consumimus! » inquit Iulus.
Nec plura alludens. Ea vox audita laborum
Prima tulit finem, primamque loquentis ab ore
Eripuit pater, ac stupefactus numine pressit.
Continuo : « Salve fatis mihi debita tellus,

fond de la forêt sacrée, une voix vient frapper son oreille, et dit : « O mon fils, ne cherche point chez les Latins un époux pour ta fille ; garde-toi de consentir à l'hymen projeté: il te vient un gendre étranger, dont le sang, mêlé à notre sang, élèvera jusqu'aux astres la gloire de notre nom. Ses illustres descendans verront prosterné à leurs pieds, et soumis à leur empire tout ce que, dans sa course, le soleil éclaire de l'un à l'autre Océan. »

CETTE réponse du dieu Fauné, et cet avis donné dans la nuit silencieuse, Latinus ne les tint pas renfermés en lui-même ; et déjà l'agile Renommée, volant de climats en climats, en avait semé le bruit dans toutes les villes de l'Ausonie, lorsque les fils de Laomédon, entrés dans le Tibre, enchaînèrent leurs vaisseaux à ses bords verdoyans. Énée, les chefs de ses guerriers et le bel Iule se livraient au charme du repos sous l'ombrage d'un chêne antique. Ils préparent un repas frugal. Sur l'herbe sont placés des gâteaux de pur froment ; et (telle avait été l'inspiration de Jupiter) plusieurs sortes de mets couvrent, et des fruits champêtres couronnent ces tables de Cérès. Tout ce qu'elles portent d'alimens est bientôt épuisé, et la faim force les convives d'attaquer les fragiles plateaux ; mais à peine leurs mains saisissent ces tables que les destins ont annoncées ; à peine ils commencent à broyer, sous leurs dents avides, leur contour, sans ménager leur surface étendue : « Eh ! quoi, nous mangeons aussi nos tables ! » dit en riant le jeune Iule. Ces mots, échappés de sa bouche, annoncent aux Troyens le terme de leurs longues infortunes ; Énée les a saisis : il y voit avec étonnement un oracle accompli ; il les médite en silence ; puis, tout à coup : « Salut ! s'é-

Vosque, ait, o fidi Trojæ salvete Penates!
Hic domus, hæc patria est. Genitor mihi talia (namque
Nunc repeto) Anchises fatorum arcana reliquit:
« Quum te, nate, fames ignota ad litora vectum
« Accisis coget dapibus consumere mensas,
« Tum sperare domos defessus, ibique memento
« Prima locare manu molirique aggere tecta. »
Hæc erat illa fames; hæc nos suprema manebat,
Exitiis positura modum.
Quare agite, et primo læti cum lumine solis,
Quæ loca, quive habeant homines, ubi mœnia gentis,
Vestigemus, et a portu diversa petamus.
Nunc pateras libate Jovi, precibusque vocate
Anchisen genitorem, et vina reponite mensis. »

Sic deinde effatus frondenti tempora ramo
Implicat, et Geniumque loci, primamque dearum
Tellurem, Nymphasque, et adhuc ignota precatur
Flumina; tum Noctem, noctisque orientia signa,
Idæumque Jovem, phrygiamque ex ordine matrem
Invocat, et duplices Cœloque Ereboque parentes.
Hic pater omnipotens ter cœlo clarus ab alto
Intonuit, radiisque ardentem lucis et auro
Ipse manu quatiens ostendit ab æthere nubem.
Diditur hic subito trojana per agmina rumor,
Advenisse diem, quo debita mœnia condant.

crie-t-il, terre qui m'est promise par les destins! et vous, Pénates sacrés, fidèles protecteurs de Troie, salut! C'est ici qu'est notre demeure; ici, notre patrie! oui, tels étaient, maintenant je m'en souviens, les secrets des destins que m'annonçait mon père : « Mon fils, me disait-il, lorsque, arrivés sur des rivages inconnus, après avoir consommé vos vivres, la faim vous forcera de dévorer vos tables, comptez alors sur un lieu de repos trouvé après tant de fatigues. Souviens-toi d'élever sur cette terre tes premiers toits et de les munir de remparts. » La voilà donc cette faim terrible! voilà cet extrême malheur qui devait terminer tous les autres! Allons, amis! livrez-vous à la joie! que demain, aux premiers rayons du jour, chacun de nous, s'éloignant de ces rives, aille explorer cette terre, et reconnaître quels sont les peuples qui l'habitent, et les villes qu'ils ont bâties. Et maintenant, faisons des libations à Jupiter! invoquons, dans nos vœux, mon père Anchise, et que le vin coule encore dans ce banquet! »

Il dit, et, couronnant son front d'un rameau vert, il adresse des prières au Génie tutélaire du lieu, à la Terre, la plus ancienne des déesses; aux Nymphes et aux Fleuves qui lui sont encore inconnus. Puis il invoque la Nuit, et les astres de la nuit qui commencent à briller dans l'éther, Jupiter adoré sur le mont Ida, Cybèle qu'honore la Phrygie, et les deux auteurs de ses jours, Vénus dans les cieux, Anchise dans l'Érèbe. Alors, du haut Olympe, le dieu tout-puissant fait trois fois gronder son tonnerre, et, sous un ciel serein, sa main agite un nuage resplendissant d'or et de lumière. Aussitôt, parmi tous les Troyens, court le bruit que le jour est enfin arrivé où ils élèveront les remparts promis par les oracles : la

Certatim instaurant epulas, atque omine magno
Crateras læti statuunt, et vina coronant.

Postera quum prima lustrabat lampade terras
Orta dies, urbem, et fines, et litora gentis
Diversi explorant : hæc fontis stagna Numici,
Hunc Tibrim fluvium, hic fortes habitare Latinos.
Tum satus Anchisa delectos ordine ab omni
Centum oratores augusta ad mœnia regis
Ire jubet, ramis velatos Palladis omnes,
Donaque ferre viro, pacemque exposcere Teucris.
Haud mora; festinant jussi, rapidisque feruntur
Passibus. Ipse humili designat mœnia fossa,
Moliturque locum, primasque in litore sedes,
Castrorum in morem, pinnis atque aggere cingit.

Jamque iter emensi, turres ac tecta Latinorum
Ardua cernebant juvenes, muroque subibant.
Ante urbem pueri et primævo flore juventus
Exercentur equis, domitantque in pulvere currus,
Aut acres tendunt arcus, aut lenta lacertis
Spicula contorquent, cursuque ictuque lacessunt :
Quum prævectus equo longævi regis ad aures
Nuntius ingentes ignota in veste reportat
Advenisse viros. Ille intra tecta vocari
Imperat, et solio medius consedit avito.

joie éclate, le banquet recommence, le vin est rapporté dans tous les rangs, et les cratères sont couronnés de fleurs.

Le lendemain, dès que la terre se colore des premiers rayons de l'astre du jour, les Troyens, se divisant dans plusieurs sentiers, vont reconnaître la ville, les terres, et les rivages de cette contrée : là, cet étang est la source du Numicus ; là, ce fleuve est le Tibre ; là, s'élèvent les remparts des Latins belliqueux. Alors le fils d'Anchise choisit, dans tous les rangs de ses guerriers, cent députés, et leur commande de se rendre à la ville où le roi fait son séjour. Tous couronneront leur front du rameau de Minerve : ils porteront au prince de riches présens, et demanderont son amitié pour les fils de Teucer. Sans différer, ils partent d'un pas rapide, et vont remplir le message ordonné. Cependant le héros trace, d'un simple sillon, sur les bords du fleuve, l'enceinte d'une ville : il fait aplanir le terrain, et entourer ce premier asile, en forme de camp, d'un rempart couronné de créneaux.

Déja les envoyés touchaient au terme de leur course : ils apercevaient les tours et les hauts édifices de la ville des Latins. Déjà ils approchent des murs : devant les portes, de jeunes guerriers, dans la première fleur de l'âge, s'exercent, les uns, à dompter un cheval fougueux ; les autres, à faire voler un char sur l'arène ; plusieurs, à tendre l'arc ou à lancer le javelot ; d'autres encore, à disputer le prix de la lutte ou le prix de la vitesse. Aussitôt un de ces jeunes Latins, porté sur un cheval rapide, court annoncer au vieux roi qu'il est arrivé des hommes d'une taille élevée, et portant des habits étrangers. Le prince ordonne qu'ils soient admis dans son

Tectum augustum, ingens, centum sublime columnis,
Urbe fuit summa, Laurentis regia Pici,
Horrendum silvis et relligione parentum.
Hic sceptra accipere, et primos attollere fasces
Regibus omen erat; hoc illis curia templum;
Hæ sacris sedes epulis; hic, ariete cæso,
Perpetuis soliti patres considere mensis.
Quin etiam veterum effigies ex ordine avorum
Antiqua e cedro, Italusque, paterque Sabinus
Vitisator, curvam servans sub imagine falcem,
Saturnusque senex, Janique bifrontis imago,
Vestibulo adstabant; aliique ab origine reges,
Martia qui ob patriam pugnando vulnera passi.
Multaque præterea sacris in postibus arma,
Captivi pendent currus, curvæque secures,
Et cristæ capitum, et portarum ingentia claustra,
Spiculaque, clypeique, ereptaque rostra carinis.
Ipse quirinali lituo, parvaque sedebat
Succinctus trabea, lævaque ancile gerebat
Picus, equum domitor: quem capta cupidine conjux,
Aurea percussum virga, versumque venenis,
Fecit avem Circe, sparsitque coloribus alas.

Tali intus templo divum, patriaque Latinus

palais; et, entouré de sa cour, il va s'asseoir sur le trône de ses ancêtres.

Dans le lieu le plus éminent de la ville, s'élevait un édifice auguste, immense, soutenu par cent colonnes : c'était le palais de Picus, roi des Laurentins : il inspirait une terreur religieuse par l'obscure profondeur de son bois sacré, et par la longue vénération des peuples. Là, les rois venaient recevoir le sceptre, et, dans leur inauguration, faire porter les faisceaux devant eux. Pour les habitans du Latium, ce palais était un temple : c'était l'enceinte des banquets sacrés, où, après le sacrifice d'un bélier, les chefs de la nation prenaient place à de longues tables. Dans le vestibule, des statues de cèdre antique, en ordre rangées, offraient les images des anciens rois latins : Italus; Sabinus, qui le premier planta la vigne, et qui tient, pour symbole, une serpe à la main; le vieux Saturne; Janus au double front, et tous les chefs du Latium qui, dans les premiers âges, prodiguèrent leur sang en combattant pour la patrie. Sous les sacrés portiques, étaient suspendues, comme trophées, les nombreuses dépouilles de la victoire : des chars enlevés aux ennemis, des haches au fer recourbé, des casques ornés de leurs aigrettes, des portes de villes avec leurs énormes ferrures, des javelots, des boucliers, et des éperons de navires. A l'entrée du temple, vêtu de la courte trabée, tenant d'une main le bâton augural, de l'autre le bouclier sacré, était assis Picus, habile dans l'art de dompter les chevaux; Picus que, dans un transport jaloux, Circé, son amante, frappa de sa baguette d'or, et que, par ses magiques breuvages, elle changea en oiseau dont elle nuança les ailes des plus vives couleurs.

C'est dans ce temple sacré que Latinus, assis sur le

Sede sedens, Teucros ad sese in tecta vocavit,
Atque hæc ingressis placido prior edidit ore :
« Dicite, Dardanidæ (neque enim nescimus et urbem
Et genus, auditique advertitis æquore cursum),
Quid petitis? quæ causa rates, aut cujus egentes
Litus ad ausonium tot per vada cærula vexit?
Sive errore viæ, seu tempestatibus acti
(Qualia multa mari nautæ patiuntur in alto),
Fluminis intrastis ripas, portuque sedetis;
Ne fugite hospitium, neve ignorate Latinos,
Saturni gentem, haud vinclo nec legibus æquam,
Sponte sua veterisque dei se more tenentem.
Atque equidem memini (fama est obscurior annis),
Auruncos ita ferre senes, his ortus ut agris
Dardanus idæas Phrygiæ penetravit ad urbes,
Threiciamque Samum, quæ nunc Samothracia fertur.
Hinc illum Corythi tyrrhena ab sede profectum
Aurea nunc solio stellantis regia cœli
Accipit, et numerum divorum altaribus addit. »

Dixerat; et dicta Ilioneus sic voce secutus :
« Rex, genus egregium Fauni, nec fluctibus actos
Atra subegit hiems vestris succedere terris,
Nec sidus regione viæ litusve fefellit :
Consilio hanc omnes animisque volentibus urbem
Afferimur, pulsi regnis, quæ maxima quondam

trône de ses pères, admet les envoyés troyens. Dès qu'ils sont introduits, lui-même il leur adresse ces paroles de paix : « Parlez, enfans de Dardanus (car nous n'ignorons ni votre ville, ni votre origine; et votre renommée vous a précédés sur ces bords) : que demandez-vous? Quel motif, ou quel besoin, a conduit vos vaisseaux, à travers tant de mers, jusqu'aux rivages de l'Ausonie? Soit qu'égarés dans votre route, soit que battus par les tempêtes, qui poursuivent les navigateurs sur les profondes mers, vous soyez entrés dans le fleuve pour y chercher un port et un asile, ne refusez pas l'hospitalité que je vous offre. Apprenez que les Latins, peuple de Saturne, suivent l'équité sans contrainte, et non par la terreur des lois, et qu'ils gardent les mœurs héréditaires de leur ancien dieu. Il m'en souvient encore (quoique ce soit une tradition déjà obscurcie par les âges), des vieillards de la nation des Auronces m'ont raconté que Dardanus, né dans nos campagnes, pénétra dans la Phrygie par le mont Ida, après être parti de Corythe, port tyrrhénien, et avoir passé par l'île de Samé, appelée aujourd'hui Samothrace. Et maintenant, assis sur un trône d'or, dans le palais des cieux étoilés, ce héros partage l'encens avec les dieux, et augmente le nombre de leurs autels. »

Il dit; Ilionée répond : « Prince, fils illustre de Faunus, ce ne sont ni les flots soulevés par les noirs aquilons, ni des astres trompeurs qui nous ont égarés sur les mers. C'est notre choix, ce sont nos vœux qui nous ont portés dans le Latium, lorsque nous sommes bannis pour toujours du plus grand empire que jamais le soleil ait éclairé dans sa vaste carrière. Jupiter est la tige de notre race. Les enfans de Dardanus se glorifient d'avoir

Extremo veniens sol adspiciebat Olympo.
Ab Jove principium generis; Jove Dardana pubes
Gaudet avo; rex, ipse Jovis de gente suprema,
Troius Æneas tua nos ad limina misit.
Quanta per idæos sævis effusa Mycenis
Tempestas ierit campos, quibus actus uterque
Europæ atque Asiæ fatis concurrerit orbis,
Audiit, et si quem tellus extrema refuso
Submovet Oceano, et si quem extenta plagarum
Quatuor in medio dirimit plaga solis iniqui.
Diluvio ex illo tot vasta per æquora vecti,
Dis sedem exiguam patriis litusque rogamus
Innocuum, et cunctis undamque auramque patentem.
Non erimus regno indecores; nec vestra feretur
Fama levis, tantique abolescet gratia facti;
Nec Trojam Ausonios gremio excepisse pigebit.
Fata per Æneæ juro, dextramque potentem,
Sive fide, seu quis bello est expertus et armis.
Multi nos populi, multæ (ne temne, quod ultro
Præferimus manibus vittas ac verba precantum)
Et petiere sibi et voluere adjungere gentes.
Sed nos fata deum vestras exquirere terras
Imperiis egere suis. Hinc Dardanus ortus
Huc repetit, jussisque ingentibus urget Apollo
Tyrrhenum ad Tibrim, et fontis vada sacra Numici.
Dat tibi præterea fortunæ parva prioris

Jupiter pour aïeul. Notre roi lui-même, le Troyen Énée, qui nous envoie devant vous, tire son origine du puissant Jupiter. Cet orage effroyable que, dans sa fureur, la Grèce apporta dans les champs idéens, et ces combats mémorables où l'on vit s'entrechoquer l'Europe et l'Asie, nul peuple ne les ignore, fût-il relégué dans des terres inconnues, par delà l'Océan; ou fût-il placé, entre les quatre zones, sur cette immense plage qu'un soleil ennemi dévore de ses feux. Échappés à ce grand désastre de l'Asie, après avoir long-temps erré sur toutes les mers, nous vous demandons, pour nos dieux domestiques, une faible partie de cette terre, un rivage paisible, et l'air et l'eau, ces biens communs à tous les hommes. Nous ne serons point un déshonneur dans votre empire; votre gloire s'accroîtra par ce bienfait, qui vivra toujours dans nos cœurs; et jamais l'Ausonie ne regrettera d'avoir reçu dans son sein les enfans de Troie. J'en jure par les destins d'Énée, et par sa main puissante, toujours éprouvée, fidèle dans la paix, terrible dans la guerre. Plusieurs peuples (ah! ne nous dédaignez pas, si nous nous présentons l'olivier à la main et la prière à la bouche), plusieurs nations ont demandé, ont recherché notre alliance; mais la volonté des dieux et leurs ordres absolus nous ont forcés de chercher sur votre terre une patrie : Dardanus en est sorti, il y revient : Apollon, par la voix impérieuse de ses oracles, le rappelle sur les rives du Tibre, à la source sacrée du Numicus. Énée vous offre ces faibles présens, sauvés de l'embrasement de Troie, et tristes restes de son ancienne splendeur : c'est avec cette coupe d'or qu'Anchise faisait des libations aux autels de nos dieux; voici le sceptre que portait Priam quand il donnait aux peuples

Munera, relliquias Troja ex ardente receptas.
Hoc pater Anchises auro libabat ad aras;
Hoc Priami gestamen erat, quum jura vocatis
More daret populis; sceptrumque, sacerque tiaras,
Iliadumque labor, vestes. »
Talibus Ilionei dictis defixa Latinus
Obtutu tenet ora, soloque immobilis hæret,
Intentos volvens oculos; nec purpura regem
Picta movet, nec sceptra movent Priameia tantum,
Quantum in connubio natæ thalamoque moratur,
Et veteris Fauni volvit sub pectore sortem.
Hunc illum fatis externa ab sede profectum
Portendi generum, paribusque in regna vocari
Auspiciis; huic progeniem virtute futuram
Egregiam, et totum quæ viribus occupet orbem.
Tandem lætus ait : « Di nostra incepta secundent,
Auguriumque suum! Dabitur, Trojane, quod optas.
Munera nec sperno. Non vobis, rege Latino,
Divitis uber agri Trojæve opulentia deerit.
Ipse modo Æneas, nostri si tanta cupido est,
Si jungi hospitio properat, sociusque vocari,
Adveniat; vultus neve exhorrescat amicos.
Pars mihi pacis erit dextram tetigisse tyranni.
Vos contra regi mea nunc mandata referte.
Est mihi nata, viro gentis quam jungere nostræ,
Non patrio ex adyto sortes, non plurima cœlo

assemblés ses lois ; voici sa thiare sacrée, et ses vêtemens tissus par les femmes d'Ilion. »

A ce discours d'Ilionée, Latinus reste immobile sur son siége, le front incliné vers la terre, et roulant les yeux d'un air pensif : bien moins occupé de cette pourpre richement brodée et de ce sceptre de Priam, que de l'hymen de sa fille, où sa pensée s'arrête; et l'oracle du vieux Faune occupe ses esprits : voilà, se disait-il, le héros parti d'une terre étrangère, et que le destin me désigne pour gendre. Voilà celui qui est appelé au trône des Latins sous les auspices annoncés, et dont la race belliqueuse soumettra le monde à ses lois. Enfin, dans sa joie, il s'écrie : « Puissent les dieux seconder mes desseins, et accomplir leurs oracles! Troyens, vos désirs seront satisfaits. Je ne refuse point vos présens. Tant que régnera Latinus, vous n'aurez à regretter ni des champs plus fertiles, ni l'opulence de Troie. Mais, si Énée nous recherche avec tant d'empressement, et s'il a un tel désir d'être l'hôte et l'allié des Latins, qu'il vienne ici lui-même; qu'il ne craigne pas les regards d'un ami : ma main dans sa main sera le gage de notre alliance. Vous cependant, rapportez à votre roi ces paroles : j'ai une fille que les oracles du sanctuaire paternel, et des prodiges célestes me défendent d'unir à un prince de notre nation. Il est annoncé, dans les destinées du Latium, qu'un prince lui arrivera des terres étrangères, et que sa race doit élever jusqu'aux astres la gloire de notre nom. Énée est celui que désignent les

Monstra sinunt : generos externis affore ab oris,
Hoc Latio restare canunt, qui sanguine nostrum
Nomen in astra ferant. Hunc illum poscere fata
Et reor, et, si quid veri mens augurat, opto. »
Hæc effatus, equos numero pater eligit omni.
Stabant ter centum nitidi in præsepibus altis :
Omnibus extemplo Teucris jubet ordine duci
Iustratos ostro alipedes pictisque tapetis.
Aurea pectoribus demissa monilia pendent ;
Tecti auro, fulvum mandunt sub dentibus aurum.
Absenti Æneæ currum geminosque jugales,
Semine ab ætherio, spirantes naribus ignem,
Illorum de gente, patri quos Dædala Circe
Supposita de matre nothos furata creavit.
Talibus Æneadæ donis dictisque Latini
Sublimes in equis redeunt, pacemque reportant.

Ecce autem Inachiis sese referebat ab Argis
Sæva Jovis conjux, aurasque invecta tenebat ;
Et lætum Ænean classemque ex æthere longo
Dardaniam siculo prospexit ab usque Pachyno.
Moliri jam tecta videt, jam fidere terræ ;
Deseruisse rates. Stetit acri fixa dolore.
Tum, quassans caput, hæc effundit pectore dicta :
« Heu stirpem invisam, et fatis contraria nostris
Fata Phrygum ! Num sigeis occumbere campis,
Num capti potuere capi ? Num incensa cremavit

oracles : je le crois, et, si mon âme pressent la vérité, je le désire. »

Il dit, et, parmi les trois cents chevaux qui sont nourris dans ses superbes étables, il en choisit un nombre égal à celui des envoyés d'Énée : leur vitesse égale celle des oiseaux ; ils sont couverts de housses de pourpre brodées avec art ; sur leur poitrail descend un collier d'or ; l'or brille sur les harnais, et des freins d'or sont mordus dans leur bouche écumante. Énée absent aura un char traîné par deux coursiers pareils, tous deux d'une origine céleste, et vomissant la flamme de leurs naseaux brûlans : ils sont de cette race adultère que créa l'ingénieuse Circé, lorsqu'elle soumit furtivement ses cavales aux chevaux du Soleil. Avec ces présens et cette réponse de Latinus, les Troyens partent, sur les coursiers rapides, et rapportent à leur roi ces présages de paix.

Dans ce moment, emportée sur son char dans les airs, l'implacable épouse de Jupiter revenait d'Argos, où coule l'Inachus : du haut de l'éther, au dessus du promontoire de Pachyne, elle découvre au loin Énée et sa flotte dans la joie du repos. Elle voit les Troyens, descendus de leurs navires, se confier à des bords hospitaliers, et y élever des remparts. Elle s'arrête, saisie d'une âcre douleur, et, secouant la tête, exhale en ces mots sa colère : « O race odieuse ! ô destins des Phrygiens contraires à nos destins ! Ils n'ont donc pu périr dans les plaines de Sigée ! captifs, ils ont échappé à la captivité ! A travers les phalanges des Grecs, à travers

Troja viros? Medias acies, mediosque per ignes,
Invenere viam. At, credo, mea numina tandem
Fessa jacent, odiis aut exsaturata quievi.
Quin etiam patria excussos infesta per undas
Ausa sequi, et profugis toto me opponere ponto.
Absumptæ in Teucros vires cœlique marisque.
Quid Syrtes, aut Scylla mihi, quid vasta Charybdis
Profuit? Optato conduntur Tibridis alveo,
Securi pelagi atque mei. Mars perdere gentem
Immanem Lapithum valuit; concessit in iras
Ipse deum antiquam genitor Calydona Dianæ:
Quod scelus aut Lapithas tantum, aut Calydona merentem?
Ast ego, magna Jovis conjux, nil linquere inausum
Quæ potui infelix, quæ memet in omnia verti,
Vincor ab Ænea! Quod si mea numina non sunt
Magna satis: dubitem haud equidem implorare quod usquam est:
Flectere si nequeo Superos, Acheronta movebo.
Non dabitur regnis, esto, prohibere latinis,
Atque immota manet fatis Lavinia conjux:
At trahere, atque moras tantis licet addere rebus;
At licet amborum populos exscindere regum.
Hac gener atque socer coeant mercede suorum.
Sanguine trojano et rutulo dotabere, virgo;
Et Bellona manet te pronuba. Nec face tantum
Cisseis prægnans ignes enixa jugales;
Quin idem Veneri partus suus, et Paris alter,

les flammes, ils ont trouvé un chemin! Sans doute que ma vengeance s'est lassée; et qu'enfin, dans ma haine assouvie, je me suis reposée! Mais, non. Après les avoir chassés de leur patrie, toujours excitée à leur ruine, j'ai osé les poursuivre sur les flots, et j'ai arrêté ces fugitifs sur toutes les mers. J'ai épuisé contre eux tout le pouvoir du ciel et des ondes. Mais de quoi m'ont servi les Syrtes et Scylla? de quoi les profonds rochers de Charybde? Les voilà entrés dans le Tibre qu'ils ont désiré, ne craignant plus ni la mer, ni moi-même! Quoi! Mars a pu détruire la race cruelle des Lapithes, et le père des dieux a livré l'antique Calydon aux fureurs de Diane! mais quels si grands crimes avaient donc à expier les Lapithes et Calydon? Et moi, la grande épouse de Jupiter; moi qui ai tenté tous les moyens de la haine, qui n'ai rien laissé sans l'oser; malheureuse! je suis vaincue par Énée! Eh bien! si, trop faible, mon pouvoir ne peut suffire à me venger, implorons, sans hésiter, tout ce qui a dans l'univers quelque pouvoir. Si je ne puis fléchir les dieux, je soulèverai les enfers. Il ne me sera point donné de ravir au Troyen le sceptre du Latium, ni de changer le destin immuable qui lui accorde Lavinie : soit; mais je puis retarder et troubler ces grands évènemens; je puis exterminer les peuples qui obéissent à deux rois. Qu'à ce prix s'unissent le gendre et le beau-père! Que le sang des Troyens et celui des Rutules soient ta dot, vierge du Latium! C'est Bellone qui va présider à tes nœuds. La fille de Cissée n'aura pas seule enfanté la torche fatale à son pays; Vénus aussi aura porté dans son sein un autre Pâris, un second flambeau qui doit embraser une autre Pergame. »

Funestæque iterum recidiva in Pergama tædæ. »
Hæc ubi dicta dedit, terras horrenda petivit.
Luctificam Alecto dirarum ab sede sororum
Infernisque ciet tenebris; cui tristia bella,
Iræque, insidiæque, et crimina noxia cordi.
Odit et ipse pater Pluton, odere sorores
Tartareæ monstrum : tot sese vertit in ora,
Tam sævæ facies, tot pullulat atra colubris.
Quam Juno his acuit verbis, ac talia fatur :
« Hunc mihi da proprium, virgo sata Nocte, laborem,
Hanc operam, ne noster honos infractave cedat
Fama loco : neu connubiis ambire Latinum
Æneadæ possint, italosve obsidere fines.
Tu potes unanimos armare in prœlia fratres,
Atque odiis versare domos; tu verbera tectis
Funereasque inferre faces; tibi nomina mille,
Mille nocendi artes. Fecundum concute pectus;
Disjice compositam pacem; sere crimina belli :
Arma velit, poscatque simul, rapiatque juventus. »

Exin Gorgoneis Alecto infecta venenis
Principio Latium et laurentis tecta tyranni
Celsa petit, tacitumque obsedit limen Amatæ :
Quam super adventu Teucrum, Turnique hymenæis,
Femineæ ardentem curæque iræque coquebant.
Huic dea cæruleis unum de crinibus anguem
Conjicit, inque sinum præcordia ad intima subdit;

En achevant ces mots, l'implacable déesse descend sur la terre : elle appelle du ténébreux abîme des enfers, séjour des Furies, l'horrible Alecton qui se plaît aux guerres funestes, aux trahisons, aux criminelles calomnies; monstre du Tartare, objet de haine, même pour son père Pluton, et que détestent ses cruelles sœurs : tant il prend de hideuses formes, tant sont affreux ses traits, et tant se multiplient sur son corps les noires couleuvres! Junon, par ces paroles, irrite ses fureurs : « Fille de la Nuit, de toi seule j'attends un service : qu'il soit ton ouvrage! ne laisse point flétrir d'un affront ma gloire et ma puissance; empêche l'hymen d'unir Énée avec les Latins, et de livrer aux Troyens l'Ausonie. Tu peux armer l'un contre l'autre les frères les plus amis; diviser et perdre les familles par la haine; agiter, sous le toit des maisons, tes fouets vengeurs et tes torches funèbres. Tu as, pour nuire, mille prétextes, mille moyens. Secoue ton génie fécond : romps la paix projetée; sème partout les fureurs de la guerre; et qu'au même instant une jeunesse ardente veuille, demande et saisisse les armes! »

Aussitôt, Alecton, infectée du poison des Gorgones, s'envole vers le Latium, pénètre dans le haut palais du roi de Laurente, et assiège le seuil silencieux d'Amate. Déjà l'arrivée des Troyens et l'hymen retardé de Turnus livraient la mère de Lavinie aux soucis inquiets, aux emportemens d'une femme irritée. La déesse infernale arrache de son front une de ses longues couleuvres, la lance sur la reine, et l'insinue jusqu'au fond de son cœur, afin que tout le palais soit troublé de ses trans-

Quo furibunda domum monstro permisceat omnem.
Ille, inter vestes et levia pectora lapsus,
Volvitur attactu nullo, fallitque furentem,
Vipeream inspirans animam; fit tortile collo
Aurum ingens coluber, fit longæ tænia vittæ,
Innectitque comas, et membris lubricus errat.
Ac dum prima lues udo sublapsa veneno
Pertentat sensus, atque ossibus implicat ignem,
Necdum animus toto percepit pectore flammam;
Mollius, et solito matrum de more, locuta est,
Multa super nata lacrymans phrygiisque hymenæis :
« Exsulibusne datur ducenda Lavinia Teucris,
O genitor! nec te miseret natæque, tuique?
Nec matris miseret, quam primo Aquilone relinquet
Perfidus, alta petens abducta virgine, prædo?
At non sic phrygius penetrat Lacedemona pastor,
Ledæamque Helenam trojanas vexit ad urbes?
Quid tua sancta fides? Quid cura antiqua tuorum,
Et consanguineo toties data dextera Turno?
Si gener externa petitur de gente Latinis,
Idque sedet, Faunique premunt te jussa parentis :
Omnem equidem sceptris terram quæ libera nostris
Dissidet, externam reor, et sic dicere Divos.
Et Turno, si prima domus repetatur origo,
Inachus Acrisiusque patres, mediæque Mycenæ. »

His ubi nequidquam dictis experta, Latinum

ports. Le monstre se glisse entre les riches tissus d'Amate, effleure son sein, déroule ses anneaux sans qu'ils soient sentis, trompe sa douleur et l'égare en soufflant son venin de vipère. Tantôt l'immense reptile se replie en collier d'or au cou d'Amate; tantôt il pend en longues bandelettes, enlacé dans ses cheveux; ou il se glisse léger, errant sur tout son corps. Tant que l'humide poison ne porte, dans les sens de la reine, que les premières atteintes, et ne fait courir dans ses veines qu'un feu secret qui ne remplit pas encore son cœur de sa terrible flamme, elle se plaint sans emportement : c'est une mère tendre qui pleure sur sa fille et sur l'hymen qui lui destine un époux phrygien : « Eh quoi ! s'écrie-t-elle, père insensible, vous livrez donc Lavinie à des bannis étrangers de la race de Teucer ! Vous n'avez pitié ni de votre enfant, ni de vous-même, ni d'une mère éplorée dont, au premier souffle de l'Aquilon, ce perfide ravisseur emmènera la fille, comme une proie, au delà des mers ! N'est-ce pas ainsi qu'un pâtre de Phrygie pénétra dans Lacédémone, enleva la fille de Léda, et la conduisit dans les remparts de Troie? Que devient votre foi sacrée? Que devient votre long amour pour les vôtres? Où sont les gages de cette main tant de fois donnée à Turnus qui vous est uni par le sang de mes aïeux ? S'il vous faut un gendre étranger, si les destins l'ont ainsi ordonné, et si l'oracle de Faune, votre père, le demande, toute terre libre de votre sceptre est, je le crois, étrangère pour nous : voilà le sens de l'oracle; et Turnus, si l'on remonte à l'origine de sa maison, n'a-t-il pas pour aïeux Inachus, Acrise, et, pour patrie, la ville de Mycènes? »

Mais dès qu'elle voit ses plaintes vaines, Latinus in-

Contra stare videt, penitusque in viscera lapsum
Serpentis furiale malum, totamque pererrat;
Tum vero infelix, ingentibus excita monstris,
Immensam sine more furit lymphata per urbem.
Ceu quondam torto volitans sub verbere turbo,
Quem pueri magno in gyro vacua atria circum
Intenti ludo exercent; ille actus habena
Curvatis fertur spatiis : stupet inscia supra
Impubesque manus, mirata volubile buxum;
Dant animos plagae. Non cursu segnior illo
Per medias urbes agitur populosque feroces.
Quin etiam in silvas, simulato numine Bacchi,
Majus adorta nefas, majoremque orsa furorem,
Evolat, et natam frondosis montibus abdit;
Quo thalamum eripiat Teucris, taedasque moretur :
Evoe Bacche, fremens, solum te virgine dignum,
Vociferans; etenim molles tibi sumere thyrsos,
Te lustrare choro, sacrum tibi pascere crinem.

Fama volat; furiisque accensas pectore matres
Idem omnes simul ardor agit, nova quaerere tecta.
Deseruere domos : ventis dant colla comasque.
Ast aliae tremulis ululatibus aethera complent,
Pampineasque gerunt incinctae pellibus hastas.
Ipsa inter medias flagrantem fervida pinum
Sustinet, ac natae Turnique canit hymenaeos,
Sanguineam torquens aciem; torvumque repente

flexible, et que déjà le poison du serpent infernal a pénétré dans ses veines et envahi tout son corps, l'infortunée, dont d'horribles images troublent la raison, précipite ses pas dans l'enceinte immense de la ville, et court errante, en proie à son délire. Tel, dans de vastes portiques, vole et tourne, sous le fouet pliant qui l'excite, le buis retentissant dont s'amuse l'enfance : il roule, et décrit des cercles divers : la jeune troupe attentive regarde, s'étonne de ce mouvement dont elle ignore la cause, et, par ses coups redoublés, ranime sa vitesse. Telle, et non moins agitée, la reine court en désordre dans toute la ville, au milieu de ses habitans belliqueux. Et bientôt, dans sa fureur, qui s'accroît encore, s'emportant à de plus grands excès, elle feint les orgies des Ménades, s'enfuit dans les hautes forêts, et, sur les monts que couvrent d'épais ombrages, cache sa fille pour la dérober aux Troyens, ou pour retarder un hymen qu'elle abhorre : « Évohé ! crie-t-elle dans son égarement : viens, Bacchus ! c'est de toi seul qu'est digne cette vierge ! c'est pour toi seul qu'elle a pris le thyrse léger ; pour toi qu'elle se mêle à nos chœurs et qu'elle nourrit sa chevelure sacrée. »

La Renommée sème en volant cette nouvelle ; soudain, la même fureur enflamme toutes les mères, et les mêmes transports leur font chercher de nouvelles demeures. Les épaules nues, et les chevelures livrées aux vents, elles désertent leurs foyers. D'autres remplissent les airs de tremblans hurlemens, et, couvertes de peaux sauvages, tiennent en main des bois de lances où le pampre s'enlace. Au milieu d'elles, dans son délire, la reine agite un pin brûlant, et chante l'hymen de sa fille et de Turnus. Elle roule des yeux sanglans, et tout à coup crie

Clamat : « Io matres, audite, ubi quæque, Latinæ;
Si qua piis animis manet infelicis Amatæ
Gratia, si juris materni cura remordet :
Solvite crinales vittas, capite orgia mecum. »

TALEM inter silvas, inter deserta ferarum,
Reginam Alecto stimulis agit undique Bacchi.
Postquam visa satis primos acuisse furores,
Consiliumque omnemque domum vertisse Latini :
Protinus hinc fuscis tristis dea tollitur alis
Audacis Rutuli ad muros : quam dicitur urbem
Acrisioneis Danae fundasse colonis,
Præcipiti delata Noto. Locus Ardea quondam
Dictus avis : et nunc magnum tenet Ardea nomen;
Sed fortuna fuit. Tectis hìc Turnus in altis
Jam mediam nigra carpebat nocte quietem.
Alecto torvam faciem et furialia membra
Exuit : in vultus sese transformat aniles,
Et frontem obscenam rugis arat; induit albos
Cum vitta crines; tum ramum innectit olivæ;
Fit Calybe, Junonis anus templique sacerdos;
Et juveni ante oculos his se cum vocibus offert :
« Turne, tot incassum fusos patiere labores,
Et tua dardaniis transcribi sceptra colonis?
Rex tibi conjugium et quæsitas sanguine dotes
Abnegat; externusque in regnum quæritur heres.
I nunc, ingratis offer te, irrise, periclis;

d'une voix farouche : « O vous toutes, mères du Latium, écoutez-moi ! S'il reste encore dans vos cœurs sensibles quelque pitié pour les malheurs d'Amate, et si les droits des mères vous sont chers, dénouez les bandelettes qui retiennent vos cheveux, et, avec moi, célébrez les orgies ! »

Ainsi dans les forêts, au milieu des antres abandonnés par leurs hôtes sauvages, Alecton aiguillonne la reine et l'enflamme des fureurs de Bacchus. Dès qu'elle croit avoir assez excité ses premiers transports, avoir renversé l'espoir de Latinus, et rempli de trouble sa maison, la funeste déesse s'élève sur ses ailes ténébreuses, et vole vers les murs de l'audacieux Rutule, ville que Danaé, fille d'Acrise, conduisant une colonie d'Argiens, fonda, dit-on, quand le rapide Notus la jeta sur ces bords. Ceux qui furent ses premiers habitans l'appelèrent Ardée : ce nom célèbre, elle l'a conservé; mais sa fortune n'est plus. Déjà la nuit, dans ses ténèbres profondes, était arrivée à la moitié de son cours. Au sein de son vaste palais, Turnus alors livrait ses sens au charme du repos. Alecton dépouille son affreux visage et ses membres de Furie : elle prend les traits d'une vieille femme, sillonne de rides son front impur, ceint d'une bandelette sacrée ses cheveux blancs, et se couronne d'olivier : elle devient Calybé, ancienne suivante de Junon, et prêtresse de son temple. Elle se présente ainsi aux yeux du jeune prince, et lui parle en ces mots : « Turnus, consens-tu donc à perdre le fruit de tant de travaux ? Souffriras-tu qu'un sceptre qui t'appartient passe à des Troyens fugitifs ? Le roi te refuse une épouse, et, avec elle, une dot achetée au prix de ton sang: pour héritier de son trône il cherche un prince étranger ! Va

Tyrrhenas, i, sterne acies; tege pace Latinos.
Hæc adeo tibi me, placida quum nocte jaceres,
Ipsa palam fari omnipotens Saturnia jussit.
Quare age, et armari pubem portisque moveri
Lætus in arma para, et phrygios, qui flumine pulchro
Consedere, duces, pictasque exure carinas.
Cœlestum vis magna jubet. Rex ipse Latinus,
Ni dare conjugium et dicto parere fatetur,
Sentiat, et tandem Turnum experiatur in armis. »

Hic juvenis, vatem irridens, sic orsa vicissim
Ore refert : « Classes invectas Tibridis alveo,
Non, ut rere, meas effugit nuntius aures.
Ne tantos mihi finge metus : nec regia Juno
Immemor est nostri.
Sed te victa situ verique effeta senectus,
O mater, curis nequidquam exercet, et arma
Regum inter falsa vatem formidine ludit.
Cura tibi divum effigies et templa tueri :
Bella viri pacemque gerant, quis bella gerenda. »
Talibus Alecto dictis exarsit in iras.
At juveni oranti subitus tremor occupat artus;
Diriguere oculi; tot Erinnys sibilat hydris,
Tantaque se facies aperit. Tum flammea torquens
Lumina, cunctantem et quærentem dicere plura
Reppulit, et geminos erexit crinibus angues,

maintenant, pour l'ingrat qui te joue, affronter encore les dangers! va écraser les bataillons de Tyrrhène! et, par ta valeur indomptée, protège la paix des Latins! C'est la puissante fille de Saturne qui, tandis que tu reposes dans la nuit paisible, m'a ordonné de venir te parler sans détour. Lève-toi donc, arme tes guerriers, ouvre les portes à leurs phalanges, prépare tout avec ardeur pour les combats; et, sur les bords rians du fleuve où sont assis les Troyens, va immoler leurs chefs et brûler leurs vaisseaux : tel est des dieux l'ordre suprême. Et si le roi Latinus persiste à te refuser sa fille; s'il reste infidèle à sa parole, qu'il connaisse Turnus, et que lui-même enfin il éprouve ce que tu peux dans les armes! »

Le jeune héros, avec un souris moqueur, répond à la fausse prêtresse : « La nouvelle d'une flotte troyenne entrée dans le Tibre, n'est pas, comme vous le croyez, échappée à mon oreille. Cessez de feindre pour moi de si grandes alarmes : l'auguste Junon ne m'a point oublié. Mais vous, ma mère, vaincue par l'âge, et dont la raison affaiblie connaît mal les faits et la vérité, d'inutiles soucis vous agitent, et, dans les querelles des rois, vous êtes le jouet de vaines terreurs. Bornez vos soins aux images et aux temples des dieux, et laissez à ceux qui font la guerre les soins de la guerre et de la paix. »

Ces mots allument la colère d'Alecton. Turnus parlait encore : un tremblement soudain saisit tout son corps, et ses yeux sont immobiles d'effroi à l'aspect de l'horrible Furie, au bruit de tous les serpens qui sifflent sur sa tête. Tandis qu'il veut parler et que sa bouche cherche en vain des sons et des paroles, elle lance sur lui des regards enflammés, dresse sur sa tête deux couleuvres,

Verberaque insonuit, rabidoque hæc addidit ore :
« En, ego victa situ, quam veri effeta senectus
Arma inter regum falsa formidine ludit;
Respice ad hæc : adsum dirarum ab sede sororum;
Bella manu lethumque gero. »
Sic effata facem juveni conjecit, et atro
Lumine fumantes fixit sub pectore tædas.

Olli somnum ingens rumpit pavor, ossaque et artus
Perfundit toto proruptus corpore sudor.
Arma amens fremit, arma toro tectisque requirit.
Sævit amor ferri, et scelerata insania belli;
Ira super. Magno veluti quum flamma sonore
Virgea suggeritur costis undantis aheni,
Exsultantque æstu latices; furit intus aquæ vis,
Fumidus atque alte spumis exuberat amnis,
Nec jam se capit unda : volat vapor ater ad auras.
Ergo iter ad regem, polluta pace, Latinum,
Indicit primis juvenum, et jubet arma parari,
Tutari Italiam, detrudere finibus hostem :
Se satis ambobus Teucrisque venire Latinisque.
Hæc ubi dicta dedit, Divosque in vota vocavit,
Certatim sese Rutuli exhortantur in arma.
Hunc decus egregium formæ movet atque juventæ,
Hunc atavi reges, hunc claris dextera factis.

Dum Turnus Rutulos animis audacibus implet,
Alecto in Teucros stygiis se concitat alis,

fait résonner son fouet vengeur, et tonner sa terrible voix : « Me voilà, dit-elle, moi vaincue par l'âge, et dont la raison affaiblie connaît mal les faits et la vérité ! moi que d'inutiles soins agitent, et qui, dans les querelles des rois, suis le jouet de vaines terreurs ! Regarde : et à ces traits reconnais la sévère sœur des Euménides : je porte dans mes mains la guerre et la mort. » Elle dit, et lance sur le jeune guerrier une torche fumante dont les sombres flammes s'attachent à son sein.

L'épouvante alors a rompu le sommeil de Turnus. Une froide sueur court sur tous ses membres, et inonde son corps. Frémissant et furieux, il demande des armes, il cherche des armes sur sa couche et dans son palais. L'amour du fer, la fureur impie des combats, et surtout la vengeance, l'excitent et le transportent. Telle, quand d'un bois aride la flamme sonore presse les flancs d'un vase d'airain, l'onde échauffée frémit et bouillonne, monte fumante en écume, ne peut plus être contenue, et déborde exhalant de noirs tourbillons de vapeur dans les airs. Turnus mande sur-le-champ les chefs de ses guerriers : il leur annonce la foi de la paix trahie. Il va marcher contre Latinus : il faut prendre les armes, défendre l'Italie, et chasser hors des frontières l'étranger. Lui seul, il suffira contre les Troyens et les Latins. Il dit, et il invoque la faveur des dieux. Cependant, les Rutules, à l'envi, s'excitent aux combats. Les uns admirent, dans Turnus, sa beauté mâle et l'éclat de son jeune âge ; les autres son illustre origine et les rois ses aïeux ; les autres, les exploits qui déjà ont signalé son bras.

Tandis que Turnus enflamme les Rutules de sa guerrière audace, Alecton déploie ses ailes infernales, et vole

Arte nova, speculata locum, quo litore pulcher
Insidiis cursuque feras agitabat Iulus.
Hic subitam canibus rabiem cocytia virgo
Objicit, et noto nares contingit odore,
Ut cervum ardentes agerent : quæ prima malorum
Causa fuit, belloque animos accendit agrestes.

CERVUS erat forma præstanti et cornibus ingens,
Tyrrhidæ pueri quem matris ab ubere raptum
Nutribant, Tyrrheusque pater, cui regia parent
Armenta, et late custodia credita campi.
Assuetum imperiis soror omni Silvia cura
Mollibus intexens ornabat cornua sertis,
Pectebatque ferum, puroque in fonte lavabat.
Ille, manum patiens, mensæque assuetus herili,
Errabat silvis, rursusque ad limina nota
Ipse domum sera quamvis se nocte ferebat.
Hunc procul errantem rabidæ venantis Iuli
Commovere canes, fluvio quum forte secundo
Deflueret, ripaque æstus viridante levaret.
Ipse etiam, eximiæ laudis succensus amore,
Ascanius curvo direxit spicula cornu :
Nec dextræ erranti deus abfuit; actaque multo
Perque uterum sonitu perque ilia venit arundo.
Saucius at quadrupes nota intra tecta refugit,
Successitque gemens stabulis, questuque, cruentus

au camp des Troyens. Elle médite un nouvel artifice, en voyant sur le rivage le jeune Iule occupé à tendre des pièges aux bêtes sauvages, ou prêt à les fatiguer de sa course rapide. La vierge du Cocyte inspire aux chiens une rage soudaine, frappe leurs narines d'une odeur qui leur est connue, et, sur les traces d'un cerf, précipite leur ardeur : fatal artifice, qui fut la première cause de tant de maux, et qui alluma les fureurs de la guerre dans les paisibles champs du Latium.

Un cerf d'une beauté rare, et d'une haute ramure, jadis ravi à la mamelle de sa mère, était nourri par les enfans de Tyrrhée, et par Tyrrhée lui-même, intendant des troupeaux du roi, et gardien de son vaste domaine. Docile et soumis, il faisait le soin et la joie de la jeune Silvie, sœur des fils de Tyrrhée. Elle enlaçait à son jeune bois des guirlandes légères, peignait son poil sauvage, et le lavait d'une onde pure. Patient à la main, habitué à la table de son maître, il errait dans les bois, revenait de lui-même vers le seuil connu, et souvent, dans la nuit, regagnait le toit domestique. Ce jour-là, écarté au loin, il suivait le courant du fleuve, et cherchait le frais sur la rive verdoyante, quand la meute du jeune chasseur vient le relancer avec furie. Iule lui-même, qu'excite un grand désir de louange pour son adresse, dirige sur l'arc recourbé sa flèche : une divinité ennemie guide sa main : le trait siffle, vole, atteint le cerf et s'enfonce dans ses flancs. L'animal blessé fuit vers son asile accoutumé, regagne en gémissant son étable ; et, tout sanglant, par un bramement plaintif, qui remplit tout le toit de son maître, il semble implorer un appui. Silvie accourt la première : dans sa douleur, elle meurtrit ses bras, appelle du secours, et à ses cris se rassem-

Atque imploranti similis, tectum omne replebat.
Silvia prima soror, palmis percussa lacertos,
Auxilium vocat, et duros conclamat agrestes.
Olli, pestis enim tacitis latet aspera silvis,
Improvisi adsunt: hic torre armatus obusto,
Stipitis hic gravidi nodis; quod cuique repertum
Rimanti, telum ira facit. Vocat agmina Tyrrheus,
Quadrifidam quercum cuneis ut forte coactis
Scindebat, rapta spirans immane securi.

At sæva e speculis tempus dea nacta nocendi
Ardua tecta petit stabuli, et de culmine summo
Pastorale canit signum, cornuque recurvo
Tartaream intendit vocem : qua protinus omne
Contremuit nemus, et silvæ intonuere profundæ;
Audiit et Triviæ longe lacus; audiit amnis
Sulfurea Nar albus aqua, fontesque Velini;
Et trepidæ matres pressere ad pectora natos.
Tum vero ad vocem celeres, qua buccina signum
Dira dedit, raptis concurrunt undique telis
Indomiti agricolæ; necnon et troia pubes
Ascanio auxilium castris effundit apertis.
Direxere acies. Non jam certamine agresti,
Stipitibus duris agitur sudibusve præustis;
Sed ferro ancipiti decernunt, atraque late
Horrescit strictis seges ensibus, æraque fulgent
Sole lacessita, et lucem sub nubila jactant.

blent les rustiques habitans de cette terre. Soudain, ils sont entraînés (car l'horrible Furie est cachée dans le bois silencieux) : l'un s'arme d'un tison noirci par la flamme, l'autre d'une massue chargée de nœuds : tous, saisis du même transport, se font des armes de ce qu'ils rencontrent. Tyrrhée, qui, en ce moment, à l'aide de coins qu'il enfonce, divise un chêne en quatre éclats, saisit sa hache, appelle ses compagnons, et s'avance à leur tête.

Cependant, la cruelle déesse, du haut d'une colline, voit le moment de nuire : elle s'élance sur le toit de l'étable, et, du faîte élevé, donne le signal connu des pasteurs : dans la trompe recourbée, elle enfle sa voix infernale. Alors les bois tremblent; ces horribles sons tonnent dans les forêts profondes : on les entendit au loin sur le lac de Diane; on les entendit sur les blanchissantes ondes du Nar sulfureux, jusqu'aux sources du Vélino ; et, contre leur sein, les mères épouvantées pressèrent leurs enfans. Soudain, les laboureurs indomptés s'arment de toutes parts, et volent au lieu où la trompe fatale a donné le signal. De son côté, la jeunesse troyenne ouvre le camp et se précipite au secours d'Ascagne. On se forme en bataille : ce n'est plus un combat rustique où toutes les armes sont un bois pesant et des tiges durcies dans la flamme : c'est le fer à double tranchant qui vide la querelle. Une horrible moisson de glaives nus hérisse la plaine; l'airain réfléchit la lumière du soleil, et la renvoie sous la nue. Ainsi, lorsqu'au premier souffle des vents orageux les flots commencent à blan-

Fluctus uti primo cœpit quum albescere vento,
Paulatim sese tollit mare, et altius undas
Erigit, inde imo consurgit ad æthera fundo.

Hic juvenis primam ante aciem, stridente sagitta,
Natorum Tyrrhei fuerat qui maximus, Almo
Sternitur; hæsit enim sub gutture vulnus, et udæ
Vocis iter tenuemque inclusit sanguine vitam.
Corpora multa virum circa, seniorque Galæsus,
Dum paci medium se offert, justissimus unus
Qui fuit, ausoniisque olim ditissimus arvis :
Quinque greges illi balantum, quina redibant
Armenta, et terram centum vertebat aratris.

Atque ea per campos æquo dum Marte geruntur,
Promissi dea facta potens, ubi sanguine bellum
Imbuit, et primæ commisit funera pugnæ,
Deserit Hesperiam, et, cœli convexa, per auras
Junonem victrix affatur voce superba :
« En perfecta tibi bello discordia tristi ;
Dic in amicitiam coeant, et fœdera jungant.
Quandoquidem ausonio respersi sanguine Teucros :
Hoc etiam his addam, tua si mihi certa voluntas,
Finitimas in bella feram rumoribus urbes,
Accendamque animos insani Martis amore,
Undique ut auxilio veniant; spargam arma per agros. »
Tum contra Juno : « Terrorum et fraudis abunde est.
Stant belli causæ; pugnatur cominus armis :

chir, la mer s'enfle lentement, et bientôt, soulevées du fond de l'abîme, les vagues s'élèvent jusqu'aux astres.

Au premier rang combat le jeune Almon, l'aîné des fils de Tyrrhée ; un trait siffle dans les airs et le renverse : le fer s'arrête dans la gorge, et le sang qui coule de sa blessure arrête en lui la parole et la vie. D'autres guerriers tombent, et, parmi eux, le vieux Galésus, qui s'avançait entre les combattans, offrant la paix aux deux partis : il était renommé, dans l'Ausonie, comme le plus juste et le plus riche de ses habitans. Cinq troupeaux bêlaient dans ses champs ; cinq autres troupeaux mugissaient dans ses étables, et cent charrues ouvraient ses sillons.

Tandis que Mars balance, dans la plaine, les succès et les revers, fière d'avoir tenu ses promesses, d'avoir ensanglanté les armes et ouvert dans le carnage le premier combat, Alecton abandonne l'Hespérie, s'élève dans les cieux, et, triomphante, adresse à Junon ce superbe langage : « Voilà la discorde et la guerre allumées au gré de vos désirs ! j'ai rougi les mains des Troyens du sang de l'Ausonie : dites maintenant que les peuples deviennent amis et qu'entre eux il y ait alliance ! Je ferai plus encore, si c'est votre volonté : par de sinistres rumeurs j'entraînerai, dans cette querelle, les cités voisines, j'embraserai les esprits d'un amour insensé de Mars ; de tous côtés viendront des combattans, et dans les champs je sèmerai des armes. » — « C'est assez de terreurs et d'artifices, dit Junon. La guerre a maintenant une cause : les deux partis ont combattu, et les armes qu'offrit le hasard sont déjà teintes de sang. Que l'illus-

Quæ fors prima dedit, sanguis novus imbuit arma.
Talia connubia, et tales celebrent hymenæos
Egregium Veneris genus et rex ipse Latinus.
Te super ætherias errare licentius auras
Haud pater ille velit, summi regnator Olympi.
Cede locis. Ego, si qua super fortuna laborum est,
Ipsa regam. » Tales dederat Saturnia voces.
Illa autem attollit stridentes anguibus alas,
Cocytique petit sedem, supera ardua linquens.

Est locus Italiæ medio sub montibus altis
Nobilis, et fama multis memoratus in oris,
Amsancti valles : densis hunc frondibus atrum
Urget utrimque latus nemoris, medioque fragosus
Dat sonitum saxis et torto vertice torrens :
Hic specus horrendum, sævi spiracula Ditis,
Monstratur, ruptoque ingens Acheronte vorago
Pestiferas aperit fauces; quis condit Erinnys
Invisum numen, terras cœlumque levabat.

Nec minus interea extremam Saturnia bello
Imponit regina manum. Ruit omnis in urbem
Pastorum ex acie numerus, cæsosque reportant
Almonem puerum, fœdatique ora Galæsi;
Implorantque deos, obtestanturque Latinum.
Turnus adest, medioque in crimine cædis et ignis
Terrorem ingeminat : Teucros in regna vocari;
Stirpem admisceri phrygiam; se limine pelli.

tre fils de Vénus et le vieux roi des Latins célèbrent de telles unions et de tels hyménées ! Toi, si tes fureurs étaient plus long-temps errantes sur la terre, le souverain qui règne dans le haut Olympe ne le souffrirait pas. Retire-toi. Si, pour le succès, d'autres soins sont encore nécessaires, je les dirigerai moi-même. » Ainsi parle la fille de Saturne ; et l'affreuse Euménide s'élève sur ses ailes où sifflent les couleuvres, abandonne les hautes régions du jour, et regagne les sombres bords du Cocyte.

Il est, au centre de l'Italie, entre deux monts escarpés, un lieu connu et renommé dans plus d'une contrée : c'est la vallée d'Amsancte. Des forêts profondes pressent ses flancs de leurs épaisses ombres. Au milieu roule rapide un torrent qui, dans son cours tortueux, brise sur les rochers, avec fracas, son onde. Là s'ouvre une caverne horrible, soupirail du noir empire de Pluton, vaste gouffre formé des débordemens de l'Achéron : l'odieuse Érinnys s'élance dans sa bouche empestée, et soulage la terre et le ciel qu'affligeait sa présence.

Cependant la fille de Saturne achève d'enflammer cette guerre. Du champ de bataille se précipite dans la ville la foule des pasteurs. Ils rapportent le corps du jeune Almon et le cadavre défiguré de Galésus. Tous implorent la justice des dieux, et tous appellent à la vengeance le roi. Turnus paraît, et sa voix, au milieu du tumulte, redouble la crainte du carnage et de l'incendie. Il se plaint qu'on appelle au trône les fils de Teucer, qu'on s'allie à des Phrygiens, et qu'il est lui-même chassé.

Tum, quorum attonitæ Baccho nemora avia matres
Insultant thiasis, neque enim leve nomen Amatæ,
Undique collecti coeunt, Martemque fatigant.
Ilicet infandum cuncti contra omina bellum,
Contra fata deum, perverso numine, poscunt;
Certatim regis circumstant tecta Latini.
Ille, velut pelagi rupes immota, resistit :
Ut pelagi rupes, magno veniente fragore,
Quæ sese, multis circum latrantibus undis,
Mole tenet; scopuli nequidquam et spumea circum
Saxa fremunt, laterique illisa refunditur alga.

Verum, ubi nulla datur cæcum exsuperare potestas
Consilium, et sævæ nutu Junonis eunt res :
Multa deos aurasque pater testatus inanes :
« Frangimur, heu! fatis, inquit, ferimurque procella!
Ipsi has sacrilego pendetis sanguine pœnas,
O miseri! Te, Turne, nefas, te triste manebit
Supplicium, votisque deos venerabere seris.
Nam mihi parta quies; omnisque in limine portus;
Funere felici spolior. » Nec plura locutus
Sepsit se tectis, rerumque reliquit habenas.

Mos erat hesperio in Latio, quem protinus urbes
Albanæ coluere sacrum, nunc maxima rerum
Roma colit, quum prima movent in prœlia Martem,
Sive Getis inferre manu lacrymabile bellum,
Hyrcanisve, Arabisve parant, seu tendere ad Indos,

En même temps, tandis qu'en proie aux fureurs de Bacchus, et excitées par le nom puissant d'Amate, les mères bondissent dans les hautes forêts, leurs fils se rassemblent de toutes parts, et leurs cris fatiguent le dieu des combats. Tous, au mépris des auspices, au mépris des oracles des cieux, égarés par une divinité contraire, demandent à l'instant cette guerre fatale. La foule se presse autour du palais. Le roi résiste inflexible à leurs clameurs, comme un rocher reste immobile au sein des mers, quand, dans la tempête, il est assailli par les vagues aboyantes. En vain retentissent à l'entour les écueils et les brisans que blanchit l'écume : il refoule l'algue déchirée sur ses flancs, et se soutient par sa masse.

Mais enfin, aucun effort ne peut triompher de cette aveugle fureur, et tout marche au gré de la cruelle Junon. En vain plus d'une fois Latinus atteste et le ciel et les dieux : « Hélas ! s'écrie-t-il, nous périssons, et l'orage nous entraîne. Malheureux ! c'est dans les flots de votre sang sacrilège que sera le châtiment. Toi, Turnus aussi, tu porteras la peine du parjure, et tes vœux trop tard imploreront les dieux. Pour moi, mon repos est assuré, je touche au port, et ne suis privé que d'une mort paisible. » Il n'ajoute plus rien, se retire au fond de son palais, et abandonne les rênes de l'empire.

Il était dans le Latium un usage sacré, que gardèrent depuis les villes albaines, et que conserve encore Rome, maîtresse du monde, quand elle appelle Mars à de nouveaux combats, soit qu'elle porte la guerre et ses alarmes aux Gètes, aux Hyrcaniens, aux Arabes ; soit qu'elle veuille marcher contre les Indiens, s'avancer

Auroramque sequi, Parthosque reposcere signa.
Sunt geminæ belli portæ (sic nomine dicunt)
Relligione sacræ et sævi formidine Martis :
Centum ærei claudunt vectes, æternaque ferri
Robora; nec custos absistit limine Janus.
Has, ubi certa sedet patribus sententia pugnæ,
Ipse, quirinali trabea cinctuque gabino
Insignis, reserat stridentia limina consul;
Ipse vocat pugnas; sequitur tum cetera pubes,
Æreaque assensu conspirant cornua rauco.
Hoc et tum Æneadis indicere bella Latinus
More jubebatur, tristesque recludere portas.
Abstinuit tactu pater, aversusque refugit
Fœda ministeria, et cæcis se condidit umbris.

Tum regina deum, cœlo delapsa, morantes
Impulit ipsa manu portas, et cardine verso
Belli ferratos rupit Saturnia postes.
Ardet inexcita Ausonia atque immobilis ante.
Pars pedes ire parat campis; pars arduus altis
Pulverulentus equis furit; omnes arma requirunt.
Pars leves clypeos et spicula lucida tergunt
Arvina pingui, subiguntque in cote secures;
Signaque ferre juvat, sonitusque audire tubarum.
Quinque adeo magnæ positis incudibus urbes
Tela novant : Atina potens, Tiburque superbum,
Ardea, Crustumerique, et turrigeræ Antemnæ.

vers les lieux où naît l'aurore, et redemander aux Parthes ses aigles prisonnières. Il est, dans un temple, deux portes de la guerre (c'est ainsi qu'on les nomme), consacrées par la religion et par la frayeur qu'inspire l'impitoyable Mars. Ces portes sont fermées par cent verroux d'airain, et par d'invincibles chaînes de fer. Janus, à qui la garde du temple est confiée, n'en quitte jamais le seuil. Dès qu'un décret du sénat a résolu la guerre, le consul, vêtu de la trabée quirinale, la toge ceinte à la manière des Gabiens, ouvre ces portes aux gonds mugissans, et lui-même appelle les combats : aussitôt la jeunesse romaine s'écrie, et le clairon guerrier répond par ses rauques accords. C'est ainsi que les Latins pressaient leur chef de suivre l'ancien usage, de déclarer la guerre aux Troyens et d'ouvrir les portes fatales. Mais, père du peuple, il s'abstient d'y toucher, rejette avec horreur cet odieux ministère, et cache ses chagrins dans les ombres du palais.

Alors la reine des dieux s'élance du ciel, pousse elle-même de sa main les portes redoutables, les fait crier sur leurs gonds, et rompt les barrières de fer qui retiennent la guerre captive. Soudain l'Ausonie, si long-temps calme et paisible, s'embrase : tous ses habitans courent aux armes : les uns se forment en bataillons dans la plaine; les autres, montés sur des chevaux poudreux, aspirent les combats. La graisse onctueuse dérouille les boucliers, et rend son premier éclat au fer des javelots. Le tranchant des haches est aiguisé sur la pierre. On aime à déployer les étendards, à écouter les sons de la trompette guerrière. Des armes sont forgées dans cinq grandes cités : la puissante Atine, le superbe Tibur, Ardée, Crustumère, et Antemne couronnée de tours. C'est là qu'on creuse l'armure qui protège la tête

Tegmina tuta cavant capitum, flectuntque salignas
Umbonum crates; alii thoracas aenos,
Aut leves ocreas lento ducunt argento.
Vomeris huc, et falcis honos, huc omnis aratri
Cessit amor; recoquunt patrios fornacibus enses.
Classica jamque sonant; it bello tessera signum.
Hic galeam tectis trepidus rapit; ille frementes
Ad juga cogit equos; clypeumque auroque trilicem
Loricam induitur, fidoque accingitur ense.
PANDITE nunc Helicona, deæ, cantusque movete,
Qui bello exciti reges, quæ quemque secutæ
Complerint campos acies; quibus itala jam tum
Floruerit terra alma viris, quibus arserit armis.
Et meministis enim, divæ, et memorare potestis :
Ad nos vix tenuis famæ perlabitur aura.

PRIMUS init bellum tyrrhenis asper ab oris
Contemptor divum Mezentius, agminaque armat.
Filius huic juxta Lausus, quo pulchrior alter
Non fuit, excepto Laurentis corpore Turni.
Lausus, equum domitor, debellatorque ferarum,
Ducit Agyllina nequidquam ex urbe secutos
Mille viros, dignus, patriis qui lætior esset
Imperiis, et cui pater haud Mezentius esset.
POST hos insignem palma per gramina currum,
Victoresque ostentat equos, satus Hercule pulchro

du soldat; que le saule s'arrondit en boucliers; que l'argent flexible s'étend sur les cuissarts polis, sur les cuirasses d'airain. Le soc et la faux perdent leurs antiques honneurs : partout les laboureurs oublient le culte de Cérès, et retrempent aux fourneaux les épées de leurs aïeux. Déjà le clairon sonne ; déjà les ordres, tracés sur les tessères, sont portés dans les rangs : l'un court à ses lambris enlever son casque, l'autre à son char attelle ses chevaux frémissans, saisit son bouclier, revêt sa cuirasse à triples mailles d'or, et ceint sa fidèle épée.

Muses! maintenant ouvrez-moi l'Hélicon : élevez mes chants ; dites quels rois volèrent alors aux combats; quels peuples suivirent leurs étendards, et couvrirent de leurs phalanges ces plaines; quels guerriers illustraient déjà l'Italie, terre féconde en héros ; et quel fut l'embrasement de cette guerre! ô Muses! vous en avez gardé le souvenir, et vous pouvez retracer l'histoire de ces temps antiques dont à peine un bruit faible est arrivé jusqu'à nous.

Le premier qui, venu des bords de Tyrrhène, doit ouvrir la guerre avec ses nombreux bataillons, c'est le farouche Mézence, le contempteur des dieux. A ses côtés, marche son fils Lausus qui, sans le héros du Latium, sans Turnus, serait le plus beau des guerriers : Lausus, habile à dompter les chevaux, à terrasser les monstres des forêts, conduit mille guerriers qui l'ont suivi des remparts d'Agylla : vain secours, qui ne pourra sauver ce prince digne d'être fils plus heureux, et d'avoir un autre père que Mézence.

Après eux, Aventinus, fils d'Hercule et beau comme Hercule lui-même, fait briller dans la plaine son char

Pulcher Aventinus, clypeoque, insigne paternum,
Centum angues, cinctamque gerit serpentibus hydram;
Collis Aventini silva quem Rhea sacerdos
Furtivum partu sub luminis edidit oras,
Mixta deo mulier, postquam Laurentia victor,
Geryone exstincto, Tirynthius attigit arva,
Tyrrhenoque boves in flumine lavit iberas.
Pila manu sævosque gerunt in bella dolones;
Et tereti pugnant mucrone, veruque sabello.
Ipse pedes, tegumen torquens immane leonis,
Terribili impexum sæta, cum dentibus albis
Indutus capiti, sic regia tecta subibat
Horridus, Herculeoque humeros innexus amictu.

Tum gemini fratres tiburtia mœnia linquunt,
Fratris Tiburti dictam cognomine gentem,
Catillusque, acerque Coras, argiva juventus;
Et primam ante aciem densa inter tela feruntur:
Ceu duo nubigenæ quum vertice montis ab alto
Descendunt Centauri, Homolen Othrymque nivalem
Linquentes cursu rapido; dat euntibus ingens
Silva locum, et magno cedunt virgulta fragore.

Nec prænestinæ fundator defuit urbis,
Vulcano genitum pecora inter agrestia regem,
Inventumque focis omnis quem credidit ætas,
Cæculus. Hunc legio late comitatur agrestis,
Quique altum Præneste viri, quique arva Gabinæ

couronné de palmes et ses coursiers souvent victorieux. Sur son bouclier est représenté le glorieux trophée de son père, l'hydre à cent têtes où les serpens enlacent leurs replis. La prêtresse Rhéa, simple mortelle, unie à un dieu, mit secrètement au jour ce guerrier dans les bois du mont Aventin, après que le héros de Tirynthe, vainqueur de Géryon, se fut arrêté dans les champs de Laurente, et eut baigné dans le fleuve de Tyrrhène les taureaux enlevés à l'Ibérie. Les soldats d'Aventinus sont armés de javelots, et d'un bois creusé qui recèle un fer aigu : ils combattent avec le poignard et la javeline des Sabins. Lui-même s'avance à pied, ramenant sur ses épaules l'immense dépouille d'un lion dont la crinière hérissée et les dents d'une effrayante blancheur s'élèvent sur sa tête : il arrive au palais du roi, dans cet appareil sauvage qui rappelle celui du grand Alcide.

Viennent ensuite deux frères, Catillus et l'ardent Coras : Argiens d'origine, ils ont quitté les remparts de Tibur, qui reçut son nom de Tiburte leur frère : ils s'avancent au premier rang de leurs bataillons, épaisse forêt de lances. Tels, enfans de la nue, deux Centaures descendent, à grands pas, du sommet neigeux de l'Homole et de l'Othrys : devant leur course rapide la vaste forêt s'ouvre, et les arbrisseaux, inclinés ou rompus, cèdent avec fracas.

Dans cette grande armée, ne manque pas le fondateur de Préneste, Céculus, ce roi, fils de Vulcain, qui, né parmi les troupeaux, fut trouvé dans un foyer, comme on l'a cru dans tous les âges. Sous ses ordres marche une légion nombreuse d'agrestes combattans, qui habitent la haute Préneste, les champs de Gabies consacrés

Junonis, gelidumque Anienem, et roscida rivis
Hernica saxa colunt; quos, dives Anagnia, pascis,
Quos, Amasene pater. Non illis omnibus arma,
Nec clypei, currusve sonant : pars maxima glandes
Liventis plumbi spargit; pars spicula gestat
Bina manu; fulvosque lupi de pelle galeros
Tegmen habent capiti; vestigia nuda sinistri
Instituere pedis; crudus tegit altera pero.

At Messapus, equum domitor, Neptunia proles,
Quem neque fas igni cuiquam nec sternere ferro,
Jam pridem resides populos, desuetaque bello
Agmina, in arma vocat subito, ferrumque retractat.
Hi fescenninas acies, aequosque Faliscos;
Hi Soractis habent arces, flaviniaque arva,
Et Cimini cum monte lacum, lucosque capenos.
Ibant aequati numero, regemque canebant :
Ceu quondam nivei liquida inter nubila cycni,
Quum sese e pastu referunt, et longa canoros
Dant per colla modos; sonat amnis, et Asia longe
Pulsa palus.
Nec quisquam aeratas acies ex agmine tanto
Misceri putet : aeriam sed gurgite ab alto
Urgeri volucrum raucarum ad litora nubem.
Ecce, Sabinorum prisco de sanguine, magnum
Agmen agens Clausus, magnique ipse agminis instar,
Claudia nunc a quo diffunditur et tribus et gens

à Junon, les frais vallons qu'arrose l'Anio, et les monts Herniciens aux sources jaillissantes, et ceux que tu nourris, opulente Anagnie, et ceux qui boivent tes eaux, fertilisante Amasène : tous ne portent pas les armes des guerriers; ils n'ont ni boucliers, ni chars retentissans ; la plupart lancent, avec a fronde, le plomb arrondi; d'autres agitent deux traits dans leurs mains: sur leur tête se hérisse la dépouille d'un loup; leur jambe gauche est nue, et la droite couverte d'un cuir grossier.

Messape, le dompteur de chevaux, fils de Neptune, et qui ne craint ni la flamme ni le fer, a ressaisi son glaive, et réveillé ses peuples depuis long-temps endormis dans la paix. Ici sont les phalanges des Fescenniens, et celles des Falisques, amis des lois ; là sont ceux qui habitent les hauteurs de Soracte, les plaines de Flavinie, la montagne et les rives du lac de Ciminie, et le bois sacré de Capène. Formés en divisions égales, ils marchent, chantant les exploits de leur chef. Tels, au retour de leurs verts pâturages, les cygnes qui ont la blancheur de la neige fendent la nue légère, et des sons mélodieux de leurs longs gosiers font retentir au loin le Caïstre et le lac Asia. En voyant cette multitude, on l'eût prise, non pour des bataillons couverts d'airain, mais pour une nuée d'oiseaux qui, s'élançant de la haute mer, viennent, avec des cris rauques, s'abattre sur le rivage.

Bientôt s'avance un guerrier sorti du vieux sang des Sabins, le vaillant Clausus, qui conduit une armée immense, et vaut seul une armée : il est la tige de la famille Claudia dont la tribu s'est répandue dans le La-

Per Latium, postquam in partem data Roma Sabinis.
Una ingens amiterna cohors, priscique Quirites,
Ereti manus omnis, oliviferæque Mutuscæ;
Qui Nomentum urbem, qui rosea rura Velini,
Qui Tetricæ horrentes rupes, montemque Severum,
Casperiamque colunt, Forulosque, et flumen Himellæ;
Qui Tibrim Fabarimque bibunt, quos frigida misit
Nursia, et Hortinæ classes, populique Latini;
Quosque secans infaustum interluit Allia nomen
Quam multi libyco volvuntur marmore fluctus,
Sævus ubi Orion hibernis conditur undis;
Vel quam sole novo densæ torrentur aristæ,
Aut Hermi campo, aut Lyciæ flaventibus arvis.
Scuta sonant, pulsuque pedum conterrita tellus.

Hinc Agamemnonius, trojani nominis hostis,
Curru jungit Halesus equos, Turnoque feroces
Mille rapit populos; vertunt felicia Baccho
Massica qui rastris; et quos de collibus altis
Aurunci misere patres, sidicinaque juxta
Æquora; quique Cales linquunt, amnisque vadosi
Accola Vulturni, pariterque Saticulus asper,
Oscorumque manus. Teretes sunt aclydes illis
Tela: sed hæc lento mos est aptare flagello.
Lævas cetra tegit; falcati cominus enses.

Nec tu carminibus nostris indictus abibis,
OEbale, quem generasse Telon Sebethide nympha

tium, depuis que la nation sabine, reçue dans Rome, n'a plus eu d'autre patrie. Sous ses ordres marchent les cohortes d'Amiterne, les anciens Quirites, toutes les forces d'Eretum et de Mutusca, fertile en oliviers; et ceux qui habitent la ville de Nomente, les plaines humides du Vélino, les affreux rochers du Tétrique, le mont Sévère, Caspérie, Forule et les bords de l'Hymelle; et ceux qui boivent les eaux du Tibre et du Fabaris; et ceux qu'a envoyés la froide Nursie; les phalanges d'Horta, et des cités latines; et les peuples qui vivent sur les deux rives de l'Allia, nom fatal aux Romains : le nombre de tous ces guerriers égale les vagues que roule la mer de Libye quand l'orageux Orion descend, l'hiver, dans les ondes; ou les épis qui mûrissent aux champs de l'Hermus, et dans les plaines jaunissantes de la Lycie : leurs boucliers retentissent, et la terre tremble sous leurs pas.

D'un autre côté, Halésus, fils d'Agamemnon, ennemi du nom troyen, attèle à son char des chevaux rapides, entraîne avec lui et amène à Turnus des peuples belliqueux : ceux qui cultivent les rians coteaux du Massique, chers à Bacchus; ceux que les vieillards de la nation des Auronques ont fait descendre de leurs montagnes; les Sidicins qui habitent les plaines; les guerriers qui ont quitté Calès et les rives sablonneuses du Vulturne; et le farouche Saticule et la troupe des Osques. Ils sont armés de courts javelots qu'un long fouet lance et ramène; un petit bouclier de cuir couvre leur bras gauche, l'autre bras combat de près avec un glaive recourbé.

Tu ne seras pas oublié dans mes vers, OEbale, toi qui reçus, dit-on, le jour de la nymphe Sébéthis et de Télon, lorsque, dans sa vieillesse, il régnait à Caprée sur

Fertur, Teleboum Capreas quum regna teneret
Jam senior; patriis sed non et filius arvis
Contentus, late jam tum ditione premebat
Sarrastes populos, et quae rigat aequora Sarnus,
Quique Rufras, Batulumque tenent, atque arva Celennae,
Et quos maliferae despectant moenia Abellae:
Teutonico ritu soliti torquere cateias;
Tegmina quis capitum raptus de subere cortex,
Ærataeque micant peltae, micat aereus ensis.

Et te montosae misere in proelia Nersae,
Ufens, insignem fama et felicibus armis,
Horrida praecipue cui gens, assuetaque multo
Venatu nemorum, duris Æquicula glebis
Armati terram exercent, semperque recentes
Convectare juvat praedas, et vivere rapto.

Quin et Marrubia venit de gente sacerdos,
Fronde super galeam et felici comptus oliva,
Archippi regis missu, fortissimus Umbro;
Vipereo generi et graviter spirantibus hydris
Spargere qui somnos cantuque manuque solebat,
Mulcebatque iras, et morsus arte levabat.
Sed non Dardaniae medicari cuspidis ictum
Evaluit: neque eum juvere in vulnera cantus
Somniferi, et Marsis quaesitae montibus herbae.
Te nemus Anguitiae, vitrea te Fucinus unda,
Te liquidi flevere lacus.

les Téléboens. Mais, non content des états de son père, le fils avait dès-lors soumis à sa domination les Sarrastes, et les plaines qu'arrose le Sarnus; les peuples de Rufra, de Batule, de Célène; et les cultivateurs des champs que dominent les remparts d'Abelle et ses riches vergers. Tous lancent de pesans javelots à la manière des Teutons : l'écorce du liège leur sert de casque; l'airain brille sur leurs boucliers échancrés, et à leur côté brillent des glaives d'airain.

Les montagnes de Nerse t'envoyèrent au combat, vaillant Ufens, célèbre par ta gloire et par le bonheur de tes armes. Les plus renommés, entre tes guerriers, sont les farouches Équicoles, chasseurs infatigables dans les forêts : ils ouvrent, sans quitter leurs armes, de durs sillons sur un sol infertile, et se plaisent chaque jour à ravir un nouveau butin, et à vivre de rapines.

A cette guerre vient aussi, envoyé par Archippe, son roi, le valeureux Umbron, pontife de la nation des Marrubiens, et qui couronne son casque de l'olivier paisible. Il savait, de la voix et de la main, endormir les vipères et les dragons à l'haleine funeste; il savait, par son art, apaiser leur colère, et guérir leurs morsures. Mais ses charmes assoupissans, et ses herbes cueillies sur les montagnes des Marses, furent sans vertu contre l'atteinte d'une lance troyenne. Généreux Umbron, la forêt d'Anguitie, le Fucin aux ondes transparentes et les lacs d'alentour pleurèrent ta mort.

Ibat et Hippolyti proles pulcherrima bello
Virbius; insignem quem mater Aricia misit,
Eductum Egeriae lucis, humentia circum
Litora, pinguis ubi et placabilis ara Dianae.
Namque ferunt fama Hippolytum, postquam arte novercae
Occiderit, patriasque explerit sanguine poenas
Turbatis distractus equis, ad sidera rursus
Aetheria et superas coeli venisse sub auras,
Paeoniis revocatum herbis et amore Dianae.
Tum pater omnipotens, aliquem indignatus ab umbris
Mortalem infernis ad lumina surgere vitae,
Ipse repertorem medicinae talis et artis
Fulmine Phoebigenam stygias detrusit ad undas.
At Trivia Hippolytum secretis alma recondit
Sedibus, et nymphae Egeriae nemorique relegat;
Solus ubi in silvis italis ignobilis aevum
Exigeret, versoque ubi nomine Virbius esset.
Unde etiam Triviae templo lucisque sacratis
Cornipedes arcentur equi, quod litore currum
Et juvenem monstris pavidi effudere marinis.
Filius ardentes haud secius aequore campi
Exercebat equos, curruque in bella ruebat.
Ipse inter primos praestanti corpore Turnus
Vertitur, arma tenens, et toto vertice supra est.
Cui triplici crinita juba galea alta Chimaeram
Sustinet, aetnaeos efflantem faucibus ignes;

Le fils d'Hippolyte, guerrier remarquable par sa beauté, Virbius, marchait, envoyé par sa mère Aricie. Il avait été élevé dans la forêt d'Égérie, près des humides rivages où s'élève, toujours chargé d'offrandes, l'autel propice de Diane. Victime des artifices d'une marâtre, traîné par ses chevaux épouvantés, après avoir assouvi de son sang la vengeance d'un père, Hippolyte fut, dit-on, arraché du trépas par les sucs puissans de Péon et par l'amour d'une déesse. Il reparut sur la terre et revit la lumière éthérée. Alors le souverain des dieux, indigné qu'un mortel revînt du séjour de la mort au séjour de la vie, atteignit de sa foudre l'inventeur d'un art si prodigieux, le fils d'Apollon, et le précipita dans les ondes du Styx. Mais Diane cachant Hippolyte dans des retraites ignorées, confia ce prince à la nymphe Égérie et à l'ombre de ses bois : dès-lors, seul et sans gloire, il y acheva la mesure de ses jours, sous le nouveau nom de Virbius : de là vient que les chevaux sont encore éloignés du temple de la déesse et de son bois sacré, depuis qu'épouvantés à la vue d'un monstre des mers, les coursiers que conduisait le jeune héros, le renversèrent avec son char sur le rivage. Mais son fils n'en aimait pas moins à exercer ses ardens coursiers dans la plaine, et à lancer son char de guerre.

Entre tous les chefs, le plus remarquable par sa beauté, Turnus, le fer à la main, donne des ordres, et de sa tête domine tous les rangs. Son casque élevé, où flotte une triple aigrette, soutient la Chimère dont la gueule béante vomit les feux de l'Etna; et plus le combat

Tam magis illa fremens, et tristibus effera flammis,
Quam magis effuso crudescunt sanguine pugnæ.
At levem clypeum sublatis cornibus Io
Auro insignibat, jam setis obsita, jam bos,
Argumentum ingens, et custos virginis Argus,
Cælataque amnem fundens pater Inachus urna.
Insequitur nimbus peditum, clypeataque totis
Agmina densantur campis, argivaque pubes,
Auruncæque manus, Rutuli, veteresque Sicani,
Et sacranæ acies, et picti scuta Labici;
Qui saltus, Tiberine, tuos, sacrumque Numici
Litus arant, Rutulosque exercent vomere colles,
Circæumque jugum; quis Jupiter Anxurus arvis
Præsidet, et viridi gaudens Feronia luco;
Qua Saturæ jacet atra palus, gelidusque per imas
Quærit iter valles atque in mare conditur Ufens.

Hos super advenit Volsca de gente Camilla,
Agmen agens equitum et florentes ære catervas,
Bellatrix, non illa colo calathisve Minervæ
Femineas assueta manus; sed proelia virgo
Dura pati, cursuque pedum prævertere ventos.
Illa vel intactæ segetis per summa volaret
Gramina, nec teneras cursu læsisset aristas;
Vel mare per medium, fluctu suspensa tumenti,
Ferret iter, celeres nec tingeret æquore plantas.
Illam omnis tectis agrisque effusa juventus

s'échauffe dans le carnage, plus semblent s'irriter la fureur du monstre et ses flammes. Sur l'or poli du bouclier, brille, vaste composition, la jeune Io, le front armé de cornes, déjà couverte de poils, déjà génisse : on y voit Argus, gardien sévère de la nymphe, et son père Inachus épanchant un fleuve de son urne. A la suite du héros, une nuée de fantassins couverts de boucliers s'avance, serre ses rangs et s'étend dans la plaine : c'est la jeunesse argienne et la troupe des Auronces ; ce sont les Rutules, les vieux Sicaniens, les cohortes de Sacranes, les Labiques au bouclier peint; et ceux, ô Tibre ! qui cultivent tes bords ; et ceux, ô Numicus ! dont les mains fertilisent tes rives sacrées ; et ceux dont le soc tourmente les collines rutules et le mont de Circé ; ceux encore que protège Jupiter Anxur ; ceux à qui sont chers Féronie et ses frais ombrages ; ceux qui bordent le noir marais de Satura ; ceux enfin qui habitent les profondes vallées où le froid Ufens cherche un chemin pour aller cacher son onde au sein des mers.

Derrière toutes ces phalanges, s'avance l'altière Camille, du pays des Volsques. Intrépide dans les combats, elle conduit de nombreux escadrons tout brillans d'airain. Elle n'a point accoutumé ses mains délicates au fuseau ou à l'aiguille de Minerve ; mais la jeune vierge s'est exercée à supporter les rudes travaux de la guerre, et à devancer à la course les vents : elle eût volé sur les moissons dorées sans courber les épis sous ses pas, ou, suspendue sur la cime des vagues, elle eût rasé les mers sans mouiller ses pieds rapides. Toute la jeunesse d'alentour, toutes les mères ont abandonné, pour la voir, leurs champs et leurs toits domestiques. La foule regarde,

Turbaque miratur matrum, et prospectat euntem,
Attonitis inhians animis : ut regius ostro
Velet honos leves humeros, ut fibula crinem
Auro internectat; Lyciam ut gerat ipsa pharetram,
Et pastoralem praefixa cuspide myrtum.

étonnée : elle admire sa belliqueuse audace, la pourpre royale voilant ses épaules légères; les nœuds d'or qui rattachent ses longs cheveux, sa grâce à porter le carquois lycien, et son myrte pastoral que surmonte un fer de lance.

NOTES

DU LIVRE SEPTIÈME.

1. — Page 280. *Tu quoque litoribus nostris, Æneia nutrix.*

Virgile a voulu rappeler dans ce vers ce qui est dit de Misène et de Palinure dans le livre précédent (v. 232 et 381). Caïète est maintenant Gaëte, ville et promontoire sur les confins du Latium, dans le territoire aujourd'hui appelé *Terra di Lavoro* (royaume de Naples).

2. — Page 280. *Hesperia in magna* . . . . . .

Le poète désigne ainsi l'Italie. On trouve dans le liv. I, v. 569 :

Seu vos Hesperiam magnam Saturniaque arva.

3. — Page 280. . . . . *Splendet tremulo sub lumine pontus.*

Ennius, que Virgile imite souvent, avait dit :

Lumine sub tremulo terra et cava cærula candent.

4. — Page 286. *Proxima Circææ raduntur litora terræ.*

La terre de Circé n'est point séparée du continent : c'est un promontoire qui conserve le nom de *Monte Circello*. Pomponius Mela l'appelle *maison de Circé*; on en trouve la description dans le traité *des Plantes*, de Théophraste. Ce promontoire est comme enfermé du côté de la terre par les marais Pontins ; le lieu qu'on appelait anciennement la ville de Circé, est aujourd'hui *Civita Vecchia*. Virgile parle de cette terre dans le liv. III de l'*Énéide*, et il l'appelle *insula Circes*. Homère, dans le liv. X de l'*Odyssée*, en fait aussi une île qu'il confond avec l'île d'Æea, dans la Colchide : il y fait aborder Ulysse ; et ses compagnons y sont métamorphosés par Circé, que le poète dit sœur de Médée. (*Voyez* aussi les *Métamorphoses* d'Ovide, liv. xiv.) Heyne a fait une dissertation sur la terre de Circé.

M. de Bonstetten dit, dans son *Voyage sur la scène des six derniers livres de l'Énéide* : « Le souvenir des anciennes superstitions est si vif chez le peuple, qu'aucun des habitans du *Monte Circello* n'oserait entrer dans la belle grotte que l'on trouve au haut de la montagne, et que le peuple croit avoir servi de demeure à la *Maga*, ou magicienne Circé..... Ayant proposé à quelques paysans des environs de Circello de m'accompagner dans la grotte, tous me refusèrent; lorsqu'un soldat à grandes moustaches étant venu à nous, je leur dis : *En voilà un qui ne me refusera pas ;* mais l'homme aux moustaches ayant appris de quoi il était question, s'enfuit à la seule proposition de me suivre chez Circé, tant les souvenirs se prolongent chez les peuples. » (Pag. 73.)

5. — Page 280. *Dives inaccessos ubi Solis filia lucos.*

Cependant Ulysse n'avait pas trouvé ces forêts inaccessibles. Virgile veut dire qu'il faut éviter d'en approcher; *inaccessos* est employé dans ce dernier sens : c'est ainsi qu'il avait dit, dans les *Géorgiques* (iii, v. 5) : *Illaudati Busiris aras*, Busiris qui ne devait être loué par personne, quoiqu'il l'eût été par Isocrate.

6. — Page 280. *Urit odoratam nocturna in lumina cedrum.*

Pline dit que le cèdre était d'un grand usage pour le luminaire chez les Romains : « Cedri succus magni ad lumina usus. » (Lib. xxiv, c. 5.) Les anciens plaçaient le foyer, *ignitabulum*, au milieu d'une salle, et y allumaient des bois résineux qui les éclairaient. C'est à la clarté d'un feu de bois de cèdre que travaille Circé. Plusieurs interprètes ont cru que son palais était éclairé par des lampes où brûlait de l'huile de cèdre.

7. — Page 282. *Quos hominum ex facie dea sæva potentibus herbis.*

En transférant aux hommes métamorphosés par Circé, la rudesse féroce de leur nouvelle forme, Virgile s'éloigne d'Homère, qui conserve aux hommes changés en loups, en tigres, en lions et en ours, les mœurs et le caractère qu'ils avaient avant leur transformation. La volupté peut rabaisser l'homme à la condition des bêtes, et les passions peuvent aussi leur donner la fureur des brutes : l'allégorie d'Homère aurait donc été rendue par Virgile avec une vérité plus énergique.

8. — Page 282. *Quæ ne monstra pii paterentur talia Troes.*

Les Troyens sont ici appelés *pii*, soit pour la piété de leur chef, soit plutôt par opposition aux compagnons d'Ulysse et aux hommes voluptueux qui abordaient dans l'île de Circé, et se trouvaient changés en brutes.

9. — Page 282. ......*Et in lento luctantur marmore tonsæ.*

On trouve dans *Lucrèce*, liv. II, v. 554 :

Antennas, proram, malos, tonsasque natantes.

On appelait les rames *tonsæ*, parce qu'elles étaient faites avec des branches d'arbre dont on coupait tous les rameaux.

Marmore est employé pour *mare* sans qu'on puisse bien en expliquer la raison. Aulu-Gelle (liv. II) cite ce vers d'Ennius :

Verrunt exemplo placide mare marmore flavo.

Catulle dit : *Marmora pelagi.*

Racine a imité Virgile dans ces vers d'*Iphigénie* :

Il fallut s'arrêter, et la rame inutile
Fatigua vainement une mer immobile.

10. — Page 282. ......*Hunc inter fluvio Tiberinus amœno.*

Voyez ce que Virgile dit du Tibre dans le liv. VII, v. 31, et 330, etc.

11. — Page 282. ......*Et lætus fluvio succedit opaco.*

Ce fleuve et cette terre avaient été désignés à Énée par Créuse (liv. II, v. 781):

Ad terram Hesperiam venies : ubi Lydius, arva
Inter opima virum, leni fluit agmine Thybris.

Les champs de Laurente étaient couverts de lauriers, ce qui fait dire au poète, *lucus* et *fluvius opacus*. Suivant Festus, cette terre fut appelée *Ænaria*, parce qu'Énée y avait abordé.

« Aujourd'hui, dit M. de Bonstetten, l'*Isola sacra*, qui divise le Tibre à une lieue au dessus de son embouchure, avance dans la mer : au temps d'Énée, tout ce rivage se prolongeait sur une ligne droite, et ce qui sort aujourd'hui de cette ligne faisait alors partie de la mer..... Près de l'embouchure du fleuve un lac entouré d'un marais s'étendait dans la plaine sablonneuse. Ses humides rivages se joignaient au grand fleuve. Ce fut là qu'Énée plaça son camp à cinq cents pas de la mer; il avait à sa droite, et un peu devant lui, le fleuve; le lac derrière lui, et un terrain marécageux très-étroit entre le lac et le fleuve; devant lui, à cinq cents pas, la mer. Cette position était admirable, la forêt lui fournissait les moyens de se fortifier.....

« Mais qu'était le pays où les Troyens abordèrent? A une lieue de la mer s'élève une chaîne de collines volcaniques de quelques cents pieds d'élévation; entre elles et le rivage de la mer s'étend une plaine basse et fertile; c'est le théâtre des six derniers livres de l'*Énéide* que je vais décrire tel que j'aurais pu le voir du temps d'Énée : à mes pieds j'aperçois à l'ouest une plaine à demi cultivée, et l'antique forêt partout éclaircie; un petit lac bleu est entre moi et la mer. Je me tourne, et je vois à l'est un grand cintre de montagnes entourer une plaine immense. Les collines, aujourd'hui nues, étaient alors ombragées par l'antique forêt qui, dans un pays à demi cultivé, portent l'empreinte majestueuse de la nature dans sa force native, non encore défigurée par l'homme.

« A une demi-lieue de moi, je vois dans la plaine, entre la mer et la colline, à ma gauche, un ville, c'est Laurente; près de la ville, du côté de la mer, j'aperçois une plaine verte, un Champ-de-Mars où s'exerçait la jeunesse; non loin du lac bleu qui s'étend vers le fleuve, derrière la ville, un palais, celui de Picus, s'élève sur cent hautes colonnes de bois : du côté des collines, il est ombragé par l'antique forêt qui domine majestueusement dans le paysage, et s'étend au loin du côté du mont Albane. L'on aperçoit dans la plaine, au milieu des bois à demi coupés, des champs et des prairies, et partout on voit des traces de culture tout au travers de la grande forêt. Là des chevaux paissent dans la prairie; plus loin, des cabanes rondes, couvertes d'un toit de roseaux très-élevé, sont entourées de nombreux troupeaux : un peuple guerrier, moitié pasteur, moitié agricole, habite ces fortunés rivages : le grand fleuve n'est aperçu que çà et là à travers les bois touffus qui ombragent ses bords.

« La forêt n'est point, comme nos forêts communes, composée d'une même espèce d'arbres. Le long du fleuve dominent les peupliers et les chênes ; dans la plaine s'élève le grand pin, qui, dépassant comme un nuage les arbres de la forêt, ombrage de son parasol léger les sommités des arbres les plus élevés. L'orme à tête arrondie est à côté des cyprès élancés, et le vert grisâtre de l'olivier contraste avec le feuillage foncé du chêne-vert, ou avec l'éclat du laurier odorant : le frêne n'y était pas rare.

« Partout des ruisseaux ravivent la verdure ; les uns s'écoulent dans le lac, les autres dans le fleuve, la plupart dans la mer.

« Tel était, du temps d'Énée, le pays charmant des Latins, tel que je l'ai vu dans Virgile et sur les lieux mêmes. » (Pag. 51-55.)

12. — Page 282. *Nunc age, qui reges, Erato, quæ tempora rerum.*

Les interprètes ont beaucoup argumenté sur cette invocation à Érato : c'est la muse qu'Ovide invoque dans l'*Art d'aimer* :

Nunc, Erato, nam tu nomen amoris habes.

Stace l'invoque dans une épithalame : « Hic, Erato jucunda, doce ; » Ausone la fait gambader : « Plectra gerens, Erato saltat pede... » Servius dit que Virgile emploie *Erato* pour *Muse*. Le père La Rue croit que l'auteur de l'*Énéide* invoque Érato, parce que l'origine de la guerre fut l'amour de Turnus et d'Énée pour Lavinie. C'est ainsi que, dans son poëme des *Argonautes*, liv. III, Apollonius invoque Erato avant de chanter l'hymen de Jason et de Médée. Mais M. Tissot croit que, si Virgile a imité Apollonius, il l'a fait *mal-à-propos*. (*Études sur Virgile*, tom. III, pag. 358.)

13. — Page 282. *Quis Latio antiquo fuerit status.....*

L'ancien Latium contenait le pays des Latins, des Volsques, des Èques, des Auronces ou Ausoniens, et des Herniques : il est aujourd'hui réduit à ce qu'on appelle *la campagne de Rome*.

14. — Page 282. *Tyrrhenamque manum....*

C'est ce qu'on appelait la province du Tibre, l'Étrurie ou la Toscane.

15. — Page 284. *Majus opus moveo.*

Virgile, après avoir imité l'*Odyssée* dans les six premiers livres de l'*Énéide*, annonce qu'il va élever ses chants : il prendra pour modèle l'*Iliade*.

16. — Page 284. . . . . *Rex arva Latinus et urbes.*

Le roi Latinus descendait de Saturne, dieu des Aborigènes, et qu'on avait coutume de comparer à Cronus. Ce Saturne fut père de Picus : Picus engendra Faune, et Faune Latinus. Faune devint un dieu fatidique du Latium. L'abréviateur de Trogue-Pompée, Justin (liv. XLIII), fait de Latinus non le fils, mais le petit-fils de Faune. Il naquit, dit-il, d'une fille de Faune, et il eut Hercule pour père.

17. — Page 284. *Hunc Fauno et nympha genitum Laurente Marica.*

Marica, nymphe du Latium, dont le culte fut établi chez les Minturnes, avait un bois sacré sur les bords du fleuve Liris : c'est poétiquement qu'elle est appelée Laurente, car les Laurentins n'avaient pas étendu leurs demeures jusqu'au fleuve Liris, aujourd'hui le *Garigliano*.

Horace parle de Marica, nymphe ou déesse du rivage de Minturne (*Od.*, liv. III, 17). Lucain et Plutarque, le premier dans le livre II de la *Pharsale*, le second dans la *Vie de Marius*. Tite-Live (liv. XXXVII) et Saint-Augustin (*de Civitate Dei*, liv. II) parlent aussi de cette nymphe.

Laurente, la même que *Lavinium*, est aujourd'hui *San Lorenzo*. Les noms de *Laurente* et de *Laurentins* viennent de la grande quantité de lauriers qui croissaient le long de la côte, depuis l'embouchure du Tibre jusqu'à Minturnes.

18. — Page 284. . . . . . *Fauno Picus pater.*

Arnobe adopte cette généalogie, quoiqu'il se moque de la généalogie des dieux du paganisme. Ovide dit aussi dans ses *Métamorphoses*, liv. XIV :

Picus in Ausoniis proles Saturnia terris.

19. — Page 284. *Turnus avis atavisque potens.*

On faisait descendre Turnus d'un fils de Jupiter, Pilumnus, qui avait épousé Danaé, fille d'Acrise, roi d'Argos, lorsque, bannie du palais paternel, elle était venue en Italie avec une colonie d'Argiens. Turnus était neveu d'Amate, femme de Latinus. Plusieurs anciens traducteurs écrivent *Turne*, s'appuyant sans doute sur ce qu'on a fait *Faune* de *Faunus*.

20. — Page 284. *Sed variis portenta deum terroribus obstant.*

Ces prodiges étaient des traditions antiques dont Virgile a exploité le merveilleux.

21. — Page 284. *Laurentisque ab ea nomen posuisse colonis.*

« Je m'étais donné, dit M. de Bonstetten, ce problème à résoudre : quel est l'emplacement de Laurentum qui s'adapte à la fois à tous les passages de Virgile? J'avais changé trois fois d'avis; enfin je trouvai cet emplacement un peu au dessus du Laurentum de Pline, du côté des collines de Decimo, à une petite distance du marais. Ce travail fait d'après la lecture réitérée de Virgile, j'allai consulter la carte, et j'y vis précisément à la place de mon Laurentum le nom de *Selva Laurentina*, et tout près de là, du côté de la colline, le nom de Picus dans celui de *Trafusina di Picchi*. » (Pag. 72.)

22. — Page 284. *Obsedere apicem; et, pedibus per mutua nexis.*

Il est souvent parlé, dans les anciens historiens romains, de ces essaims d'abeilles qui se réunissent et pendent en forme de grappe ou de guirlande : placés sur la tente d'un général, ou dans un lieu sacré, ces essaims étaient regardés comme un sinistre présage. Réaumur a décrit cet entrelacement des abeilles, accrochées l'une à l'autre par leurs pattes, et formant une espèce de chaîne. La première abeille supporte ainsi le poids de toutes les autres, et ses pattes sont la tête de cette chaîne pendante. Le *mirabile dictu* de Virgile est ce qu'on peut voir toutes les fois qu'un essaim quitte une ruche et va se reposer sur un arbre : on le prend ainsi tout entier.

23. — Page 286. *Visa (nefas!) longis comprendere crinibus ignem.*

On lit, dans une des fables de l'histoire romaine, qu'une flamme pareille brilla sur la tête de Servius Tullius, encore au berceau, et fut le présage de la royauté future de cet enfant, né d'une mère esclave. Virgile avait déjà appliqué le même prodige au jeune Ascagne, dans le second livre de l'*Énéide* (v. 680).

24. — Page 286. *Consulit Albunea.*

Albunée, nom d'une fontaine et d'un bois sacré :

> Domus Albuneæ resonantis et Tiburni lucus.
>
> HORAT.

Suidas et Lactance disent que la dixième sibylle, la *Tiburtine*, était aussi appelée *Albunea*. La fontaine était sur la montagne de Tibur (Tivoli). La blancheur de ses eaux lui avait fait donner le nom d'Albunée ; et comme ces eaux, encore aujourd'hui célèbres par leurs bains sulfureux, devenaient alternativement froides et chaudes, les anciens y voyaient, dans leur ignorance, quelque chose de surnaturel et de mystérieux : de là les fables de l'oracle et de la Sibylle.

25. — Page 286. *Fonte sonat, sævamque exhalat opaca mephitim.*

Le bon abbé de Marolles, qui a voulu traduire en prose ou en rimes presque tous les vieux poètes latins, a rendu ainsi ce vers : « Une sainte fontaine, qui mène du bruit dès sa source, exhale une fort puante odeur. »

Perse dit, dans sa troisième *Satire* :

> Gutture sulphureas lente exhalante mephites.

Quelques mythographes ont fait de Méphitis la déesse des mauvaises odeurs ; car les anciens avaient tout divinisé.

26. — Page 286. . . . . . *Omnisque OEnotria tellus.*

L'Énotrie fut ainsi appelée d'OEnotrus, qui conduisit une colonie d'Arcadiens sur les bords de l'Anio, aujourd'hui Tévérone, où elle s'établit. Les Énotriens avaient donné leur nom à toute l'Italie avant qu'*Italus*, l'un de leurs chefs, lui fit prendre le sien.

27. — Page 286. *In dubiis responsa petunt*. . . . .

On dit qu'Amphiaraüs fut l'auteur de ce genre de divination.

28. — Page 288. *Omnia sub pedibus, qua Sol utramque recurrens.*

Le poète désigne ainsi l'Océan oriental et l'Océan occidental, faisant allusion à l'étendue de l'empire romain sous Auguste, qui, maître de l'Égypte, avait reçu des ambassadeurs venus des rives de l'Indus.

29. — Page 288. *Corpora sub ramis deponunt arboris altœ.*

Un des derniers traducteurs de l'*Énéide*, de Loynes, trouve dans ses notes que Virgile a eu tort de ne pas désigner l'arbre; j'ai donc, dit-il, adopté l'*alisier* pour ne point laisser *de vague* dans la description :

> Le bel Iule, Énée et les chefs principaux,
> A terre descendus fort près de leurs vaisseaux,
> S'étaient assis au pied d'un alisier superbe.

30. — Page 288. *Instituuntque dapes, et adorea liba per herbam.*

On peut être curieux de savoir comment on traduisait les poètes dans le grand siècle, en 1662, lorsque Corneille, Pascal, Racine et Boileau écrivaient : « Ils firent aussi dresser le couvert sur la belle herbe.... Mais quand ils eurent consumé tout, le besoin de manger les ayant contraints de ramasser jusqu'aux moindres miettes, et de rompre avec les dents et la main les bords de la fatale croûte, sans épargner même les assiettes, etc. » (MAROLLES.)

Adoreum, selon le père La Rue, veut dire *ex frumento purissimo*. Un gâteau de pur froment était, dit-il, appelé *far* ou *ador*. Virgile désigne ces gâteaux par le mot *quadra*, parce que; quoique ronds, ils étaient marqués d'une croix pour être partagés en quatre : «et mihi dividuo scindetur munere quadra, » dit Horace (*Épît.*, liv. I, XVII, v. 48). Cette division des gâteaux en quatre parties égales, est remarquée par Hésiode (liv. II, 5); Sénèque (*des Bienfaits*, liv. IV, ch. 29); Juvénal (*Sat.* v); Grégoire (*in Dialogis*, liv. I, ch. 2). Le nom de *liba* leur était donné; du verbe *libare*, parce qu'on s'en servait dans les sacrifices.

On trouve dans le *Moretum*, poëme d'un auteur incertain, et qui a été long-temps attribué à Virgile, cette description curieuse :

> . . . . . . Lævi tum protinus illam
> Componit tabula, tepidas super ingerit undas :
> Contrahit admistos tum fontes, atque farinas;
> Transversat durata manu, liquidoque coacto
> Interdum grumos spargit sale : jamque subactum

Format opus, palmisque suum dilatat in orbem.,
Et notat impressis æquo discrimine quadris.

31. — Page 288. . . . . *Patulis nec parcere quadris.*

On lit dans Aurelius Victor : « Consumptoque quod fuerat cibi, crustam etiam de farreis mensis, quas sacratas secum habebat, comedisse. »

32. — Page 288. *Heus! etiam mensas consumimus.*

Ainsi s'accomplit la prédiction de la harpie Celeno (liv. III, v. 257). On ne sait pourquoi Virgile met ici cette prédiction dans la bouche d'Anchise :

> Quum te, nate, fames ignota ad litora vectum
> Accisis coget dapibus consumere mensas.

Le poète oublie que, dans le livre III (vers 394), le même Anchise invite son fils à ne pas se laisser effrayer par la prophétie de Celeno :

> Nec tu mensarum morsus horresce futuros.

Plusieurs interprètes de l'*Énéide* ont pensé qu'Anchise avait souvent, dans ses apparitions nocturnes, rappelé à son fils la prédiction de la harpie, et qu'il la lui avait expliquée comme elle l'est ici : mais ils s'accordent assez généralement à dire que le poète aurait dû rappeler cette explication donnée.

Ces gâteaux-tables ont été l'objet des plus vives censures. Addisson a défendu Virgile. Voltaire a dit, pour le justifier, qu'un poète français serait forcé de parler du pigeon qui apporte la sainte ampoule dans un poëme où il serait question de l'origine de la monarchie française. D'ailleurs Strabon parle des tables mangées par les Troyens, et Denys d'Halicarnasse rapporte cette tradition antique presque dans les mêmes termes que l'auteur de l'*Énéide*.

33. — Page 290. . . . . *Hæc nos suprema manebat*
Exitiis positura modum.

« Il y a ici, dit M. Tissot, une singulière inadvertance. Comment le prince, qui a entendu la Sibylle lui dire : « Encore des « guerres, d'horribles guerres; je vois le Tibre rouler des flots

« de sang humain....! » comment le guerrier qui a un rival à combattre, des peuples à dompter, une épouse et un trône à conquérir, peut-il dire qu'il touche à la fin de ses travaux ? » (*Études sur Virgile*, tome III, page 344.)

34. — Page 290. .... *Primamque dearum Tellurem.*

La Terre était regardée comme la plus ancienne des divinités, parce qu'elle avait d'abord enfanté le Ciel, puis l'Océan, Saturne, etc., suivant la Théogonie d'Hésiode.

35. — Page 290. ..... *Et duplices Cæloque Ereboque parentes.*

Énée invoque Vénus, sa mère, qui était dans le ciel, et son père Anchise, dont le corps, ou l'image du moins, était dans l'Érèbe.

36. — Page 292. *Crateras læti statuunt, et vina coronant.*

Virgile dit aussi dans le livre Ier, v. 724 :

Crateras magnos statuunt, et vina coronant.

On peut entendre par *vina coronant*, ou que les coupes étaient remplies jusqu'aux bords, ou qu'elles étaient couronnées de fleurs. Tibulle dit : « Coronatus stabit et ipse calix » (liv. II, *Eleg.* 5). Properce parle aussi de coupes couronnées, *pocula serta* (liv. II, *Élégie* 32). On lit dans Lucrèce (liv. III) :

Pocula sæpe homines et inumbrant ora coronis.

Stace (liv. III, *Silve* 1) fait enlever des coupes couronnées :

Diffugimus, festasque dapes, redimitaque vina
Abripiunt famuli, ne qua convivia migrent.

37. — Page 292. .... *Hæc fontis stagna Numici.*

Tite-Live, Ovide et plusieurs auteurs anciens parlent du Numicus.

« Le fleuve du Numicus n'existe plus, dit M. de Bonstetten. Les uns le font couler près d'Ardea, les autres appellent Numicus le ruisseau du moulin de Pratica, autrefois Lavinie. Le Numicus était sans doute entre Laurente, le Tibre et le Marais, au bas des collines, car toujours Virgile, en parlant du Numicus, parle aussi du Tibre :

> .... Hæc fontis stagna Numici,
> Hunc Tibrim fluvium......—
> Qui saltus, Tyberine, tuos sacrumque Numici.—
> Tyrrhenum ad Tibrim, et fontis vada sacra Numici.

Toujours le Tibre est réuni au Numicus, et toujours le Numicus l'est au Marais. Énée, dit-on (*Voyez* TITE-LIVE), fut noyé dans le Numicus, qui formait un petit lac; apparemment une flaque du marais d'Ostie? Les vestales, dit sérieusement Servius, avaient épuisé le Numicus, dont les eaux étaient consacrées au culte de Vesta. Mais les sources disparaissent sur le sol volcanique plutôt qu'ailleurs. » (*Voyage dans le Latium*, p. 82-85.)

38. — Page 292. *Ire jubet, ramis velatos Palladis omnes.*

Les supplians portaient des rameaux d'olivier ornés de bandelettes de laine dont leurs mains étaient entourées et comme liées. C'est ce que les Romains appelaient *velamenta*.

39. — Page 292. .... *Ipse humili designat mœnia fossa.*

Ce camp, que Virgile appelle *Urbs*, était situé sur la rive orientale du Tibre, près du lieu où Ancus Martius, quatrième roi de Rome, bâtit depuis la ville d'Ostie. « Le camp d'Énée a subsisté plus de mille ans sous le nom de *Troja*....; une espèce de petites felouques, dans les environs d'Ostie, à Antium et à Nettuno, s'appelle Troja. » (BONSTETTEN, page 72.) Ainsi le souvenir de la descente d'Énée vers l'embouchure du Tibre, se serait conservé à travers tant de siècles, et vivrait encore dans les environs d'Ostie.

40. — Page 292. *Exercentur equis, domitantque in pulvere currus.*

Virgile, qui cherche toujours à flatter les Romains, attribue ici une haute antiquité aux exercices de la jeunesse romaine dans le Champ-de-Mars.

41 — Page 294. *Tectum augustum, ingens, centum sublime columnis.*

Virgile donne à ce palais l'épithète d'*auguste*, qui, selon la remarque de Suétone (*Vie d'Auguste*), était appliquée aux temples et aux lieux consacrés. Ovide dit (*Fastes*, liv. 1er) :

> Sacra vocant Augusta patres, Augusta vocantur
>   Templa sacerdotum rite dicata manu.

42. — Page 294. *Hic sceptra accipere, et primos attollere fasces.*

C'est par anticipation que le poëte rapporte à des âges si obscurs, les faisceaux qui ne furent établis qu'après la fondation de Rome, et que les consuls faisaient porter devant eux, après les avoir été prendre au Capitole, comme insignes de leur dignité.

43. — Page 294. *Hæ sacris sedes epulis : hic, ariete cæso.*

Allusion à l'ancienne coutume de faire des temples le théâtre des banquets sacrés. Servius croit que Virgile, par ces mots *ariete cæso*, a voulu rappeler le sacrifice annuel qui était fait dans le palais d'Auguste : « Hoc sacrificium in janua palatii fiebat festis diebus. »

44. — Page 294. *Perpetuis soliti patres considere mensis.*

Dans ces festins sacrés, les anciens étaient *assis* à de longues tables, et sur une même ligne. Quelques critiques pensent que ce fut d'abord l'usage de manger *assis;* cependant, à la fin du 1er livre (v. 704), Virgile représente les Troyens et les Carthaginois couchés sur des lits de pourpre, au banquet de Didon :

.... Stratoque super discumbitur ostro.

45. — Page 294. .... *Italusque, paterque Sabinus*
Vitisator, curvam servans sub imagine falcem.

Italus, roi des Sicules, ou, selon Denys d'Halicarnasse, chef des Énotriens, donna son nom à l'Italie.

Les Sabins reçurent le leur de Sabinus, fils de Sancus, qui descendait des Osques ou Ausones, et qu'ils mirent au nombre de leurs dieux. Ils l'appelaient aussi *Semo*, du mot *semen*, parce qu'il leur avait enseigné l'agriculture et l'art de planter la vigne. Silius Italicus l'appelle *Sabus*. De Loynes d'Aulroche a traduit *vitisator* par *le vineux*, et il pense que Virgile eût mieux fait de dire *vinosus*, épithète qu'Horace donne au vieil Homère :

Laudibus arguitur vini *vinosus* Homerus.

46. — Page 294. .... *Jani bifrontis imago.*

Ce double front désigne la connaissance du présent et de l'avenir. Sur quelques anciens monumens, Janus est représenté avec quatre visages. Les poètes ont fait de Janus le plus ancien roi du Latium. Il a donné son nom au mois de janvier (*Januarius*). Le temple célèbre qu'il avait à Rome était ouvert pendant la guerre, et fermé pendant la paix.

47. — Page 294. *Multaque præterea sacris in postibus arma.*

Stace, dans la *Thébaïde* (liv. VII), a heureusement imité Virgile dans sa description du temple de Mars :

> Terrarum exuviæ circum, et fastigia templi
> Captæ insignibant gentes, cælataque ferro
> Fragmina portarum, bellatricesque carinæ,
> Et vacui currus, protritaque curribus ora.

Silius, dans son premier livre, a aussi imité Virgile :

> In foribus sacris, primoque in limine templi
> Captivi currus, belli decus, armaque, etc.

48. — Page 294. *Ipse Quirinali lituo.*

Le bâton augural est appelé *Quirinalis*, parce que Romulus, qui reçut, après son apothéose, le nom de *Quirinus*, passait pour avoir été savant dans l'art des augures. Le *lituus*, ou bâton augural, était recourbé en forme de crosse. Les augures s'en servaient pour partager les régions du ciel et observer le vol des oiseaux. Cicéron, dans son livre *de Divinatione*, rapporte que, lorsqu'un incendie eut dévoré le collège des Saliens, sur le mont Palatin, on y trouva le sceptre et le bâton augural de Romulus, que la flamme avait épargnés.

49. — Page 294. *Succinctus trabea, lævaque ancile gerebat.*

La trabée était le vêtement distinctif des premiers rois de Rome; il devint ensuite celui des consuls, des augures et des chevaliers : c'était une robe à bandes de couleur pourpre et blanche, et dont la forme n'était pas la même pour les diverses magistratures. L'épithète *parva*, donnée ici à la trabée, indique que c'était une robe courte.

50. — Page 294. *Fecit avem Circe, sparsitque coloribus alas.*

La fable de Picus est rapportée par Ovide, dans le livre XIV des

Métamorphoses. L'aïeul de Latinus fut changé en pivert, dont le nom latin est *picus*. Virgile l'appelle *equum domitor;* et Ovide *studiosus equorum*. C'était, chez les anciens, un grand mérite et un grand éloge.

51. — Page 296. *Dicite, Dardanidæ (neque enim nescimus et urbem....*

Le bruit de l'arrivée des Troyens avait dû être porté rapidement aux oreilles du roi Latinus. Cependant quelques critiques ont trouvé étrange que ce prince les eût d'abord reconnus : « C'est, dit le Père Catrou, une difficulté que je n'ai pu résoudre. » Mais puisque l'oracle d'Albunée avait annoncé à Latinus l'arrivée d'un peuple étranger, il avait pu lui dire aussi quel était ce peuple, et quel chef le conduisait.

52. — Page 296. *Auruncos ita ferre senes.*

On lit, dans les vieux manuscrits de Virgile *Aruncos, Auroncos, Autruncos,* et même *Auricomos*. Telle était l'ignorance des copistes.

Les Aurunces habitaient les frontières de la Campanie; leur ville, *Arunca,* ou *Suessa Aurunca,* passait pour avoir été bâtie par Auson, fils d'Ulysse et de Calypso. Tous les peuples ont des fables dans leur berceau.

53. — Page 296. *Threiciamque Samum, quæ nunc Samothracia fertur.*

Ile de la mer Égée, vers l'embouchure de l'Èbre, et qui, aujourd'hui, appelée *Samandrachi,* conserve des vestiges de son ancien nom *Samothrace* : elle le reçut de son voisinage de la Thrace, et parce qu'il fallait la distinguer de deux autres îles de Samos : l'une sur la côte d'Ionie, qui a conservé son nom; l'autre, voisine d'Ithaque, et qui est maintenant appelée *Céphalonie.* C'est des hauteurs de Samothrace que, suivant Homère, Neptune voyait combattre, sous les murs d'Ilion, les Grecs et les Troyens.

54. — Page 296. *Hinc illum Corythi tyrrhena ab sede profectum.*

Variantes dans les anciens manuscrits : *Corythi, Choriti, Chariti, Coriti.*

Corythe était une ville d'Étrurie; il en a été déjà parlé dans le livre III de l'*Énéide* : « Corythum terrasque require Ausonias. »

55. — Page 298. . . . . . *Et si quem tellus extrema refuso*
Submovet Oceano, et si quem extenta plagarum
Quatuor in medio dirimit plaga solis iniqui.

Le poète désigne, dans ces trois vers, les deux zones glaciales et la zone torride, que les anciens croyaient inhabitées.

56. — Page 298. *Imperiis egere suis. Hinc Dardanus ortus.*

Heyne croit que Virgile n'avait pas achevé ce vers et que la dernière moitié, *hinc Dardanus ortus*, et les deux vers qui suivent ont pu être ajoutés par Tucca et Varius, qu'Auguste avait chargés de revoir l'*Énéide*, ou par quelque grammairien des âges suivans : « Omnes tres versus alieni esse videntur, etc. »

57. — Page 300. *Hoc Priami gestamen erat.*

Le vieux Priam portait à la fois le sceptre et la tiare sacrée. La tiare, ornement des princes de l'Asie, était un bonnet de forme conique dont le sommet se montrait droit pour les souverains, et plus ou moins recourbé pour leurs sujets. À la tiare étaient attachées deux bandelettes qui descendaient flottant sur les épaules. La mitre des évêques a conservé quelque image de ces bandelettes.

58. — Page 300. *Iliadùmque labor, vestes.*

Ce vers est resté imparfait; un des interprètes de Virgile l'a rempli ainsi : *Ne dona recuses;* ce qui, dit l'abbé de Marolles, *est bien imaginé.*

Les broderies des Phrygiens jouissaient à Rome d'une si grande réputation, que les brodeurs y étaient appelés *Phrygiones*.

59. — Page 300. *Pars mihi pacis erit dextram tetigisse tyranni.*

Dans l'origine, le mot *tyran* était synonyme de *roi ;* il désignait celui qui exerçait le pouvoir, et non celui qui l'avait usurpé; un prince qui gouvernait avec justice, et non un brigand qui opprimait les peuples. Les mots aussi ont leur révolution.

60. — Page 300. *Est mihi nata, viro gentis quam jungere nostræ.*

Aujourd'hui, il paraîtrait étrange qu'un prince offrît ainsi sa fille à un étranger, avant que cet étranger en eût fait la demande, à un inconnu qu'il n'aurait fait qu'entrevoir, et qui pourrait refuser. Mais l'oracle de Faune avait parlé, et d'ailleurs le discours de Latinus peint la simplicité des mœurs antiques. Dans Homère, Alcinoüs, qui n'a pas pour lui l'autorité des oracles, exprime tout à coup à Ulysse, le desir de lui donner sa fille. Cependant, le professeur Binet va trop loin, quand il dit : « Ce n'est point sans une *profonde réflexion* que Latinus propose ainsi sa fille à Énée. » On ne voit pas que Latinus ait eu le temps de réfléchir.

61. — Page 302. *Illorum de gente, patri quos Dædala Circe.*

Homère dit, dans le livre v de l'*Iliade*, qu'Anchise déroba les chevaux que Tros avait reçus de Jupiter pour l'enlèvement de Ganymède; qu'il les unit secrètement à ses belles cavales, et qu'il en obtint six superbes coursiers dont deux furent donnés par lui à Énée. Les anciens attribuaient souvent aux chevaux une origine extraordinaire. Les Anglais établissent aujourd'hui la généalogie des chevaux avec le même soin qu'un noble pair met à conserver la sienne : la *pure race* est maintenant dans ses écuries. Ces quadrupèdes portent de très-grands noms. Nous commençons à imiter les Anglais, et l'aristocratie passe des hommes aux chevaux.

62. — Page 302. *Ecce autem Inachiis sese referebat ab Argis.*

Junon était principalement honorée dans la ville d'Argos, dont Inachus fut le premier roi, et qui, selon Strabon, est arrosée par un fleuve du même nom.

63. — Page 302. *Dardaniam Siculo prospexit ab usque Pachyno.*

Variantes dans les manuscrits : *Pahyno, Pachinno*, etc.

64. — Page 302. *Num capti potuere capi? num incensa cremavit Troja viros?*

Virgile a voulu évidemment imiter et presque calquer ces vers célèbres d'Ennius :

> Quæ neque Dardaniis campis potuere perire,
> Nec, cum capta, capi; nec, cum combusta, cremari.

On voit que la froide antithèse, les *concetti* et les jeux de mots n'ont point leur origine dans les littératures modernes. Pétrone dit aussi :

> Ibat juventus capta dum Trojam capit.

On trouve, dans le liv. I des *Fastes* d'Ovide :

> Victa tamen vinces, eversaque Troja resurges.

Sénèque, dans la *Troade*, dit en parlant de Priam : « Et flamma indiget ardente Troja. » Il fait dire à Cassandre, dans le cinquième acte d'*Agamemnon*, « vicimus victi Phryges.... terga dat victor tuus. » C'est donc à l'imitation des anciens que Racine osa, dans son *Andromaque*, mettre cette mauvaise antithèse dans la bouche de Pyrrhus :

> Brûlé de plus de feux que je n'en allumai.

C'est la *pointe* de Sénèque prise en sens contraire : « Flamma indiget ardente Troja. » Quant aux jeux de mots, on trouve dans l'*Énéide*, *via invia* (liv. III); dans Sidonius, *damnum indemne* (*Epist.*, IV, 16), etc., etc.

65.—Page 304. *Quod scelus aut Lapithas tantum, aut Calydona merentem?*

Ce n'est pas seulement sur les noms propres que les copistes varient dans les anciens manuscrits : c'est encore, et plus souvent, sur le texte. Les interprètes ont péniblement recueilli toutes les leçons. Je me contenterai de donner ici les variantes du vers *quod scelus*, etc, comme un *specimen* de l'énorme travail des commentateurs.

« *In Ald.* et quæ hinc fluxere : « Aut Lapithis tantum aut Ca-« lydona merente, » quod Servius defendit... *Merentem* legitur, etiam *in fragm. Vatic.*; et sic Priscianus, qui plures lectiones affert, et Servius in nonnullis libris invenerant. *In Medic.*, nec non in *pr. Hamb.* : « Lapithis tantum aut Calydone merente. » Tum *Montalb.* « Calydone merentem. » *Gud.* cum aliis : « Calydone merente. » Edd. *Ven.* et *Mediol.* : « Lapithis tantum aut Calydona merente. » *Dorvill.* et *Witt.* : « Lapithas tantum Calidone merente. » *Romanus* cum *Gothanis* : « Lapithis tantum aut Calydone merentem. » *Heinsius* com. : « Quod scelus aut Lapithis tantum aut Calydoni merenti? »

Le crime des Lapithes et celui d'OEnée, roi de Calydon étaient en effet dignes de pardon. Pirithoüs, roi des Lapithes, avait oublié Mars dans son invitation faite à tous les dieux et à tous les Centaures pour son hymen avec Hippodamie. Le dieu de la guerre se tint pour offensé, et suscita, dans le festin des noces, la fameuse querelle entre les Lapithes et les Centaures. — OEnée avait aussi oublié Diane, en offrant les prémices de ses fruits à tous les dieux, et la déesse irritée envoya ravager tout le pays de Calydon par le sanglier que tua Méléagre. Ainsi, même chez les dieux :

L'amour-propre offensé ne pardonne jamais.

66. — Page 304. *Flectere si nequeo Superos, Acheronta movebo.*

Un ancien traducteur a rendu l'*Acheronta movebo* par « j'émouverai les enfers. » Un malheureux critique a refait ou plutôt parodié ainsi le beau vers de Virgile :

Si non cœlicolas moveo, Phlegethonta recludam.

67. — Page 304. *Atque immota manet fatis Lavinia conjux.*

Les arrêts du destin n'étaient pas tous irrévocables; les uns pouvaient être changés ou modifiés, et on pouvait du moins retarder l'exécution des autres : c'est ce qui autorisait les dieux et les hommes à lutter contre le destin; et la vertu, comme l'orgueil, pouvait entrer dans cette lutte.

68. — Page 304. *Et Bellona manet te pronuba.*

C'est Junon qui était honorée comme *pronuba*. En transférant elle-même ses droits et son titre à Bellone, son indignation paraît plus vive encore. On reconnaît dans ce discours célèbre de la déesse les inspirations des poètes grecs, et particulièrement celle d'Euripide dans le second acte des *Troyennes*.

69. — Page 304. *Quin idem Veneri partus suus, et Paris alter.*

Hécube, fille de Dymas, suivant Homère, et de Cissée, roi de Thrace, selon Euripide et Virgile, crut dans un songe porter dans son sein un flambeau qui devait embraser la ville de Troie : elle était alors enceinte de Pâris.

On peut reprocher au discours de Junon de trop ressembler à celui qui est dans le premier livre, d'avoir le défaut d'être plus long, et de moins conserver la dignité qui convient à la reine des dieux. On y trouve une paraphrase inutile des prédictions de la Sibylle ; et le style même se ressent quelquefois du besoin de révision où Virgile a laissé les six derniers livres de son poëme.

70. — Page 306. *Luctificam Alecto dirarum ab sede sororum.*

Variantes dans les manuscrits : *Lecthificam*, *Luctiferam*. — *Allecto*.

On pourrait écrire en français Alecto, comme on dit *Ino*, *Io*, *Calysto*, *Calypso*, *Héro* et *Sapho;* mais l'usage est le tyran des langues, et l'on ne pourrait dire aujourd'hui *Juno* pour Junon, *Dido* pour Didon. Lamothe-le-Vayer, dans ses œuvres, appelle Sapho, *Sapphon;* mais son exemple n'a pas été suivi.

Le portrait que Virgile fait d'Alecton, est justement loué par Juvénal dans sa dixième satire, et M. Tissot trouve qu'il est d'*une vigueur extrême de pinceau.*

71. — Page 306. . . . . *Fecundum concute pectus.*

« Ce discours adressé par l'épouse de Jupiter à Alecton, est la plus belle exposition qu'on puisse faire des scènes sanglantes qui vont avoir lieu. Tous les fléaux dont on est menacé semblent être dans ces mots : « Fecundum concute pectus. » En général, ce morceau d'Alecton est admirable dans tous ses détails. » (Note de l'*Énéide* de Delille.)

72. — Page 306. *Principio Latium.*

M. de Bonstetten trace ainsi l'état actuel du Latium :

« Au delà des ruines du pont *della Refolta*, on passe une colline, c'est la seule montée sensible depuis Rome. J'arrive sur le sommet de la petite montagne : tout à coup je vois devant moi Ostie, plus loin la mer resplendissante de lumière, à ma gauche le rivage de Laurentum, à ma droite le fleuve, qui s'était souvent dérobé à mes regards; près d'Ostie un lac, tout autour un désert inculte, et quelquefois marécageux.

. . . . . .Hæc fontis stagna Numici,
Hunc Thybrim fluvium.

De l'autre côté du Tibre, on distinguait encore les marais salans d'Ancus Martius, aujourd'hui fort avant dans les terres.

« A Rome, les siècles sont entassés *sur les siècles*. Les décombres de Rome dévastée par les Gaulois couvrent l'ancien sol humide dont Ovide a dit :

Ubi nunc fora sunt, udæ tenuere paludes;

et la Rome des Césars repose à son tour sous tous les débris du moyen âge, recouverts eux-mêmes par les ruines des temps plus modernes.

« Sur les rivages d'Ostie, au contraire, les siècles sont *à côté des siècles*; on les voit placés bout à bout l'un devant l'autre. Près d'Ostie, à cinq cents pas de la mer, était le camp d'Énée : tout le pays que je vois au delà est donc l'ouvrage de trois mille années. De l'autre côté du Tibre, ces marais salans d'Ancus Martius ne sont plus aujourd'hui proche de la mer; tout le pays au delà est donc l'œuvre de vingt siècles. Mais au temps d'Énée, ce rivage sablonneux, cette langue de terre placée entre cette chaîne de collines et la mer, existait déjà depuis long-temps; car les Sicules, les Aborigènes, les Pélages avaient précédé les Latins dans ce pays. En comparant l'ouvrage de trois mille années que j'ai devant les yeux, au temps qu'il a fallu pour former cette côte étendue, que de siècles je retrouve encore! Mais les collines volcaniques que je foule aux pieds (car ces collines ont existé avant la formation de la plaine de Laurente), étaient l'ancien rivage de la mer. Que de milliers d'années il a fallu pour élever des décombres d'un autre monde, ce Latium, et cette vaste campagne de Rome que les volcans ont fait sortir du sein de la mer, et ce mont Albane, où près de trois mille pieds sont élevés grain à grain par la poussière des volcans. Pour savoir le nombre de ces siècles, on n'a qu'à prendre pour échelle l'ouvrage de l'Etna ou du Vésuve.

« ....Je descendis la colline à un quart de lieue de là; une haie de bois sec formait la vaste enceinte d'une épaisse forêt appelée *Macchie*. Or, rien de plus singulier que ces Macchies, qui ne sont ni *selva*, forêt, ni *bosco*, bois..... Ce sont des arbres, des arbrisseaux, des buissons coupés, taillés, brisés à toutes les hauteurs..... Rien de plus affreux que cette vaste étendue de broussailles sur un sol infect et marécageux, où des troupeaux sauvages, à demi cachés dans les épines, s'avançaient de tout côté....

L'épine blanche fleurissait partout, et ne rappelait le printemps que pour faire sentir que, dans les régions de la mort, il n'y a jamais qu'une saison, celle de la douleur. Le coassement universel des grenouilles remplaçait partout le chant des oiseaux dans ces régions infernales, etc. » (Pages 49-57.)

73. — Page 308. *Necdum animus toto percepit pectore flammam.*

Catulle dit dans les noces de Thétis et de Pélée :

Lumina quam cuncto concepit pectore flammam.

74. — Page 308. .... *Externam reor.....*

La reine Amate cherche à se faire illusion. Elle veut interpréter l'oracle et en éluder le sens. Elle voit dans Turnus un prince étranger; mais elle oublie que l'oracle a rejeté l'hymen de Turnus : « Thalamis neu crede paratis. »

75. — Page 308. *Inachus Acrisiusque patres.*

Acrisius, roi d'Argos et de Mycènes, l'un des descendans et des successeurs d'Inachus, et père de Danaé, fit enfermer cette princesse dans une tour d'airain pour la garantir contre l'influence de la pluie d'or de Jupiter; mais sa sollicitude ayant été vaine, il fit jeter à la mer sa fille enfermée dans un coffre qui la porta, selon les traditions des Grecs, dans une des Cyclades, et, selon les traditions des Latins, sur les rives du Latium, où elle épousa Pilumnus, aïeul de Turnus, et bâtit la ville d'Ardée, capitale des Rutules.

76. — Page 310. *Immensam sine more furit lymphata per urbem.*

Parmi les dieux du paganisme, plusieurs avaient le triste privilège de rendre les hommes furieux. Tels étaient Bacchus, Mars, Apollon, Cérès, Diane et Bellone. Les mortels dont la raison était troublée par les Nymphes, déesses des eaux, *numina lympharum*, étaient appelés *Lymphati*, comme on appelait *Bacchantes* les femmes qui, transportées par *Bacchus*, célébraient les orgies.

77. — Page 310. *Ceu quondam torto volitans sub verbere turbo.*

Cette comparaison est imitée du liv. XIV de l'*Iliade*, où elle se trouve comprise dans un seul vers. Mais ce n'est pas une reine, c'est une pierre qui tourbillonne comme un sabot d'airain lorsqu'elle est lancée par Ajax sur le bouclier d'Hector. On trouve aussi cette comparaison dans Tibulle (*Élég.*, liv. 1, 5) :

> Namque agor, ut per plana citus sola verbere turbo
> Quem celer assueta versat ab arte puer.

Horace dit (*Sat.* 11, 7) :

> Duceris, ut nervis alienis mobile lignum.

Les critiques et les traducteurs ont blâmé cette comparaison d'une femme, d'une reine, avec une toupie : « Il faut, dit galamment le professeur Binet, que Virgile ait eu bien peu d'égards, soit pour le sexe, soit pour la dignité, *pour se permettre une pareille gentillesse.* » Un plus habile littérateur sait donner au même jugement une meilleure forme. Il voit « une comparaison qui blesse toutes les convenances du rang, de la qualité, de la situation morale du personnage en scène; une comparaison qui offense la raison, le goût et le cœur... Elle dégrade le sujet, elle n'est en harmonie avec rien de ce qui précède et de ce qui suit, et nous arrête par un incident comique ou ridicule, lorsque nous sommes disposés à la terreur. » (*Études sur Virgile*, tome III, page 418.)

De Loynes ne veut pas qu'on blâme ici Virgile : « Il faudrait, dit-il, connaître dans quel degré d'estime était le jeu de la toupie chez les Romains. » Car si ce jeu formait l'*amusement des jeunes enfans de qualité de Rome, la comparaison dès-lors était noble.* « Mais, ajoute-t-il, ce qu'on n'a pas remarqué jusqu'à présent, c'est sa grande justesse.... Cette observation a échappé à tous les commentateurs. »

Mais ce n'est point sa *justesse* qu'on nie, c'est sa convenance qui est contestée; et l'*estime du jeu de la toupie chez les Romains,* est une plaisante apologie de la comparaison.

78. — Page 310. *Evoe Bacche fremens, solum te virgine dignum.*

Variantes dans les anciens manuscrits : *Euhoe, Euhohe, Euohe, Heuhoe.*

Ennius exprime ainsi, dans son *Athamas*, les cris des Bacchantes :

> His erat in ore Bromius, his Bacchus pater,
> Illis Lyæus vitis inventor sacræ.
> Tum pariter Evan, Evoe, Evoe, Evius;
> Ignotus juvenum cœtus, alterna vice,
> Inibat alacris, Bacchico insultans modo.

On peut comparer le désordre furieux d'Amate avec celui de Didon (liv. IV, v. 68) :

> Uritur infelix Dido, totaque vagatur
> Urbe furens.

79. — Page 310. . . . . *Sacrum tibi pascere crinem.*

Les payens laissaient croître leurs cheveux en l'honneur de quelque divinité, à laquelle ils en faisaient ensuite le sacrifice.

80. — Page 310. . . . . *Ventis dant colla comasque.*

Virgile dit un peu plus bas :

> Solvite crinales vittas, capite orgia mecum.

Dans l'antiquité, les femmes prostituées ne relevaient ni n'attachaient leurs cheveux. Ovide dit au commencement de son *Art d'aimer.*

> Este procul, vittæ tenues, insigne pudoris.

Les femmes initiées aux mystères de Bacchus, conservaient dans leurs maisons de petites idoles appelées *orgies*; et, dans les jours consacrés aux mystères, elles emportaient, en hurlant, ces idoles sur les montagnes et dans les bois. C'est ce qui fait dire à Amate : « Capite orgia mecum. »

On voit, dans les *Annales* de Tacite (liv. II), Messaline, au milieu d'une foule de femmes qui imitent le délire des Bacchantes, « simulato numine Bacchi. »

81. — Page 310. *Ast aliæ tremulis ululatibus æthera complent.*

Desfontaines, qui critiquait impitoyablement Voltaire et tous les auteurs célèbres, ses contemporains, traduit ainsi ce vers :

« Les *dames* de Laurente..... remplissent les airs de leurs hurlemens *fredonnés*. »

Virgile a imité ces fureurs d'Amate et de ses compagnes, des
Bacchantes d'Euripide et du chœur de l'*Antigone* de Sophocle.
On trouve, dans le second livre de l'*Achilléide* de Stace, ce ta-
bleau de la célébration des orgies :

> Jamque movent gressus. Thyasis Ismenia buxus
> Signa dedit, quater æra Rheæ, quater Evia pulsant
> Terga manu, variosque quater legere recursus.
> Tunc thyrsos pariterque levant, pariterque reponunt,
> Multiplicantque gradum, etc.

82. — Page 310. . . . . *Ac natæ Turnique canit hymenæos.*

Amate s'écrie d'abord que Bacchus est le seul époux qu'elle
destine à sa fille : « Solum te virgine dignum vociferans; » et, un
moment après, elle chante l'hymen de sa fille et de Turnus :
« Natæ Turnique canit hymenæos. » Mais la raison d'Amate est
profondément troublée, et cette contradiction même ajoute à la
peinture de son égarement.

83. — Page 312. *Clamat : Io, matres, audite, ubi quæque, Latinæ.*

Io ! Ce cri était usité, chez les anciens, dans le deuil, comme
dans la joie, mais surtout dans les fêtes de l'hymen, et dans la célébration des mystères de Bacchus.

84. — Page 312. . . . . *Locus Ardea quondam.*

Dans plusieurs anciens manuscrits, on lit *Ardua*. Servius dit
que cette ville était appelée *Ardua* et *Ardea* (nam Ardea quasi
Ardua dicta est). *Ardua* désignerait une cité construite sur une
hauteur, et d'un accès difficile. M. de Bonstetten a reconnu que
la capitale des Rutules avait été « bâtie sur une pelouse unie,
supportée par des rochers taillés à pic par l'art et la nature. »
(Page 17.) — *Ardea* indiquerait une ville brûlée; et, comme ce mot
est aussi le nom latin du héron, une vieille tradition fait s'élever les
murs d'Ardée sous les auspices de cet oiseau; mais, d'après Ovide
(*Métamorph.*, liv. XIV, v. 574), Ardée n'aurait pris ce nom que
lorsque, détruite par le vainqueur de Turnus, un héron, sorti
de ses cendres, se serait envolé dans les airs. Tout est incertitude

et obscurité dans les anciens âges. Pline (liv. III, chap. 5) et Lactance le grammairien attribuent à Danaé la fondation d'Ardée. Denys d'Halicarnasse veut qu'elle ait été bâtie par un fils d'Ulysse et de Circé. D'autres reconnaissent Daunus, fils de Pilumnus, pour son fondateur. Quoi qu'il en soit, le lieu où fut Ardée a conservé son nom : il est à six milles de la mer, et à vingt milles de Rome, entre Ostie et Antium.

85. — Page 312. *Sed fortuna fuit.*

Plusieurs commentateurs et traducteurs de l'*Énéide*, La Cerda, Giovanni Fabrini, La Rue, le Père Catrou, l'abbé de Saint-Remy ont mal compris ce passage : *fortuna fuit*, appliqué à la ville d'Ardée, doit s'entendre comme le *fuit Ilium*; et ils ont tous interprété ces mots à peu près dans le sens de cette traduction de Catrou : « Les premiers habitans l'appelèrent d'abord *Ardua*; ensuite, elle prit le nom d'Ardée *par je ne sais quelle aventure.* »

86. — Page 312. *Alecto torvam faciem et furialia membra.*

Virgile montre Alecton inspirant sa furie par trois différens moyens : 1° en glissant un serpent dans le sein d'Amate; 2° en s'offrant en songe à Turnus, sous les traits d'une vieille prêtresse de Junon; 3° en jetant sa rage dans les chiens de chasse du jeune Ascagne. « En général, ce morceau d'Alecton est admirable dans tous ses détails. » (DELILLE, *Notes* du liv. VII.)

87. — Page 312. *Fit Calybe, Junonis anus templique sacerdos.*

Variantes des manuscrits : *Chalibe, Calibæ, Chalibo,* etc. « Je me rappelle, dit Desfontaines, la risible ignorance de quelqu'un, qui traduisit un jour ces mots fort impertinemment, faute de savoir qu'*anus* signifiait une vieille femme. »

88. — Page 314. *Sed te victa situ verique effeta senectus.*

Situs, moisissure; ces mots *victa situ* signifient littéralement un état de moisissure et de corruption. *Verique effeta* est une métaphore indiquant que la vieillesse n'est plus capable de concevoir ni des enfans, ni la vérité.

89. — Page 314. *Bella viri pacemque gerant, quis bella gerenda.*

Variantes dans les anciens manuscrits : *Bella gerant, gerunt, gerent.*

Cette maxime est celle du pouvoir absolu : elle devait plaire à Auguste. Cependant, un autre poète courtisan, Horace, avait dit :

> Quidquid delirant reges plectuntur Achivi.

90. — Page 316. . . . . *Magno veluti cum flamma sonore*

Cette comparaison se trouve dans l'*Iliade* (liv. XXI); dans Quintus Calaber (liv. v); dans la *Jérusalem délivrée* (liv. VIII, st. 74). Homère compare le Scamandre embrasé par Vulcain à une chaudière bouillante. Scaliger remarque, dans sa *Poétique* (liv. v), que Virgile est allé plus loin que le chantre d'Achille, en comparant le roi des Rutules à un chaudron. Mais Homère n'avait-il pas comparé le terrible Ajax à un âne qui, entré dans un champ de blé, se laisse frapper de mille coups, et refuse d'en sortir ?

91. — Page 316. *Exsultantque œstu latices; furit intus aquœ vis.*

Sur ces mots *intus aquœ*, Servius dit : « Hanc diœresim Tucca et Varius fecerunt; nam Virgilius sic reliquerat : *furit intus aquœ vis, Fumidus atque amnis*; quod satis asperum fuit. » Mais quelques anciens commentateurs ont cru que Servius s'était trompé, attendu que, d'après les ordres d'Auguste, Tucca et Varius ne pouvaient rien changer au texte de l'*Énéide*. Quoi qu'il en soit, on lit, dans plusieurs manuscrits, *aquæ vis*, et dans d'autres *aquaï*: c'est une diérèse, comme *Aulaï* pour *Aulæ*; *Pictaï* pour *Pictæ*, etc.

92. — Page 316. *Hunc decus egregium formæ movet atque juventæ.*

Le plus ingénieux des scholiastes de Virgile, Giovanni Fabrini, fait la réflexion suivante sur ce vers de l'*Énéide* : « Vergelio mostra che i re, etc. » Virgile fait voir que les rois qui veulent être aimés doivent désirer d'être bien partagés des avantages du corps et de l'esprit, parce qu'un roi qui, n'étant pas né de parens illustres, réunit aux disgrâces physiques un esprit vulgaire et une âme vile, non-seulement n'est point aimé, mais il est toujours haï de tous ses sujets : « Ma odiato sempre da tutt i sudditi. »

93. — Page 318. *Hic subitam canibus rabiem Cocytia virgo.*

Variantes dans les manuscrits : *Cocitica, cocitina*, etc.

94. — Page 318. *Cervus erat forma præstanti et cornibus ingens.*

Macrobe, dans ses *Saturnales*, blâme sévèrement Virgile, pour avoir donné à la guerre, qui eut pour résultat la fondation de Rome, une cause aussi légère que celle de la mort d'un cerf. Mais souvent les plus grandes guerres, comme l'a remarqué La Cerda, n'ont pas eu de cause plus importante. Quelle fut celle de la guerre de Troie? l'enlèvement d'une femme par un berger de Phrygie. Suivant Valerius Flaccus, ce fut la mort d'un lion tué à la chasse, qui engendra la guerre de Cyzique et des Argonautes. Stace dit, dans le liv. VII de la *Thébaïde*, que deux tigresses légèrement blessées enflammèrent les fureurs de la guerre de Thèbes. Beaucoup d'autres exemples pourraient être cités pour les guerres des temps modernes.

On peut comparer ce que dit Virgile du cerf de Sylvie, avec ce qu'Ovide raconte du cerf de Cyparisse, dans le livre X des *Métamorphoses*.

95. — Page 318. . . . . *Tyrrheusque pater* . . . .

VARIANTES : *Thyrrides, Tyridæ, Tirrus, Tirius, Thirus,* etc.
Denys d'Halicarnasse parle de ce Tyrrhée, intendant des troupeaux du roi Latinus, et lui donne le même emploi que Virgile. Ce fut lui qui, après la mort d'Énée, donna un asile à Lavinie, et la protégea contre l'ambition d'Ascagne. Ce fut dans la maison de Tyrrhée que naquit Sylvius, fils posthume du héros.

96. — Page 318. *Nec dextræ erranti deus abfuit.*

Heyne croit qu'on peut interpréter ici *deus* par *fortuna*. Il remarque cependant que Servius rapporte *deus* à Alecton. Il paraît, en effet, que ce mot est, dans Virgile, du genre commun. Il a déjà dit, dans l'*Énéide* (liv. II, v. 632), en parlant de Vénus, *ducente deo.*

97. — Page 320. *Olli, pestis enim tacitis latet aspera silvis,*
Improvisi adsunt.

Dans sa traduction, le professeur Binet dit : « Ils accourent à l'instant (car, sans doute, *quelque chose* de funeste est caché dans la forêt); » ce *quelque chose* est la furie, *pestis aspera* : c'est elle qui entraîne les pasteurs; *improvisi adsunt* : ils n'accourent donc pas pour chercher *quelque chose de funeste caché* SANS DOUTE *dans la forêt.*

98. — Page 320. *Ardua tecta petit stabuli.*

Le même professeur dit : « Aussitôt elle vole vers le toit de la *métairie;* » il avait déjà traduit « quæstu tectum omne replebat, » par « remplit la *métairie* de ses cris; » il ne lui restait plus qu'à appeler les pasteurs *métayers.*

99. — Page 320. *Pastorale canit signum, cornuque recurvo.*

C'était un usage antique d'appeler et de réunir avec le cor, les pasteurs, dans quelque soudain danger. Aulu-Gelle dit (xv, 27) que, dans les premiers âges de Rome, les comices étaient ainsi convoqués, *per cornicinem centuriata.*

100. — Page 320. *Audiit et Triviæ longe lacus ; audiit amnis
      Sulfurea Nar albus aqua, fontesque Velini.*

Le lac de Diane ou d'Aricie, aujourd'hui *Lago di Nemi*, est non loin du bourg de *Gensano*, à trois lieues de l'ancienne Laurente.

Le Nar, aujourd'hui le *Nera*, sépare l'Ombrie du pays des Sabins, et se jette dans le Tibre, après avoir reçu les eaux du Vélino. Les eaux sulfureuses du Nar étaient connues dans l'antiquité : Ennius dit, dans ses *Annales*, v. 6 :

Sulfureas posuit spiramina Naris ad undas.

Nar était, selon Servius, le nom du soufre dans la langue des Sabins. Pline parle du Nar et de ses eaux sulfurées (liv. III, ch. 12); Ausone l'appelle *sulphureus Nar.*

Le *Vélino*, rivière du pays des Sabins, traverse le lac de Réate, aujourd'hui *Rieti*, et celui de Luco, ce qui lui a fait donner à lui-même le nom de lac. On admire sa cascade dite *del Marmore.* La chute des eaux, plus belle que celle du Teverone, à Tivoli, est de plus de trois cents pieds.

Cicéron, dans ses *Lettres à Atticus*, donne le nom de *Tempe* aux riches vallées du Vélino, que Virgile appelle *rosea rura Velini.*

101. — Page 320. *Et trepidæ matres pressere ad pectora natos.*

Ce vers est imité d'Apollonius de Rhodes. Le dragon, gardien de l'arbre aux pommes d'or, remplit les airs d'horribles siffle-mens : « La forêt et les rivages du fleuve en retentirent, et ils furent entendus de ceux qui habitaient les extrémités de la Colchide : à ce bruit affreux les mères épouvantées s'éveillèrent et pressèrent contre leur sein leurs nourrissons tremblans. »

102. — Page 320. *Dira dedit, raptis concurrunt undique telis.*

Macrobe (liv. VI, 1) cité ces vers du troisième livre des *Annales* d'Ennius, comme ayant été imités par Virgile :

> Postquam defessi sunt stantes spargere sese
> Hastis, ansactis *concurrunt undique telis.*

103. — Page 322. *Fluctus uti primo cœpit quum albescere vento.*

Cette comparaison est imitée du liv. III de l'*Iliade*.

104. — Page 322. *Corpora multa virum circa.*

Plusieurs traducteurs me semblent avoir mal rendu ce vers, en ne voyant que des compagnons d'Almon parmi les morts qui sont autour de lui; Delille dit :

> Sur ce corps expirant s'entassent mille corps.

Il suivrait de là que tout le carnage aurait été fait par les Troyens; cependant Virgile ajoute plus bas qu'il a été combattu de part et d'autre avec un égal avantage :

> Atque ea per campos æquo dum Marte geruntur.

Et, plus loin encore, on voit les pasteurs ne rapporter du champ de bataille que le corps d'Almon et celui de Galesus : « Cæsosque reportant Almonem puerum fœdatique ora Galesi. »

Un des plus habiles traducteurs de l'*Énéide*, M. Morin, a rendu ainsi ce dernier vers : « Ils rapportent le corps défiguré de Galesus et le jeune Almon, tous deux *indignement* égorgés. » N'est-ce pas un contre-sens ? Virgile ne pouvait blâmer ainsi les Troyens qui eux-mêmes avaient été *indignement* attaqués sous les inspirations de la furie.

105. — Page 322. . . . . *Seniorque Galæsus.*

Variantes dans les manuscrits : *Galesus, Gelæsus,* et

106. — Page 322. *Deserit Hesperiam, et, cœli convexa, per auras.*

L'abbé de Saint-Remy traduit ridiculement *deserit Hesperiam* par : « Alecto repoussa d'un *pied léger* la terre d'Hespérie. » Il donne à l'horrible fille du Styx le *pied léger* des Grâces ! et à Virgile son propre esprit. Les professeurs qui ont revu la traduction de Saint-Remy, ont enlevé à la furie son *pied léger*.

107. — Page 324. *Amsancti valles.*

Variantes dans les manuscrits : *Ampsacti, Ampsanctus, Anfracti, Ansanti, Anxanti, Ansaneæ, An valles sancti.*

Lionardo di Capoa parle beaucoup du lac d'Amsancte dans ses *Lezioni intorno alla natura delle Mofete*, 1714. L'abbé Alberto Fortis, qui a visité cette vallée, a cru y découvrir les vestiges du petit temple de la déesse *Méphitis*. Voyez *Saggi scientifici e letterari dell' Academia di Padova*, tome II, page 146.

On croit que la vallée d'Amsancte est aujourd'hui la vallée de Fricento dans l'Apennin ; que la grotte de la déesse est la *Bocca del Lupo*, et que le nom du village voisin *Mufiti* est tiré de *Méphitis*.

Pline parle de cette vallée (liv. II, 93). Les anciens Latins croyaient y voir une entrée des enfers, et appelaient ce lieu *Amsancti* ; c'est-à-dire *undique sancti*.

108. — Page 326. *Insultant thiasis.*

Insultant pour *saltant* : les chœurs des Bacchantes étaient appelés *thiasos*.

109. — Page 326. *Ille, velut pelagi rupes immota, resistit.*

Comparaison imitée du livre XV de l'*Iliade*, v. 618.

110. — Page 326. .... *Multis circum latrantibus undis.*

J'ai osé risquer, le premier, la traduction littérale, et dire les *vagues aboyantes* au lieu des *vagues mugissantes*. Les anciens avaient donné à Scylla une ceinture de chiens aboyans pour exprimer les aboiemens des vagues. On lit dans l'*Énéide* (liv. III, v. 432) :

Scyllam, et cæruleis canibus resonantia saxa.

111. — Page 326. *Multa deos, aurasque pater testatus inanes.*

Ici le poète entend par *auras* soit les cieux, soit l'air que les hommes respirent. Binet dit que le roi Latinus atteste *les dieux et les* vents, mais à quel propos Latinus, retiré dans le fond de son palais, aurait-il attesté les vents ?

112. — Page 326. *Nam mihi parta quies; omnisque in limine portus;
Funere felici spolior.*

Les commentateurs ont trouvé ce passage obscur, et plusieurs ont cru qu'il pouvait avoir été altéré. Servius l'entend dans ce sens : « Securitas omnis in portu est. » L'interprétation de Donat est celle-ci : « Portus mihi erit limen domus meæ, quod egressurus non sum. » Ces explications sont peu satisfaisantes. Voici celle de Sabinus : « Senex sum et in portu vita mea est. » Vaddelius pense qu'au lieu d'*omnis*, il faut lire *amnis*. Un savant conjecture, peut-être avec raison, qu'*omnis* a été substitué à *navis*, et qu'avec ce dernier mot le sens était : « Mon vaisseau touche à l'entrée du port. »

Le mot *funere* est ici employé pour *morte*, et non pour *exequiis*. On est étonné de voir le savant Père Catrou traduire *funere felici spolior* par : « Vous m'exposez à périr *sans sépulture*. »

113. — Page 326. *Sepsit se tectis, rerumque reliquit habenas.*

Le roi des Latins est obligé de céder à la volonté du peuple, et d'abandonner les rênes du gouvernement; Mézence est chassé de son palais par les Étruriens dont il était le chef; et Métabe, père de Camille, subit le même affront. Le tableau de ces petites monarchies latines ressemble à celui des monarchies grecques si naïvement tracé par Homère : « On est trop disposé à croire, dit M. de Bonstetten, que Virgile a tout pris dans Homère, sans réfléchir que le poète latin avait trouvé quelquefois dans le Latium, les mœurs et les usages de l'*Odyssée*. » (Page 72.)

114. — Page 326. *Mos erat Hesperio in Latio.*

L'usage d'ouvrir les portes de la guerre qui fermaient le temple de Janus, ne fut institué que sous le règne de Numa : en lui donnant une origine beaucoup plus ancienne, le poète use de son privilège, et cette fiction avait le double but d'ajouter à l'intérêt du poëme et de flatter l'orgueil déjà si grand du peuple romain. La résistance du vieux roi des Latins fait déjà présager les malheurs de cette guerre. Quand les portes du temple étaient ouvertes, on disait, en frappant les boucliers (*ancilia*) suspendus dans le sanctuaire : *Mars, vigila!* Virgile fait allusion à cette invocation dans les mots : « Movent in prælia Martem. »

115. — Page 326. *Sive Getis inferre manu lacrymabile bellum.*

Les Gètes étaient un peuple de Dacie, qu'on a prétendu être venu de la Gothie, sur les bords du Danube, et avoir la même origine que les Goths. Les Gètes furent soumis par le proconsul Licinius Crassus, l'an de Rome 726. Auguste fit, en 732, de grands préparatifs contre les Parthes (Hyrcaniens, Arabes et Indiens); c'est à ces préparatifs que le poète fait allusion. Il composait alors les derniers livres de son *Énéide.* Auguste marcha lui-même contre les Parthes l'an 734, et triompha, sans combattre, par la seule terreur de ses armes. Virgile mourut l'année suivante, ayant flatté son maître jusqu'au dernier moment.

116. — Page 328. *Ipse, quirinali trabea cinctuque gabino.*

Les Gabiens, peuple de la Campanie, se trouvèrent un jour dit Servius, si pressés de prendre les armes, pendant la célébration de leurs rites sacrés, qu'ils eurent à peine le temps de relever et de ceindre leurs robes (toga sic in tergum rejecta ut ima ejus lacinia a tergo revocata, hominem cingat, simul caput tegat et ambiat). Attaqués à l'improviste, ils combattirent et furent vainqueurs. De là, selon le même commentateur, vint, chez les Romains, l'usage de ceindre la robe gabinienne, lorsqu'ils faisaient des sacrifices pour la guerre. On les voit ainsi vêtus dans plusieurs anciennes médailles.

117. — Page 328. *Belli ferratos rupit Saturnia postes.*

Servius cite ce vers des *Annales* d'Ennius, qui aurait été un peu plus qu'imité par Virgile :

. . . . . . Postquam discordia tetra
Belli ferratos postes portasque refregit.

118. — Page 328. . . . . . . *Atina potens, Tiburque superbum.*

Atine, ancienne ville du Latium, selon Ptolémée; Tite-Live

(liv. ix) la met dans la Campanie, auprès d'Arpinum, patrie de Marius et de Cicéron; d'autres la placent dans le pays des Volsques, près des marais Pontins. Pline (liv. III, ch. 19) parle d'une ville du même nom, qui était dans le Frioul. L'ancienne Atine a conservé son existence et son nom : c'est aujourd'hui *Atino*.

Tibur, maintenant *Tivoli*, est célèbre par le temple de sa sybylle, par sa cascade de l'Anio ou Teverone, et par les ruines de la maison de Mécène. Tivoli conserve encore, pour légende, *superbum Tibur* dans ses armoiries et sur le sceau municipal. L'épithète de Virgile est une allusion à la réponse des Romains aux Tiburtins : « Vos superbi estis. »

119. — Page 328. . . . . . *Crustumerique, et turrigeræ Antemnæ.*

Variantes dans les manuscrits : *Crustumerum, Crustumium, Crustumenum, Crustumia pira.* — *Attennæ, Amtennæ,* etc.

Pline et Tite-Live parlent de *Crustumere*. C'était une ville des Sabins, au nord de Fidènes, sur le Tibre. *Crustumium* était aussi le nom d'une ville d'Étrurie : Virgile la cite dans le second livre des *Géorgiques* (v. 88), comme renommée pour ses poires rouges.

Antemne, ville du pays des Sabins, ainsi nommée de sa situation au confluent de l'Anio et du Tibre.

120. — Page 330. . . . . *Flectuntque salignas.*

Les boucliers de ces peuples pasteurs étaient faits d'osier, et revêtus de plusieurs cuirs.

121. — Page 330. . . . . . *Recoquunt patrios fornacibus enses.*

On trouve, dans le livre v de Lucrèce, ces vers :

> Inde minutatim processit ferreus ensis,
> Versaque in obscœnum species est falcis aenæ.

122. — Page 330. . . . . *It bello tessera signum.*

Stace dit, dans sa *Thébaïde*, liv. VII, v. 286 :

> . . . . Longo fugit ordine velox
> Tessera.

Les tessères étaient de petites tablettes de bois sur lesquelles

les généraux romains écrivaient les ordres que portaient aux chefs inférieurs des soldats appelés *tesserarii*.

123. — Page 330. *Pandite nunc Heliconu, deæ, cantusque movete.*

Cette invocation est imitée, ainsi que le dénombrement qui la suit, du second livre de l'*Iliade*. Homère et Virgile se montrent aussi bons géographes que grands poètes dans leur vaste tableau. On trouve des invocations précédant des dénombremens d'armées dans tous les poètes épiques anciens et modernes : Quintus Calaber, Lucain, Silius Italicus, Stace, Valerius Flaccus, le Tasse, etc. Voici les premiers vers de l'invocation du Père Lemoine, dans son poëme de *Saint-Louis* :

> Esprit moteur des jours, et moteur des années
> Par qui sont des saisons les sphères gouvernées,
> Éclaire ici ma vue, et des siècles passés
> Retrace devant moi les portraits effacés :
> Ou permets qu'élevé moi-même à cet espace
> Où jamais rien ne change, où jamais rien ne passe,
> J'en remporte ici-bas quelque trait de clarté, etc.

124. — Page 330. *Contemptor divum Mezentius.*

Variantes des manuscrits : *Mezzentius, Mezencius, Mesentius, Medentius, Messentius.*

Sophocle appelle Ajax *contempteur des dieux* : tel est aussi le Capanée de Stace dans la *Thébaïde* (livre III) et le Rodomont de l'Arioste.

125. — Page 330. . . . .*Excepto Laurentis corpore Turni.*

Virgile emploie quelquefois le mot *Rutules* pour désigner les *Latins*. C'est ainsi qu'il dit, en parlant de l'hymen de Turnus, *connubiis latinis* (livre VII, vers 96), et qu'ici Turnus, qui règne dans Ardée, est appelé Laurentin, *Laurens Turnus*.

126. — Page 330. *Ducit Agyllina nequidquam ex urbe secutos.*

Variantes : *Agellina, Agelina, Agullina.*

Ville d'Étrurie, où régnait Mézence : elle prit, dans la suite, le nom de *Cære*, et la rivière qui l'arrose fut alors appelée *Cæretana*. Cære est aujourd'hui *Cervetere*.

127. — Page 332. *Pulcher Aventinus.*

Aventin est le nom d'une des sept collines de l'ancienne Rome, la plus haute après celle du Janicule ; on l'appelle aujourd'hui *Monte di Santa Sabina.* C'est au bas de l'étroite descente de l'Aventin, vers le Tibre, qu'était la porte *Trigemina,* où Coclès défendit le pont qui séparait les Romains du camp de Porsenna. « L'on croit voir encore près de là, dit M. de Bonstetten (page 27), quelque reste de fondement du pont d'Horatius Coclès. » La porte *Trigemina* a reçu le nom de *San Leone.*

128. — Page 333. *Centum angues, cinctamque gerit serpentibus hydram.*

Dans le livre VI (vers 576), Virgile ne donne à l'hydre de Lerne que cinquante têtes :

> Quinquaginta atris immanis hiatibus hydra.

mais il n'était pas plus difficile de donner cinquante que cent têtes au monstre de Lerne.

Virgile appelle Hercule *Tyrintius,* parce qu'il avait été élevé à Tyrinthe, ville voisine d'Argos.

Quelques écrivains héraldiques prétendent prouver, par ce vers de Virgile, que l'usage des armoiries remonte aux temps héroïques. Ils citent aussi le passage où Valerius Flaccus (liv. VI) montre Coraxe, fils de Jupiter, et toute sa phalange, portant sur leurs boucliers et sur leurs cuirasses, la foudre, attribut du grand dieu de l'Olympe :

> Cuncta phalanx insigne Jovis, cælataque gestat
> Tegmina, dispersos trifidis ardoribus ignes.

Euripide met une hydre à cent têtes sur le bouclier d'Adraste, qui assiégeait la septième porte de Thèbes. Dans le livre XI de l'*Iliade,* on voit trois dragons sur le bouclier d'Agamemnon. Une hydre est représentée sur le bouclier de Capanée (*Thébaïde,* livre IV); et, dans le même livre, les cinquante lits nuptiaux des filles de Danaüs, et leur sanglante expédition, sont retracés sur le bouclier d'Hippomédon ; Silius met, à l'exemple de Virgile, cent serpens sur le bouclier de Téron :

> Centum angues idem cælatum insigne gerebat
> In clypeo, et sectis geminam serpentibus hydram.

129. — Page 332. *Mixta deo mulier.*

C'est le seul vers des œuvres de Virgile où le mot *mulier* soit employé. Jules Scaliger s'est trompé en écrivant que ce mot ne s'y trouvait pas même une seule fois.

130. — Page 332. *Tyrrhenoque boves in flumine lavit iberas.*

Variantes dans les anciens manuscrits : *Iberos* et *Hiberos.*

131. — Page 332. *Pila manu sævosque gerunt in bella dolones.*

On appelait *dolones* de longs bâtons armés d'une pointe de fer; quelquefois ces bâtons étaient creux, et renfermaient une lame aiguë qu'on faisait sortir pour combattre. C'est sans doute ce qui a fait donner, par le Père La Rue, une étymologie assez hasardée au mot *dolones*, qu'il fait venir de *dolus*, fraude. L'abbé Desfontaines pense, avec aussi peu de fondement, que ce mot « vient plutôt de *dolare*, polir avec la *doloire*. » Il est assez vraisemblable que les longs bâtons des soldats d'Aventinus n'avaient pas été polis par la *doloire.*

132. — Page 332. *Et tereti pugnant mucrone, veruque sabello.*

Les Sabelles étaient une branche des Sabins et habitaient, près de Venuse, dans la Pouille.

133. — Page 332. *Catillusque, acerque Coras, argiva juventus.*

Variantes dans les manuscrits : *Chatillus, Catthillus, Cathilis, Catullus,* etc.; *Corax, Choras.* Ces deux frères étaient fils d'Amphiaraüs, qui périt devant Thèbes. On leur attribuait la fondation de Tibur, dans le pays des Sabins. Silius dit : « Et Tybur, Catille, tuum. » Horace appelle Tibur *Mænia Catilli* (*Od.* 1, 18). *Voyez* Pline, liv. III, et Solin, ch. VIII.

134. — Page 332. *Ceu duo nubigenæ quum vertice montis ab alto.*

On trouve quatre comparaisons, prises des centaures, dans la *Thébaïde* de Stace (liv. II, IV, VII et IX), ce qui annonce une imagination inféconde ou paresseuse.

135. — Page 332. .... *Homolen Othrymque nivalem.*

Variantes dans les manuscrits : *Omolen, Emalon, Amalon,*

Tymolem : ce qui prouve l'ignorance des copistes; car il est parlé de l'Homole dans Pausanias (liv. ix, 8), dans Étienne de Byzance (liv. v). Strabon cite une ville du même nom (liv. ix); Pline en cite une autre qu'il place dans la Magnésie (liv. iv, 9). L'Homole était une montagne de la Thessalie.

L'*Othris* se trouve ainsi travesti dans divers manuscrits : *Tyrrinque*, *Ottarumque*, *Othyrumque*, *Nothumque*. L'Othrys était encore une montagne de Thessalie. Ptolémée en parle dans son livre viii : Pline en fait le séjour des Lapithes (liv. iv, c. 8).

136. — Page 332. *Nec prænestinæ fundator defuit urbis.*

Préneste, aujourd'hui *Palestrina*, ville de l'ancien Latium, sur les frontières des Èques. Selon Festus, cette ville, bâtie sur une montagne, fut nommée Préneste de son élévation : « Præneste dicta est, quia is locus quo condita est montibus præstat. » La Fortune avait à Préneste un temple célèbre chez les Romains. Les *Sorts* de Préneste, *sortes prænestinæ*, n'étaient pas moins renommés. Les prêtres payens entretenaient la superstition du peuple, parce qu'ils en vivaient, et que la crédulité faisait leur puissance et leur richesse.

137. — Page 332. *Cæculus. Hunc legio late comitatur agrestis.*

La fable fait naître Céculus d'une étincelle de Vulcain. Sa mère accoucha dans un foyer où il fut trouvé (*inventumque focis*), ayant un œil endommagé : ce qui le fit nommer *Cæculus*. Le professeur Binet croit que Céculus avait pu être ainsi maltraité par *un volcan*. Mais n'est-ce pas vouloir expliquer une fable par une fable, et le merveilleux par le merveilleux ?

138. — Page 332. . . . . *Quique arva Gabinæ*
Junonis, gelidumque Anienem, et roscida rivis
Hernica saxa colunt; quos, dives Anagnia, pascis,
Quos, Amasene pater.

Variantes dans les manuscrits : *Hernea* pour *Hernica*; *Aragnia*, *Anagria* pour *Anagnia*.

Gabie, fondée par une colonie d'Albe, à dix milles de Rome, fut la rivale de cette ville jusqu'au temps de Tarquin-le-Superbe. Elle était déjà ruinée sous le règne d'Auguste. Junon avait à Gabie un temple. (*Voyez* Tite-Live, liv. iii.) En 1792, le prince

Borghèse fit faire, dans les ruines du temple de Junon Gabinienne, des fouilles qui eurent pour résultat la découverte de quarante-sept marbres portant des inscriptions. Ces marbres, avec toutes les antiquités de la *villa Borghèse*, sont conservés maintenant dans le musée du Louvre. On remarque, parmi les marbres de Gabie, un autel circulaire consacré aux douze grands dieux du paganisme.

L'*Anio* (aujourd'hui *Teverone*), dont parlent Tacite et Tite-Live, reçut, dit-on, son nom d'Anius, roi d'Étrurie, qui, désespéré de n'avoir pu atteindre un ravisseur de sa fille, nommé Cethegus, se noya dans ses froides eaux.

Les *rochers Herniques* sont dans la campagne de Rome, vers l'ancien pays des Marses. Selon Macrobe (liv. v, ch. 8), elles furent ainsi appelées d'Hernicus, qui amena une colonie de Grecs dans ce pays âpre et montueux : mais Festus dit que, dans la langue massique, *Herna* signifie rochers : « Hernici dicti a saxis quæ Marsi Herna dicunt. »

Anagnie, ville du pays des Herniques, qui a conservé son nom (*Anagni*). Strabon (liv. v) dit, comme Virgile, que c'était une ville riche. Cicéron l'appelle *municipe* dans l'oraison *pro Domo sua*. Festus la met au rang des préfectures, et Silius parle de ses champs fertiles dans son douzième livre : « Frugiferis cerealis Anania glebis. » Quatre papes sont nés à Anagnie (Innocent III, Grégoire IX, Alexandre IV et Boniface VIII). Ce fut dans Anagnie qu'un envoyé de Philippe-le-Bel (Nogaret) fit prisonnier Boniface VIII, le frappa, dit-on, au visage, et fut cause que ce pontife mourut alors de colère ou de chagrin. Nogaret, après cet exploit, fut fait chancelier de France.

Amasène, petit fleuve de la Campanie, qui traverse les marais Pontins et se jette dans la mer de Toscane, près de *monte Circello*. Son nom moderne est *Toppea*.

159. — Page 334. *At Messapus, equum domitor, Neptunia proles.*

Variantes dans les manuscrits : *Mesapus*, *Messaphus*.

Messape, prince grec, fut dit fils de Neptune, parce qu'il était venu en Italie par mer : il s'établit dans le pays qui fut appelé de son nom *Messapie*. C'est aujourd'hui la Calabre. On le croyait invulnérable, parce qu'il ne fut jamais blessé dans les combats. Le poète Ennius comptait Messape parmi ses ancêtres, et c'est sans doute par allusion à cette origine que Virgile compare les soldats de Messape à une troupe de cygnes qui chantent les louanges de leur roi : *regemque canebant*.

140. — Page 334. *Hi fescenninas acies, æquosque Faliscos.*

VARIANTES : *Fescellinas, Phoesienas.*

Virgile joint dans un seul vers les habitans de Fescennie, capitale des Fescennins, et les habitans de Falérie, capitale des Falisques, parce que ces deux villes d'Étrurie étaient rapprochées l'une de l'autre. C'est à Fescennie qu'on place l'origine de l'*épithalame*, ou chant nuptial ; et, comme ces chants étaient licencieux, on appela *vers fescennins* ceux où la pudeur avait perdu ses voiles. On voit encore quelques ruines de Falérie, aujourd'hui *Fatar*, entre Viterbe et Montefiascone. Servius dit que Virgile appelle les Falisques *æquos*, parce que Rome avait adopté quelques-unes de leurs lois, qui entrèrent dans la loi des Douze-Tables.

141. — Page 334. *Et Soractis habent arces, flaviniaque arva.*

Le mont Soracte, dans le pays des Falisques, est aujourd'hui le *Monte di San Silvestro*. Sur son sommet est un bourg et un monastère fondé par Carloman (frère de Pepin), qui était roi, et se fit moine. Le monastère remplace un temple d'Apollon, dont les prêtres exploitaient la crédulité des peuples en marchant nu-pieds sur des charbons ardens. Mais, selon Varron, l'activité du feu était arrêtée par quelques sucs dont les ministres du temple frottaient la plante de leurs pieds. Pline dit (liv. VII, 2.), que ce secret était renfermé dans un petit nombre de familles : « Paucæ sunt familiæ. »

La ville de Flavinie n'est guère connue que par ce qu'en dit Servius, et Servius n'en dit pas grand'chose.

142. — Page 334. *Et Cimini cum monte lacum, lucosque Capenos.*

VARIANTES : *Cymini; Calenos.*

Une montagne, un lac, une forêt, portaient le nom de *Cimine*; le lac est appelé aujourd'hui *lago de Vico*. Les anciens Toscans lui donnaient, selon Servius, une origine merveilleuse : Hercule, se rendant chez Évandre, passa sur le mont Cimine. Les habitans le prièrent de faire un tour de force : il enfonça sa massue de fer en terre, et, quand il la retira, les eaux jaillirent et formèrent le lac. Tite-Live (liv. ix) et Pline (liv. ii, 98) parlent du lac, de la forêt et de la montagne de Cimine. C'est aujourd'hui la montagne de Viterbe.

Capène, dont le nom moderne est *Canapina*, n'est plus qu'un petit château sur la montagne de Viterbe. Rome avait une porte Capène qui ne menait point à l'ancienne ville de ce nom, mais qui s'ouvrait sur la voie Appienne.

143. — Page 334. *Ceu quondam nivei liquida inter nubila cycni*.

Cette comparaison est imitée du second livre de l'*Iliade*. On la trouve aussi dans Apollonius, dans Silius Italicus, le Tasse et Sannazar.

144. — Page 334. . . . . *Sonat amnis, et Asia longe.*

Le lac Asia est dans la Lydie, entre les rives du Caïstre et le mont Tmolus.

145. — Page 334. *Ecce, Sabinorum prisco de sanguine, magnum.*

Les Sabins occupaient le pays qui s'étend entre le Nar, le Tibre et l'Anio. Cette contrée est encore appelée *la Sabine* dans l'état pontifical. (*Voyez* Pline, liv. iii, 12.)

Clausus, appelé *Clusus* dans un des anciens manuscrits, est présenté ici comme le chef de l'illustre famille Claudienne. Celui qui vint de Régille s'établir à Rome après l'expulsion des Tarquins, changea son nom d'*Atta Clausus* en celui d'*Appius Claudius*, et forma avec les siens et cinq mille cliens qu'il avait amenés, la vingt-unième tribu qui fut appelée *Claudia*. Sa postérité produisit un grand nombre de personnages célèbres. Elle se divisa en plusieurs branches, dont celle des *Néron*, qui, dans la langue des Sabins, signifie *courageux*, et d'où sortirent Tibère et Drusus son frère, fils de Livie, femme d'Auguste. Ovide dit, dans le liv. iv de ses *Fastes* :

Claudia quinta genus Clauso referebat ab alto.

Silius Italicus (liv. xvii) dit aussi :

Hic prisca ducens Clausorum ab origine nomen
Claudia.

On peut voir ce que Suétone et Tacite rapportent de la famille des

Claudiens : on y comptait vingt-huit consulats, cinq dictatures, sept censures, sept triomphes et deux ovations.

146. — Page 336. *Una ingens amiterna cohors, priscique Quirites.*

Variantes des manuscrits : *Aminerna* ; — *Curites*, *Curenses*.

On voit près d'Aquila quelques vestiges d'Amiterne, ville du pays des Sabins, selon Denys d'Halicarnasse (liv. II) et Strabon (liv. V); elle est placée dans le Latium par Pline (liv. III, ch. 5), et dans le pays des Vestins par Ptolémée et Caton. Amiterne fut la patrie de Salluste. Cette ville, dit Varron, avait pris son nom du fleuve Aterne, qui l'arrosait.

Virgile appelle *Quirites* les habitans de Cures, patrie de Numa, qui porte aujourd'hui le nom de *Vescovo de Sabina*. C'était la capitale des Sabins (STRAB., liv. V). Les anciens Romains sont souvent appelés *Quirites*.

147. — Page 336. *Ereti manus omnis, oliviferæque Mutuscæ.*

VARIANTES : *Hereti, Erecti, Etreti, Eruti, Eriti, et Erti, Creti* ; — *Mitiscæ, Metuscæ, Mutiscæ, Mutustæ, Mituscæ*, etc.

Érète, ancienne ville des Sabins, sur les bords de l'Allia, où les Romains furent défaits par les Gaulois. Perse dit (*Sat.* 1) :

Fregerit heminas Ereti ædilis iniquas.

Sur les ruines d'Érète est bâti un petit bourg appelé *Monte Rotundo*.

Mutusca, la même que *Trebula*, selon Pline (liv. III, 12), est une ville de l'Ombrie, aujourd'hui appelée *Monte-Leone* dans la Sabine. Il paraît que Martial avait à Trebula une maison de campagne : il invite (*Épigram.*, liv. V, 72) un de ses amis à venir s'y reposer : « Ce lieu délicieux sera pour vous, dit-il, un Tivoli d'hiver. » *Hibernum jam tibi Tybur erit.*

148. — Page 336. *Qui Nomentum urbem, qui rosea rura Velini,*
Qui Tetricæ horrentes rupes, montemque Severum,
Casperiamque colunt, Forulosque, et flumen Himellæ,
Qui Tibrim, Fabarimque bibunt, quos frigida misit
Nursia, et Hortinæ classes.

Variantes dans les manuscrits : *Tetrici* ; — *Casperula, Casperea, Caspiam* ; — *Ferulos, Florulos, Ferolos* ; — *Himyllæ* ;

— *Faburum*, *Faberim*, *Sabarim*, *Fabrim*, *Favaris*; — *Nosia*, *Nyrsia*; — *Ortinæ*, *Urtinne*, *Hortanæ*.

Virgile cite *Nomente* parmi les colonies latines, dont Anchise montre les fondateurs à son fils. (*Voyez* la note 198 sur le liv. vi.)

Tétrique et *Sévère*, nom de deux montagnes à l'occident du Nar. Varron parle du *Tétrique*, affreux rochers de l'Apennin, entre Asculum et Nursia. Quelques manuscrits font de Sévère une rivière, *amnemque Severum*; mais c'est une montagne voisine de *Nursia*, et dont le nom moderne est *monte di San Giovanni*.

Casperia, ville des Sabins, au nord de Cures, sur l'*Himella*, ruisseau plutôt que rivière. — *Foruli*, petite ville des Sabins, dont Strabon dit que les maisons étaient taillées dans le roc, et plus propres à servir de repaire à des brigands que de demeure à des citoyens romains. — *Fabaris*, rivière du pays des Sabins. Virgile est le seul auteur latin qui la nomme. On croit que c'est aujourd'hui le *Farsa*. — *Nursia*, aujourd'hui *Norcia*, patrie de Sertorius, était la dernière ville des Sabins vers le nord. Elle était bâtie aux pieds des monts Tétrique et Sévère. (*Voyez* PLINE, liv. III, 12.) — *Horta*, ville d'Étrurie, au confluent du Nar et du Tibur (aujourd'hui *Orta*).

149. — Page 336. *Quosque secans infaustum interluit Allia nomen.*

VARIANTES : *Halia*, *Alia*. Cette petite rivière appelée aujourd'hui *Aia*, est devenue célèbre par la victoire que les Gaulois remportèrent sur les Romains, l'an de Rome 365. (*Voyez* TITE-LIVE, liv. v, ch. 36). Ovide dit, dans son *Art d'Aimer* (liv. I). *Flebilis Allia*, et Lucain, dans le liv. VII de la *Pharsale* :

Et damnata diu Romanis Allia fastis.

150. — Page 336. *Aut Hermi campo, aut Lyciæ flaventibus arvis.*

L'Hermus est un fleuve de Lydie dans lequel se jette le Pactole.

La Lycie, contrée méridionale de l'Asie, qui, selon Eustathe sur Homère, n'était pas éloignée de Troie.

151. — Page 336. *Curru jungit Halesus equos.*

VARIANTES : *Alesus*, *Halarsus*. Ovide et Cicéron ont parlé de cet

Halesus, fils naturel d'Agamemnon, qui, après le meurtre de son père, s'enfuit en Italie, et y bâtit la ville des Falisques.

>. . . . . Agamemnone cæso,
> Et scelus, et patrias fugit Halesus opes;
> Jamque pererratis profugus terraque marique,
> Mœnia felici condidit alta manu.
> Ille suos docuit Junonia sacra Faliscos.
> (Ovid., *Amor.* III, eleg. 13.)

Voyez aussi Solin, ch. VIII.

152. — Page 336. *Massica qui rastris*...................

Le mont *Massique*, aujourd'hui *Mondragone*, si renommé par ses vins, est à droite du fleuve Savone, dans la Campanie. C'est à tort que, dans sa *méthode* géographique, Lenglet Du Fresnoy a confondu le mont Massique avec le mont Falerne, dont il est séparé par le Savone. Les poètes latins, Horace surtout, ont chanté les vins de Massique et de Falerne : « Veteris pocula Massici. » (*Od.* 1, liv. I.) *Voyez* aussi liv. II, 7; liv. III, 21; et *Sat.*, liv. II, 4 :

> Massica si cœlo supponas vina sereno.

Calès, ville bâtie aux pieds du mont Massique, passait pour avoir été fondée par Calaïs, fils de Borée et d'Orithye. Cicéron l'appelle municipe, et Velleius colonie : c'est aujourd'hui *Calvi*, à deux lieues de Capone.

Le *Vulturne*, aujourd'hui *Natarone*, séparait le Samnium de la Campanie. Une ville qui portait son nom (*Vulturnum oppidum cum amne*, Pline, liv. III) était bâtie à son embouchure dans la mer de Tyrrhène, à douze milles de Capoue.

Saticule, ville d'Italie, dans le Samnium, dont il ne reste aucun vestige.

Les *Auronces* et les *Sidicins* faisaient partie de la nation des Osques.

Les *Osques*, appelés *Osci* et *Obsci*, peuple voisin des *Volsques*, habitaient les deux rives du Liris. Les mœurs de ce peuple étaient si corrompues que les Romains donnèrent le nom d'*obscène* aux actions et aux paroles licencieuses, comme ils appelèrent *Atellanes* leurs pièces de théâtre libres et satiriques, parce qu'elles avaient pris naissance dans *Atella*, ville des Osques. Festus dit que les Osques et les Volsques avaient une langue particulière : « Qui Osce et Volsce fabulantur, Latine nesciunt. »

153. — Page 336. *OEbale, quem generasse Telon Sebethide nympha*
Fertur, Teleboum Capreas..........

VARIANTES : *Telum, Thelon; — Sedethide, Sebretide, Sebthride, Suberetide, Lebœtide; — Capras, Capreis.*

OEbale régnait dans la Campanie orientale.

Sebethe, aujourd'hui *Rio* ou *Fiume de la Maddalena*, petite rivière qui se jette dans la baie de Naples, et qui arrosait l'ancienne Parthénope. Columelle dit : « Doctaque Parthenope Sebethide rosida lympha.

Les *Téléboëns*, venus d'Acarnanie, s'étaient établis dans l'île de Caprée. (TACITE, *Ann.*, liv. IV.)

Caprée, aujourd'hui *Capri*, île à l'entrée du golfe de Naples, vis-à-vis de Surrentum. Tibère alla cacher dans cette île ses infâmes débauches; mais il n'a pu les dérober à l'histoire, qui les flétrit à jamais d'une honteuse célébrité.

154. — Page 338. *Sarrastes populos, et quæ rigat æquora Sarnus.*

VARIANTES : *Sarrastis, Sarrastas, Sarrustres, Serestres, Sarrantes,* etc.

Silius dit (liv. VIII, v. 538) :

>Sarrastes etiam populos totasque videres
>Sarni mitis opes.

Les Sarrastes habitaient les bords du Sarnus, aujourd'hui *Sarno*, petit fleuve qui traverse la Campanie, arrose les célèbres ruines de *Pompéi*, et se perd dans le golfe de Naples. Stace dit (*Silvar.*, l. I, 2) que Pompée aimait les champs baignés par le Sarnus :

>Nec Pompeiani placeant magis otia Sarni.

Ce vers peut servir à expliquer l'origine et le nom de la ville de Pompéi.

155. — Page 338. *Quique Rufras, Batulumque tenent, atque arva Celennæ.*

VARIANTES : *Rufus; Batalum, Batylum, Butulum, Baculum;*

Celene, *Calennæ*, etc. On lit dans Silius (liv. VIII) : « Qui Batulum Mutrasque colunt. »

Cluvier avoue qu'il ignore la situation de *Batulum*. Rufræ, aujourd'hui *Ruvo*, était une ville de la Campanie.

156. — Page 338. *Et quos maliferæ despectant mœnia Abellæ.*

VARIANTE : *Nolæ*. — Servius raconte que Virgile avait d'abord écrit *Nolæ*; mais qu'ayant été mal accueilli dans cette ville, il effaça son nom et écrivit *Abellæ*. Il cite la même anecdote ou la même fable dans son commentaire sur le second livre des *Géorgiques* (v. 224), où le poète aurait remplacé *Nola* par *Capua*.

Abella, ville de la Campanie, près de Nole, aujourd'hui *Avella Vecchia*, au nord du Sarno : son territoire est fertile en noisettes, et en cette espèce d'amandes appelées avelines, *nuces avellanæ*.

157 — Page 338. *Teutonico ritu soliti torquere cateias.*

VARIANTES : *Catelas*, *Catellas*, *Catenas.*

Les Teutons, peuples de la Germanie, habitaient les bords et les îles de la Baltique; ils étaient voisins de la Chersonnèse Cimbrique. (JUTLAND.) Valerius Flaccus (liv. VI) parle de ces javelots appelés *cateias* :

Et puer e primo torquens temone cateias.

Silius dit aussi (liv. III) :

.... Panda manus est armata cateia.

158. — Page 338. *Et te montosæ misere in prœlia Nursæ,*
Ufens.

VARIANTES : *Nersæ*, *Narsæ*, *Nyrsæ*, *Persæ*; — *Oufens*, etc.

Nursa, ville du pays des Èques, bâtie, dit Servius, sur une montagne, et dont la situation est incertaine.

159. — Page 338. . . . . *Duris Æquicula glebis.*

VARIANTES : *Æquicala*, *Æquicula*.

Les Èques, ou Équicoles, habitaient au midi des Sabins, et au nord des Herniques, des montagnes où sont les sources de l'Anio et des eaux *Marcia* et *Claudia* que les Romains conduisirent dans la ville par un aquéduc de vingt lieues qui subsiste encore. L'armée romaine, enfermée dans un défilé par les Èques, fut dégagée par Cincinnatus. (*Voyez* TITE-LIVE, liv. III.)

160. — Page 338. *Quin et Marrubia venit de gente sacerdos.*

VARIANTES : *Marruvia, Marubia, Marrula, Marrivia,* etc.

Marrubia, aujourd'hui *Morrea*, était la capitale des Marses, près du lac Fucin. Les Marses avaient la réputation d'être adonnés à la magie, de connaître l'art de charmer les serpens et de détourner leur venin. (*Voyez* PLINE, liv. III, chap. 12; et SOLIN, chap. VI.)

161. — Page 338. *Fronde super galeam et felici comptus oliva,*
Archippi regis missu, fortissimus Umbro.

VARIANTES : *Arcippi, Alcippi;* — *Umbo.*

Le prêtre-guerrier Umbon portait sur son casque une branche d'olivier, comme témoignage de son amour pour la paix, et de sa répugnance à verser le sang humain.

Archippe, roi des Marses, donna son nom à une ville qui fut engloutie par un tremblement de terre. Pline parle de cette ville (livre III, chap. 12).

162. — Page 338. *Te nemus Anguitiæ, vitrea te Fucinus unda.*

VARIANTES : *Angitiæ, Argitiæ, Anguetiæ, Angittæ, Argivæ, Argiæ, Angutiæ,* etc.

Angitia, sœur de Médée ou de Circé, donna son nom à un bois qui lui était consacré dans le pays des Marses, sur les bords du lac Fucin; elle avait des charmes contre les serpens : de là son nom d'*Angitia* ou *Anguitia.*

Le lac Fucin, aujourd'hui lac de *Célano*, n'a point d'écoulement, quoiqu'il reçoive les eaux de plusieurs rivières. Jules César et, après lui, Claude voulurent donner au lac Fucin un versant dans le Liris (*Garigliano*) : trente mille hommes furent employés, pendant onze ans, à frayer un canal, à percer une haute montagne qui séparait le lac du fleuve. Mais tant de travaux et de dépenses furent sans résultat, et le lac est aujourd'hui ce qu'il était au premier siècle de notre ère.

163. — Page 340. *Ibat et Hippolyti proles pulcherrima bello*
Virbius; insignem quem mater Aricia misit,
Eductum Egeriæ lucis.

La fable d'Hippolyte est assez connue. Il fut appelé Virbius (*vir bis*), parce qu'il avait été ressuscité par Esculape. Il y avait, dans le Latium, une ville d'*Aricie* (aujourd'hui *La Riccia*, près de Nemi), où était née *Attia*, mère d'Auguste. Près de la ville était un bois sacré du même nom, où Numa allait consulter la nymphe Égérie.

164. — Page 340. *Pæoniis revocatum herbis.*

Péon est, dans Homère, le médecin des dieux. Les herbes et leurs sucs puissans sont employés magiquement par Péon, comme par Médée et par Circé.

165. — Page 340. *Ipse inter primos præstanti corpore Turnus.*

Heyne a fait deux savantes dissertations sur Turnus et sur les peuples d'Italie qui s'armèrent pour sa querelle. (Voyez *Excursus* VII et VIII.) Il établit ainsi la généalogie du roi des Rutules, et celle du roi des Latins :

Saturne; Pilumnus; Vénilie mariée à Daunus; et Amate, femme de Latinus; Turnus et Juturne.

Saturne; Picus; Faune et Marica ; Latinus et Amate; Lavinie.

166. — Page 342. *At levem clypeum.*

On trouve des descriptions de boucliers dans l'*Iliade* et dans tous les poëmes épiques. Scaliger et La Cerda mettent la description du bouclier de Turnus fort au dessus des imitations qui en ont été faites par Stace (liv. VI) et par Silius (liv. V). La Cerda croit, dit-il, entendre des enfans bégayer à côté de leur père.

167. — Page 342. . . . . *Argivaque pubes.*

Ces Argiens étaient les descendans des Grecs qui, selon la tradition, avaient suivi Danaé en Italie.

168. — Page 342. *Auruncæque manus, Rutuli, veteresque Sicani.*

Les Auronces sont les mêmes que les Ausones, ou, si ces deux peuples diffèrent, ils ont été tellement mêlés, qu'il est difficile de leur assigner un territoire particulier. Les Ausones avaient étendu leur puissance au midi de l'Italie, qui est souvent désignée, surtout par les poètes, sous le nom d'*Ausonie*. Les Rutules s'étendaient le long de la mer, entre le Numicus et la ville d'Antium, qui appartenait aux Volsques. Les Sicanes, n'existaient déjà plus du temps de Pline, puisqu'il les compte au nombre des cinquante-trois peuples du Latium qui étaient éteints (liv. III, ch. 5). C'est pourquoi sans doute Virgile dit : *Veteresque Sicani*.

169. — Page 342. *Et sacranæ acies, et picti scuta Labici.*

VARIANTES : *Saranne, Sarranæ, Saturnæ, Gaurannæ, Gaurinæ;* — *Libici, Linici.*

Tout ce que les commentateurs disent des *Sacranes* est incertain et obscur : l'auteur de la *Géographie de Virgile* n'en dit rien, et il a peut-être raison. — *Labicum*, petite ville au nord de Tusculum, à quinze milles de Rome, donnait son nom à une voie romaine, *via Labicana*. Cette ville était ruinée quand Virgile écrivait.

170. — Page 342. .... *Quis Jupiter Anxurus arvis.*

VARIANTES : *Axurus, Auxyrus, Anxirus, Anxiris, Anxeris, Auxurus,* etc.

Suivant Servius, *Jupiter Anxur* signifiait Jupiter jeune, Jupiter sans barbe. Tel est aussi le sentiment de plusieurs autres commentateurs. Cependant, sur une médaille antique, Jupiter est figuré avec une *grande barbe* et avec cette inscription : JOVIS ANXUR. Horace (*Sat.,* liv. I, V) dit avoir vu le temple de Jupiter Anxur sur de hauts rochers :

Impositum saxis late candentibus Anxur.

Stace (*Sylves,* VI) et Silius (liv. VII) parlent du même temple qui est aujourd'hui la cathédrale de Terracine.

171. — Page 342. .... *Et viridi gaudens Feronia luco.*

VARIANTES : *Foronia, Asturia.*

Féronie, divinité qui paraît avoir présidé aux fleurs, chez les Sabins et chez les Romains. Elle avait, à Terracine, un temple, un bois et une fontaine qui lui étaient consacrés. Quelques auteurs la confondent mal-à-propos avec Junon. L'*Aqua Ferentina* est aujourd'hui le ruisseau de la *Cornacchiola* : « Près de là, dit M. de Bronstetten (page 37) était la forêt consacrée à Herilus, fils de Féronia, à qui Évandre avait arraché les trois âmes renfermées dans son corps. » Horace, parlant de la fontaine de Féronie, dit (*Sat.* liv. 1, 5) :

>Ora manusque tua lavimus, Feronia, lympha.

172. — Page 342. *Qua Saturæ jacet atra palus.*

Variante, citée par Servius : *Asturæ.*

Le marais de *Sature* fait partie des marais Pontins et s'étend le long de la mer depuis le voisinage d'Antium jusqu'à *Monte Circello*; il reçoit deux petits fleuves : le *Stura*, ou *Astura*, d'où lui vient peut-être son nom; et l'Ufens, aujourd'hui *Ufente* ou *Ofanto*, qui traverse ce marais et se jette dans la mer. (*Voyez* PLINE, liv. III, chap. 5.)

173. — Page 342. *Illa vel intactæ segetis per summa volaret Gramina.*

« Ces vers, dit Delille, sont aussi légers que Camille elle-même. » Homère, Apollonius, Ovide, Calpurnius, Stace et d'autres poètes ont employé la même comparaison. Virgile avait déjà dit (dans ses *Géorgiques*, liv. III, vers 193), en parlant du cheval rapide :

>.... Tum cursibus auras
>Provocet; ac per aperta volans, ceu liber habenis,
>Æquora, vix summa vestigia ponat arena.

Camille commandait les Volsques qui habitaient au milieu des terres du côté des Herniques. Les Volsques maritimes, depuis Ardée jusqu'à Terracine, obéissaient à Turnus.

174. — Page 344. *Et pastoralem præfixa cuspide myrtum*

C'est une gracieuse image que celle d'une lance de bois de myrte dans la main de Camille. Virgile l'appelle *pastoralem*, parce que le myrte servait à faire également les javelines de Mars et les houlettes des bergers :

>At myrtus validis hastilibus et bona bello
>Cornus.
>   (*Georg.*, II, 447.)

LIBER OCTAVUS.

Ut belli signum Laurenti Turnus ab arce
Extulit, et rauco strepuerunt cornua cantu;
Utque acres concussit equos, utque impulit arma:
Extemplo turbati animi; simul omne tumultu
Conjurat trepido Latium, sævitque juventus
Effera. Ductores primi Messapus et Ufens,
Contemptorque deum Mezentius, undique cogunt
Auxilia, et latos vastant cultoribus agros.
Mittitur et magni Venulus Diomedis ad urbem,
Qui petat auxilium, et, Latio consistere Teucros,
Advectum Æneam classi, victosque Penates
Inferre, et fatis regem se dicere posci,
Edoceat, multasque viro se adjungere gentes
Dardanio, et late Latio increbrescere nomen.
Quid struat his cœptis, quem, si fortuna sequatur,
Eventum pugnæ cupiat, manifestius ipsi,
Quam Turno regi, aut regi adparere Latino.
Talia per Latium : quæ Laomedontius heros
Cuncta videns, magno curarum fluctuat æstu;

LIVRE HUITIÈME.

Dès que Turnus a élevé le drapeau de la guerre sur les tours de Laurente, que le son bruyant des clairons retentit dans les airs, que le héros excite l'ardeur de ses coursiers, et frappe son bouclier de sa lance : soudain, dans le Latium, tout s'émeut, tout s'alarme ; et, réunie en tumulte, une jeunesse ardente appelle les combats. Les principaux chefs, Messape, Ufens et Mézence, le contempteur des dieux, assemblent de toutes parts de nouveaux guerriers, et dépeuplent ces vastes plaines de leurs cultivateurs. Venulus est envoyé vers la ville du grand Diomède pour lui demander du secours, et lui apprendre que les Troyens sont dans le Latium : il lui dira qu'Énée vient d'abord avec sa flotte et ses pénates vaincus ; qu'il se dit appelé par les destins à régner sur l'Italie ; que déjà plusieurs peuples s'unissent à ce fils de Dardanus, et que son nom, répandu, retentit dans tout le Latium. Quel est le but de son entreprise et que prétend-il si la fortune le seconde ? Diomède en jugera mieux que le roi des Rutules ou le roi Latinus.

Tandis que tout s'agite ainsi dans le Latium, à l'aspect de tant de mouvemens, le héros troyen flotte dans

Atque animum nunc huc celerem, nunc dividit illuc,
In partesque rapit varias, perque omnia versat :
Sicut aquae tremulum labris ubi lumen ahenis,
Sole repercussum, aut radiantis imagine Lunae,
Omnia pervolitat late loca : jamque sub auras
Erigitur, summique ferit laquearia tecti.
Nox erat : et terras animalia fessa per omnes
Alituum pecudumque genus sopor altus habebat,
Quum pater in ripa gelidique sub aetheris axe
Æneas, tristi turbatus pectora bello,
Procubuit, seramque dedit per membra quietem.
Huic deus ipse loci, fluvio Tiberinus amoeno,
Populeas inter senior se attollere frondes
Visus. Eum tenuis glauco velabat amictu
Carbasus, et crines umbrosa tegebat arundo.
Tum sic affari, et curas his demere dictis :
« O sate gente deum, Trojanam ex hostibus urbem
Qui revehis nobis, aeternaque Pergama servas,
Exspectate solo Laurenti, arvisque latinis,
Hic tibi certa domus ; certi, ne absiste, Penates.
Neu belli terrere minis : tumor omnis et irae
Concessere deum.
Jamque tibi, ne vana putes haec fingere somnum,
Litoreis ingens inventa sub ilicibus sus,
Triginta capitum foetus enixa, jacebit ;
Alba, solo recubans, albi circum ubera nati.

l'orage de ses pensers divers : il passe rapidement d'un projet formé à un autre, qu'il rejette à son tour ; et son esprit, incertain, reste partagé sur le choix. Telle, réfléchie sur l'onde qui frémit dans l'airain, la lumière du soleil ou celle de la lune radieuse s'élève vacillante, voltige au loin, et promène son jeu mobile sur les lambris et sur les hauts plafonds.

Il était nuit, et, sur la terre, tous les êtres animés, les oiseaux et les troupeaux dormaient dans l'oubli de leurs fatigues. Inquiet des périls de cette guerre, Énée se couche, sur le bord du fleuve, sous le froid éther de la voûte céleste, et trouve enfin un sommeil long-temps attendu. Alors il lui semble voir s'élever du sein des eaux, dans l'ombrage des peupliers, un vieillard : c'est le dieu de cette belle contrée, le dieu du fleuve, le Tibre lui-même : une robe de lin le revêt de ses plis azurés, et des roseaux en couronne ombragent ses cheveux ; il adresse la parole au héros, et calme ainsi ses ennuis : « O prince né du sang des dieux, toi qui nous rends Ilion arraché à ses ennemis, et qui conserves l'éternelle Pergame ; toi qu'attendaient Laurente et les champs des Latins : c'est ici ta demeure certaine, ici l'asile de tes dieux. Garde-toi de céder, et de craindre la guerre qui te menace. Les dieux ont déposé leur colère et leur vengeance ; et ne crois pas qu'en ce moment un vain songe t'abuse. Tu trouveras, couchée sous les chênes de mon rivage, une grande laie aux crins blancs, et pressés autour de ses mamelles trente petits nouveaux-nés, blancs comme leur mère. Là sera l'emplacement de ta ville, avec le terme assuré de tant de travaux ; et quand la révolution de six lustres s'achèvera, c'est là que ton fils Ascagne bâtira la ville d'Albe, dont le nom

Hic locus urbis erit, requies ea certa laborum;
Ex quo ter denis urbem redeuntibus annis
Ascanius clari condet cognominis Albam.
Haud incerta cano. Nunc qua ratione quod instat
Expedias victor, paucis, adverte, docebo.
« ARCADES his oris, genus a Pallante profectum,
Qui regem Evandrum comites, qui signa secuti,
Delegere locum, et posuere in montibus urbem,
Pallantis proavi de nomine, Pallanteum.
Hi bellum assidue ducunt cum gente latina :
Hos castris adhibe socios, et fœdera junge.
Ipse ego te ripis et recto flumine ducam,
Adversum remis superes subvectus ut amnem.
Surge age, nate dea; primisque cadentibus astris,
Junoni fer rite preces, iramque minasque
Supplicibus supera votis : mihi victor honorem
Persolves. Ego sum, pleno quem flumine cernis
Stringentem ripas, et pinguia culta secantem,
Cæruleus Tibris, cœlo gratissimus amnis.
Hic mihi magna domus, celsis caput urbibus exit. »
Dixit; deinde lacu fluvius se condidit alto,
Ima petens. Nox Ænean somnusque reliquit.

SURGIT, et, ætherei spectans orientia Solis
Lumina, rite cavis undam de flumine palmis
Sustulit, ac tales effundit ad æthera voces :
« Nymphæ, Laurentes nymphæ, genus amnibus unde est :

ne mourra jamais. Je ne t'annonce rien qui soit incertain. Maintenant écoute : je vais t'apprendre, en peu de mots, comment tu sortiras vainqueur des combats qui se préparent.

« Des Arcadiens, partis des états de Pallas sous la conduite d'Évandre, petit-fils de ce prince, se sont établis dans cette contrée, et ont bâti sur des monts une ville, qu'ils appellent Pallantée, du nom de l'aïeul de leur roi. Cette colonie est toujours en guerre avec les Latins. A ses armes réunis les tiennes, et par un traité cimente l'alliance. Moi-même, je guiderai tes vaisseaux sur mes ondes dociles ; j'aiderai les rameurs à vaincre et à remonter le courant. Lève-toi donc, fils d'une déesse ! et dès que les astres à leur déclin annonceront le jour, adresse à Junon tes prières, et, par d'humbles supplications, désarme son courroux menaçant. Tu t'acquitteras envers moi quand tu seras vainqueur. Je suis le fleuve chéri du ciel, le Tibre à l'onde azurée, dont les flots abondans pressent ces rives et fertilisent ces riantes campagnes. C'est ici qu'est ma grande demeure, et de superbes cités s'élèvent dans les lieux où commence mon cours. » Il dit, et se replonge dans ses grottes profondes. En même temps s'éloignent d'Énée la nuit et le sommeil.

Le héros se lève, et, les yeux tournés à l'orient vers les premiers rayons du soleil, il emplit de l'eau du fleuve le creux de sa main, et envoie dans les airs cette prière : « Nymphes de Laurente ! nymphes, mères des

Tuque, o Tibri, tuo genitor cum flumine sancto,
Accipite Ænean, et tandem arcete periclis.
Quo te cumque lacus miserantem incommoda nostra
Fonte tenet, quocumque solo pulcherrimus exis;
Semper honore meo, semper celebrabere donis.
Corniger Hesperidum fluvius regnator aquarum.
Adsis o tantum, et propius tua numina firmes. »
Sic memorat, geminasque legit de classe biremes,
Remigioque aptat; socios simul instruit armis.
Ecce autem, subitum atque oculis mirabile monstrum,
Candida per silvam cum fœtu concolor albo
Procubuit, viridique in litore conspicitur sus:
Quam pius Æneas tibi enim, tibi, maxima Juno,
Mactat, sacra ferens, et cum grege sistit ad aram.
Tibris ea fluvium, quam longa est, nocte tumentem
Leniit, et tacita refluens ita substitit unda,
Mitis ut in morem stagni placidæque paludis
Sterneret æquor aquis, remo ut luctamen abesset.
Ergo iter inceptum celerant rumore secundo.
Labitur uncta vadis abies : mirantur et undæ,
Miratur nemus insuetum fulgentia longe
Scuta virûm, fluvio pictasque innare carinas.
Olli remigio noctemque diemque fatigant,
Et longos superant flexus, variisque teguntur
Arboribus, viridesque secant placido æquore silvas.
Sol medium cœli conscenderat igneus orbem :

fleuves! et toi, dieu du Tibre, père de ces ondes sacrées! recevez Énée, et éloignez de lui tous les dangers! Toi, qui compatis à mes revers, en quelque lieu que soit la source d'où tu sors si majestueux et si beau, roi des fleuves de l'Hespérie, toi dont le front porte un double croissant, tu seras toujours honoré de mes vœux et de mes offrandes. Daigne m'être propice, et confirme en ce moment la foi de tes oracles. »

Il dit, et choisit dans sa flotte deux birèmes garnies de leurs rameurs, et qu'il remplit de Troyens armés. Tout à coup, un étonnant prodige vient frapper ses regards : sous les ombrages de la forêt qui borde la rive, il aperçoit, couchée sur l'herbe verdoyante, une laie blanche avec ses petits, qui sont blancs comme elle. C'est à toi, puissante Junon, à toi que le pieux Énée offre en sacrifice la mère et ses trente nourrissons.

Cependant, tandis que la nuit achevait sa carrière, le Tibre a calmé ses vagues émues; l'onde, aplanie, présente, dans son cours, la tranquille surface d'un étang, ou l'image d'un marais paisible. La rame n'a point à lutter contre les flots, et sur le fleuve propice les nefs sont portées légèrement : elles glissent rapides. Les eaux du Tibre et la forêt qui ombrage ses bords s'étonnent et admirent cette pompe inconnue, ces boucliers dont l'éclat brille au loin, et ces vaisseaux flottans ornés de peintures. Alors, la nuit et le jour, la rame fend les ondes; on suit, en le remontant, le fleuve dans ses longs détours, à l'ombre des arbres, dont le faîte s'arrondit en voûte, et les carènes sillonnent l'image des forêts dans les flots.

Le soleil, dardant ses feux, avait atteint le milieu de

Quum muros, arcemque procul, ac rara domorum
Tecta vident; quæ nunc romana potentia cœlo
Æquavit : tum res inopes Evandrus habebat.
Ocius advertunt proras, urbique propinquant.

Forte die solemnem illo rex Arcas honorem
Amphitryoniadæ magno divisque ferebat
Ante urbem in luco. Pallas huic filius una,
Una omnes juvenum primi, pauperque senatus,
Thura dabant, tepidusque cruor fumabat ad aras.
Ut celsas videre rates, atque inter opacum
Allabi nemus, et tacitis incumbere remis :
Terrentur visu subito, cunctique relictis
Consurgunt mensis : audax quos rumpere Pallas
Sacra vetat, raptoque volat telo obvius ipse.
Et procul e tumulo : « Juvenes, quæ caussa subegit
Ignotas tentare vias ? quo tenditis ? inquit.
Qui genus ? unde domo ? pacemne huc fertis, an arma ? »

Tum pater Æneas puppi sic fatur ab alta,
Paciferæque manu ramum prætendit olivæ :
Trojugenas ac tela vides inimica Latinis ;
Quos illi bello profugos egere superbo.
Evandrum petimus : ferte hæc, et dicite lectos
Dardaniæ venisse duces, socia arma rogantes. »
Obstupuit tanto perculsus nomine Pallas :
« Egredere o, quicumque es, ait, coramque parentem
Adloquere, ac nostris succede Penatibus hospes. »

sa course, lorsque sont aperçus au loin des murs, des tours et quelques toits épars, que la puissance romaine a, depuis, élevés jusqu'aux cieux : c'était alors l'humble royaume d'Évandre. Soudain on tourne les proues, et l'on approche de la ville.

Ce jour-là même, dans un bois sacré, auprès de ses remparts, le prince arcadien offrait au grand fils d'Amphitryon et aux dieux de l'Olympe un sacrifice solennel. Avec lui, Pallas, dont il est le père, les chefs de ses guerriers et son humble sénat faisaient brûler l'encens, et au pied des autels fumait le sang des victimes. Dès qu'ils ont vu les vaisseaux s'avancer à travers la forêt, sans que le bruit des rames soit entendu, la frayeur les saisit : tous se lèvent, tous vont abandonner leurs tables, quand l'intrépide Pallas leur défend d'interrompre le festin sacré : il saisit un javelot, court au rivage, et, de loin, sur un tertre élevé : « Étrangers, s'écrie-t-il, quel dessein vous fait tenter ces routes inconnues? où allez-vous? qui êtes-vous? est-ce la paix ou la guerre que vous nous apportez? »

Alors, du haut de sa poupe, montrant le rameau pacifique qu'il tient à la main : « Ce sont, dit Énée, des Troyens que vous voyez, et ces armes ne menacent que les Latins : sans pitié pour nos malheurs, ils nous déclarent une guerre cruelle. Nous demandons Évandre. Allez, rapportez-lui ce que vous venez d'entendre, et dites que les premiers chefs de la nation troyenne viennent solliciter son alliance et son appui. » Pallas, que ce grand nom frappe d'étonnement : « Ah! qui que vous soyez, dit-il, descendez! venez vous-même parler à mon père, et agréez, dans nos demeures, un asile hospita-

Excepitque manu, dextramque amplexus inhæsit.
Progressi subeunt luco, fluviumque relinquunt.
Tum regem Æneas dictis affatur amicis :

« Optime Graiugenûm, cui me Fortuna precari,
Et vitta comptos voluit prætendere ramos,
Non equidem extimui, Danaum quod ductor et Arcas,
Quodque ab stirpe fores geminis conjunctus Atridis :
Sed mea me virtus, et sancta oracula divum,
Cognatique patres, tua terris didita fama,
Conjunxere tibi, et fatis egere volentem.
Dardanus, Iliacæ primus pater urbis et auctor,
Electra, ut Graii perhibent, Atlantide cretus,
Advehitur Teucros : Electram maximus Atlas
Edidit, æthereos humero qui sustinet orbes.
Vobis Mercurius pater est, quem candida Maia
Cyllenæ gelido conceptum vertice fudit.
At Maiam, auditis si quicquam credimus, Atlas,
Idem Atlas generat, cœli qui sidera tollit.
Sic genus amborum scindit se sanguine ab uno.
His fretus, non legatos, neque prima per artem
Tentamenta tui pepigi : me me, ipse, meumque
Objeci caput, et supplex ad limina veni.
Gens eadem, quæ te, crudeli Daunia bello
Insequitur, nos si pellant, nihil abfore credunt,
Quin omnem Hesperiam penitus sua sub juga mittant,
Et mare, quod supra, teneant, quodque alluit infra.

lier. » En même temps il tend la main, et serre étroitement celle d'Énée. Soudain Énée et Pallas s'éloignent du rivage; ils entrent dans le bois sacré, et le héros adresse à Évandre ces paroles de paix :

« O LE plus vertueux des Grecs, puisque c'est la volonté du sort qu'aujourd'hui je me présente à vous avec ces rameaux enlacés de bandelettes, je n'ai pas craint de venir trouver un prince arcadien qui commande aux enfans de Danaüs, et qui même est uni par le sang aux deux Atrides. Mais ma piété envers les dieux, leurs saints oracles, nos deux familles, qui ont une commune origine, et votre renommée, répandue dans l'univers : tels sont les liens qui d'avance nous ont unis, et qui me font obéir avec joie à l'ordre des destins. Dardanus, qui vint aborder dans la Troade, et fut le premier fondateur d'Ilion, était, ainsi que les Grecs eux-mêmes l'ont publié, fils d'Électre, l'une des Atlantides. Cette Électre eut pour père le grand Atlas, qui soutient sur ses épaules les sphères célestes. Vous descendez de Mercure, qui fut enfanté par la belle Maïa sur le sommet glacé du Cyllène. Or, si l'on en croit la tradition, Maïa était fille du même Atlas qui soutient le ciel et les astres. Ainsi nos deux familles remontent, par le sang, à la même source. Appuyé sur ces titres, je n'ai voulu employer, pour connaître vos dispositions, ni ambassadeurs, ni l'artifice des négociations : moi-même je suis venu en suppliant, et exposant ma vie, implorer votre appui. Les Dauniens, ces peuples qui vous font une guerre cruelle, se flattent, s'ils repoussent les Troyens, qu'ils imposeront leur joug à toute l'Hespérie, et qu'ils asserviront les deux mers dont ils occupent les rivages. Recevez ma foi et donnez-moi la vôtre. Nous avons des guerriers

Accipe, daque fidem : sunt nobis fortia bello
Pectora, sunt animi, et rebus spectata juventus. »

Dixerat Æneas. Ille os, oculosque loquentis
Jamdudum, et totum lustrabat lumine corpus.
Tum sic pauca refert : « Ut te, fortissime Teucrum,
Accipio, agnoscoque libens! ut verba parentis,
Et vocem Anchisæ magni vultumque recordor!
Nam memini Hesionæ visentem regna sororis
Laomedontiaden Priamum, Salamina petentem,
Protinus Arcadiæ gelidos invisere fines.
Tum mihi prima genas vestibat flore juventa;
Mirabarque duces Teucros, mirabar et ipsum
Laomedontiaden : sed cunctis altior ibat
Anchises. Mihi mens juvenali ardebat amore
Compellare virum, et dextræ conjungere dextram.
Accessi, et cupidus Phenei sub moenia duxi.
Ille mihi insignem pharetram, Lyciasque sagittas
Discedens, chlamydemque auro dedit intertextam,
Frenaque bina, meus quæ nunc habet, aurea, Pallas.
Ergo et, quam petitis, juncta est mihi fœdere dextra :
Et, lux quum primum terris se crastina reddet,
Auxilio lætos dimittam, opibusque juvabo.
Interea sacra hæc, quando huc venistis amici,
Annua, quæ differre nefas, celebrate faventes
Nobiscum, et jam nunc sociorum assuescite mensis. »
Hæc ubi dicta, dapes jubet et sublata reponi

forts et vaillans, et une jeunesse ardente, éprouvée dans les combats. »

Ainsi parlait Énée, tandis qu'Évandre, observant et ses traits et ses yeux, le parcourait tout entier. Enfin, il lui répond ainsi en peu de mots : « Avec quelle joie, ô le plus vaillant des Troyens, je vous reçois et je vous reconnais! que j'aime, en vous voyant et en vous écoutant, à retrouver dans vous les traits et la voix du grand Anchise! Je n'ai point oublié que Priam, fils de Laomédon, allant visiter les états de sa sœur Hésione, descendit à Salamine, et traversa les froides contrées de l'Arcadie. Alors la fleur du jeune âge couvrait mon menton de son premier duvet. J'admirais les chefs des Troyens, j'admirais le fils de Laomédon lui-même; mais Anchise les effaçait tous par sa taille élevée. Je désirais, avec l'ardeur de la jeunesse, entretenir ce héros et serrer sa main dans la mienne. Je l'abordai, et je m'empressai de le conduire dans les murs de Phénée. En me quittant, il me donna un riche carquois avec des flèches de Lycie; il joignit à ce don une chlamide tramée d'or, et deux freins d'or, que mon fils Pallas possède maintenant. Ainsi, cette alliance que vous désirez, il y a long-temps que ma main l'a formée. Et demain, dès que le jour sera rendu au monde, les auxiliaires que vous demandez partiront avec vous, et je vous aiderai de mes richesses et de mon pouvoir. En attendant, puisque c'est comme amis que vous êtes venus, célébrez, de concert avec nous, cette fête annuelle, qu'il n'est pas permis de différer; et, dès ce moment, prenez place aux banquets de vos alliés. »

Il dit, et ordonne que les coupes et les mets qui

Pocula, gramineoque viros locat ipse sedili;
Præcipuumque toro et villosi pelle leonis
Accipit Ænean, solioque invitat acerno.
Tum lecti juvenes certatim aræque sacerdos
Viscera tosta ferunt taurorum, onerantque canistris
Dona laboratæ Cereris, Bacchumque ministrant.
Vescitur Æneas, simul et trojana juventus,
Perpetui tergo bovis et lustralibus extis.

Postquam exempta fames, et amor compressus edendi,
Rex Evandrus ait : « Non hæc solemnia nobis,
Has ex more dapes, hanc tanti numinis aram
Vana superstitio, veterumque ignara deorum
Imposuit : sævis, hospes trojane, periclis
Servati facimus, meritosque novamus honores.
« Jam primum saxis suspensam hanc adspice rupem :
Disjectæ procul ut moles, desertaque montis
Stat domus, et scopuli ingentem traxere ruinam.
Hic spelunca fuit, vasto submota recessu,
Semihominis Caci facies quam dira tenebat,
Solis inaccessam radiis, semperque recenti
Cæde tepebat humus; foribusque affixa superbis
Ora virum tristi pendebant pallida tabo.
Huic monstro Vulcanus erat pater : illius atros
Ore vomens ignes, magna se mole ferebat.
« Attulit et nobis aliquando optantibus ætas

avaient été enlevés soient reportés sur les tables. Lui-même il appelle à leur rang les Troyens sur des bancs de gazon, et, pour honorer le fils d'Anchise, il le fait asseoir sur son trône d'érable, que couvre la dépouille d'un lion hérissée de longs poils. Alors, de jeunes Arcadiens, conduits par le prêtre de l'autel, apportent les chairs rôties des taureaux, remplissent les corbeilles des trésors de Cérès et les coupes des dons de Bacchus. Devant Énée et ses compagnons sont placés le dos entier d'un bœuf et ses entrailles retirées brûlantes du feu des sacrifices.

Lorsque la faim est apaisée et le repas achevé, Évandre prend la parole et dit : « Cette fête solennelle, ce banquet, cet autel consacré à un dieu si puissant, ce n'est ni une superstition vaine, ni l'oubli des anciens dieux qui les ont établis parmi nous ; mais échappés à d'affreux périls, dans notre reconnaissance, hôte troyen, nous renouvelons, tous les ans, ces sacrifices mérités.

« Regardez d'abord ce roc suspendu sur d'énormes rochers, les débris de ces masses au loin dispersés, et dans les flancs de la montagne une demeure abandonnée, au milieu de ces ruines. Là s'ouvrait une caverne vaste et profonde, inaccessible aux rayons du soleil : c'était le repaire d'un monstre moitié homme, du farouche Cacus. Ici, le sol fumait sans cesse d'un carnage récent, et sans cesse à la porte de l'antre pendaient, sanglantes et livides, des têtes humaines. Ce monstre était fils de Vulcain : sa bouche vomissait de noirs torrens de flammes, et, dans sa démarche, il étalait sa taille de géant.

« Enfin, le temps, propice à nos vœux, amena la

Auxilium, adventumque dei : nam maximus ultor,
Tergemini nece Geryonis spoliisque superbus,
Alcides aderat, taurosque hac victor agebat
Ingentes; vallemque boves amnemque tenebant.
At furiis Caci mens effera, ne quid inausum
Aut intractatum scelerisve dolive fuisset,
Quatuor a stabulis praestanti corpore tauros
Avertit, totidem forma superante juvencas;
Atque hos, ne qua forent pedibus vestigia rectis,
Cauda in speluncam tractos, versisque viarum
Indiciis raptos, saxo occultabat opaco.
Quaerenti nulla ad speluncam signa ferebant.

« Interea, quum jam stabulis saturata moveret
Amphitryoniades armenta, abitumque pararet :
Discessu mugire boves, atque omne querelis
Impleri nemus, et colles clamore relinqui.
Reddidit una boum vocem, vastoque sub antro
Mugiit, et Caci spem custodita fefellit.
Hic vero Alcidae furiis exarserat atro
Felle dolor : rapit arma manu, nodisque gravatum
Robur, et aetherii cursu petit ardua montis.
Tum primum nostri Cacum videre timentem,
Turbatumque oculis. Fugit ilicet ocior Euro,
Speluncamque petit : pedibus timor addidit alas.
Ut sese inclusit, ruptisque immane catenis
Dejecit saxum, ferro quod et arte paterna

présence et le secours d'un dieu. Le grand vengeur des crimes, fier de la mort et des dépouilles du triple Géryon, Alcide, était arrivé. Il conduisait, prix de sa victoire, d'énormes et nombreux taureaux, qui déjà couvraient le vallon et les rives du fleuve. Cacus, poussé par les Furies, et pour ne laisser aucune fourbe sans y recourir, aucun crime sans l'oser, détourne des pâturages quatre taureaux superbes, quatre génisses plus belles encore; et voulant déguiser les traces directes de leurs pieds, il les saisit par la queue, les traîne à reculons vers sa caverne, et, ayant ainsi renversé les indices de leurs pas, il les cache sous les profondes voûtes de ses rochers.

« Mais tandis que le fils d'Amphitryon rassemble dans les pâturages ses troupeaux rassasiés, et qu'il prépare le départ, les taureaux font retentir de leurs mugissemens ces bois et ces collines, qu'ils quittent à regret. Bientôt, du fond de l'antre, une génisse répond, mugit longuement, et trompe ainsi la vigilance et l'espoir de Cacus. Soudain, dans un dépit amer, s'allume la fureur d'Alcide. Il saisit ses armes, sa pesante et noueuse massue, et, d'une course rapide, s'élance au sommet de la montagne. Alors on vit, pour la première fois, Cacus trembler et ses yeux se troubler. Plus vite que l'Eurus, il fuit, il vole vers sa demeure : la peur donne à ses pieds des ailes; il s'enferme; et, rompant les chaînes de fer forgées par Vulcain, il fait tomber un énorme rocher qu'elles tenaient suspendu, et fortifie de ce rempart l'entrée de sa caverne. Le dieu de Tirynthe

Pendebat, fultosque emuniit obice postes:
Ecce furens animis aderat Tirynthius; omnemque
Accessum lustrans, huc ora ferebat et illuc,
Dentibus infrendens. Ter totum fervidus ira
Lustrat Aventini montem; ter saxea tentat
Limina nequidquam; ter fessus valle resedit.
« Stabat acuta silex, præcisis undique saxis,
Speluncæ dorso insurgens, altissima visu;
Dirarum nidis domus opportuna volucrum.
Hanc, ut prona jugo lævum incumbebat ad amnem,
Dexter in adversum nitens concussit, et imis
Avulsam solvit radicibus; inde repente
Impulit: impulsu quo maximus insonat æther:
Dissultant ripæ, refluitque exterritus amnis.
At specus et Caci detecta apparuit ingens
Regia, et umbrosæ penitus patuere cavernæ:
Non secus, ac si qua penitus vi terra dehiscens
Infernas reseret sedes, et regna recludat
Pallida, dis-invisa; superque immane barathrun
Cernatur, trepidentque, immisso lumine, Manes
« Ergo insperata deprensum in luce repente,
Inclusumque cavo saxo, atque insueta rudenten,
Desuper Alcides telis premit; omniaque arma
Advocat, et ramis, vastisque molaribus instat.
Ille autem (neque enim fuga jam super ulla percli)
Faucibus ingentem fumum, mirabile dictu,

arrive : il promène partout ses regards enflammés, tente tous les accès, et, dans la fureur qui l'agite, ses dents crient entrechoquées. Trois fois, dans son transport, il parcourt tout le mont Aventin; trois fois vainement il essaie de repousser du seuil de l'antre l'énorme rocher; trois fois, fatigué de ses inutiles efforts, il revient s'asseoir dans le vallon.

« Cependant, sur le dos de l'affreuse caverne, un rocher de toutes parts escarpé, et qui servait d'asile aux oiseaux de proie, élevait son sommet aigu dans les airs. Incliné à gauche, ce roc penchait vers le fleuve; Hercule appuie à droite de tout son poids, le pousse, l'ébranle, l'arrache à sa base profonde, et soudain le précipite : au bruit de sa chute, le vaste éther résonne, les deux rives tressaillent, et le fleuve épouvanté voit reculer ses ondes. Alors parut à découvert l'horrible palais de Cacus! et le jour pénétra dans ses cavités ténébreuses. Tels nos yeux, si la terre, ébranlée par de fortes secousses, entr'ouvrait ses abîmes, verraient le séjour des Enfers, ces pâles royaumes abhorrés des dieux mêmes; nos regards plongeraient dans les profondeurs du gouffre immense, et la lumière viendrait épouvanter les Mânes.

« Tout a coup surpris par ce jour inattendu, et renfermé dans le fond de son antre, Cacus pousse d'inaccoutumés rugissemens. De la cime du mont, Alcide le presse de ses traits. Tout lui est arme dans sa fureur; des chênes rompus en éclats, de larges quartiers de rochers sont lancés sur le monstre. Mais lui, qu'aucune fuite ne peut plus dérober au péril, vomit de son gosier, ô prodige! des nuages fumans, enveloppe sa re-

Evomit; involvitque domum caligine cæca,
Prospectum eripiens oculis; glomeratque sub antro
Fumiferam noctem, commixtis igne tenebris.
Non tulit Alcides animis, seque ipse per ignem
Præcipiti injecit saltu, qua plurimus undam
Fumus agit, nebulaque ingens specus æstuat atra.
Hic Cacum in tenebris incendia vana vomentem
Corripit in nodum complexus, et angit inhærens
Elisos oculos, et siccum sanguine guttur.
Panditur extemplo foribus domus atra revulsis :
Abstractæque boves, abjuratæque rapinæ
Cœlo ostenduntur; pedibusque informe cadaver
Protrahitur. Nequeunt expleri corda tuendo
Terribiles oculos, vultum, villosaque setis
Pectora semiferi, atque exstinctos faucibus ignes.
« Ex illo celebratus honos, lætique minores
Servavere diem; primusque Potitius auctor
Et domus Herculei custos Pinaria sacri
Hanc aram luco statuit, quæ maxima semper
Dicetur nobis, et erit quæ maxima semper.
Quare agite, o juvenes, tantarum in munere laudum,
Cingite fronde comas, et pocula porgite dextris;
Communemque vocate deum, et date vina volentes. »

Dixerat : Herculea bicolor quum populus umbra
Velavitque comas, foliisque innexa pependit;

traite d'obscures vapeurs pour se dérober à la vue de son ennemi, et remplit la caverne d'une nuit de fumée où la flamme se mêle aux ténèbres. Alcide ne contient plus ses transports : il bondit, et se précipite, à travers les feux, là où la fumée roule ses flots les plus épais, où bouillonnent ses plus noirs tourbillons. En vain Cacus vomissait dans l'ombre l'incendie : Alcide le saisit, l'étreint à la gorge de ses puissantes mains, fait jaillir ses yeux de leurs orbites, et arrête dans son gosier le sang avec la vie. Soudain la porte est arrachée; la noire demeure, ouverte : les taureaux dérobés paraissent, et les larcins sacrilèges sont dévoilés au jour. Le cadavre difforme est traîné dehors par les pieds. On ne se lasse point de regarder les yeux terribles du géant, ses traits hideux, sa poitrine hérissée d'un poil sauvage, et ces feux qui s'éteignent dans sa bouche béante.

« Dès-lors fut instituée une fête en l'honneur du dieu, et, tous les ans, le peuple avec joie la célèbre en ce jour. Potitius, qui en fut le fondateur, et la famille des Pinariens, gardienne du culte d'Alcide, ont élevé dans ce bois sacré cet autel, qui toujours sera par nous appelé très-grand, et qui sera toujours très-grand dans la suite des âges. Vous donc, vaillans fils de Troie, en mémoire d'un évènement si digne de louanges, couronnez vos têtes de feuillage; et, la coupe à la main, invoquez notre dieu, qui devient aussi le vôtre; et offrez-lui avec joie des libations de vin. »

Il dit, et le feuillage du peuplier, cher à Hercule, ombrage ses cheveux blancs de sa double verdure. Sa main saisit la coupe sacrée : à l'instant, tous, avec allé-

Et sacer implevit dextram scyphus. Ocius omnes
In mensam læti libant, divosque precantur.

Devexo interea propior fit Vesper Olympo;
Jamque sacerdotes, primusque Potitius, ibant,
Pellibus in morem cincti, flammasque ferebant.
Instaurant epulas, et mensæ grata secundæ
Dona ferunt, cumulantque oneratis lancibus aras.
Tum Salii ad cantus, incensa altaria circum,
Populeis adsunt evincti tempora ramis;
Hic juvenum chorus, ille senum; qui carmine laudes
Herculeas et facta ferunt : ut prima novercæ
Monstra manu, geminosque premens eliserit angues ;
Ut bello egregias idem disjecerit urbes,
Trojamque OEchaliamque; ut duros mille labores
Rege sub Eurystheo, fatis Junonis iniquæ,
Pertulerit. « Tu nubigenas, invicte, bimembres
Hylæumque Pholumque manu, tu Cressia mactas
Prodigia, et vastum Nemea sub rupe leonem.
Te Stygii tremuere lacus; te janitor Orci,
Ossa super recubans antro semesa cruento.
Nec te ullæ facies, non terruit ipse Typhœus,
Arduus, arma tenens; non te rationis egentem
Lernæus turba capitum circumstetit anguis.
Salve, vera Jovis proles, decus addite divis :
Et nos, et tua dexter adi pede sacra secundo. »

Talia carminibus celebrant : super omnia Caci

gresse, épanchent du vin sur les tables, et invoquent les dieux.

Cependant l'étoile du soir se montre plus près de l'Olympe incliné. Déjà les prêtres, et Potitius à leur tête, vêtus de peaux suivant la coutume, s'avancent portant des torches allumées. Ils rouvrent le banquet sacré : de nouveaux mets couvrent les tables, et des bassins chargés d'offrandes sont déposés sur les autels. Alors, le front ceint de rameaux de peuplier, les Saliens se rangent, en chantant, dans l'enceinte des sacrifices, où fume l'encens. Deux chœurs, l'un de jeunes gens, l'autre de vieillards, célèbrent, dans des hymnes, les exploits et la gloire d'Hercule. Ils chantent comment, dans son berceau, il étouffa les premiers monstres, deux serpens qu'avait suscités sa cruelle marâtre ; comment il saccagea les deux grandes cités de Troie et d'OEchalie; comment, soumis au sceptre d'Eurysthée par la haine fatale de Junon, il triompha de tant de périlleux travaux. « Héros invincible, c'est toi dont la main dompta les deux centaures, enfans de la nue, Hylée et Pholus. C'est toi qui terrassas le monstre de Crète et le prodigieux lion du rocher de Némée. Tu fis trembler les marais stygiens et, dans son antre sanglant, le gardien des Enfers couché sur des os à moitié rongés. Nuls monstres, ni le géant Typhée lui-même et ses armes terribles, n'effrayèrent ton audace, et ta grande âme ne fut point troublée quand les cent têtes de l'hydre de Lerne se dressèrent contre toi. Salut ! digne fils de Jupiter, nouvel ornement de l'Olympe ! sois-nous favorable, et viens par ta présence agréer nos sacrifices ! »

Tels sont les exploits que célèbrent les Saliens. Ils

Speluncam adjiciunt, spirantemque ignibus ipsum.
Consonat omne nemus strepitu, collesque resultant.

Exin se cuncti divinis rebus ad urbem
Perfectis referunt. Ibat rex obsitus ævo,
Et comitem Ænean juxta natumque tenebat
Ingrediens, varioque viam sermone levabat.
Miratur, facilesque oculos fert omnia circum
Æneas, capiturque locis, et singula lætus
Exquiritque, auditque virum monumenta priorum.
Tum rex Evandrus, romanæ conditor arcis :
« Hæc nemora indigenæ Fauni, Nymphæque tenebant,
Gensque virum truncis et duro robore nata :
Queis neque mos, neque cultus erat; nec jungere tauros,
Aut componere opes norant, aut parcere parto :
Sed rami, atque asper victu venatus alebat.
Primus ab ætherio venit Saturnus Olympo,
Arma Jovis fugiens, et regnis exsul ademptis.
Is genus indocile ac dispersum montibus altis
Composuit, legesque dedit : Latiumque vocari
Maluit, his quoniam latuisset tutus in oris.
Aurea, quæ perhibent, illo sub rege fuerunt
Secula : sic placida populos in pace regebat.
Deterior donec paulatim ac decolor ætas,
Et belli rabies, et amor successit habendi.
Tum manus Ausonia, et gentes venere Sicanæ;

chantent enfin l'horrible caverne de Cacus et ce monstre lui-même vomissant des flammes. Tout le bois retentit de leurs concerts, et l'écho des collines répète leurs accens.

Ces devoirs divins remplis, tous rentrent dans la ville. Le roi, appesanti par l'âge, s'avançait appuyé sur Énée, sur son fils, et, par des entretiens divers, charmait la longueur du chemin : le chef troyen promène devant lui des regards attentifs : il interroge, il écoute, avec une joie avide, l'histoire des antiques monumens qu'il admire : « Ces bois, dit Évandre, premier fondateur de Rome, eurent jadis pour habitans des Faunes, des Nymphes indigènes, et une race d'hommes nés du tronc des chênes. Sans lois et sans culte, ils ignoraient l'art de soumettre au joug les taureaux; ils ne savaient ni recueillir ni conserver les trésors de Cérès, et ne se nourrissaient que d'une chasse pénible et de fruits sauvages. Exilé de son royaume de l'Olympe, et fuyant les armes de Jupiter, Saturne vint le premier dans cette contrée. Il rassembla ses habitans épars sur les âpres montagnes; il leur donna des lois, et voulut que le pays, où il avait trouvé un sûr asile, fût appelé Latium. C'est sous son règne que brilla l'âge d'or si vanté, et qui le vit gouverner dans une paix profonde. Mais, peu à peu, la fureur de la guerre et la soif des richesses vinrent altérer par degrés et décolorer cet âge heureux. Alors arrivèrent les Ausoniens, les peuples de Sicanie, et trop souvent la terre de Saturne changea de nom. Elle eut des rois nouveaux, et parmi eux le farouche Tibris, géant énorme, dont le nom fut donné, dans la suite, à l'antique Albula, qui perdit le sien.

Sæpius et nomen posuit Saturnia tellus.
Tum reges, asperque immani corpore Tibris,
A quo post Itali fluvium cognomine Tibrim
Diximus : amisit verum vetus Albula nomen.
« Me pulsum patria, pelagique extrema sequentem,
Fortuna omnipotens et ineluctabile fatum
His posuere locis, matrisque egere tremenda
Carmentis nymphæ monita, et deus auctor Apollo. »
Vix ea dicta : dehinc progressus, monstrat et aram,
Et Carmentalem Romano nomine portam,
Quam memorant nymphæ priscum Carmentis honorem,
Vatis fatidicæ, cecinit quæ prima futuros
Æneadas magnos, et nobile Pallanteum.
Hinc lucum iugentem, quem Romulus acer asylum
Rettulit, et gelida monstrat sub rupe Lupercal,
Parrhasio dictum Panos de more Lycæi.
Nec non et sacri monstrat nemus Argileti,
Testaturque locum, et lethum docet hospitis Argi.

Hinc ad Tarpeiam sedem et Capitolia ducit,
Aurea nunc, olim silvestribus horrida dumis.
Jam tum relligio pavidos terrebat agrestes
Dira loci; jam tum silvam saxumque tremebant.
« Hoc nemus, hunc, inquit, frondoso vertice collem
(Quis deus, incertum est) habitat deus: Arcades ipsum
Credunt se vidisse Jovem, quum sæpe nigrantem
Ægida concuteret dextra, nimbosque cieret.

« Pour moi, banni de ma patrie, après avoir long-temps erré sur des mers lointaines, la Fortune toute-puissante et l'inévitable Destin m'ont fixé dans ces lieux où m'appelaient encore et les prophéties redoutables de la nymphe Carmente, ma mère, et les oracles du grand Apollon. »

Il dit, et s'avançant, il montre au héros l'autel et la porte que les Romains ont nommée Carmentale, antique honneur, rendu, dit-on, à la nymphe Carmente, qui, dans ses chants fatidiques, la première annonça la future grandeur des Énéades et la gloire du mont Palatin. Il montre ensuite le bois immense où l'ardent Romulus ouvrit aux étrangers un asile, et sous une roche glacée, le Lupercal, nom donné à la grotte de Pan, et pris à l'Arcadie, où le dieu est appelé Lycéen. Il montre encore le bois sacré d'Argilète : et, prenant ce lieu à témoin de son innocence, il raconte la mort de l'Argien, juste châtiment de cet hôte perfide.

De là il conduit le héros à la roche Tarpéienne et au Capitole, aujourd'hui éclatant dans sa magnificence, mais alors hérissé par le noir buisson et la ronce sauvage. Déjà le sévère aspect de ce lieu inspirait aux pasteurs d'alentour une terreur religieuse; ils ne regardaient qu'en tremblant le bois et le rocher : « Ce bois, dit Évandre, et cette colline à la cime ombragée, on ne sait quel dieu, mais un dieu les habite. Souvent les Arcadiens ont cru y voir Jupiter lui-même, de son bras puissant agitant la noire égide et assemblant les orages. Ces deux villes

Hæc duo præterea disjectis oppida muris,
Relliquias, veterumque vides monumenta virorum.
Hanc Janus pater, hanc Saturnus condidit urbem :
Janiculum huic, illi fuerat Saturnia nomen. »

Talibus inter se dictis, ad tecta subibant
Pauperis Evandri; passimque armenta videbant
Romanoque foro et lautis mugire Carinis.
Ut ventum ad sedes : « Hæc, inquit, limina victor
Alcides subiit; hæc illum regia cepit.
Aude, hospes, contemnere opes, et te quoque dignum
Finge deo; rebusque veni non asper egenis. »
Dixit, et angusti subter fastigia tecti
Ingentem Ænean duxit, stratisque locavit
Effultum foliis, et pelle Libystidis ursæ.

Nox ruit, et fuscis tellurem amplectitur alis.
At Venus haud animo nequidquam exterrita mater,
Laurentumque minis et duro mota tumultu,
Vulcanum alloquitur, thalamoque hæc conjugis aureo
Incipit, et dictis divinum adspirat amorem :
« Dum bello Argolici vastabant Pergama reges
Debita, casurasque inimicis ignibus arces,
Non ullum auxilium miseris, non arma rogavi
Artis opisque tuæ; nec te, carissime conjux,
Incassumve tuos volui exercere labores;
Quamvis et Priami deberem plurima natis,
Et durum Æneæ flevissem sæpe laborem.

dont vous voyez les murs renversés, sont les débris des monumens des anciens rois : l'une fut bâtie par Janus, et l'autre par Saturne : celle-ci s'appelait Janicule, celle-là Saturnie. »

PENDANT ces entretiens, ils approchaient de l'humble toit d'Évandre : ils voyaient des troupeaux mugissans dispersés dans les lieux où sont maintenant le Forum et le superbe quartier des Carènes : ils arrivent : « Voici, dit Évandre, le seuil que franchit Alcide après sa victoire; voici le palais qui reçut le héros. Osez, prince, mépriser, comme lui, les richesses; vous aussi montrez-vous digne d'un dieu, et regardez sans dédain notre honorable indigence. » Il dit, conduit sous le faîte de son humble toit le grand Énée, et le place sur un lit de feuillages, que couvre la peau d'une ourse de Libye.

LA nuit tombe, et de ses sombres ailes embrasse la terre. Cependant Vénus, dont le cœur maternel ne s'alarme pas sans sujet des menaces des Laurentins et du tumulte de l'Italie, s'adresse à Vulcain; et, sur la couche d'or de son époux, réveille, par ce discours, son divin amour : « Tandis que les rois de la Grèce ravageaient par la guerre Pergame dévouée à leur vengeance, et ses remparts destinés à s'écrouler dans les flammes, je n'ai invoqué, pour les malheureux Troyens, ni votre secours, ni vos armes, ni votre art immortel. Non, cher époux, je n'ai point voulu employer en vain vos travaux : et cependant je devais beaucoup aux enfans de Priam; et souvent les combats d'Énée ont fait couler mes larmes. Maintenant les décrets de Jupiter ont con-

Nunc, Jovis imperiis, Rutulorum constitit oris.
Ergo eadem supplex venio, et sanctum mihi numen
Arma rogo, genitrix nato. Te filia Nerei,
Te potuit lacrymis Tithonia flectere conjux :
Adspice qui coeant populi, quæ mœnia clausis
Ferrum acuant portis in me, excidiumque meorum. »

Dixerat; et niveis hinc atque hinc diva lacertis
Cunctantem amplexu molli fovet : ille repente
Accepit solitam flammam, notusque medullas
Intravit calor, et labefacta per ossa cucurrit :
Non secus atque olim, tonitru quum rupta corusco
Ignea rima micans percurrit lumine nimbos.
Sensit læta dolis, et formæ conscia conjux.
Tum pater æterno fatur devinctus amore :
« Quid caussas petis ex alto ? fiducia cessit
Quo tibi, diva, mei ? Similis si cura fuisset,
Tum quoque fas nobis Teucros armare fuisset.
Nec Pater omnipotens Trojam, nec fata vetabant
Stare, decemque alios Priamum superesse per annos.
Et nunc, si bellare paras, atque hæc tibi mens est,
Quidquid in arte mea possum promittere curæ,
Quod fieri ferro, liquidove potest electro,
Quantum ignes animæque valent : absiste precando
Viribus indubitare tuis. » Ea verba locutus,
Optatos dedit amplexus, placidumque petivit
Conjugis infusus gremio per membra soporem.

duit mon fils sur les frontières des Rutules. Je viens donc, suppliante, implorer un dieu dont je révère la puissance ; et, mère, je demande des armes pour mon fils. Jadis la fille de Nérée et l'épouse en pleurs de Tithon surent vous fléchir. Voyez combien de peuples se liguent, et combien de villes, à l'abri de leurs remparts, aiguisent le fer contre moi, et pour la ruine des miens. »

Elle dit, et, enlaçant dans ses bras d'albâtre son époux indécis, la déesse le réchauffe d'un tendre embrassement. Soudain il ressent la flamme connue des premières amours : elle coule dans ses veines, et tout entier le pénètre de ses douces langueurs. Tel, quand la foudre éclate, le rapide éclair coupe la nue et sillonne la région des orages. La déesse, qui reconnaît le pouvoir de ses charmes, sourit au succès de sa ruse. Alors le dieu, qu'enchaîne un éternel amour : « Pourquoi, dit-il, chercher des motifs éloignés ? votre confiance en moi, déesse, qu'est-elle devenue? Si autrefois un soin semblable vous eût occupée, j'aurais pu, même alors, forger des armes pour les Troyens. Ni Jupiter tout-puissant, ni les destins n'empêchaient que Troie restât debout, et que Priam ne régnât dix autres années. Et maintenant si vous préparez la guerre, et si vous l'avez résolue, je vous promets tout ce qu'il y a dans mon art de puissance, tout ce qui peut être forgé avec le fer, et les plus riches métaux, avec les vents et la flamme. Cessez donc, par vos prières, de douter de votre empire. » Il se tait, rend à la déesse le baiser attendu, et, mollement reposé sur son sein, s'abandonne au paisible sommeil.

Inde ubi prima quies medio jam Noctis abactæ
Curriculo, expulerat somnum; quum femina primum,
Cui tolerare colo vitam tenuique Minerva,
Impositum cinerem et sopitos suscitat ignes,
Noctem addens operi, famulasque ad lumina longo
Exercet penso; castum ut servare cubile
Conjugis, et possit parvos educere natos :
Haud secus Ignipotens, nec tempore segnior illo,
Mollibus e stratis opera ad fabrilia surgit.

Insula Sicanium juxta latus Æoliamque
Erigitur Liparen, fumantibus ardua saxis :
Quam subter specus et Cyclopum exesa caminis
Antra Ætnæa tonant, validique incudibus ictus
Auditi referunt gemitum, striduntque cavernis
Stricturæ chalybum, et fornacibus ignis anhelat :
Vulcani domus, et Vulcania nomine tellus.
Huc tunc Ignipotens cœlo descendit ab alto.
Ferrum exercebant vasto Cyclopes in antro,
Brontesque, Steropesque, et nudus membra Pyracmon.
His informatum manibus, jam parte polita,
Fulmen erat; toto Genitor quæ plurima cœlo
Dejicit in terras; pars imperfecta manebat.
Tres imbris torti radios, tres nubis aquosæ
Addiderant, rutuli tres ignis, et alitis Austri.
Fulgores nunc horrificos, sonitumque, metumque

Déja la Nuit, sur son char, avait parcouru la moitié de sa carrière, et le premier repos avait interrompu le sommeil. C'était l'heure où la mère de famille qui n'a, pour remplir les besoins de l'existence, que l'humble travail du fuseau, enseigné par Minerve, réveille le feu assoupi sous la cendre, ajoute à la tâche du jour les heures de la nuit, et occupe, à la lueur d'une lampe, les bras des femmes qui la servent, afin de conserver la chasteté du lit conjugal et de pouvoir nourrir ses jeunes enfans. C'est en ce moment que le dieu du feu, non moins diligent, quitte sa couche voluptueuse pour vaquer aux brûlans travaux de son art.

Non loin des côtes de Sicile et de Lipare, l'une des Éoliennes, s'élève une île hérissée de hauts rochers toujours fumans. Sous ces rochers s'ouvre une vaste caverne, creusée par le feu des Cyclopes, et qui sans cesse tonne comme l'Etna : sans cesse elle retentit au loin des gémissemens de l'enclume sous les marteaux pesans, du frémissement de l'acier lançant ses étincelles, et des feux pétillans qu'irritent dans la forge les soufflets haletans : c'est la demeure de Vulcain. C'est là que du haut de l'Olympe le dieu du feu descendit. Alors, dans la caverne profonde, les cyclopes Brontès, Stérope et Pyracmon, les membres nus, fatiguaient le fer. Leurs mains travaillaient un de ces foudres que, du haut des cieux, Jupiter lance souvent sur la terre : une partie était achevée, l'autre encore imparfaite; ils avaient réuni trois rayons de grêle bruyante, trois rayons d'une nue chargée de pluie, trois d'un feu éblouissant, et trois de l'Auster aux ailes orageuses. Alors ils mêlaient à ce foudre les éclairs effrayans, le bruit et l'épouvante, le courroux du ciel et ses feux vengeurs. Plus loin, d'autres Cyclopes forgeaient

Miscebant operi, flammisque sequacibus iras.
Parte alia Marti currumque, rotasque volucres
Instabant, quibus ille viros, quibus excitat urbes;
Ægidaque horriferam, turbatæ Palladis arma,
Certatim squamis serpentum auroque polibant;
Connexosque angues, ipsamque in pectore divæ
Gorgona, desecto vertentem lumina collo.

« Tollite cuncta, inquit, cœptosque auferte labores,
Ætnæi Cyclopes, et huc advertite mentem :
Arma acri facienda viro. Nunc viribus usus,
Nunc manibus rapidis, omni nunc arte magistra :
Præcipitate moras. » Nec plura effatus : et illi
Ocius incubuere omnes, pariterque laborem
Sortiti : fluit æs rivis, aurique metallum;
Vulnificusque chalybs vasta fornace liquescit.
Ingentem clypeum informant, unum omnia contra
Tela Latinorum ; septenosque orbibus orbes
Impediunt : alii ventosis follibus auras
Accipiunt redduntque : alii stridentia tingunt
Æra lacu : gemit impositis incudibus antrum.
Illi inter sese multa vi brachia tollunt
In numerum, versantque tenaci forcipe massam.

Hæc pater Æoliis properat dum Lemnius oris,
Evandrum ex humili tecto lux suscitat alma,
Et matutini volucrum sub culmine cantus.
Consurgit senior, tunicaque inducitur artus,

à la hâte pour le dieu Mars un char d'airain et ses roues rapides, dont le bruit retentissant excite les guerriers et trouble le repos des villes. D'autres polissaient à l'envi l'horrible égide dont Pallas s'arme dans sa fureur, où se hérissent sur le sein de la déesse des écailles de serpent en or, où des couleuvres entrelacent leurs nœuds sur la tête coupée de la Gorgone qui porte la mort dans son affreux regard.

« Enlevez tout, dit Vulcain; enfans de l'Etna, Cyclopes, emportez ces ouvrages commencés; écoutez mes ordres! il s'agit d'armer un guerrier redoutable : c'est maintenant qu'il faut des bras forts, d'agiles mains, et tout ce que l'art a de puissance; hâtez-vous! » Il ne dit que ces mots : à l'instant tous s'empressent, et le sort partage entre eux les travaux. L'airain et l'or coulent en ruisseaux; l'homicide acier bouillonne fluide sur la vaste fournaise : bientôt est formé l'immense bouclier qui seul repoussera tous les traits des Latins. Sur son orbe arrondi sept orbes de métal s'étendent et forment son épaisseur. Les Cyclopes, dans d'énormes soufflets, aspirent l'air et le repoussent; d'autres trempent dans l'onde l'acier frémissant. L'antre gémit du bruit des marteaux sur l'enclume; les bras nerveux, levés avec effort, tombent, retombent en cadence; et la tenaille mordante tourne et retourne la masse embrasée.

Tandis que, dans ses forges éoliennes, le dieu presse l'ouvrage, Évandre, sous son humble toit, est réveillé par les premiers rayons du jour et par le chant matinal des oiseaux, hôtes du chaume hospitalier. Le vieillard se lève, il revêt sa tunique, il enlace à ses pieds une chaus-

Et tyrrhena pedum circumdat vincula plantis :
Tum lateri atque humeris tegeæum subligat ensem,
Demissa ab læva pantheræ terga retorquens.
Nec non et gemini custodes limine ab alto
Procedunt gressumque canes comitantur herilem.
Hospitis Æneæ sedem et secreta petebat,
Sermonum memor et promissi muneris heros.
Nec minus Æneas se matutinus agebat.
Filius huic Pallas, illi comes ibat Achates.
Congressi jungunt dextras, mediisque resident
Ædibus, et licito tandem sermone fruuntur.
Rex prior hæc :

«Maxime Teucrorum ductor, quo sospite nunquam
Res equidem Trojæ victas aut regna fatebor;
Nobis ad belli auxilium pro nomine tanto
Exiguæ vires : hinc tusco claudimur amni;
Hinc Rutulus premit, et murum circumsonat armis.
Sed tibi ego ingentes populos opulentaque regnis
Jungere castra paro, quam fors inopina salutem
Ostentat : fatis huc te poscentibus affers.
Haud procul hinc saxo colitur fundata vetusto
Urbis agyllinæ sedes, ubi Lydia quondam
Gens, bello præclara, jugis insedit etruscis.
Hanc multos florentem annos rex deinde superbo
Imperio et sævis tenuit Mezentius armis.
Quid memorem infandas cædes? quid facta tyranni

sure tyrrhénienne, il attache à ses épaules le baudrier d'où pend à son côté une épée d'Arcadie, et ramène sur son sein, de son bras gauche qu'elle couvre, la peau d'une panthère. Deux chiens, fidèles gardiens du seuil royal, marchent devant lui et accompagnent leur maître. L'esprit occupé des discours de la veille et des promesses que son hôte a reçues, il allait le trouver dans son paisible asile. Non moins diligent, le héros s'avançait déjà vers Évandre. L'un est suivi de son fils Pallas, l'autre d'Achate, son ami fidèle : ils se rencontrent, joignent leurs mains, et, assis dans l'intérieur du palais, ils reprennent en liberté leur entretien. Le roi commence en ces termes :

« ILLUSTRE prince des Troyens, car jamais, tant que vous vivrez, je n'avouerai que Troie soit vaincue, et son empire détruit : le secours que nous pouvons vous offrir dans cette guerre est faible, et peu digne de l'éclat de votre nom. D'un côté, le fleuve toscan nous enferme; de l'autre, nous sommes pressés par les Rutules, et, jusque sous nos remparts, retentit le bruit de leurs armes. Mais je vous prépare l'alliance d'un peuple opulent et nombreux, qui à vos armes unira ses armes redoutables : c'est un secours soudain que le hasard vous offre, et vous venez ici à la voix des destins. Non loin, sur un rocher antique s'élève la ville d'Agylla, jadis fondée par une colonie de Lydiens, nation belliqueuse qui s'établit sur les monts d'Étrurie. Cette cité, longtemps florissante, tomba enfin sous les armes cruelles et sous l'orgueilleuse domination de Mézence. Comment pourrais-je dire les exécrables meurtres et les crimes effrénés de ce tyran? Dieux! faites retomber sur sa tête et sur

Effera? Dî capiti ipsius generique reservent !
Mortua quin etiam jungebat corpora vivis,
Componens manibusque manus, atque oribus ora,
(Tormenti genus), et sanie taboque fluentes;
Complexu in misero, longa sic morte necabat.

« At fessi tandem cives, infanda furentem
Armati circumsistunt, ipsumque, domumque;
Obtruncant socios, ignem ad fastigia jactant.
Ille inter cædes, Rutulorum elapsus in agros
Confugere, et Turni defendier hospitis armis.
Ergo omnis furiis surrexit Etruria justis.
Regem ad supplicium præsenti Marte reposcunt.
His ego te, Ænea, ductorem millibus addam.
Toto namque fremunt condensæ litore puppes;
Signaque ferre jubent. Retinet longævus haruspex,
Fata canens : « O Mæoniæ delecta juventus,
« Flos veterum virtusque virûm, quos justus in hostem
« Fert dolor, et merita accendit Mezentius ira;
« Nulli fas Italo tantam subjungere gentem :
« Externos optate duces. » Tum etrusca resedit
Hoc acies campo, monitis exterrita divûm.
Ipse oratores ad me regnique coronam
Cum sceptro misit, mandatque insignia Tarchon :
Succedam castris, tyrrhenaque regna capessam.
Sed mihi tarda gelu seclisque effœta senectus
Invidet imperium, seræque ad fortia vires.

sa race de semblables forfaits. Ce monstre, par un supplice dont il fut l'inventeur, étendait sur des cadavres des hommes vivans, attachait les mains sur les mains, la bouche à la bouche; et les victimes, souillées d'un sang infect et de vapeurs putrides, mouraient long-temps dans ces embrassemens effroyables.

« Enfin, lassé de ses fureurs impies, le peuple court aux armes, l'assiège dans sa demeure, massacre ses complices, et lance la flamme au faîte de son palais. Lui s'échappe du carnage, il fuit chez les Rutules: et Turnus, qui le protège, combat pour le défendre. Mais, dans sa juste fureur, toute l'Étrurie s'est levée, et, le fer à la main, demande le supplice de son tyran. Voilà, noble fils d'Anchise, des milliers de soldats que je vais faire marcher sous vos ordres. Déjà leur flotte, rangée le long du rivage, frémit impatiente, et demande le signal du départ. Mais un vieil aruspice l'arrête par cet oracle: « Élite des guerriers de Méonie, héritiers de la gloire de « nos ancêtres, un juste ressentiment vous arme, et Mé- « zence a mérité votre ardente vengeance. Mais il n'est per- « mis à aucun enfant de l'Italie de commander vos forces « réunies, choisissez des chefs étrangers. » Effrayée par cet avis des dieux, l'armée des Étrusques reste inactive dans ces plaines. Tarchon lui-même m'envoie par ses ambassadeurs, la couronne, le sceptre et tous les insignes de la royauté: il m'appelle dans son camp, et demande que je prenne le trône d'Étrurie. Mais, refroidi par un long âge, la vieillesse m'envie l'honneur de commander, et me refuse la force que veulent les combats. J'engagerais mon fils à me remplacer dans ce commandement, si le sang d'une mère sabine ne l'unissait à l'Italie. Mais vous, que favorisent l'âge et une

Natum exhortarer, ni, mixtus matre Sabella,
Hinc partem patriæ traheret. Tu, cujus et annis
Et generi fata indulgent, quem numina poscunt,
Ingredere, ô Teucrûm atque Italûm fortissime ductor.
Hunc tibi præterea, spes et solatia nostri,
Pallanta adjungam. Sub te tolerare magistro
Militiam et grave Martis opus, tua cernere facta
Assuescat, primis et te miretur ab annis.
Arcadas huic equites bis centum, robora pubis
Lecta, dabo; totidemque suo tibi nomine Pallas. »

Vix ea fatus erat; defixique ora tenebant
Æneas Anchisiades, et fidus Achates;
Multaque dura suo tristi cum corde putabant:
Ni signum cœlo Cytherea dedisset aperto.
Namque improviso vibratus ab æthere fulgor
Cum sonitu venit, et ruere omnia visa repente,
Tyrrhenusque tubæ mugire per æthera clangor.
Suspiciunt: iterum atque iterum fragor intonat ingens.
Arma inter nubem, cœli in regione serena,
Per sudum rutilare vident, et pulsa tonare.
Obstupuere animis alii: sed troïus heros
Agnovit sonitum, et divæ promissa parentis.
Tum memorat: « Ne vero, hospes, ne quære profecto
Quem casum portenta ferant; ego poscor: Olympo
Hoc signum cecinit missuram diva creatrix,
Si bellum ingrueret; Vulcaniaque arma per auras

naissance étrangère, vous que les destins appellent et que demandent les dieux, marchez, et menez aux combats les Troyens et les Toscans réunis. Je veux que Pallas, espoir et consolation de mes vieux ans vous accompagne; qu'il s'accoutume, sous un tel maître, à supporter les durs travaux de Mars : il contemplera vos glorieux exploits, et vous admirera dès ses plus jeunes ans. Je lui donnerai deux cents cavaliers, l'élite et la force de la jeunesse arcadienne; et un nombre égal, offert par lui, marchera sous vos ordres. »

Il achevait à peine : Énée et le fidèle Achate, le regard immobile, gardaient le silence, et de sombres pensées agitaient leur esprit, quand, tout à coup, de l'Olympe qui s'entr'ouvre, Cythérée donne un signal. L'éclair brille, les cieux tonnent, la terre semble s'ébranler, et la trompette de Tyrrhène a sonné dans la nue. On regarde : les cieux grondent encore et leurs tonnerres sont plus retentissans. Alors, au centre d'un nuage, et dans un air serein, on voit briller et avec le fracas de la foudre s'entre-choquer des armes. Une terreur religieuse a saisi tous les cœurs. Seul, le héros troyen reconnaît, à ce bruit de l'éther, les promesses de sa mère. « Cher hôte, dit-il, ne cherchez pas ce qu'annonce un tel prodige : c'est à moi que, du haut de l'Olympe, il s'adresse. C'est le signal que la déesse, ma mère, m'a promis de donner, si la guerre m'est déclarée : c'est l'avis qu'elle va m'apporter, à travers les airs, une armure, ouvrage de Vulcain. Hélas! de quel vaste carnage sont menacés les malheureux Laurentins! O quel

Laturam auxilio.
Heu quantæ miseris cædes Laurentibus instant!
Quas pœnas mihi, Turne, dabis! quam multa sub undas
Scuta virûm, galeasque et fortia corpora volves,
Tibri pater! Poscant acies, et fœdera rumpant! »
Hæc ubi dicta dedit, solio se tollit ab alto :
Et primum Herculeis sopitas ignibus aras
Excitat, hesternumque Larem, parvosque Penates
Lætus adit; mactat lectas de more bidentes :
Evandrus pariter, pariter trojana juventus.
Post hinc ad naves graditur, sociosque revisit :
Quorum de numero, qui sese in bella sequantur,
Præstantes virtute legit : pars cetera prona,
Fertur aqua, segnisque secundo defluit amni,
Nuntia ventura Ascanio rerumque, patrisque.
Dantur equi Teucris tyrrhena petentibus arva :
Ducunt exsortem Æneæ, quem fulva leonis
Pellis obit totum, præfulgens unguibus aureis.
Fama volat parvam subito vulgata per urbem,
Ocius ire equites tyrrheni ad limina regis.
Vota metu duplicant matres, propiusque periclo
It timor, et major Martis jam apparet imago.
Tum pater Evandrus, dextram complexus euntis,
Hæret, inexpletum lacrymans, ac talia fatur :
« O mihi præteritos referat si Jupiter annos!
Qualis eram, quum primam aciem Præneste sub ipsa

châtiment, Turnus, t'est par moi réservé! Et toi, dieu du Tibre, combien de boucliers, et de casques, et de guerriers sanglans, tu rouleras dans tes ondes! Et maintenant, qu'ils demandent la guerre! et qu'ils rompent les traités! ».

A ces mots il se lève, et d'abord, sur les autels d'Hercule, il réveille les feux assoupis; il honore, dans sa prière, les Lares de son hôte et ses humbles Pénates. Avec lui, Évandre et la jeunesse troyenne immolent des brebis choisies, selon l'antique usage. Ensuite, le héros tourne ses pas vers les birèmes, et rejoint ses compagnons : il fait parmi eux le choix des plus vaillans qui le suivront dans les combats; les autres, s'abandonnant à la pente du fleuve, sont emportés mollement sur ses ondes propices, et vont annoncer au jeune Ascagne le succès du voyage de son père, et ces grands évènemens. Des chevaux sont donnés aux Troyens qui se rendent aux champs de Tyrrhène; on amène, pour le héros, un superbe coursier que couvre l'énorme dépouille d'un lion où brillent des ongles d'or.

Bientôt, dans l'humble cité d'Évandre, la renommée publie que des cavaliers arcadiens vont se porter vers les frontières d'Étrurie. Soudain, les mères tremblantes redoublent leurs vœux : la crainte marche plus vite que le danger; et déjà l'horrible image de Mars s'agrandit à leurs yeux. Évandre, quand son fils va partir, presse, embrasse tendrement sa main, la mouille de ses larmes, et dit : « O si Jupiter me rendait les ans passés de ma jeunesse! si j'étais tel qu'on me vit autrefois quand, sous les murs même de Préneste, je renversai les pre-

Stravi, scutorumque incendi victor acervos;
Et regem hac Herilum dextra sub Tartara misi;
Nascenti cui tres animas Feronia mater
(Horrendum dictu!) dederat; terna arma movenda;
Ter letho sternendus erat; cui tunc tamen omnes
Abstulit hæc animas dextra, et totidem exuit armis:
Non ego nunc dulci amplexu divellerer usquam,
Nate, tuo; neque finitimus Mezentius unquam
Huic capiti insultans, tot ferro sæva dedisset
Funera, tam multis viduasset civibus urbem.
At vos, o Superi, et divûm tu maxime rector,
Jupiter, arcadii, quæso, miserescite regis
Et patrias audite preces : Si numina vestra
Incolumem Pallanta mihi, si fata reservant;
Si visurus eum vivo, et venturus in unum :
Vitam oro; patiar quemvis durare laborem.
Sin aliquem infandum casum, Fortuna, minaris :
Nunc o, nunc liceat crudelem abrumpere vitam,
Dum curæ ambiguæ, dum spes incerta futuri,
Dum te, care puer, mea sera et sola voluptas,
Complexu teneo : gravior ne nuntius aures
Vulneret. » Hæc genitor digressu dicta supremo
Fundebat : famuli collapsum in tetca ferebant.

Jamque adeo exierat portis equitatus apertis.
Æneas inter primos et fidus Achates;
Inde alii Trojæ proceres : ipse agmine Pallas

miers rangs de son armée, et que, vainqueur, je brûlai des monceaux de boucliers! quand, de cette main, j'envoyai dans le noir Tartare le roi Hérilus qui, en naissant, reçut de Féronie, sa mère, ô prodige! trois âmes et trois vies : il fallait qu'il fût trois fois terrassé par la mort. Et cependant, dans un triple combat, ce bras lui arracha toutes ses âmes, et le dépouilla trois fois de son armure. O si j'étais à cet âge encore, mon fils, je ne me serais jamais séparé de tes embrassemens! et jamais l'affreux Mézence, insultant aujourd'hui à mes cheveux blancs, n'eût, si près de moi, égorgé tant de victimes, et couvert sa ville du deuil de tant de funérailles! Mais vous, dieux de l'Olympe! et toi, grand Jupiter qui règnes sur tous les dieux, ayez pitié du roi des Arcadiens qui vous implore, et écoutez les vœux d'un père! Si votre faveur me conserve Pallas, si les destins me réservent son retour, et si je vis pour le revoir et l'embrasser encore, daignez prolonger mes jours : à ce prix, j'aurai le courage de supporter tous les maux. Mais, ô Fortune, si tu me menaces d'un coup fatal, maintenant, ô maintenant que ma triste vie s'achève tandis que le doute est mêlé à la crainte, et que l'avenir me laisse un espoir incertain; tandis que je te tiens encore dans cet embrassement, ô mon cher fils, toi dernière et seule volupté de mon âme! que je meure avant qu'un message funeste ne vienne frapper mes oreilles! » Tels étaient les suprêmes adieux de ce père affligé. Alors il succombe à sa douleur, et ses serviteurs l'emportent au fond de son palais.

Déjà l'escadron est sorti des portes de Pallantée. Énée et le fidèle Achate s'avancent les premiers : ils sont suivis des autres chefs troyens. Au centre, Pallas

In medio, chlamyde et pictis conspectus in armis:
Qualis, ubi Oceani perfusus Lucifer unda,
Quem Venus ante alios astrorum diligit ignes,
Extulit os sacrum coelo, tenebrasque resolvit.
Stant pavidae in muris matres, oculisque sequuntur
Pulveream nubem, et fulgentes aere catervas.
Olli per dumos, qua proxima meta viarum,
Armati tendunt : it clamor, et agmine facto,
Quadrupedante putrem sonitu quatit ungula campum.

Est ingens gelidum lucus prope Ceritis amnem,
Relligione patrum late sacer : undique colles
Inclusere cavi, et nigra nemus abiete cingunt.
Sylvano fama est veteres sacrasse Pelasgos,
Arvorum pecorisque deo, lucumque diemque
Qui primi fines aliquando habuere latinos.
Haud procul hinc Tarcho et Tyrrheni tuta tenebant
Castra locis : celsoque omnis de colle videri
Jam poterat legio, et latis tendebat in arvis.
Huc pater Aeneas et bello lecta juventus
Succedunt, fessique et equos et corpora curant.

At Venus aetherios inter dea candida nimbos
Dona ferens aderat : natumque in valle reducta
Ut procul egelido secretum flumine vidit,
Talibus adfata est dictis, seque obtulit ultro :
«En, perfecta mei promissa conjugis arte
Munera : ne mox aut Laurentes, nate, superbos,

se distingue par sa chlamide et par l'éclat de ses armes : tel, humide encore des eaux de l'Océan, Lucifer, de tous les astres le plus cher à Vénus, lève dans le ciel son front sacré, et dissipe les ombres de la nuit. Les mères sont tremblantes, debout sur les remparts : elles suivent des yeux la troupe qui brille sous l'airain, et le nuage de poussière qui l'environne ; pour abréger la route, elle franchit les buissons et les ronces : un cri part, les rangs se forment, et les chevaux battent, d'un pied bruyant, les champs poudreux, à pas précipités.

Près du fleuve qui baigne, de ses fraîches ondes, les murs de Ceré, il est un bois d'une vaste étendue, objet d'un culte antique, et que de hautes collines, couronnées de noirs sapins, enferment de toutes parts. Les vieux Pélasges qui, les premiers, vinrent habiter le Latium, consacrèrent, dit-on, avec une fête annuelle, ce bois à Sylvain, dieu protecteur des champs et des troupeaux. Non loin de là, Tarchon et les Tyrrhéniens avaient assis leur camp fortifié par sa position ; et, du sommet des collines, l'œil pouvait découvrir l'armée et ses nombreux pavillons couvrant au loin la plaine. Là, le héros et sa troupe d'élite s'arrêtent ; et les guerriers et les chevaux se reposent de leurs fatigues.

Cependant, du haut de l'éther, descendue sur un nuage, l'éclatante Vénus apporte le présent annoncé. De loin, elle aperçoit Énée qui, dans un vallon écarté, respirait la fraîcheur au bord du fleuve qui l'arrose. Soudain, elle s'offre à ses regards, et lui adresse ces mots : « Voici les dons que je t'ai promis, et qui sont dus à l'art de mon époux. Maintenant, ô mon fils, cesse

Aut acrem dubites in proelia poscere Turnum. »
Dixit, et amplexus nati Cytherea petivit:
Arma sub adversa posuit radiantia quercu.

Ille deae donis et tanto laetus honore,
Expleri nequit, atque oculos per singula volvit;
Miraturque; interque manus et brachia versat
Terribilem cristis galeam flammasque vomentem,
Fatiferumque ensem, loricam ex aere rigentem,
Sanguineam, ingentem : qualis quum caerula nubes
Solis inardescit radiis, longeque refulget.
Tum leves ocreas electro auroque recocto
Hastamque, et clypei non enarrabile textum.

Illic res italas, Romanorumque triumphos,
Haud vatum ignarus, venturique inscius aevi;
Fecerat Ignipotens : illic genus omne futurae
Stirpis ab Ascanio, pugnataque in ordine bella.
Fecerat et viridi foetam Mavortis in antro
Procubuisse lupam; geminos huic ubera circum
Ludere pendentes pueros, et lambere matrem
Impavidos : illam tereti cervice reflexam
Mulcere alternos, et corpora fingere lingua.

Nec procul hinc Romam, et raptas sine more Sabinas
Consessu caveae, magnis Circensibus actis,
Addiderat; subitoque novum consurgere bellum

d'hésiter, et appelle bientôt aux combats les Laurentins superbes et le bouillant Turnus. » Elle dit, donne un baiser à son fils, et dépose, au pied d'un chêne, l'armure étincelante.

Énée, que transporte de joie le glorieux présent de la déesse, ne peut se lasser de parcourir de ses avides regards, tous les objets qui le composent. Il admire, il tourne dans ses mains, sur ses bras, ce casque qu'ombrage un panache terrible, et qui semble vomir des flammes; cette épée foudroyante, cette énorme cuirasse d'airain, d'un rouge sanglant, au fer impénétrable, et qui ressemble à la nue d'azur lorsque, embrasée aux rayons du soleil, elle réfléchit au loin son éclat; puis il contemple ces cuissarts légers où l'argent flexible se mêle à l'or le plus pur, et la lance redoutable, et par dessus tout le bouclier dont le travail merveilleux ne peut être décrit.

Là, connaissant les oracles des destins, et les évènemens des âges à venir, le puissant dieu du feu avait retracé les fastes de l'Italie, et les triomphes des Romains. Là se trouvaient en ordre tous les descendans d'Ascagne, et les guerres qu'ils devaient soutenir. Au fond de l'antre de Mars, une louve, nouvellement mère, était couchée sur l'herbe : deux enfans jumeaux jouaient sous ses mamelles, et, sans effroi, suçaient un lait sauvage. Elle, tournant la tête, les caressait tour-à-tour, et de sa langue parcourait et façonnait leurs membres délicats.

Non loin on voyait Rome naissante, et les Sabines enlevées, contre le droit des gens, dans un vaste amphithéâtre, où s'achevaient les jeux du cirque. Soudain une guerre nouvelle s'élevait entre les sujets de

Romulidis, Tatioque seni, Curibusque severis.
Post idem, inter se posito certamine, reges
Armati, Jovis ante aram, paterasque tenentes
Stabant, et caesa jungebant foedera porca.
Haud procul inde citae Metium in diversa quadrigae
Distulerant (at tu dictis, Albane, maneres!),
Raptabatque viri mendacis viscera Tullus
Per silvam, et sparsi rorabant sanguine vepres.
Nec non Tarquinium ejectum Porsenna jubebat
Accipere, ingentique urbem obsidione premebat.
Aeneadae in ferrum pro libertate ruebant.
Illum indignanti similem, similemque minanti
Aspiceres, pontem auderet quod vellere Cocles
Et fluvium vinclis innaret Cloelia ruptis.

In summo custos Tarpeiae Manlius arcis
Stabat pro templo, et Capitolia celsa tenebat;
Romuleoque recens horrebat regia culmo.
Atque hîc auratis volitans argenteus anser
Porticibus, Gallos in limine adesse canebat.
Galli per dumos aderant, arcemque tenebant,
Defensi tenebris et dono noctis opacae.
Aurea caesaries ollis, atque aurea vestis :
Virgatis lucent sagulis : tum lactea colla
Auro innectuntur : duo quisque alpina coruscant
Gaesa manu, scutis protecti corpora longis.
Hic exsultantes Salios, nudosque Lupercos,

Romulus et le vieux Tatius, chef des austères Sabins. Bientôt, la fureur des combats éteinte, les deux rois, armés, debout devant l'autel de Jupiter, la patère à la main, immolaient une laie et cimentaient l'alliance jurée. Plus loin deux quadriges rapides emportaient en sens contraire Metius, et dispersaient ses membres sanglans. (Perfide Albain, que n'avais-tu gardé tes sermens!) Tullus faisait traîner dans la forêt les entrailles du parjure, et les ronces éparses dégouttaient de son sang. Ailleurs, Porsenna ordonnait aux Romains de recevoir Tarquin chassé du trône, et ses troupes nombreuses pressaient la ville assiégée. On voyait les descendans d'Énée courir aux armes pour défendre leur liberté, et le prince toscan s'indigner et menacer, tandis que Coclès osait rompre devant lui le pont du Tibre, et que, brisant ses liens, la valeureuse Clélie traversait le fleuve à la nage.

Au sommet du bouclier, le gardien de la roche Tarpéienne, Manlius est debout devant le temple de Jupiter, et protège le Capitole. Là se hérisse d'un chaume récent le toit royal de Romulus. Une oie aux ailes argentées voltige sous les portiques dorés du temple, et, par ses cris répétés, annonce l'approche des Gaulois. Les Gaulois se glissent à travers les buissons, prêts à surprendre la citadelle, protégés par les ténèbres dans une nuit profonde. Leur chevelure est d'or, leurs vêtemens sont dorés, leurs sayes rayées de bandes brillantes, et, à leur cou d'albâtre, s'enlacent des colliers d'or : chacun de ces guerriers agite dans ses mains deux javelots des Alpes, et un long bouclier protège tout son corps.

La le dieu de Lemnos avait représenté les Saliens

Lanigerosque apices, et lapsa ancilia cœlo
Extuderat : castæ ducebant sacra per urbem
Pilentis matres in mollibus. Hinc procul addit
Tartareas etiam sedes, alta ostia Ditis;
Et scelerum pœnas; et te, Catilina, minaci
Pendentem scopulo, Furiarumque ora trementem;
Secretosque pios, his dantem jura Catonem.

Hæc inter tumidi late maris ibat imago
Aurea; sed fluctu spumabant cærula cano :
Et circum argento clari delphines in orbem
Æquora verrebant caudis, æstumque secabant.
In medio classes æratas, actia bella,
Cernere erat : totumque instructo Marte videres
Fervere Leucaten, auroque effulgere fluctus.
Hinc Augustus agens Italos in prœlia Cæsar,
Cum patribus, populoque, Penatibus, et magnis dîs,
Stans celsa in puppi; geminas cui tempora flammas
Læta vomunt, patriumque aperitur vertice sidus.
Parte alia, ventis et dîs Agrippa secundis,
Arduus, agmen agens; cui, belli insigne superbum,
Tempora navali fulgent rostrata corona.

Hinc ope barbarica, variisque Antonius armis
Victor, ab Auroræ populis et litore rubro
Ægyptum, viresque Orientis et ultima secum

frappant la terre en cadence, les Luperques tout nus, les Flamines avec leur houppe de laine, et les boucliers tombés du ciel. Portées sur des chars mollement suspendus, de chastes matrones promenaient dans la ville les symboles sacrés. Plus loin, le ciseau céleste avait gravé le noir séjour du Tartare, les gouffres profonds du dieu des enfers, et les supplices des criminels, et toi, Catilina, que menace sans cesse un rocher pendant sur ta tête, et qui sans cesse trembles à l'aspect des furies. Plus loin, on voyait la retraite paisible des justes, et Caton leur donnant des lois.

Entre toutes ces merveilles est gravée sur l'or une mer agitée, roulant au loin ses flots blanchis d'écume. Des dauphins d'argent nagent en cercle, fendent les vagues de leur queue agile, et jouent sur ses profonds abîmes. Au centre, on distingue deux flottes aux proues d'airain : c'est la bataille d'Actium. Dans ce terrible appareil de Mars, Leucate paraît tout en feu, et l'or des armes est réfléchi sur les ondes. D'un côté, c'est Auguste César entraînant aux combats l'Italie, le sénat et le peuple, les pénates et les grands dieux de Rome. Debout sur sa poupe élevée, deux flammes jaillissent de son front glorieux, et au dessus l'on voit radier l'astre paternel. Non loin, Agrippa, que secondent les vents et les dieux, s'avance, superbe et terrible, avec les nefs qu'il commande; et sur sa tête brille la couronne rostrale, insigne et prix de sa valeur.

De l'autre côté, se montre, fier de ses légions barbares, et de leurs armes variées, Antoine vainqueur des peuples de l'Aurore et des bords de la mer Rouge. Il entraîne, dans sa querelle, l'Égypte, toutes les forces de

Bactra vehit; sequiturque (nefas) ægyptia conjux.

Una omnes ruere, ac totum spumare, reductis
Convulsum remis rostrisque tridentibus, æquor.
Alta petunt: pelago credas innare revulsas
Cycladas, aut montes concurrere montibus altos:
Tanta mole viri turritis puppibus instant.
Stuppea flamma manu; telique volatile ferrum
Spargitur: arva nova Neptunia cæde rubescunt.
Regina in mediis patrio vocat agmina sistro,
Necdum etiam geminos a tergo respicit angues.
Omnigenumque deum monstra, et latrator Anubis,
Contra Neptunum et Venerem, contraque Minervam
Tela tenent: sævit medio in certamine Mavors
Cælatus ferro, tristesque ex æthere diræ,
Et scissa gaudens vadit Discordia palla:
Quam cum sanguineo sequitur Bellona flagello.

Actius hæc cernens arcum intendebat Apollo
Desuper: omnis eo terrore Ægyptus, et Indi,
Omnis Arabs, omnes vertebant terga Sabæi.
Ipsa videbatur ventis regina vocatis
Vela dare, et laxos jam jamque immittere funes.
Illam inter cædes pallentem morte futura
Fecerat Ignipotens undis et Iapyge ferri:
Contra autem magno mœrentem corpore Nilum,

l'Orient, et des confins de la Bactriane; et il est suivi, ô honte! d'une épouse égyptienne.

A LA fois s'élancent les deux flottes, et la mer écume et s'entr'ouvre sous le tranchant des rames, sous le triple éperon des proues. Les vaisseaux gagnent la haute mer : on croirait voir, arrachées à leurs bases profondes, les Cyclades nager, ou des montagnes se heurter contre d'autres montagnes, tant s'entrechoquent, avec violence, ces flottantes masses, chargées de tours et de guerriers. L'étoupe enflammée, les traits ailés volent dans les airs, et les plaines de Neptune sont rougies d'un carnage nouveau. Au milieu de ses vaisseaux, Cléopâtre, avec les sons du sistre égyptien, anime ses soldats, et ne voit pas encore derrière elle deux serpens qui la menacent. Une foule de monstres, divinités bizarres, et l'aboyant Anubis osent lancer leurs traits contre Neptune et Vénus et Minerve. Le dieu Mars, gravé sur le fer, excite, dans la mêlée, la fureur des combats; les terribles Euménides fondent du haut des airs; la Discorde promène sa joie barbare et sa robe déchirée; et Bellone la suit, agitant son fouet ensanglanté.

DE son temple d'Actium, Apollon regarde et bande son arc. Soudain, saisis d'une même terreur, le guerrier de l'Égypte et celui de l'Inde, l'Arabe et le Sabéen, tout fuit. La reine elle-même invoque les vents, fait desserrer les cordages et livrer toutes les voiles. Le dieu, dans son art puissant, l'a représentée le front déjà pâle de sa mort prochaine, fuyant loin du carnage, emportée par les vents et les ondes. Devant elle on voit une figure colossale : c'est le Nil qui, gémissant, ouvre son vaste sein, et, déployant les longs plis de sa robe azurée, ap-

Pandentemque sinus, et tota veste vocantem
Caeruleum in gremium, latebrosaque flumina victos.
At Caesar, triplici invectus romana triumpho
Moenia, dis italis votum immortale sacrabat,
Maxima ter centum totam delubra per Urbem.
Laetitia ludisque viae plausuque fremebant:
Omnibus in templis matrum chorus, omnibus arae:
Ante aras terram caesi stravere juvenci.
Ipse, sedens niveo candentis limine Phoebi,
Dona recognoscit populorum, aptatque superbis
Postibus: incedunt victae longo ordine gentes,
Quam variae linguis, habitu tam vestis et armis.
Hîc Nomadum genus, et distinctos Mulciber Afros,
Hîc Lelegas, Carasque, sagittiferosque Gelonos
Finxerat. Euphrates ibat jam mollior undis,
Extremique hominum Morini, Rhenusque bicornis,
Indomitique Dahae, et pontem indignatus Araxes.

Talia per clypeum Vulcani, dona parentis,
Miratur, rerumque ignarus, imagine gaudet;
Attollens humero famamque et fata nepotum.

pelle les vaincus dans ses bras, et vers les lieux où son cours est encore ignoré.

Cependant, trois fois, César a été porté dans Rome, sur son char de triomphe ; et, pour acquitter le vœu solennel qu'il a fait aux dieux de l'Italie, il leur consacre trois cents vastes temples dans Rome. La publique joie, les jeux, les applaudissemens retentissent de toutes parts. Dans tous les temples les dames romaines forment des chœurs ; dans tous les temples s'élèvent des autels, et devant les autels sont étendus des taureaux égorgés. Auguste lui-même, assis sur le seuil éclatant d'Apollon, reçoit les présens des peuples, et les suspend aux superbes portiques. Sous ses yeux s'avancent, dans un long ordre, les nations vaincues. Leurs langues diffèrent autant que leurs vêtemens et leurs armes. Ici, Vulcain avait représenté les peuples nomades et les Africains à la robe flottante ; là les Cariens, les Lélèges et les Gélons armés de flèches ; l'Euphrate déjà roulant ses ondes avec moins de fierté, les Morins qui habitent aux extrémités de la terre, le Rhin au double front, et les Dahes jusqu'alors indomptés, et l'Araxe indigné sous le pont qui livre son passage.

Telles sont les merveilles qu'Énée admire sur le bouclier de Vulcain, présent de sa mère. Il ignore l'avenir de ces évènemens, mais il aime à contempler leur image ; et, joyeux, chargeant sur son épaule ces armes, il emporte la gloire et les destins de ses descendans.

NOTES

DU LIVRE HUITIÈME.

1. — Page 396. *Ut belli signum Laurenti Turnus ab arce.*

Lorsqu'il s'agissait à Rome d'une guerre soudaine, et dont les périls étaient grands, on ne se bornait point à la lenteur des levées de soldats, comme dans les temps ordinaires. Le général, qui devait commander l'armée, montait au Capitole; et, déployant un étendard qui, suivant Servius, était rouge, tandis que celui des comices était blanc, il s'écriait : *Que celui qui veut le salut de la république me suive !* Et les Romains qui se décidaient à marcher prêtaient alors serment en masse et par acclamation. Ces sortes de levées étaient appelées *conjuration*; et la milice ainsi improvisée, portait le nom de *conjuratio*. Il y avait une autre espèce de levée, qu'on nommait *évocation :* elle avait lieu quand le peuple se rassemblait tumultuairement en armes dans un danger pressant. C'est ce que les Hongrois appellent *insurrection*. Virgile semble faire allusion aux deux levées par *conjuration* et par *évocation :* « Simul omne tumultu conjurat trepido Latium. » La milice ordinaire était appelée *militia legitima*, ou *sacramentum*, parce que chaque soldat jurait individuellement de servir la république et de rester sous les aigles, jusqu'à la fin de la guerre.

2. — Page 396. . . . . *Utque impulit arma.*

Il y a, dit le Père La Rue, un grand nombre d'exemples, dans les anciens historiens, de généraux qui, pour exciter, dans de pressans dangers, le courage des soldats, parcouraient les rangs, frappant de la lance sur leurs boucliers. D'autres interprètes voient ici une allusion à l'usage d'agiter les boucliers sacrés (*ancilia*) dans le sanctuaire de Mars, lorsque les portes de la guerre étaient ouvertes.

3. — Page 396. . . . . *Et latos vastant cultoribus agros.*

On trouve dans Ennius :

> Et detotondit agros lætos, atque oppida cepit.

Lucain dit, dans le 1er livre de la *Pharsale* :

> . . . . Desuntque manus poscentibus arvis.

Presque tous les poètes de l'antiquité ont peint ou déploré les malheurs de la guerre.

4. — Page 396. *Mittitur et magni Venulus Diomedis ad urbem.*

Diomède devait comprendre, dit Servius, qu'Énée vainqueur lui déclarerait la guerre, non-seulement dans les intérêts de son empire d'Italie, mais aussi dans sa haine contre les destructeurs de Troie. Diomède, ancien roi d'Étolie, le plus vaillant des Grecs, après Achille et Ajax, poursuivi par la vengeance de Vénus qu'il avait blessée à la main au siège de Troie, s'était réfugié en Italie, où il avait fondé la ville d'Arpos ou d'Argyrippe (aujourd'hui *Argilippa*), et aussi, dit-on, celle de Bénévent, dans la Pouille Daunienne, ou Iapygie. Diomède refusa de s'unir aux Latins pour combattre Énée et les Troyens. (*Voyez* liv. xi.)

5. — Page 396. . . . . *Multasque viro se adjungere gentes.*

Énée n'avait encore aucun allié en Italie : tout s'armait contre lui ; mais il fallait tromper Diomède. Les ruses diplomatiques ont une vieille origine.

6. — Page 396. . . . . *Magno curarum fluctuat æstu.*

Métaphore hardie qui avait déjà été employée par Catulle (*Thétis et Pélée*, v. 62) :

> Prospicit, et magnis curarum fluctuat undis;

Et par Lucrèce (*de Nat. rerum*, liv. vi) :

> Volvere curarum tristes in pectore fluctus.

Virgile s'est plusieurs fois servi de la même métaphore; dans le ive livre (v. 532), il dit, peignant le trouble et l'agitation de Didon :

> Sævit amor, magnoque irarum fluctuat æstu.

Dans le livre xii (v. 486), Turnus, pressé par Énée, est agité de transports violens et contraires :

> Heu! quid agat! vario nequicquam fluctuat æstu.

7. — Page 398. *Atque animum nunc huc celerem, nunc dividit illuc,*
In partesque rapit varias, perque omnia versat.

Ces deux vers se trouvent déjà tout entiers appliqués aussi à Énée, dans le livre iv (285-286). Ce double emploi est encore une preuve de l'état d'imperfection où Virgile, surpris par la mort, laissa son poëme immortel.

8. — Page 398. *Sicut aquæ tremulum labris ubi lumen ahenis.*

Virgile a trouvé cette comparaison dans Apollonius de Rhodes (liv. iii, v. 754) : « Ainsi lorsque les rayons du soleil frappent la surface d'une eau dont on vient de remplir un vase, l'image qui se forme alors se meut sans cesse autour de l'appartement, et voltige çà et là en décrivant des cercles rapides : telle était l'agitation du cœur de Médée. » Lucrèce avait dit, avant Virgile (liv. iv, v. 242) :

> Quod, simul ac primum sub divo splendor aquai
> Ponitur, extemplo, cœlo stellante, serena
> Sidera respondent in aqua radiantia mundi.

Cette même comparaison a été employée par Silius (liv. vii); par Claudien (*de Raptu Proserp.*, liv. ii); par Valerius Flaccus (liv. iii).

Ronsard imite ainsi Virgile dans sa *Franciade* (livre iii) :

> Comme l'éclair du soleil flamboyant
> Qui rebat l'onde à lumière élancée,
> Dans le giron d'une cuve versée :
> Ce prompt éclair ore bas ore haut,
> Par la maison sautelle de maint saut,

> Et bond sur bond aux soliveaux ondoye,
> Pirouetant d'une incertaine voye,
> Joyeux de voir ses longs rayons épars
> De place en place errer de toutes parts.

La même comparaison se trouve dans la *Henriade*, chant x :

> Le fer étincelant, avec art détourné,
> Par de feints mouvemens trompe l'œil étonné.
> Telle on voit du soleil la lumière éclatante
> Briser ses traits de feu dans l'onde transparente,
> Et, se rompant encor par des chemins divers,
> De ce cristal mouvant repasser dans les airs.

L'image est poétique, mais froide dans Voltaire ; elle est vive, mais grotesque dans Ronsard.

9. — Page 398. *Nox erat : et terras animalia fessa per omnes.*

Sénèque (*Controv.*, livre III, 16) cite ces vers de Varron :

> Desierant latrare canes, urbesque silebant;
> Omnia noctis erant placida composta quiete.

Ovide trouvait que ces vers eussent été meilleurs, si l'auteur s'était arrêté après ces mots : « *Omnia noctis erant.* »

10. — Page 398. *Huic deus ipse loci, fluvio Tiberinus amœno.*

Boileau, dans son *Épître* IV, a heureusement imité la fiction de Virgile :

> Au pied du mont Adule, entre mille roseaux,
> Le Rhin, tranquille et fier du progrès de ses eaux,
> Appuyé d'une main sur son urne penchante,
> Dormait au bruit flatteur de son onde naissante.

« Ces vers, dit Delille, ne perdent rien à côté de ceux de Virgile. » M. Tissot va plus loin : « Comme composition, comme scène et comme style, la fiction de Boileau sur le passage du Rhin l'emporte de beaucoup sur l'apparition du Tibre. Il règne dans les vers du poète français une verve et une chaleur vraiment homériques. On croit entendre le Scamandre ou le Xanthe en courroux. » (*Études sur Virgile*, III, 545.)

11. — Page 398. *Concessere deum.*

Un gentilhomme d'Aquitaine, nommé *Peyrarède*, a osé, dans le XVIIe siècle, compléter tous les vers imparfaits de l'*Énéide;* il achève ainsi celui-ci : « Surgunt nova mœnia Teucris. »

12 — Page 398. *Litoreis ingens inventa sub ilicibus sus.*

Ce prodige avait déjà été annoncé au héros troyen (liv. III, v. 390) par Hélénus qui emploie textuellement le même vers, ce qui annonce encore, dans l'*Énéide*, un ouvrage inachevé.

13. — Page 400. *Ascanius clari condet cognominis Albam.*

Albe, ville du Latium, à douze milles de Rome, et dont le nom moderne est *Albano*, fut bâtie par Ascagne et rasée par Servius Tullius. Elle fut appelée *la Longue*, parce qu'elle s'étendait entre le mont Albain et le lac du même nom. *Voyez* TITE-LIVE, liv. I, ch. 22.

14. — Page 400. *Qui regem Evandrum comites, qui signa secuti.*

Évandre, petit-fils de Pallas, roi d'Arcadie, dans le Péloponnèse, avait conduit en Italie une troupe d'Arcadiens, et s'était établi sur l'une des sept collines qui furent renfermées dans l'enceinte de Rome, et qui reçut le nom de mont Palatin.

15. — Page 400. *Pallantis proavi de nomine Pallanteum.*

Cette ville de Pallantée fut comme le berceau de Rome. Aussi Virgile appelle-t-il Évandre *Romanœ conditor arcis*. Romulus avait sa maison sur le mont Palatin. Celle d'Auguste y reçut le nom de *Palatium*, palais, nom qui, depuis, a été donné aux demeures royales.

16. — Page 400. . . . . *Celsis caput urbibus exit.*

Le Tibre a sa source dans l'Étrurie où Virgile feint que s'élevaient déjà des villes considérables avant la fondation de Rome. « Pline assure que (de son temps) ce fleuve se voyait orné de plus de palais qu'il n'y en avait dans le reste du monde... Près d'Antium, on voit, dans le fond de la mer, le long du rivage, des palais si parfaitement conservés dans leurs fondemens, que l'on semble avoir dessiné, sous les eaux, des plans d'architecture, tandis que la terre laisse partout entrevoir d'autres ruines de ces immenses palais. » (BONSTETTEN, pages 3 et 4.)

17. — Page 400. *Surgit; et, ætherei spectans orientia Solis.*

Cette coutume des anciens de se tourner, quand ils priaient, vers le soleil levant, fut adoptée par les chrétiens. Les églises ont leur chevet à l'orient. Saint Ambroise dit : « Ad orientem converteris, qui enim renuntiat diabolo ad Christum convertitur, » comme si le Christ était lui-même le soleil.

18. — Page 400. . . . . *Rite cavis undam de flumine palmis.*

L'eau bénite et le baptême sont des imitations de l'eau lustrale des payens : « Et noctem flumine purgas, » dit Perse, *Sat.* 2, c'est-à-dire : « Purifier les souillures de la nuit. » Properce dit aussi, liv. III :

Ac primum pura somnum tibi discute lympha.

19. — Page 402. *Tuque, o Tibri tuo genitor cum flumine sancto.*

Servius et Macrobe (*Saturn.*, liv. VI, 1) citent ce vers d'Ennius, qu'aurait pris Virgile :

Teque, pater Tiberine, tuo cum flumine sancto.

20. — Page 402. *Corniger Hesperidum fluvius regnator aquarum.*

L'épithète *corniger* est donnée aux fleuves, soit parce que la plupart d'entre eux étaient honorés sous la figure d'un taureau; soit à cause du mugissement de leurs ondes; soit parce qu'ils avaient plusieurs bras ou embouchures, comme le Rhin que Virgile appelle *Bicornis* (liv. VIII, v. 727) : plusieurs fleuves étaient représentés avec la forme humaine, mais ayant le front surmonté de cornes.

21. — Page 402. . . . . . . *Tibi enim, tibi, maxima Juno.*

Servius dit que plusieurs noms, comme ceux de *Lucine*, de *Reine* étaient donnés à Junon, mais qu'elle était souvent prise pour la Terre : de là l'usage de lui sacrifier la truie « qui a toujours le nez en terre. »

22. — Page 402. *Ergo iter inceptum celerant rumore secundo.*

Suivant les commentateurs Gronovius, Guellius, Heyne, La Cerda, Burmann, etc., *rumore* vient de *ruere*, ou du moins exprime le murmure des ondes. Ausone dit, dans son poëme de la Moselle :

> Interlabentis tacito rumore Mosellæ.

23. — Page 402. . . . . *Mirantur et undæ.*

Ovide, dans le livre II des *Amours*, montre les mers qui admirent le navire des Argonautes : « Mirantibus æquoris undis. »

24. — Page 404. . . . . . *Quæ nunc romana potentia cœlo.*

Le mont Palatin était le plus magnifique quartier de Rome.

25. — Page 404. *Consurgunt mensis : audax quos rumpere Pallas Sacra vetat.*

Le banquet faisait partie du sacrifice, et il n'était point permis de l'interrompre : c'eût été un sacrilège ; si l'interruption était involontaire ou forcée, « elle était regardée comme un sinistre augure. » — L'épithète *audax* est donnée par Virgile au courage qui doit succomber. Il dit aussi « audacem ad Turnum. »

26. — Page 404. . . . . *Quo tenditis? inquit.*

Un commentateur anglais donne l'itinéraire d'Énée, et l'on voit que le héros ne perdit point de temps dans son voyage : « Il partit la nuit, arriva à Rome le lendemain à midi, et passa la nuit suivante chez Évandre. Le second jour, il se rendit à Cerveterre, arriva le soir à la vue de Tarchon et de son armée, et s'arrêta la nuit dans la forêt consacrée à Silvain ; le troisième jour, il arriva chez Tarchon, prit le commandement des troupes, mit à la voile vers le soir, et voyagea toute la nuit ; le quatrième jour, au matin, il parut à la vue de son camp, et remporta une victoire avant la fin de la journée. Cet itinéraire est fait très-exactement, et tracé d'après Virgile. » (DELILLE, *Énéide*, notes.)

27. — Page 406. *Quodque ab stirpe fores geminis conjunctus Atridis.*

Évandre, selon Servius, était fils de Timandra, sœur d'Hélène. Pausanias le fait descendre de Mercure et d'une nymphe, fille du fleuve Ladon : les mythographes et les poètes varient beaucoup dans les généalogies des dieux et des héros. Les versions sur Évandre sont nombreuses ; il est inutile de les rapporter, et il serait impossible de les concilier.

28. — Page 406. *Sed mea me virtus.*

« Il n'y a point ici d'effort de vertu, point d'occasion de se targuer du courage d'être venu seul exposer sa tête à un danger qui n'est qu'imaginaire. A peine le Troyen pourrait-il tenir un pareil langage, s'il abordait un tyran cruel et farouche comme Mézence.... » (Tissot, *Études sur Virgile*, tome III, page 548.) Le savant critique pense que le héros eût pu dire, avec plus de raison et de convenance : « Sed tua me virtus. »

29. — Page 406. *Electra, ut Graii perhibent, Atlantide cretus.*

Atlas, roi de Mauritanie, fut, dit-on, un savant astronome : les poètes feignirent qu'il soutenait le ciel sur ses épaules, et qu'il fut changé en montagne à l'aspect de la tête de Méduse.

30. — Page 406. *Cyllenæ gelido conceptum vertice fudit.*

Variantes dans les manuscrits : *Cillene, Cyllene, Cyllenes.*

31. — Page 406. *Gens eadem, quæ te, crudeli Daunia bello.*

Les Rutules sont appelés Dauniens, de Daunus, père de Turnus.

32. — Page 406. *Et mare, quod supra, teneant, quodque alluit infra.*

La mer Adriatique ou Supérieure, « mare quod supra, » et la mer Tyrrhénienne ou Inférieure, « quodque alluit infra : » la première est au nord-est, la seconde au sud-ouest de l'Italie.

33. — Page 408. *Accipe, daque fidem.*

Macrobe (VII, 1) signale ce vers comme pris d'Ennius, au 1er livre de ses *Annales*. A ces mots : *accipe, daque fidem*, Évandre répond, avec la noble simplicité de ces temps antiques : *accipio, agnoscoque libens.*

34. — Page 408. *Nam memini Hesionæ visentem regna sororis.*

Variantes : *Hesione, Hisionæ.*

Fille de Laomédon et sœur de Priam, Hésione épousa Télamon, roi de Salamine, île de l'Attique, appelée maintenant *Colouri*.

35. — Page 408. ....*Sed cunctis altior ibat.*

M. Tissot s'étonne, avec raison, qu'Évandre ne trouve à célébrer dans son ancien ami, qu'une taille élevée : « Cunctis altior ibat. »

36. — Page 408. *Accessi, et cupidus Phenei sub mœnia duxi.*

VARIANTES : *Phinei, Phœnei, Finei, Penei*, etc.

La ville de Phénée, bâtie au pied du mont Cyllène, est citée dans l'*Iliade* et dans les fables des temps héroïques comme l'ancienne capitale de l'Arcadie.

37. — Page 410 ....*Gramineoque viros locat ipse sedili.*

Macrobe, en citant ce vers (livre III, 5) dit que c'était la coutume de s'asseoir dans les banquets consacrés à Hercule : « Nam propria observatio est in Herculis sacris, epulari sedentes. »

38. — Page 410 *Præcipuumque toro et villosi pelle leonis.*

Une estrade ou un trône d'érable, recouvert d'une peau de lion, telle était la magnificence des rois dans les premiers âges du monde.

39. — Page 410. *Perpetui tergo bovis et lustralibus extis.*

Agamemnon, pour honorer la valeur d'Ajax, lui sert, dans le livre VII de l'*Iliade*, le dos entier de la victime. Les viandes des sacrifices purifiaient ceux qui en mangeaient : c'est ce que Virgile exprime par *lustralibus extis*.

40. — Page 410. *Vana superstitio, veterumque ignara deorum.*

La superstition s'introduit dans toutes les religions. La religion des payens n'était elle-même qu'une grande superstition. Servius remarque qu'il était défendu, chez les Romains comme chez les Grecs, d'introduire des religions nouvelles. C'est ce qui fit condamner Socrate par le sénat d'Athènes : c'est ce qui fit chasser de Rome les juifs, et persécuter, dans l'empire, les chrétiens.

41. — Page 410. *Semihominis Caci facies quam dira tenebat.*

La fable de Cacus appartient à l'Italie. *Voyez* les *Fastes* d'Ovide, livre I, v. 543 ; PROPERCE, *Élég.*, liv. IV, 9 ; VALER. FLACCUS, livre IV, v. 177 ; SILIUS, livre VI, v. 146 ; TITE-LIVE, livre I, 7 ; DENYS D'HALICARN., liv. I, 59 ; etc. Les poètes et les historiens varient dans les détails. La tradition était obscure ; il était donc permis à Virgile et à Ovide, qu'on peut comparer, d'ajouter, à un fait historique, la fiction et le merveilleux.

Marie Graham dit, dans ses *Trois mois passés près de Rome*, que la caverne de Cacus, sous le mont Aventin, était volcanique, et que la manière dont Hercule en force le passage est, comme ce qui suit, applicable à un volcan. Cette opinion paraît conforme aux observations faites sur les lieux par Petit-Radel, et elle est aussi appuyée par les anciennes inscriptions que rapporte le Père Kircher :

A VULCAIN TRANQUILLE.
AU REPOS DÉSIRABLE DE LA MÈRE DES CITÉS.

Cependant M. de Bonstetten émet un avis contraire : « Il n'y a pas, dit-il, de caverne de Cacus ; mais la caverne de Virgile a certainement existé dans les environs de Rome. J'en connais une non loin de l'Aventin, de l'autre côté du Tibre à Monté Verdé, à peu près telle que Virgile a décrit celle de Cacus. Le gouvernement l'a fait fermer pour qu'elle ne servît pas de retraite aux Cacus modernes, c'est-à-dire aux voleurs. L'on a dit que la fable de Cacus avait pour fondement historique le souvenir d'un volcan ; il n'y a aucune probabilité qu'il y en ait jamais eu sur l'Aventin, le local y répugne absolument. » (Pages 31 et 32.)

Si, au milieu de ces opinions contraires, le volcan a existé, on peut dire que la ville qui ébranla l'univers, et l'effraya de ses dissensions civiles, s'était élevée sur les cendres d'un volcan ; et il était aussi dans sa destinée de commencer par être un repaire de bandits, placé sur les ruines de l'antre d'un brigand.

42. — Page 410. *Ora virum tristi pendebant pallida tabo.*

Ce trait, dit M. Tissot, rappelle le commencement de la scène d'Oreste et de Pilade, arrivant en Tauride dans le temple de Diane. ORESTE : Voici donc l'autel où le sang des Grecs ne cesse de couler. — PILADE. Le chapiteau même en paraît rougi. — ORESTE. Ne vois-tu pas ces dépouilles suspendues au centre de l'autel ? — PILADE. Ce sont les dépouilles et les prémices des étrangers immolés. (Tome III, page 553.)

43. — Page 412. *Tergemini nece Geryonis spoliisque superbus.*

Géryon, tué par Hercule, était roi des trois îles Baléares :

de là a dû venir la fable des trois corps de ce fameux brigand.

44. — Page 412. *Quatuor a stabulis præstanti corpore tauros.*

La ruse de Cacus, dans l'enlèvement des taureaux d'Hercule, rappelle la fable de Mercure dérobant les bœufs d'Apollon. Cette fable est racontée dans un des hymnes qui sont attribués à Homère.

45. — Page 412. *Amphitryoniades armenta, abitumque pararet.*

Les poètes désignent Hercule par divers surnoms : *Alcide*, le petit-fils d'Alcée ; *Tyrinthius*, le héros ou le dieu de Tirynthe ; *Amphitryoniades*, le fils d'Amphytrion.

46. — Page 412. . . . . *Fugit ilicet ocior Euro.*

Stace imite Virgile dans le livre VI de la *Thébaïde* : « Volat ocior Euro. »

47. — Page 414. *Hanc, ut prona jugo lævum incumbebat ad amnem.*

Le mont Aventin est sur la rive gauche du Tibre.

48. — Page 414. *Dissultant ripæ, refluitque exterritus amnis.*

Il est permis de croire, avec plusieurs critiques, que Racine a imité Virgile dans ce vers du récit de Téramène :

Le flot qui l'apporta recule épouvanté.

49. — Page 414. *Non secus ac si qua penitus vi terra dehiscens.*

On a prétendu que Virgile avait ici voulu imiter Homère, quand, dans le livre XX de l'*Iliade*, il découvre aux regards des mortels l'empire de Pluton ; mais, dans l'*Iliade*, c'est un magnifique tableau, si bien reproduit par Boileau dans sa traduction du Traité de Longin ; dans l'*Énéide*, ce n'est qu'une comparaison : « Virgile n'a point eu la prétention d'égaler la scène sublime où la terre ébranlée par le combat des dieux et des hommes, et par le trident de Neptune, fait pâlir sur son trône Pluton même, qui tremble de voir les régions désolées de son empire révélées aux dieux et aux mortels ; mais l'imitation est belle, judicieuse, et suffit au sujet. » (TISSOT, t. III, pag. 555.)

50. — Page 416. . . . .*Primusque Potitius auctor.*

Variantes dans les manuscrits : *Poticius, Pocius, Boetius.*

L'autel d'Hercule, appelé *Ara Maxima*, s'élevait à Rome dans le *forum Boarium*, entre le mont Aventin et le mont Palatin. Les descendans de Potitius et de Pinarius conservèrent ce sacerdoce jusqu'à Appius Claudius, qui, dans sa censure, attribua leurs fonctions à des esclaves publics. Toute cette histoire est rapportée dans le livre de l'*Origine de la nation romaine*, attribué à Caton. *Voyez* aussi TITE-LIVE, livre I, 7, et livre IX, 29; TACITE, *Annales*, livre XV, 41; DENYS d'HALICARN., livre I, 39; OVIDE, *Fastes*, livre I, v. 581.

51. — Page 416. *Hanc aram luco statuit, quæ maxima semper
Dicetur nobis, et erit quæ maxima semper.*

Heyne et d'autres commentateurs croient ces deux vers interpolés; Heyne dit : « Nihil potest esse jejunius et poeta magis indignum, etc. » Cependant Servius rapporte que l'autel d'Hercule appelé *Ara Maxima*, existait encore de son temps dans le *forum Boarium*, et qu'il était d'une grandeur prodigieuse. Ovide dit, dans le 1er livre des *Fastes* :

Constituitque sibi, quæ *maxima* dicitur, aram,
Hic ubi pars vobis de bove nomen habet.

et Properce (*Élégies*, livre IV, 10) dit encore :

Maxima quo gregibus devota est ara repertis,
Ara per has, inquit, *maxima* facta manus.

52. — Page 416. *Communemque vocate deum.*

Les scoliastes se sont beaucoup exercés sur le véritable sens des mots *communem deum* : les uns ont entendu un dieu *vulgaire*, un dieu *médiocre*; les autres, avec Donat, un dieu *populaire*. Mais il était si facile de voir qu'Évandre disait aux Troyens : Invoquez notre dieu, qui sera aussi le vôtre, et qui nous devient *commun*.

53. — Page 416. *Dixerat : herculea bicolor quum populus umbra.*

Le peuplier est appelé *bicolor*, parce que ses feuilles, vertes d'un côté, sont blanches de l'autre. Cet arbre était consacré à Hercule. Servius, Macrobe et La Cerda disent que, dans les sacrifices faits à ce dieu, le peuplier fut, dans la suite, remplacé par le laurier.

54. — Page 418. *Et sacer implevit dextram scyphus.*

Servius raconte qu'Hercule avait apporté, en Italie, une large coupe de bois dont les Latins se servirent depuis dans leurs sacrifices, et qu'ils l'avaient enduite de poix pour mieux la conserver. Cette coupe est décrite dans le livre VI de la *Thébaïde.*

55. — Page 418. *In mensam læti libant.*

Macrobe, constant détracteur de Virgile, critique ce vers (livre III, 11) : « Les libations, dit-il, dans les sacrifices, se faisaient, non dans un banquet, mais sur l'autel : « Non in mensam, sed in aram, secundum morem libare debuerint. » Mais, selon d'autres auteurs, ces libations se faisaient dans le banquet, au second service que les Romains appelaient *mensa secunda.* On versait quelques gouttes de vin sur la table qui servait alors d'autel.

56. — Page 418. *Instaurant epulas, et mensæ grata secundæ
Dona ferunt, cumulantque oneratis lancibus aras.*

Ces deux vers sont rejetés par Heyne comme embarrassant la narration. Il croit que le poète les avait écrits à la marge : « Scilicet si dicere licet quod sentio : hi duo versus a poeta in margine appositi fuisse videntur ad superiora... versus hos importunos, ejiciendos esse patebit. »

57. — Page 418. *Tum Salii ad cantus, incensa altaria circum.*

Les Saliens étaient à Rome les prêtres de Mars : ils furent institués par Numa, au nombre de douze : on les nomma Saliens, *a saliendo,* parce que, dans les fêtes, ils parcouraient les rues de Rome en dansant, et chantant des hymnes en l'honneur du dieu Mars. Ils portaient des boucliers (*ancilia*); et comme les prêtres disaient qu'un de ces boucliers, tombé du ciel, devait être un gage de durée pour la ville éternelle, Numa fit faire onze autres boucliers pareils : ce qui devait rendre plus difficile, s'il y avait lieu, la connaissance de la perte du gage divin. Macrobe blâme Virgile d'avoir fait remonter les Saliens au temps d'Évandre. Mais Scaliger, en prenant la défense du poète, cite un ancien auteur nommé Polémon, qui assure que les Saliens étaient connus du temps d'Énée. Le savant Turnèbe prétend qu'ils ne tiraient pas leur nom de *salire*, mais de *Salius*, Arcadien, qui suivit Évandre en Italie. Les Saliens d'Évandre ne dansent pas, ils ne font que chanter. Numa les fit danser en l'honneur de Mars; Évandre leur faisait chanter les louanges d'Hercule :

« On ne voit pas, dans le père de la poésie épique, dit M. Tissot, un hymne aussi remarquable par la précision, par l'énergie du style, que ce chant de Saliens. A peine si Horace, dans le dithyrambe commençant par ces mots : *Bacchum in remotis*, peut égaler le mouvement lyrique et les expressions hardiment figurées de cet hymne. » (T. III, p. 560.)

Les Arcadiens étaient renommés pour le chant : « Soli cantare periti Arcades. » (Virg., *Ecl.* x.)

58. — Page 418. *Herculeas et facta ferunt.*

Le poète rappelle, dans cet hymne, plusieurs des travaux d'Hercule : ils sont trop généralement connus pour avoir besoin d'être reproduits; il suffit de renvoyer ceux qui ne les auraient pas assez présens au dictionnaire de la fable. — De Loynes, dans sa traduction de l'*Énéide*, a fait, du chant des Saliens, une ode partagée en huit strophes égales; et, pour justifier cette licence, il dit : « Le traducteur d'Horace, qui peut-être a fait preuve de quelque talent lyrique, eût été *inexcusable* de laisser échapper une si belle occasion de rentrer dans la carrière. » Je ne citerai qu'un vers de cette ode : de Loynes dit à Hercule combattant le lion de Némée :

Et tu fais éclater sa mâchoire en lambeaux.

59. — Page 418. *Ut bello egregias idem disjecerit urbes.*

Les hauts faits d'Hercule ont été célébrés dans le ve livre de Lucrèce, dans les *Métamorphoses* d'Ovide, dans les tragédies de Sénèque, dans les élégies de Properce, dans les idylles d'Ausone, etc.; mais, était-ce, de la part d'Hercule, une action héroïque que de renverser deux villes (Troie et OEchalie), parce qu'il avait a se plaindre de deux rois (Laomedon et Eurytus)? et ne rendait-il pas deux peuples victimes des torts de leurs chefs?

60. — Page 418. *Trojumque, OEchaliamque.*

VARIANTES : *OEthaliam, Echaliam, OEiam*, etc.

61. — Page 418. *Rege sub Eurystheo.*

VARIANTES : *Arytheo, Euricio.*

62. — Page 418. *Hylæumque Pholumque manu, tu Cressia mactas.*

VARIANTES : *Yleum, Hilœum; — Polum, Neleum; — Crescia.*

Virgile parle de ces deux enfans de la nue dans les *Géorgiques*, livre II, v. 456 — 457.

63. — Page 418. *Te stygii tremuere lacus, te janitor Orci.*

Ce vers est une allusion à la descente d'Hercule aux enfers, lorsqu'il alla délivrer Alceste, pour la rendre vivante à son époux Admète. C'est le plus honorable des douze travaux, et ce n'était pas le plus facile.

64. — Page 418. *Lernæus turba capitum circumstetit anguis.*

Les poètes donnent sept, ou cinquante, ou cent têtes à l'hydre de Lerne. Hercule est représenté sur plusieurs bas-reliefs antiques, combattant le monstre avec une torche enflammée. Les fables sont souvent difficiles à expliquer : comme les têtes coupées de l'hydre renaissaient sur-le-champ, les mythologues disent qu'Hercule s'avisa de les couper toutes à la fois : s'il y en avait sept, c'était déjà difficile; s'il y en avait cinquante ou cent, c'était impossible. Autre difficulté : la torche brûle, la massue assomme : il fallait donc un glaive, et quel glaive...! mais la fable ne donne au grand Alcide d'autre arme que sa puissante massue.

65. — Page 418. *Et nos et tua dexter adi pede sacra secundo.*

Ces deux mots *dexter* et *secundo* sont empruntés des auspices. Les auspices qui se montraient à droite étaient réputés heureux. Un second auspice, qui confirmait le premier, passait pour une faveur signalée des dieux.

66. — Page 420. *Deterior donec paulatim ac decolor ætas.*

Les poètes ont donné aux quatre âges du monde le nom de

quatre métaux : l'or, l'argent, l'airain et le fer. (*Voyez* la description des quatre âges dans le liv. 1 des *Métamorphoses*.) Virgile passe tout-à-coup de l'âge d'or à l'âge de fer : la transition n'est indiquée que par le mot *paulatim*, qui peut faire supposer des âges intermédiaires. Ainsi l'âge de fer était déjà arrivé plusieurs siècles avant la fondation de Rome : c'est *poétiquement* le plus mauvais de tous les âges : mais l'est-il *historiquement* depuis toutes les merveilles de la civilisation? Qui voudrait revenir aux glands pour toute nourriture, aux creux des rochers pour toute habitation, et aux plaisirs des moutons pour toutes les jouissances de la vie? Timon le Misanthrope eût hésité lui-même.

67. — Page 420. *Tum manus ausonia et gentes venere sicanæ.*

Denys d'Halicarnasse dit, en citant les historiens grecs, que les Ausones étaient passés de la Ligurie dans l'île de Trinacrie, qui fut appelée Sicile de *Siculus*, leur chef, plus de quatre-vingts ans avant le siège de Troie : d'autres écrivains font des Sicules un peuple qui chassa les Ausones. Les Sicaniens, venus, dit-on, d'Ionie, conquirent la Sicile et lui donnèrent le nom de *Sicania* : ils vinrent ensuite en Italie, et y formèrent plusieurs établissemens. Les Phéniciens, les Grecs, les Carthaginois, les Romains, furent successivement maîtres de la Sicile, qui, depuis, a été soumise et occupée par les Vandales, les Sarrasins, les Normands et les Italiens. C'est ainsi qu'avant d'être devenus la première puissance maritime du continent, la Grande-Bretagne a été conquise par les Romains, les Danois, les Saxons, les Anglais et les Normands.

68. — Page 422. . . . . *Asperque immani corpore Tibris.*

Tibris ou Tiberinus était, selon Tite-Live, un roi d'Albe. Il fut donc postérieur au temps d'Énée : il se noya dans l'*Albula*, qui perdit alors son nom et prit celui du roi brigand et géant, *asperque immani corpore*.

69. — Page 422. *Me pulsum patria, pelagique extrema sequentem.*

Selon Denys d'Halicarnasse, Évandre aborda en Italie environ soixante ans avant le siège de Troie. Il devait donc être extrêmement vieux lorsque Énée arriva dans le Latium. Heyne a fait une savante dissertation sur Évandre (liv. VIII, *Excursus* 1.).

70. — Page 422. *Et Carmentalem romano nomine portam.*

Nicostrate, mère d'Évandre, espèce de sibylle qui se mêlait de prédire l'avenir, fut appelée *Carmente* à *Carminibus*, et donna son nom à la porte près de laquelle s'élevait son autel ou son tombeau. (*Voyez* ce que dit Ovide de la porte Carmentale dans le second livre des *Fastes.*) Les anciens donnaient le nom de *Carmente*, c'est-à-dire *carentes mente*, aux femmes enthousiastes et prophétesses : c'est ainsi que Cassandre était regardée par les Troyens comme une femme folle : « Voilà, dit Desfontaines, une fâcheuse étymologie pour le mot de *Carmina*, et pour tous ceux qui font des vers. » Il y a dans cette épigramme plus de trait que de vérité. Cassandre n'était pas *carens mente* : c'était le peuple troyen lui-même, abattant ses remparts pour introduire le fameux cheval de bois, cause de sa ruine.

71. — Page 422. *Hinc lucum ingentem, quem Romulus acer asylum.*

Romulus, pour peupler sa ville, y ouvrit un asile aux brigands étrangers, qui vinrent en foule y trouver l'impunité de leurs crimes : singulière origine de la ville maîtresse du monde !

72. — Page 422. . . . . *Et gelida monstrat sub rupe Lupercal.*

Le mot *lupercal* est formé de *lupus*, loup, ou du grec λυκὸς, qui a la même signification, et d'où vient le mot *lycée*, parce que Pan, dieu des bergers, était invoqué par eux contre les loups. Voilà encore, pour les lycées académiques, une singulière étymologie... Il y avait, sous le mont Palatin, une grotte profonde consacrée au dieu Pan, et qui fut appelée *Lupercale*. Dans les fêtes Lupercales, célébrées à Rome le 18 janvier, de jeunes initiés aux mystères de Pan, couraient nus dans les rues, armés de lanières de peau de bouc, dont ils frappaient les passans. La louve de Romulus avait pu donner à ces fêtes plus d'éclat, et surtout plus de durée.

73. — Page 422. *Testaturque locum, et lethum docet hospitis Argi.*

L'histoire de cet Argilète, dont le nom est composé d'*Argi*, Argien, et de *letum*, trépas, est obscure et peu connue : Varron en dit quelque chose dans son IVe livre de la Langue latine. Tite-Live en fait mention dans son livre 1er. Le nom d'*Argilète* fut donné à un quartier de Rome qui s'étendait sur les bords du Tibre. Le bon Évandre éleva un tombeau au traître qui avait conspiré contre sa vie dans le palais où il recevait l'hospitalité. En prenant les dieux à témoin de la trahison de l'Argien, Évandre semble vouloir rassurer son nouvel hôte, et lui faire entendre qu'en ordonnant le supplice du coupable, il n'avait pas violé lui-même les saints devoirs de l'hospitalité.

74. — Page 422. *Hinc ad Tarpeiam sedem et Capitolia ducit.*

Le mont Tarpeïen porta d'abord le nom de *Saturnien*, pris de la citadelle que Saturne y fit bâtir, comme Janus en avait élevé une sur le mont Janicule : on ne l'appela *Tarpeïen* qu'après la trahison de Tarpeia, qui, sous le règne de Romulus, livra la citadelle aux Sabins, et périt étouffée sous l'amas de leurs boucliers. Ce fut sous Tarquin l'Ancien qu'une tête d'homme ayant été trouvée dans les fondemens du temple de Jupiter, le mont Tarpeïen changea encore de nom et fut appelé *Capitolin* ou *Capitole*, du mot *caput*.

Presque tous les poètes du siècle d'Auguste ont aimé à peindre les humbles commencemens de la ville maîtresse du monde, et le contraste de la Rome d'Évandre avec la Rome des Césars.

On lit dans Ovide (*Fastes*, liv. 1) :

Hic ubi nunc Roma est, tunc ardua silva virebat;
Tantaque res paucis pascua bobus erat.

Le poète représente Jupiter pouvant à peine se tenir debout dans son temple étroit, et portant dans sa droite un foudre en terre glaise, *fictile fulmen erat*. Des festons de feuillage formaient tout l'ornement du Capitole, depuis éclatant d'or et de pierreries, *gemmis*, et le sénateur menait paître lui-même ses brebis :

Pascebatque suas ipse senator oves.

On retrouve le même tableau dans le liv. III de l'*Art d'aimer*: les lieux où éclate la magnificence de ces palais n'étaient qu'un simple pâturage : *Aratoris pascua bobus*.

Tibulle dit aussi (*Élég.*, liv. II, 5) :

Sed tunc pascebant herbosa palatia vaccæ,
Et stabant humiles in Jovis arce casæ.

Properce (*Élég.*, liv. IV, 1) retrace avec plus de détails les mêmes faits et reproduit les mêmes images : « Étranger, dit-il, tout ce que tu vois dans la grande Rome ne fut, avant le Phrygien Énée, qu'une colline et un herbage. »

Ante Phrygem Æneam collis et herba fuit.

Il termine son tableau en disant que les Romains ne conservent plus de Romulus leur père que le nom : *Nil patrium, nisi nomen;* et qu'ils rougissent maintenant de la louve, leur première nourrice :

Sanguinis altricem nunc pudet esse lupam.

75. — Page 422. (*Quis deus, incertum est*) *habitat deus.*

Allusion à l'ancienne croyance, chez les Romains, que Jupiter avait choisi le mont Capitolin pour sa demeure sur la terre.

76 — Page 422. *Ægida concuteret dextra, nimbosque cieret.*

L'égide était le bouclier de Jupiter. Les poètes ont revêtu cette égide de la peau de la chèvre Amalthée, qui avait allaité le dieu dans son enfance. Le Jupiter Capitolin était toujours tonnant.

77. — Page 424. *Romanoque foro et lautis mugire Carinis.*

Les Carènes, que Servius place près du temple de Tellus, étaient un magnifique quartier de Rome, où Pompée avait fait bâtir un palais orné de becs de vaisseaux et de trophées. Ce palais fut confisqué au profit d'Antoine, qui en fit sa demeure. Cicéron avait aussi son palais dans les Carènes. Horace parle de ce quartier, et dit qu'il était éloigné du Forum où l'on plaidait les causes :

. . . . Atque Foro nimium distare Carinas.

78. — Page 424. *Aude, hospes, contemnere opes, et te quoque dignum Finge deo.*

Dryden, célèbre poète anglais, qui a traduit en vers l'*Énéide*, déclare qu'il se prosterne d'admiration devant ce vers, dont aucune langue moderne, dont aucun poète, dit-il, n'est capable de rendre la majestueuse beauté. Fénelon ne se lassait point d'admirer cette sublime simplicité d'un roi pasteur : « La honteuse lâcheté de nos mœurs nous empêche de lever les yeux pour admirer ces paroles : *Aude, hospes, contemnere opes.* » (*Quatrième lettre à l'Académie française.*)

79. — Page 424. *Effultum foliis et pelle Libystidis ursæ.*

Voyez la note 13 sur le livre v, où se trouve la dernière moitié de ce vers.

80. — Page 424. *Nox ruit, et fuscis tellurem amplectitur alis.*

Ce bel épisode a été traduit avec élégance par Henri Bernardin de Saint-Pierre, dans le prologue de son *Arcadie.*

81. — Page 424. *Vulcanum alloquitur, thalamoque hæc conjugis aureo.*

Imitation du liv. xviii de l'*Iliade*, où Thétis demande à Vulcain des armes pour Achille. Le lit de Vulcain est d'or, *thalamo aureo*. Suivant les poètes, tout est d'or chez les dieux, jusqu'à leur barbe. On lit dans Suétone que Caligula, voulant se donner pour dieu, se décorait d'une barbe postiche d'or.

82. — Page 424. *Non ullum auxilium miseris, non arma rogavi.*

Ce passage a été trouvé inconvenant par plusieurs commentateurs. Ils se sont étonnés que Vénus osât demander des armes à Vulcain pour un fils illégitime, dont la naissance était un outrage fait à son époux, qui venait de laisser tomber Cacus, son fils, sous la massue d'Hercule. Montaigne pense comme ces commentateurs : il trouve que Virgile ne fait point parler et agir Vénus comme une épouse doit parler et agir. Mais il paraît que les anciens en jugeaient autrement, et l'on trouve dans Aulu-Gelle (liv. ix, 10) un grand éloge de la chasteté du pinceau de Virgile dans le tableau de cette scène conjugale.

83. — Page 424. *Quamvis et Priami deberem plurima natis.*

Vénus devait à Pâris son triomphe sur Junon et sur Minerve; et ce qui flatte le plus une femme, même une déesse, il lui devait le prix de la beauté.

84. — Page 424. *Et durum Æneæ flevissem sæpe laborem.*

Vénus fut souvent alarmée pour les jours de son fils, surtout lors de son combat contre Diomède. Elle fut blessée elle-même en voulant le dégager.

85. — Page 426. *Te potuit lacrymis Tithonia flectere conjux.*

Thétis et l'Aurore avaient demandé à Vulcain des armes pour leurs fils; l'une pour Achille, l'autre pour Memnon.

86. — Page 426. *Tum pater æterno fatur devinctus amore.*

Lucrèce avait dit (liv. 1, v. 35) :

.... Æterno devinctus vulnere amoris.

Le mot *pater* signifie ici *bonhomme*, selon Bernardin de Saint-Pierre. Cet écrivain trouve que Vulcain parle avec beaucoup de *bonhomie*. Y en avait-il beaucoup dans cette observation?

87. — Page 426. *Nec Pater omnipotens Trojam nec fata vetabant Stare.*

Il y a quelque contradiction entre cette assertion de Vulcain, que Troie n'était pas condamnée à périr, et ce qui est dit dans le second livre, que Troie eût été sauvée par Hector si Troie avait pu être défendue par un mortel : *Si Pergama dextra defendi possent.*

88. — Page 426. *Quod fieri ferro liquidove potest electro.*

Electrum, nom d'un métal composé d'or et d'une cinquième partie d'argent. L'or pur est trop tendre, trop mou, pour pouvoir être mis en œuvre sans un alliage d'argent ou de cuivre.

89. — Page 428. *Inde ubi prima quies medio jam noctis abactæ.*

Cette comparaison est imitée d'Apollonius, liv. III.

90. — Page 428. ....*Castum ut servare cubile.*

Juvénal, dans sa VIe satire, dit que le travail est, chez les femmes, le gardien de la chasteté :

> Præstabat castas humilis fortuna Latinas
> Quondam, nec vitiis contingi parva solebant
> Tecta : labor, somnique breves, et vellere thusco
> Vexatæ duræque manus.

91. — Page 428. *Vulcani domus, et Vulcania nomine tellus.*

Volcano est encore le nom d'une des îles Éoliennes, que les anciens appelaient *Vulcaniæ* ou *Hephæstiades*. Ce sont aujourd'hui les îles de Lipari. On voit dans l'île de *Volcano* une montagne qui jette des flammes comme le Vésuve.

92. — Page 428. *Brontesque, Steropesque, et nudus membra Pyracmon.*

Variantes dans les manuscrits : *Pyragmon, Pigramon*, etc.

Hésiode (*Théogonie*, v. 140), Callimaque, Claudien, Stace et même le naturaliste Pline (liv. XXXV, 10), parlent des cyclopes Brontès, Stérope et Pyracmon, dont les noms signifient *tonnerre, éclair, feu et enclume*. Annibal Caro a singulièrement traduit ce passage de Virgile :

> Corrispondi a' colpi de' Ciclopi,
> Ch' al moto de le braccia or alte, or basse,
> Con le tenaglie e co' martelli a tempo
> Fan concerto, armonia, numero e metro.

93. — Page 428. *Tres imbris torti radios, tres nubis aquosæ.*

Servius, Jules Scaliger et d'autres commentateurs ont voulu expliquer comment le foudre pouvait renfermer ces douze rayons ; ils n'ont, comme il est aisé de le croire, rien dit de satisfaisant ; ce n'est pas d'après les principes de la physique ou de la chimie que Virgile compose le foudre, c'est d'après ses effets.

94. — Page 430. *Ægidaque horriferam, turbatæ Palladis arma.*

Les poètes ont attaché la tête de Méduse, non à l'égide de Pallas, pour la rendre plus terrible, mais à la cuirasse qui couvre le sein de la déesse : « Ipsamque in pectore divæ Gorgona. »

95. — Page 430. *Vulnificusque chalybs vasta fornace liquescit.*

L'acier est appelé *chalybs*, des Chalybes, peuples du royaume de Pont, chez lesquels on trouvait des mines de fer et d'acier.

96. — Page 430. *Illi inter sese multa vi brachia tollunt*
In numerum, versantque tenaci forcipe massam.

De Loynes dit lui-même qu'il a lutté *avec une force égale au moins avec le latin*, dans la traduction de ces vers :

> Les Cyclopes rangés, levant leurs lourds marteaux,
> En cadence les font tomber sur les métaux :
> Et la longue tenaille, à la serre tenace,
> Tourne dans tous les sens, et retourne la masse.

97. — Page 432. *Et Tyrrhena pedum circumdat vincula plantis.*

La chaussure tyrrhénienne ou étrusque se composait, suivant Hesychius, de sandales de bois. Le dessus du pied était découvert : cette chaussure, qu'on voit dans des bas-reliefs antiques, était attachée par des cordons ou de petites bandes qui entouraient le bas de la jambe.

98. — Page 432. *Tum lateri atque humeris Tegeæum subligat ensem.*

Tégée, mont d'Arcadie. *Variantes* des manuscrits : *Thegeon, Thegeum*, etc.

99. — Page 432. *Necnon et gemini custodes limine ab alto.*

Qu'est devenu le temps où les rois de la première antiquité n'avaient pour garde royale que deux chiens ? On voit, dans le second livre de l'*Odyssée*, Télémaque entrer, accompagné de ses deux chiens, dans l'assemblée des grands d'Ithaque, lorsqu'il vient se plaindre des insultes des prétendans. Servius cite un ancien historien qui donne la même escorte à Syphax, dans une entrevue avec Scipion : « Syphax inter duos canes stans, Scipionem appellavit. »

100. — Page 432. *Rex prior hæc.*

Le gentilhomme Peyrarède achève ainsi ce vers resté imparfait : *sincero eduxit pectore verba.*

101. — Page 432. *Urbis agyllinæ sedes, ubi Lydia quondam.*

VARIANTES : *Agellinæ, Agelinæ, Aguilinæ.*

La ville d'Agylla fut bâtie, sur la côte de Toscane, par les Pélasges venus de Thessalie. On rapporte, mais, selon Dacier, c'est une fable, que les Lydiens ou Méoniens abordèrent sur cette côte sous la conduite de Tyrrhenus, et changèrent le nom d'Agylline en celui de Céré. Virgile s'écarte plus d'une fois de la vérité historique. Denys d'Halicarnasse dit que Mézence ne fit la guerre qu'au fils d'Énée, Ascagne ; le poète a peut-être suivi d'autres traditions : car, sur ces temps antiques, l'histoire est souvent aussi variable et aussi menteuse que la fable.

102. — Page 432. *Imperio et sævis tenuit Mezentius armis.*

Le supplice horrible dont Virgile attribue l'invention à Mézence, était employé plus anciennement par les Étrusques, d'après un passage de Cicéron, rapporté par saint Augustin (*Advers. Pelag.*); d'autres auteurs que cite La Cerda sont du même avis. Mais, en s'écartant de la vérité historique, Virgile pensait comme Horace :

<blockquote>Aut famam sequere, aut sibi convenientia finge.</blockquote>

103. — Page 434. *Ergo omnis furiis surrexit Etruria justis.*

Selon Caton, l'Étrurie s'étendait autrefois depuis le Tibre, vers Ostie, jusqu'à la côte de Gênes. Pline (livre III, chap. 5) dit qu'elle fut appelée *Tuscia*, parce que ses habitans donnaient au culte beaucoup de solennité, qu'ils enseignèrent aux Romains l'art des augures, et la plupart des cérémonies religieuses : « Mox a sacrifico ritu, lingua Græcorum, Tusci sunt cognominati. » Le nom de *Tyrrhène*, ou de *Tyrrhénie*, fut, dit-on, donné à la même contrée par Tyrrhenus, fils d'Atys, roi de Lydie. Servius raconte que Tyrrhenus était frère de Tarchon, et père de Clusius, qui bâtit Clusium.

104. — Page 434. . . . . *Mandatque insignia Tarchon.*

VARIANTES : *Tarcon, Tarco, Almo,* etc.

Servius attribue à Tarchon la fondation de Mantoue.

105. — Page 434. *Sed mihi tarda gelu, seclisque effeta senectus.*

Tibère avoue, dans Tacite, que son âge avancé le rend hors d'état d'apaiser les troubles de l'Orient : « Nec posse motum Orientis nisi Germanici sapientia componi, nam suam ætatem vergere. » Les grandes entreprises de guerre demandent l'audace de la jeunesse.

106. — Page 436. *Tyrrhenusque tubæ mugire per æthera clangor.*

L'invention de la trompette est attribuée aux Tyrrhéniens. C'était un peuple inventeur : il donna aux Romains, avec les augures et les auspices, les faisceaux, les haches consulaires, et la chaise curule.

107. — Page 438. *Laturam auxilio.*

Ce vers laissé imparfait par Virgile, a été ainsi rempli par de Peyrarède : « Quæ jam bella aspera cerno! » Ce qui n'est que la pensée du vers suivant :

<blockquote>Heu! quantæ miseris cædes Laurentibus instant!</blockquote>

108. — Page 440. *Et regem hac Herilum dextra sub Tartara misi,*
Nascenti cui tres animas Feronia mater.

VARIANTES : *Erulum, Elinum, Cerilum, Acerilum, Helenum, Athericum.* — On voit, par la variété de ces noms, que le roi Hérile était peu connu dans les traditions antiques. — Féronie, nymphe de Campanie, était, chez les Romains, la déesse des bois et des vergers : « Et viridi gaudens Feronia luco. » (Lib. VII, v. 800.) Quelques auteurs font de Féronie la déesse des affranchis qui, ayant la tête rase, recevaient dans son temple le bonnet de la liberté. Plaute fait dire à Sosie, dans *Amphitryon* :

> Quod utinam ille faxit Jupiter
> Ut ego hodie raso capite capiam pileum.

109. — Page 440. *Dum te, care puer, mea sera et sola voluptas.*

Les mots *sera voluptas* rappellent ces vers touchans qu'un de nos poètes met dans la bouche d'un vieillard contemplant avec émotion et ravissement les jeux de quelques enfans :

> D'un beau printemps aimables hirondelles,
> J'ai pour vous voir différé mon départ.

110. — Page 442. *Qualis ubi Oceani perfusus Luciferunda.*

La planète de Vénus qui précède et qui suit le Soleil, est appelée le matin *Lucifer*, et le soir *Hesperus* ou *Vesper*.

111. — Page 442. *Quadrupedante putrem sonitu quatit ungula campum.*

Ce vers fameux, imitant le galop du cheval, est resté dans la mémoire de tous ceux qui, dans leur enfance, ont fait la plus légère étude de la langue de Virgile. Macrobe (lib. VI, 1) cite comme ayant été pris par Virgile, ces passages d'Ennius : « Totam quatit ungula terram (*Ann.*, lib. VI); summo sonitu quatit ungula terram (*Ann.*, lib. VII); it eques, et plauso cava concutit ungula terram. » (*Ann.*, lib. XVII.)

De Loynes est le seul traducteur de l'*Énéide* qui ait osé dire : « Nous ne sommes pas restés trop au dessous de l'original. » Horace, Stace et Silius y sont *restés*. Le lyrique romain dit (*Epod.* 16) :

> .... Urbem
> Eques sonante verberabit ungula.

Stace (liv. VIII) :

> . . . . Flammantur in hostem
> Cornipedes, niveoque rigant sol putria nimbo.

Silius (liv. VI) :

> Cornea gramineum persultant ungula campum,
> Incita pulveream campo trahit ungula nubem.

112. — Page 442. *Est ingens gelidum lucus prope Ceritis amnem.*

VARIANTES : *Ceretis, Cœretes,* etc.

Les poètes appellent ce fleuve *Ceretanus,* du nom de la ville de Céré, qu'il arrosait ; il se jette dans la mer de Toscane, entre Civita-Vecchia et Rome.

113. — Page 442. *Sylvano fama est veteres sacrasse Pelasgos.*

Servius dit que les Pelasges, qu'il fait venir les premiers en Italie, étaient une colonie de Thessaliens : « Nam multas in Thessalia Pelasgorum constat esse civitates. »

Sylvain, dieu des bois et des bergers, est souvent confondu avec Faune et avec Pan. Mais c'était un dieu plus triste sans doute, puisqu'il est représenté tenant un cyprès à la main.

114. — Page 442. *At Venus ætherios inter dea candida nimbos.*

Heyne croit qu'ici Virgile oublie ce qu'il a dit précédemment : *arma inter nubem,* etc. Mais ce n'était qu'une apparition des armes dans les airs. Énée ne les a point reçues alors, et la déesse n'a fait que les montrer : elle les apporte plus tard.

115. — Page 444. . . . . *Et clypei non enarrabile textum.*

Homère a décrit le bouclier d'Achille, Hésiode celui d'Hercule, Nonnus celui de Bacchus. Le bouclier d'Annibal a été décrit par Silius (liv. II); celui de Crénée, par Stace dans sa *Thébaïde* (liv. IX); celui de Rome, par Claudien, dans son *Panégyrique de Probinus et d'Olybre.* Virgile, imitant Homère et Hésiode, l'emporte sur eux par l'exécution, et reste fort au dessus de ceux qui l'ont imité lui-même : le bouclier d'Achille et celui d'Hercule n'ont rien qui se rapporte à ces héros, et ils pourraient appartenir à tout autre personnage ; « le bouclier d'Énée, au contraire, est parfaitement adapté au sujet de l'*Énéide.* » Le héros troyen porte à son bras les destins de sa race, et son bouclier ne peut convenir qu'à lui seul. (*Énéide* de DELILLE, notes de M. Michaud.) Le savant auteur des *Études sur Virgile*, remarque avec raison que ce poète, dans la description du bouclier, « égale souvent et surpasse quelquefois les merveilles du sixième livre. »

116. — Page 444. *Procubuisse lupam.*

Virgile adopte, en poète, les traditions merveilleuses qu'avaient imaginées les Romains pour illustrer leur origine. Les historiens disent que cette louve était une prostituée nommée *Acca Laurentia*, femme de Faustulus, berger ou intendant des troupeaux d'Amulius, grand oncle de Romulus et de Remus, et qui avait ordonné qu'on les jetât dans le Tibre.

117. — Page 444. *Nec procul hinc Romam, et raptas sine more Sabinas.*

Voyez OVIDE, *Fastes*, liv. III, et l'*Art d'aimer*, liv. I.

Il est, dans l'histoire, comme dans la nature, des contrastes singuliers. L'enlèvement d'une femme termine les destins de Troie ; l'enlèvement des Sabines commence les destins de Rome.

118. — Page 444. *Consessu caveæ.*

La partie inférieure du cirque ou du théâtre était appelée *Cavea*: on donnait aux loges le nom de *Cunei*.

119. — Page 446. *Armati, Jovis ante aras, paterasque tenentes.*

On voit combien est ancien l'usage des *toasts* ou des santés de table.

120. — Page 446. *Haud procul inde citæ Metium in diversa quadrigæ.*

Metius Suffetius, dictateur des Albains, qui, depuis le combat des Horaces, étaient soumis aux Romains, tint ses troupes dans l'inaction pendant la guerre contre les Fidénates, décidé à se déclarer pour le parti vainqueur. Tullus Hostilius, troisième roi de Rome, regardant ce traître comme le machinateur de cette guerre, fit écarteler son corps, tiré en sens contraire à huit chevaux par deux quadriges. « Tous les spectateurs, dit Tite-Live, se détournèrent d'un spectacle si horrible. C'est le premier et le dernier exemple d'un supplice où l'on ait autant oublié les lois de l'humanité. Du reste, les Romains peuvent se glorifier de ce qu'aucun peuple n'a aimé autant qu'eux la douceur des peines. »

121. — Page 446. *Adspiceres, pontem auderet quod vellere Cocles.*

VARIANTE : *Cochles.*

Ce fut un évènement prodigieux que celui de toute une armée arrêtée par le bras d'un seul homme. « Ce héros, en sauvant la république, fixa par son courage la destinée de Rome naissante, et celle du monde, sa future victime. » (BONSTETTEN, page 25.)

122. — Page 446. *Et fluvium vinclis innaret Clælia ruptis.*

Variantes dans les anciens manuscrits : *Cleria, Cloria, Coclea, Coclia, Cordia, Delia, Deria.* — Telle était l'ignorance et l'ineptie des copistes ! comme si Clélie était un personnage obscur des premiers temps de Rome !

123. — Page 446. *In summo custos Tarpeiæ Manlius arcis.*

VARIANTES : *Malius, Mallius.* Le sauveur du Capitole, qui préserva la ville éternelle du joug des Gaulois Sénonais, était donc aussi inconnu des copistes !

124. — Page 446. *Romuleoque recens horrebat regia culmo.*

Les Romains conservaient, sur le Capitole, avec un respect religieux, la cabane de Romulus couverte de chaume : on l'y voyait encore sous le règne d'Auguste. Vitruve, contemporain de Virgile, dit : « In Capitolio significat mores vetustatis casa in arce sacrorum stramentis tecta. » (Lib. II, cap. 1). Le même auteur ajoute qu'à cette époque on conservait dans la ville d'Athènes, l'antique maison de l'Aréopage, qui n'était couverte que de terre : « Athenis Areopagi antiquitatis exemplar ad hoc tempus luto tectum. » La maison de Romulus était encore sur le Capitole, sous le règne de Néron. Sénèque dit (*Controv.* 9) : « Colit etiamnum in Capitolio casam victor gentium populus. »

125. — Page 446. *Virgatis lucent sagulis.*

La saie (*sagum* ou *sagulum*) était un habillement militaire que portaient les Gaulois, et qui fut adopté par les Romains. La saie était rayée, *virgatis sagulis. Voyez* PROPERCE, *Élég.,* liv. IV, 11.

126. — Page 446. *Hinc exsultantes Salios, nudosque Lupercos, Lanigerosque apices.*

Les Luperques (*Luperci*) étaient initiés aux mystères de Pan ;

on appelait Lupercales (*Lupercalia*) les fêtes consacrées à ce dieu des bergers. — *Apices*, de l'ancien mot *apere*, lier, attacher : c'était le nom donné à une petite baguette surmontée d'une houpe de laine, qui s'élevait sur la mitre ou bonnet des prêtres appelés flamines, *quasi filamines*.

127. — Page 448. . . . . *Et te, Catilina, minaci*
Pendentem scopulo, Furiarumque ora trementem;
Secretosque pios, his dantem jura Catonem.

Plusieurs commentateurs se sont étonnés que Virgile, mettant Catilina dans le Tartare, ait osé, sous Auguste, placer dans l'Élysée Caton, qui se donna la mort pour ne pas survivre à la république. Mais, comme l'a remarqué Montesquieu : « Pendant que, sous Sylla, la république prenait des forces, tout le monde criait à la tyrannie; et tandis que, sous Auguste, la tyrannie se fortifiait, on ne parlait que de liberté. » La politique d'Octave était habile : Horace et Virgile, poètes courtisans, ne craignaient pas de déplaire au chef de l'empire en louant les grands citoyens de la république.

D'autres interprètes ont cru que c'était Caton l'Ancien, dit le Censeur, qui était placé par Virgile dans l'Élysée, et non le jeune Caton, à qui Horace donne une âme indomptable : « Et cuncta terrarum subacta præter atrocem animum Catonis. » Ce qui semblerait appuyer ce sentiment, c'est que, dans le sixième livre, les insensés qui se sont débarrassés eux-mêmes du fardeau de la vie, sont représentés comme accablés de tristesse, *mœsti*, et peu propres à donner des lois aux hommes pieux ; d'ailleurs, ils ne sont point placés dans l'Élysée, mais à l'entrée des enfers, dans un lieu voisin du champ des Pleurs, *Lugentes campi*. Cependant Caton l'Ancien vivait avant Catilina, et le poète, en plaçant Caton après ce fameux conspirateur, semblerait avoir voulu désigner Caton d'Utique, dont il a déjà dit, dans le livre VI : « Quis te, magne Cato, etc. » (v. 841.)

128. — Page 448. *In medio classes æratas, Actia bella.*

Properce, admirant ces vers de l'*Énéide*, dit dans le second livre de ses *Élégies* :

Cedite Romani scriptores, cedite Graii;
Nescio quid majus nascitur Iliade.

Actium, promontoire de l'ancienne Épire, est aujourd'hui *Capo Figulo*.

129. — Page 448. *Fervere Leucaten, auroque effulgere fluctus.*

VARIANTES : *Leuchatem*, *Leucantem*, *Leucothoen.*

Promontoire rendu célèbre par l'aventure de Sapho dans l'île de Leucade, aujourd'hui *Sainte-Maure*, près du cap d'Actium.

130. — Page 448..........*Patriumque aperitur vertice sidus.*

C'est ainsi que Properce dit, dans le livre VI de ses *Élégies*, v, 30 :

> Adstitit Augusti puppem super, et nova flamma
> Luxit in obliquam ter sinuata facem.

Pendant qu'on célébrait à Rome les jeux funéraires de César, une comète parut dans le ciel, et les pontifes la prirent ou feignirent de la prendre pour l'âme du dictateur qui avait été reçue parmi les dieux. *Voyez* DION, liv. XLV, 7. Dès-lors les poètes et les artistes représentèrent Jules-César avec un astre sur la tête. Auguste fit graver cette étoile sur son casque; de là l'allusion de Virgile : « Patriumque aperitur vertice sidus. » Horace dit aussi : « Micas inter omnes Julium sidus. » Suétone rapporte que le peuple romain avait élevé, dans le Forum, une colonne en l'honneur de César, *Père de la patrie*, et qu'il venait devant ce monument offrir des sacrifices, former des vœux, et jurer par le nom de César.

131. — Page 448. *Tempora navali fulgent rostrata corona.*

C'est aux victoires de Marcus Vipsanius Agrippa qu'Auguste dut l'empire. Dans sa reconnaissance, il fit d'Agrippa son favori et son gendre, en lui donnant sa fille unique Julie, si décriée par ses mœurs. Virgile montre Agrippa portant la couronne rostrale, qui lui avait été décernée pour avoir vaincu sur mer, dans la guerre de Sicile, Sextus, fils du grand Pompée.

132. — Page 448. *Victor, ab Auroræ populis et littore rubro.*

La mer d'Arabie fut appelée mer *Érythrée* du nom d'Érythré, prince qui régnait sur ses bords (QUINTE-CURCE), et mer Rouge, *mare Rubrum*, parce que, selon quelques auteurs, elle passa sous la domination d'un roi aux cheveux roux.

133. — Page 450. *Bactra vehit; sequiturque (nefas!) ægyptia conjux.*

Les Bactriens, peuples d'Asie, à l'orient de la mer Caspienne, entre le fleuve Oxus et le mont Paropamisus au midi. *Bactra*, dans la Sogdiane, à l'est de la Perse, était la dernière ville d'Orient soumise à Antoine. C'est pourquoi Virgile l'appelle *ultima Bactra*. Tous les peuples d'Orient suivaient le parti d'Antoine; son mariage avec Cléopâtre avait achevé de le perdre dans l'esprit des Romains.

134. — Page 450. *Cycladas, aut montes concurrere montibus altos.*

Les Cyclades, îles de la mer Égée (l'Archipel) sont au nombre d'environ cinquante, et ont été ainsi nommées parce qu'on les voit rangées en cercle autour de l'île de Délos.

135. — Page 450. *Regina in mediis patrio vocat agmina sistro.*

Le sistre égyptien était une petite harpe à quatre cordes : on le voit sur les monumens qui représentent Isis, etc. Il est douteux que cet instrument, employé dans les fêtes et dans les jeux, servit aussi dans les combats; Virgile le met ironiquement dans les mains de Cléopâtre; et c'est ainsi que Properce (*Élégies*, liv. III, 11, 43) montre cette reine osant vouloir chasser avec le sistre la trompette romaine :

> Romanamque tubam crepitanti pellere sistro.

136. — Page 450. *Omnigenumque deum monstra et latrator Anubis.*

VARIANTES : *Anobis, Anubes.*

Selon Apulée, Anubis, fils d'Osiris (le soleil) et d'Isis (la lune) est le même que le Mercure des Grecs. Il est représenté avec une tête de chien sur tous les monumens. Properce a imité ce passage de l'*Énéide* dans ces vers (*Élégies*, liv. III, 11):

> Scilicet incesti meretrix regina Canopi,
> Una Philippeo sanguine adusta nota,
> Ausa Jovi nostro latrantem opponere Anubim.

« Ainsi donc la royale prostituée de l'incestueuse Canope, cette marque d'infamie imprimée avec le feu au sang de Philippe, ose opposer son aboyant Anubis à notre Jupiter. » (Tissot, iii, 646.)

137. — Page 450. . . . . *Omnis eo terrore Ægyptus et Indi.*

Les Romains appelaient Indiens tous les peuples qui sont au midi de l'Afrique.

138. — Page 450. *Omnis Arabs, omnes vertebant terga Sabæi.*

La Sabée était une province de l'Arabie Heureuse, célèbre, dans l'antiquité, par l'encens et la myrrhe qu'elle produit. Virgile dit, dans les *Géorgiques*, livre 1er, vers 57 :

India mittit ebur, molles sua thura Sabæi.

L'encens découle d'un arbre par une incision faite à l'écorce, dans les grandes chaleurs de l'été, lorsque la sève est le plus abondante. La liqueur se fige en tombant, et forme des larmes ou globules d'un blanc tirant sur le jaune. La récolte faite au commencement du printemps est moins riche et d'une qualité inférieure. Les anciens qui récoltaient l'encens se trouvaient exposés à de grands dangers. L'air était vicié, et le pays infesté de serpens qui s'élançaient sur les travailleurs. Leur morsure était réputée mortelle et incurable. C'est ce qui fit donner à cette contrée le nom d'*Hatsarmuth*, région de la mort; et l'on n'employait à recueillir l'encens, que des esclaves ou des hommes condamnés au dernier supplice.

139. — Page 450. *Fecerat ignipotens undis et Iapige ferri.*

Variantes dans les manuscrits : *Iapuge, Iapide, Iaspide*, etc. Le vent Iapix, soufflant de la Iapigie (la Pouille), était aussi appelé *Caurus;* il est favorable à ceux qui naviguent d'occident en orient. Horace, dans l'ode au vaisseau qui porte son ami Virgile, souhaite qu'Éole ne laisse souffler que l'Iapix : « Obstrictis aliis præter Iapiga. » Ce vent favorisait le départ de Virgile pour la Grèce, et le retour de Cléopâtre et de sa flotte en Égypte.

140. — Page 452. *Maxima ter centum totam delubra per urbem.*

Le grand nombre de temples qu'Auguste bâtit fait appeler ce prince, par Tite-Live, *Templorum omnium conditor aut restitutor.* C'est ainsi qu'Ovide, s'adressant à Auguste lui-même, dit :

Templorum positor, templorum sancte refector.

De Loynes annonce qu'il a restreint le nombre de ces temples : « Le poète, dit-il, les porte à trois cents. Nous avons cru que c'était bien assez de lui en faire bâtir et consacrer un cent. »

Delille pensait sans doute comme De Loynes, et il allait même plus loin, car le vers *maxima ter centum* et les trois vers suivans sont omis dans sa traduction. Le poète français se contente de dire :

> Au temple d'Apollon, d'un marbre éblouissant,
> Lui-même vient offrir son vœu reconnaissant.

Octave, devenu maître du monde, affectait dans sa conduite extérieure une grande piété envers les dieux : et c'est peut-être ce qui détermina Virgile à faire d'Énée un héros pieux, et à le peindre tel que se montrait Auguste.

141. — Page 452. *Dona recognoscit populorum, aptatque superbis Postibus.*

Les présens des peuples alliés et les dépouilles des peuples vaincus ajoutaient à la pompe du triomphe chez les Romains. Ces présens et ces dépouilles étaient appendus dans les temples, comme on attache encore aux voûtes de nos églises les enseignes et les drapeaux enlevés aux ennemis.

142. — Page 452. *Hic Nomadum genus.*

Les anciens appelaient *nomades* ou *numides* tous les peuples errans qui n'avaient point de demeure fixe, et que Stace désigne par ces mots *mutatores locorum*. Virgile peint ainsi le nomade africain, dans le troisième livre des *Géorgiques* (v. 343) :

> . . . . Omnia secum
> Armentarius Afer agit, tectumque, laremque,
> Armaque, Amyclæumque canem, Cressamque pharetram.

Il s'agit ici des Numides d'Afrique, dont le pays s'étendait sur la côte, dans le voisinage de Carthage et de la Mauritanie. C'est à l'ancienne Numidie que répond aujourd'hui le territoire d'Alger.

143. — Page 452. *Hic Lelegas, Carasque, sagittiferosque Gelonos.*

Variantes dans les anciens manuscrits : *Relegas;* — *Carras, Carrhas;* — *Gelones.*

Les Lélèges et les Cariens étaient dans l'Asie Mineure ; les Lélèges entre la Troade et la Cilicie de Thèbes : Ovide parle de ce peuple dans le livre VIII de ses *Métamorphoses;* les Cariens étaient établis entre l'Ionie et la Doride. Les Gelons, Grecs d'origine, s'étaient mêlés aux Scythes, et habitaient soit la Thrace, soit les bords du Pont-Euxin. Ils mêlaient, dans leur boisson, le lait de leurs brebis avec le sang de leurs chevaux. Lucain dit : « Volucresque Geloni. » *(Phars.,* liv. III.)

144. — Page 452. . . . . *Euphrates ibat jam mollior undis.*

Les Romains avaient souvent fait la guerre aux Parthes dont l'Euphrate arrosait l'empire. Les Parthes, qui étaient, avec les Germains, les ennemis les plus redoutables de Rome, furent soumis sous Auguste. Virgile peint poétiquement l'orgueil de l'Euphrate humilié : « Ibat jam mollior undis. »

145. — Page 452. *Extremique hominum Morini.*

VARIANTE : *Norini.* — Peuples de la Gaule Belgique qu'on croit avoir habité les territoires de Boulogne, de Calais, de Montreuil et de Saint-Omer. Leur nom venait de *mor* qui, en langue celtique, signifie *mer :* ainsi on appela *Armoricains* les peuples qui étaient établis sur les bords de l'Océan. Les Morins n'étaient point, comme semble le dire Virgile, les habitans des confins du monde : « Extremique hominum Morini; » mais, comme le dit plus exactement Pomponius Mela, les peuples de la Gaule les plus éloignés : « Ultimos gallicarum gentium. »

146. — Page 452. *Indomitique Dahæ, et pontem indignatus Araxes.*

VARIANTES : *Daci, Dacæ, Daæ, Dachæ, Dæhi,* etc.; — *Araxis.*

Les Dahes, qu'il ne faut pas confondre avec les Daces, peuples qui habitaient la Transylvanie, la Valachie et la Moldavie, étaient une nation scythe, à l'orient de la mer Caspienne.

L'Araxe, fleuve très-rapide, qui sépare la Grande Arménie de la Médie, a sa source à six milles de celle de l'Euphrate. Les ponts que Xerxès et Alexandre bâtirent sur l'Araxe furent bientôt renversés par ses débordemens. Auguste fut, dit-on, plus heureux, et son pont enchaîna la fureur du fleuve, *pontem indignatus.* Don Calmet et plusieurs autres savans ont cru reconnaître dans l'Araxe le Gehon de la *Genèse*, qui sortait du paradis terrestre, et dont le nom, en hébreu, signifie *impétueux*; celui d'*Araxe*, en grec, a la même signification. Le nom moderne de ce fleuve est *Aras*. Il a son embouchure dans la mer Caspienne. Tibulle, Lucain, Stace, et, parmi les modernes, les voyageurs Paul Lucas et Chardin, ont parlé de l'Araxe de Virgile. Mais plusieurs fleuves de l'Asie ont porté ce nom : l'Araxe d'Hérodote (liv. 1er) « coule, dit-il, du pays des Mantienes vers le soleil levant. » *Araxe* pourrait avoir été un nom générique donné aux fleuves extrêmement rapides et aux torrens impétueux.

147. — Page 452. *Attollens humero famamque et fata nepotum.*

Servius condamne ce vers comme inutile et indigne de la gravité du sujet : « Quasi superfluo et inutiliter additum, nec convenientem gravitati ejus; namque est magis neotericus; » et il dit que c'était l'opinion des critiques de son temps. Celle des modernes est bien différente : en général, ils pensent, comme Addison, que ce vers est un des plus beaux de l'*Énéide*. M. Michaud, auteur d'une grande partie des notes qui enrichissent la traduction de Delille, dit : « Le lecteur avait un moment perdu de vue Énée pour ne songer qu'à Auguste; mais Virgile ramène l'attention à ce héros de la manière la plus adroite et la plus ingénieuse. Dans un seul vers, il a l'art de louer les Romains, de flatter Auguste, de célébrer Énée. Le présent, le passé, l'avenir, tout est là; et le sujet tout entier de l'*Énéide* est dans cette image pittoresque. » Telle est la différence qui peut se trouver entre un savant scoliaste et un poète littérateur.

FIN DU TOME TROISIÈME.

www.ingramcontent.com/pod-product-compliance
Lightning Source LLC
Chambersburg PA
CBHW060226230426
43664CB00011B/1563